顕微鏡の使い方

はじめに

・顕微鏡は，水平で直射日光の当たらない場所に静かに置く。

・レンズは接眼レンズ→対物レンズの順に取りつける。

レンズの取りつけはなぜこの順？

鏡筒を通して，対物レンズの上にほこりが落ちないようにするため。

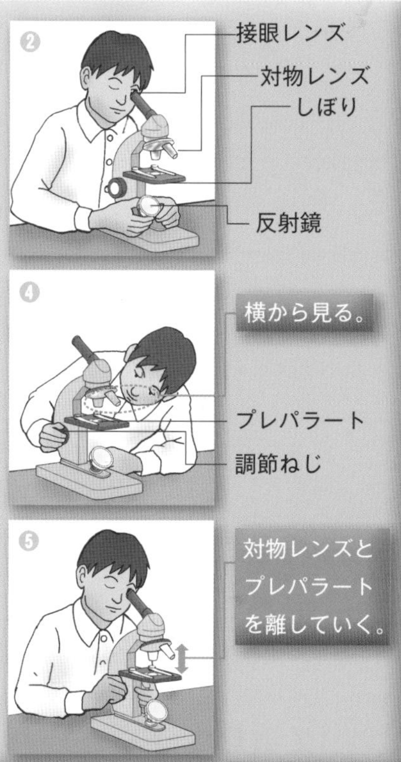

操作の手順

❶ 対物レンズを最も低倍率にする。

❷ 接眼レンズをのぞきながら，反射鏡としぼりで視野を明るくする。

❸ プレパラートをステージの上にのせ

❹ と る

❺ 接眼レンズをのぞきながら，調節ねじを❹と反対に回して対物レンズとプレパラートを離していき，ピントを合わせる。

❻ 見たい部分を視野の中央にもってきてから，レボルバーを回して高倍率の対物レンズにかえる。

❼ しぼりを調節して，見やすい明るさにする。

対物レンズはなぜ低倍率から？

低倍率で広範囲を観察し，見たい部分を決めてから，高倍率にしてくわしく観察するため。

ピントを合わせるとき

うに操作する理由は，対プレパラートをぶつけてレパラートを傷つけないため。

プレパラートを動かす向き

観察物を視野に入れるためにプレパラートを動かすとき，プレパラートと観察物の動く向きは逆になる。

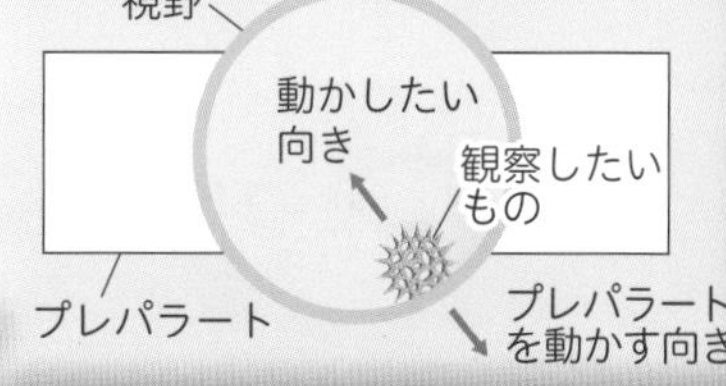

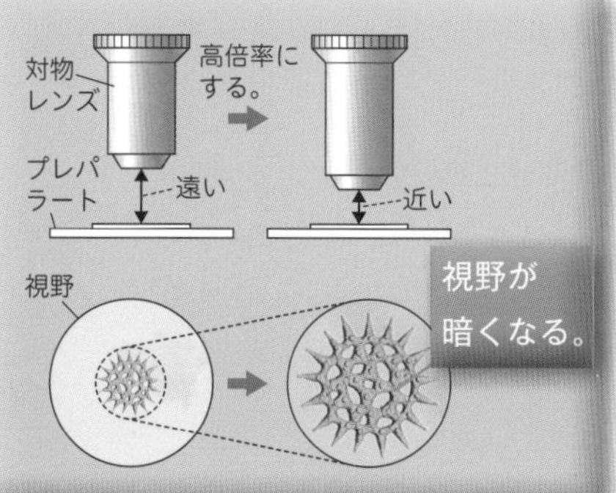

レンズを高倍率にしたとき

レンズを高倍率のものにかえると，対物レンズに入る光の量が減るため，視野全体が暗くなる。

このため，しぼりを広げたり，反射鏡の角度を調整することで，視野に入る光の量を増やさなければならない。

考える力。

それは「明日」に立ち向かう力。

あらゆるものが進化し、世界中で昨日まで予想もしなかったことが起こる今。
たとえ便利なインターネットを使っても、「明日」は検索できない。

チャート式は、君の「考える力」をのばしたい。
どんな明日がきても、この本で身につけた「考えぬく力」で、
身のまわりのどんな問題も君らしく解いて、夢に向かって前進してほしい。

チャート式が大切にする5つの言葉とともに、
いっしょに「新しい冒険」をはじめよう。

1　地図を広げて、ゴールを定めよう。

1年後、どんな目標を達成したいだろう？
10年後、どんな大人になっていたいだろう？
ゴールが決まると、たどり着くまでに必要な力や道のりが見えてくるはず。
大きな地図を広げて、チャート式と出発しよう。
これからはじまる冒険の先には、たくさんのチャンスが待っている。

2　好奇心の船に乗ろう。「知りたい」は強い。

君を本当に強くするのは、覚えた公式や単語の数よりも、
「知りたい」「わかりたい」というその姿勢のはず。
最初から、100点を目指さなくていい。
まわりみたいに、上手に解けなくていい。
その前向きな心が、君をどんどん成長させてくれる。

3　味方がいると、見方が変わる。

どんなに強いライバルが現れても、
信頼できる仲間がいれば、自然と自信がわいてくる。
勉強もきっと同じ。
この本で学んだ時間が増えるほど、
どんなに難しい問題だって、見方が変わってくるはず。
チャート式は、挑戦する君の味方になる。

4　越えた波の数だけ、強くなれる。

昨日解けた問題も、今日は解けないかもしれない。
今日できないことも、明日にはできるようになるかもしれない。
失敗をこわがらずに挑戦して、くり返し考え、くり返し見直してほしい。
たとえゴールまで時間がかかっても、
人一倍考えることが「本当の力」になるから。
越えた波の数だけ、君は強くなれる。

5　一歩ずつでいい。
でも、毎日進み続けよう。

がんばりすぎたと思ったら、立ち止まって深呼吸しよう。
わからないと思ったら、進んできた道をふり返ってみよう。
大切なのは、どんな課題にぶつかってもあきらめずに、
コツコツ、少しずつ、前に進むこと。

チャート式はどんなときも
ゴールに向かって走る君の背中を押し続ける

本書の特色と使い方

デジタルコンテンツを活用しよう！

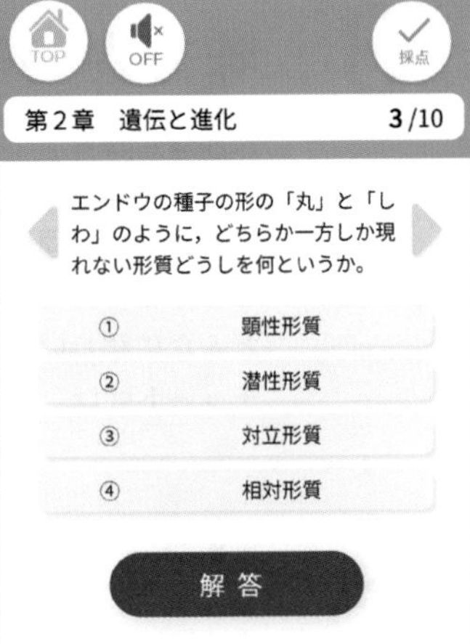

●もくじや各章の 1 要点のまとめ に掲載されているQRコードを，タブレットPCやスマートフォンで読み取ると，3 要点チェック のような一問一答テストにアクセスできます。※1，※2

こちらからもアクセスできます。

PCからは https://cds.chart.co.jp/books/hleaiwa3w4

●理解度チェックやくり返し学習ができます。スキマ時間にチャレンジしてみましょう！

第1～5編　各章の流れ

1 要点のまとめ

●用語や定義，公式などの要点を簡潔にまとめています。

●授業の予習・復習はもちろん，テスト直前の最終確認にも活用しましょう。

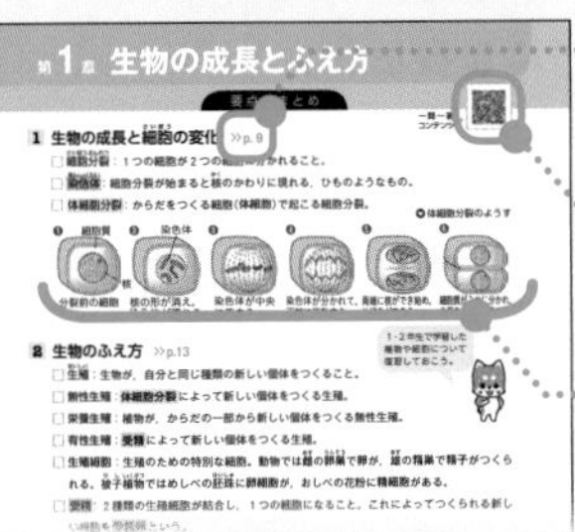

>>p. 9 簡単にさがせる

くわしく学習する 2 のページを示しているので，参照したいページが一目でわかります。

QRコード

図や表でも確認できる

要点を図や表でまとめているので，知識を効率よく確認・整理できます。

2 解説

●本文では，学習内容をわかりやすい文章でていねいに解説しています。

●側注では，本文をより深く理解するための補足的な内容を扱っています。興味・必要に応じて活用しましょう。

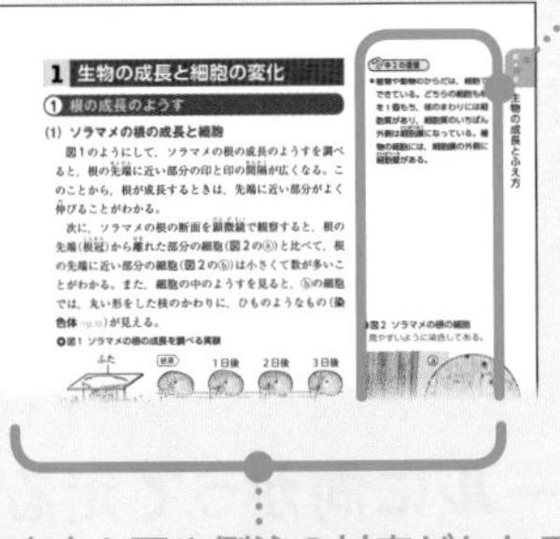

本文と図や側注の対応がわかる

図や表，側注に番号をつけているので，本文との対応が一目でわかります。

側注で理解が深まる

小学校の復習

中1の復習

中2の復習：小学校，中1，中2で学習した内容のうち，中3で学習する内容に関連が深いものを取り上げています。

発展：学習指導要領を超えた内容ですが，本文の理解に役立つものを取り上げています。

※1 QRコードは(株)デンソーウェーブの登録商標です。　※2 通信料はお客様のご負担となります。Wi-Fi環境での利用をおすすめいたします。

2 解説

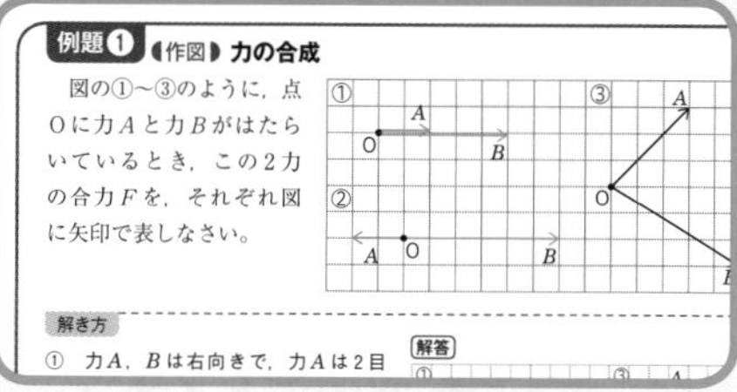

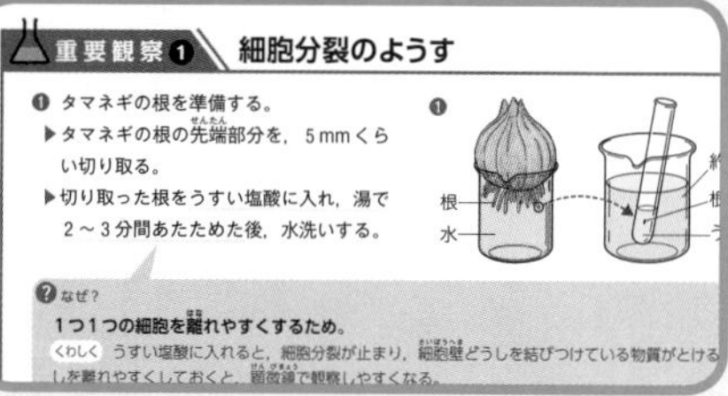

作図や計算のしかたがわかる

教科書に出てくる作図や計算を，例題として取り上げ，解き方をわかりやすく解説しています。

重要な実験・観察がわかる

教科書の実験・観察のうち，特に重要なものを取り上げ，よく問われる操作や結果とその理由を簡潔にまとめています。

3 要点チェック

●一問一答形式で，基本的な知識の習得度をチェックできます。

●右側の解答をかくして，くり返しチェックしましょう。

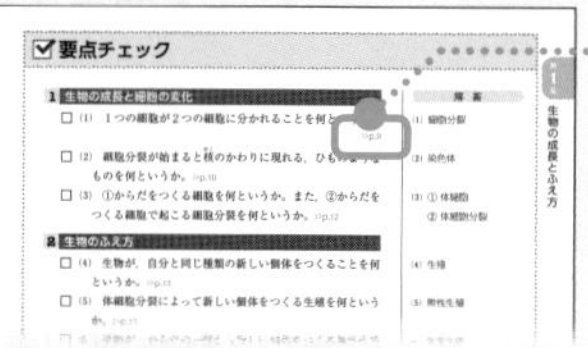

>>p.9 もどって復習できる

問題ごとに2のページを示しているので，わからなかったときはもどって，しっかり復習しましょう。

4 定期試験対策問題

●その章でおさえておきたい内容を出題しています。

●実力を試したいときは，ヒント を見ないで挑戦してみましょう。

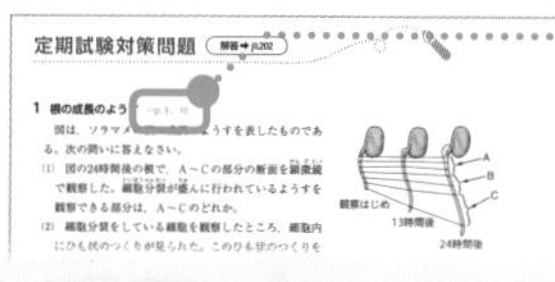

>>p. 9，10 もどって復習できる

問題ごとに2のページを示しているので，わからなかったときはもどって，しっかり復習しましょう。

入試対策編

入試対策問題

●入試で出題された，思考力・判断力・表現力が試される問題を取り上げています。

●学年の終わりや入試前に挑戦し，入試に備えましょう。

解き方のポイントがわかる

解き方のヒント で，入試の傾向や注目するところ，考え方の道すじなどをアドバイスしています。実力を試したいときは，ここを見ないで挑戦してみましょう。

別冊 参考書らくらく活用ノート

●参考書（本冊）の「要点のまとめ」「例題」「要点チェック」を集めた書き込み式のノートです。

●このノートを使えば，参考書を無理なく活用できます。

●完成したノートは，復習に活用できる要点まとめ集に！

参考書そのままの紙面だから，見やすく，使いやすい！

学習したかどうかが一目でわかる！

例題には，類似の練習問題をプラス！

チャート式シリーズ

中学理科 3年

もくじ

一問一答コンテンツ ➡

第5編 自然・科学技術と人間 …… 157

第1編

生命の連続性

第1章 生物の成長とふえ方

要点のまとめ

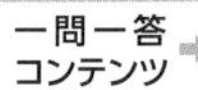

1 生物の成長と細胞の変化 ≫p. 9

- □ **細胞分裂**：１つの細胞が２つの細胞に分かれること。
- □ **染色体**：細胞分裂が始まると核のかわりに現れる，ひものようなもの。
- □ **体細胞分裂**：からだをつくる細胞（**体細胞**）で起こる細胞分裂。

▼体細胞分裂のようす

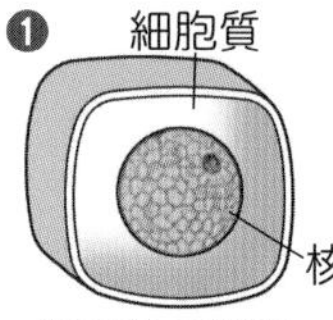

分裂前の細胞

核の形が消え，染色体が現れる。

染色体が中央に集まる。

染色体が分かれて，両端に移動する。

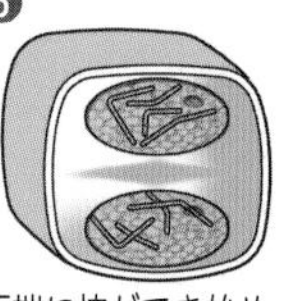

両端に核ができ始め，仕切りができる。

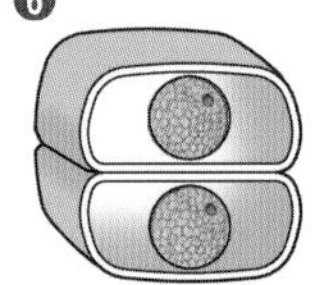

細胞質が２つに分かれ，２個の細胞ができる。

2 生物のふえ方 ≫p.13

- □ **生殖**：生物が，自分と同じ種類の新しい個体をつくること。
- □ **無性生殖**：**体細胞分裂**によって新しい個体をつくる生殖。
- □ **栄養生殖**：植物が，からだの一部から新しい個体をつくる無性生殖。
- □ **有性生殖**：**受精**によって新しい個体をつくる生殖。
- □ **生殖細胞**：生殖のための特別な細胞。動物では雌の**卵巣**で**卵**が，雄の**精巣**で**精子**がつくられる。被子植物ではめしべの胚珠に**卵細胞**が，おしべの花粉に**精細胞**がある。
- □ **受精**：２種類の生殖細胞が結合し，１つの細胞になること。これによってつくられる新しい細胞を**受精卵**という。
- □ **発生**：**受精卵**が**胚**になり，からだのつくりが完成していく過程。
- □ **減数分裂**：生殖細胞がつくられるときの，**染色体**の数がもとの半分になる細胞分裂。

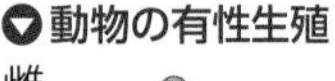

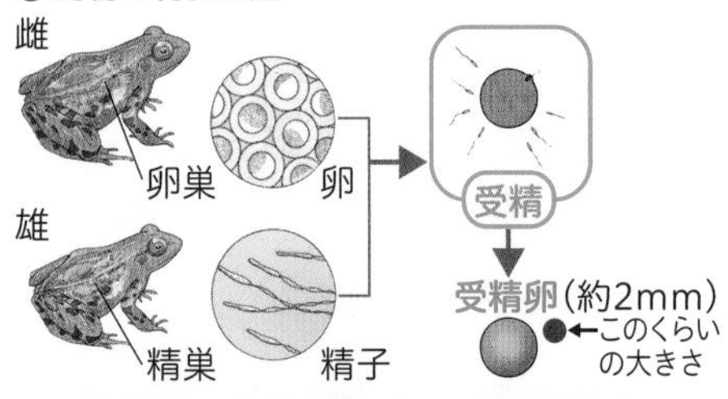

▼植物の有性生殖

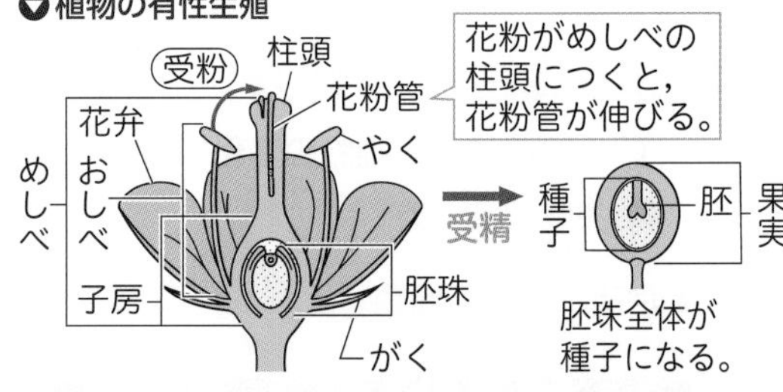

1 生物の成長と細胞の変化

① 根の成長のようす

(1) ソラマメの根の成長と細胞

図1のようにして，ソラマメの根の成長のようすを調べると，根の先端(せんたん)に近い部分の印と印の間隔(かんかく)が広くなる。このことから，根が成長するときは，先端に近い部分がよく伸(の)びることがわかる。

次に，ソラマメの根の断面を顕微鏡(けんびきょう)で観察すると，根の先端(根冠(こんかん))から離(はな)れた部分の細胞(**図2**のⓐ)と比べて，根の先端に近い部分の細胞(**図2**のⓑ)は小さくて数が多いことがわかる。また，細胞の中のようすを見ると，ⓑの細胞では，丸い形をした核のかわりに，ひものようなもの(**染色体** >>p.10)が見える。

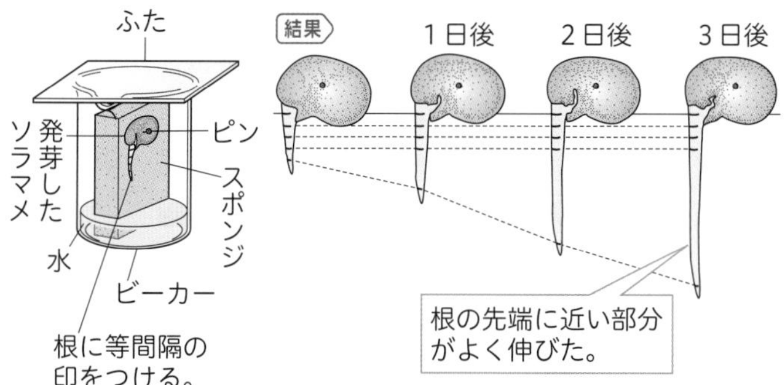

▼図1 ソラマメの根の成長を調べる実験

(2) 細胞分裂

図2のように，根の先端に近い部分の細胞が小さいのは，その部分で，1つの細胞が2つに分かれることが盛(さか)んに起こっているからである。**1つの細胞が2つの細胞に分かれることを細胞分裂**という。

細胞分裂は，植物では，おもに根や茎(くき)の先端に近い部分で盛んに行われている。この部分を**成長点**という。

中2の復習

- 植物や動物のからだは，細胞でできている。どちらの細胞も核を1個もち，核のまわりには細胞質があり，細胞質のいちばん外側は細胞膜(さいぼうまく)になっている。植物の細胞には，細胞膜の外側に細胞壁(さいぼうへき)がある。

▼図2 ソラマメの根の細胞
見やすいように染色してある。

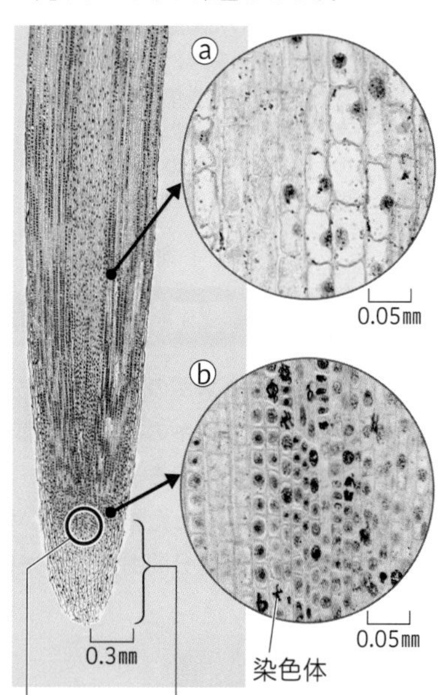

(3) 成長のしくみ(図3)

細胞分裂によって2つに分かれた細胞は，それぞれしだいに大きくなり，もとの細胞と同じ大きさになる。このように，多細胞生物は，細胞分裂が起こって細胞の数がふえるとともに，それぞれの細胞の体積が大きくなることで，からだ全体が成長する。❶

▼図3 成長のしくみ(模式図)

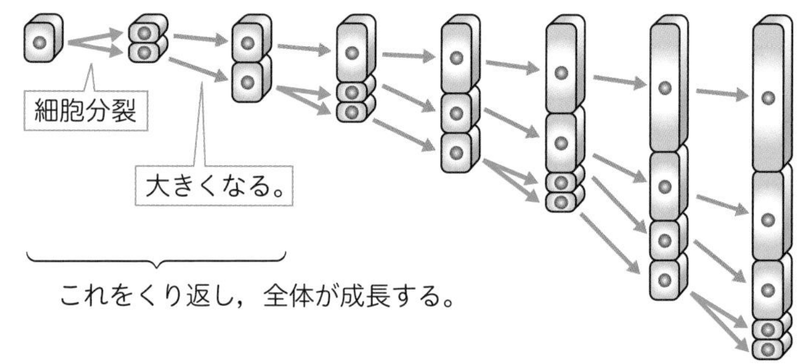

(4) 染色体

前ページの図2のⓑで見えた**ひものようなもの**を，**染色体**という。染色体は，核と同じように酢酸オルセイン液などの染色液によく染まる。

染色体は，細胞分裂が始まると現れ，細胞分裂が進むにつれて形や位置が変化していく。»重要観察❶

中2の復習

- からだが1つの細胞でできている生物を単細胞生物，からだが多数の細胞でできている生物を多細胞生物という。
- 多細胞生物では，細胞が集まって組織がつくられ，組織が集まって器官がつくられ，器官が集まって個体がつくられる。
- 染色液には，酢酸オルセイン液や酢酸カーミン液などがある。酢酸オルセイン液は赤紫色，酢酸カーミン液は赤色をしているので，これらの染色液を使うと核などが赤っぽく染まり，細胞の細かいつくりを観察しやすくなる。

❶細胞の数と大きさ

ヒトの細胞の数は，誕生するころには約3兆個になり，成人するころには約60兆個にもなる。

また，分裂した細胞は無限に大きくなるのではなく，ある一定の大きさになると成長が止まったり，次の分裂が始まったりする。細胞の大きさは，生物の種類や組織，器官によってほぼ決まっている。

重要観察❶ 細胞分裂のようす

❶ タマネギの根を準備する。

- ▶タマネギの根の先端部分を，5mmくらい切り取る。
- ▶切り取った根をうすい塩酸に入れ，湯で2〜3分間あたためた後，水洗いする。

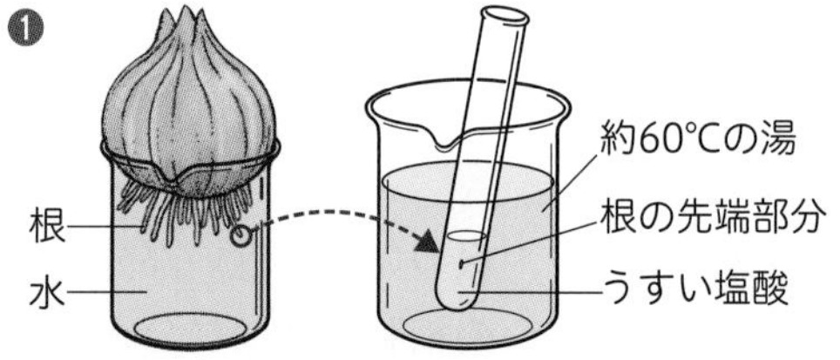

?なぜ?

1つ1つの細胞を離れやすくするため。

くわしく うすい塩酸に入れると，細胞分裂が止まり，細胞壁どうしを結びつけている物質がとける。細胞どうしを離れやすくしておくと，顕微鏡で観察しやすくなる。

❷ プレパラートをつくる。

▶❶の根をスライドガラスにのせ，柄(え)つき針でほぐし，染色液をたらして2～3分おく。

★染色液には，細胞を生きている状態で固定する役割もある。

▶カバーガラスをかけてろ紙をのせ，ずらさないように指で垂直に押(お)しつぶす。

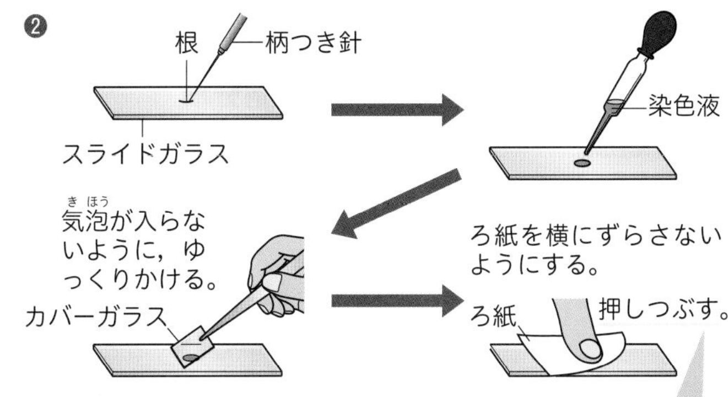

❓なぜ？

細胞の重なりをなくすため。

くわしく 真上から押しつぶすことで，細胞がばらばらになり，細胞の核や染色体のようすが観察しやすくなる。

❸ 顕微鏡で観察し，スケッチする。 >>巻頭資料②

★まず低倍率で，細胞分裂が行われている細胞が多く見える部分をさがしてから，高倍率にかえるとよい。

結果

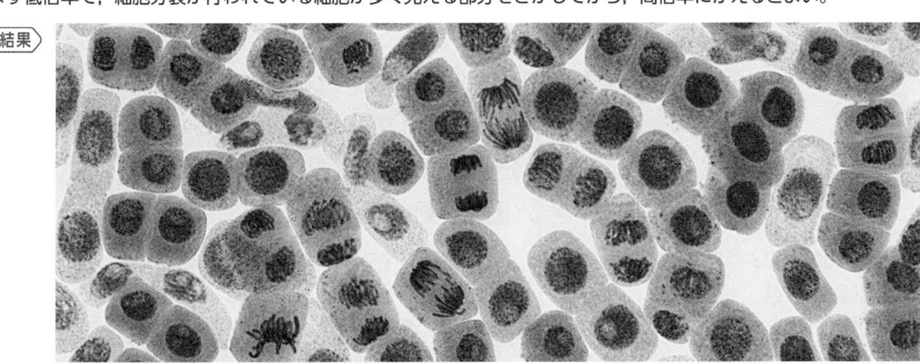

スケッチの例

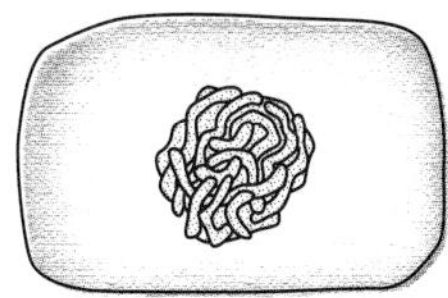

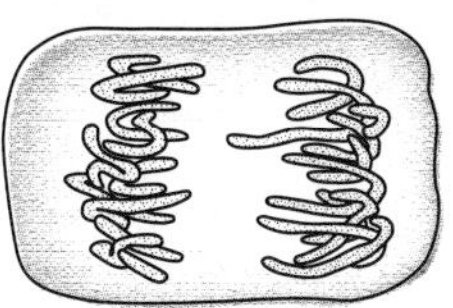

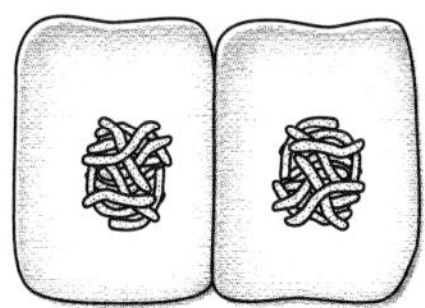

スケッチのしかたを思い出そう。

結果のまとめ

根の先端近くでは，

- **細胞分裂**が行われている。
- **いろいろな形をした染色体**が見られる。

② 体細胞分裂

(1) 体細胞分裂

多細胞生物の**からだをつくっている細胞**を**体細胞**という。[2] これまで学習してきた細胞分裂は**体細胞で起こる細胞分裂**なので，**体細胞分裂**という。

(2) 体細胞分裂のようす(図４)

分裂の準備に入ると，核の中ではそれぞれの染色体と同じものがもう１本ずつつくられ，染色体は２本ずつくっついた状態になる。これを染色体の**複製**という。このとき，染色体は細くて長い状態で，観察することはできない(図４の❶)。分裂が始まると，核の形は見えなくなり，染色体は２本ずつくっついたまま太く短くなり，見えるようになる(図４の❷)。染色体が細胞の中央部分に集まり(図４の❸)，１本ずつに分かれ，それぞれが細胞の両端に移動する(図４の❹)。細胞の両端にそれぞれ核ができ始め，細胞の中央部分に仕切りができ始める(図４の❺)。[3] 細胞質が２つに分かれ，核の形が見えるようになり，２つの細胞ができる(図４の❻)。

❷体細胞と生殖細胞
多細胞生物のからだをつくる細胞は，子孫を残すための特別な細胞である生殖細胞(>>p.14)と，それ以外のからだをつくる体細胞の２種類に分けられる。

❸動物の細胞の細胞質の分かれ方
動物の細胞では，植物の細胞のように中央部分に仕切りができるのではなく，下図のように細胞の中央部分で細胞質がくびれて，２つの細胞に分かれる。

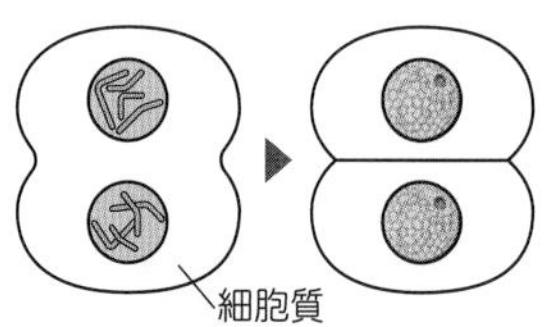

▽図４ 体細胞分裂のようす　植物の細胞の模式図(上)と，タマネギの根の染色した細胞(下)。

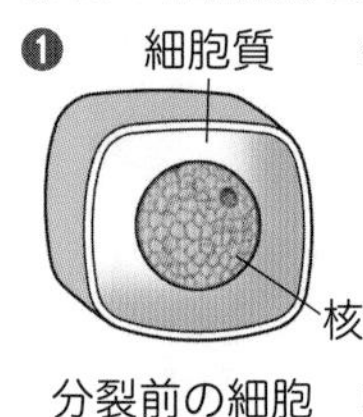

分裂前の細胞

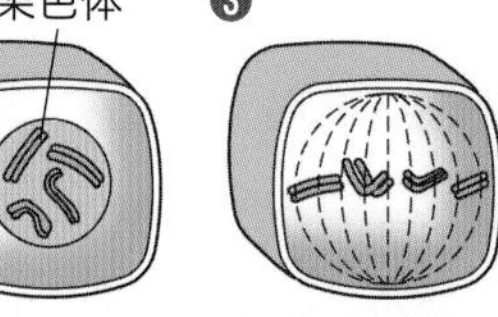

核の形が消え，染色体が現れる。

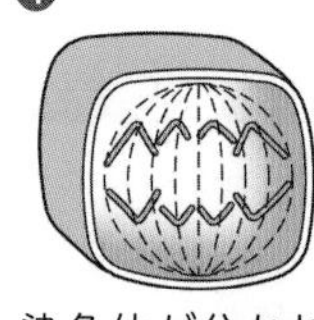

染色体が中央に集まる。

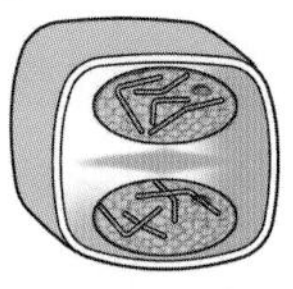

染色体が分かれて，それぞれ両端に移動する。

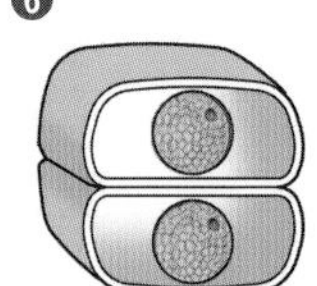

両端に核ができ始め，仕切りができる。

❻ 細胞質が２つに分かれ，２つの細胞ができる。

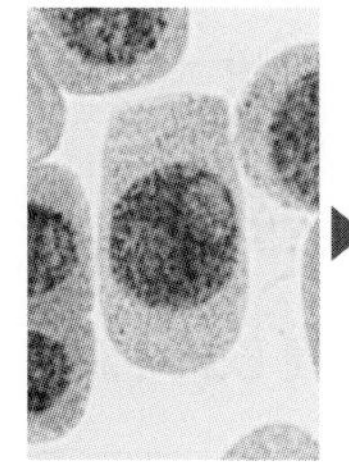
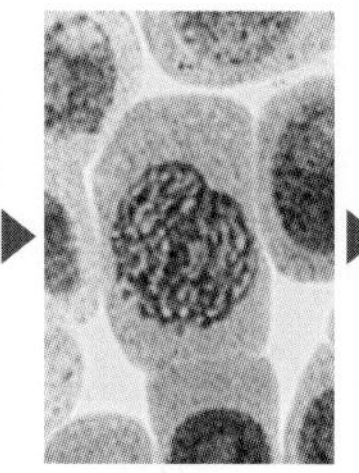
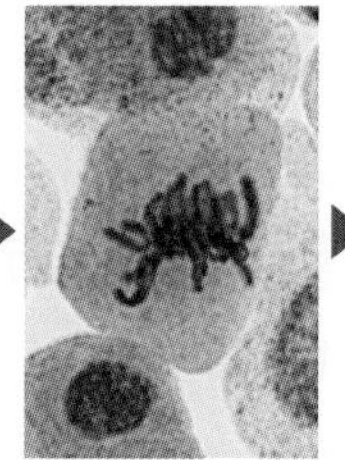
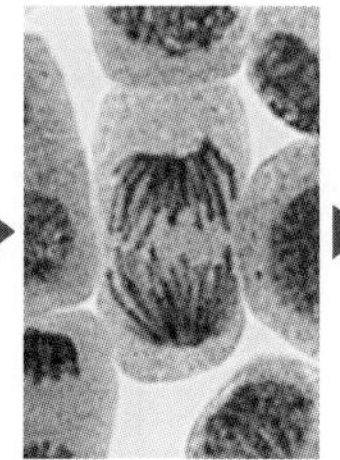
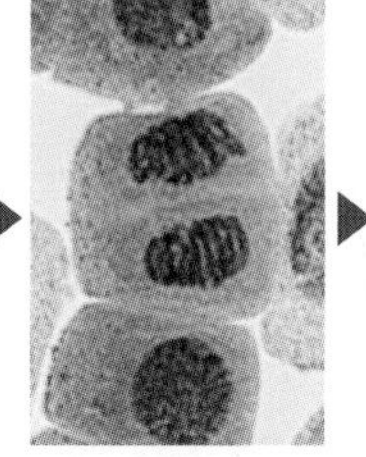
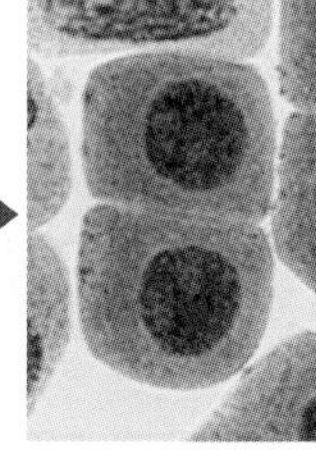

(3) 体細胞分裂の前後での染色体の数

染色体の数は，体細胞分裂の前に複製されて2倍になった後，体細胞分裂によって2等分される。そのため，体細胞分裂をくり返しても，新しくできた細胞の核に含まれる染色体の数は，もとの細胞と常に同じになる。≫p.17

なお，生物の種類によって，染色体の数は決まっている。❹

❹生物の染色体の数
体細胞の染色体は，同じ形や大きさのものが2本（1対）ずつあり，これを相同染色体という。例えば，ヒトの染色体の数は，相同染色体が23対，合計46本である。

生物	染色体の数
キイロショウジョウバエ	8
エンドウ	14
タマネギ	16
イネ	24
ネコ	38
ヒト	46
チンパンジー	48
イヌ	78

2 生物のふえ方

生物が，自分（親）と同じ種類の新しい個体（子）をつくることを**生殖**という。生殖によって，親から子へと生命はつながっていく。生殖には，**無性生殖**と**有性生殖**がある。

① 無性生殖

(1) 無性生殖

雌雄の親を必要とせず，**体細胞分裂によって新しい個体をつくる生殖**を，**無性生殖**という。

①単細胞生物の無性生殖

ミカヅキモやアメーバなどの単細胞生物は，からだが2つに分裂して新しい個体をつくる（**図5**）。また，酵母（**図6**）は，からだの一部から芽が出てふくらみ，それが分かれて新しい個体となる。このふえ方を**出芽**という。

図5 ミカヅキモの分裂

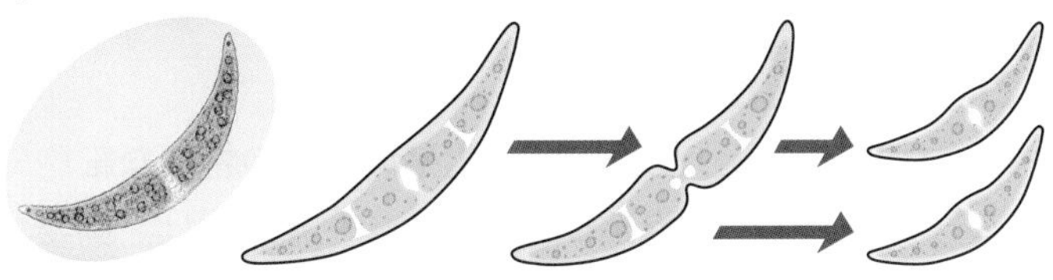

図6 酵母（パンやビールなどをつくるときに利用されている。）

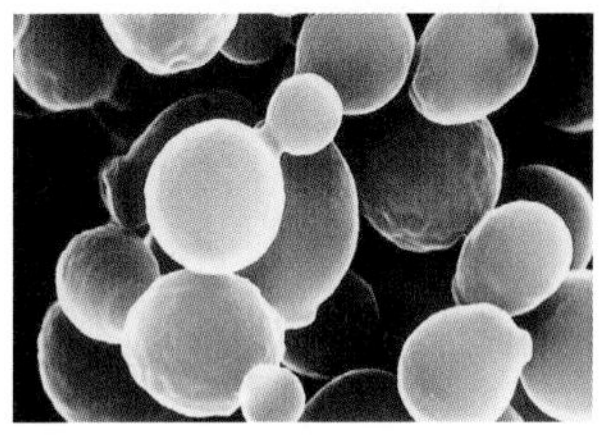

②多細胞生物（動物）の無性生殖

動物の中には，出芽でふえるヒドラ（**図7**）や，からだの一部が分かれてふえるイソギンチャク，分かれたからだが再生してふえるプラナリアのようなものもいる。

図7 ヒドラの無性生殖
親のからだの一部から芽が出るようにふくらみ，それが分かれて新しい個体となる（出芽）。

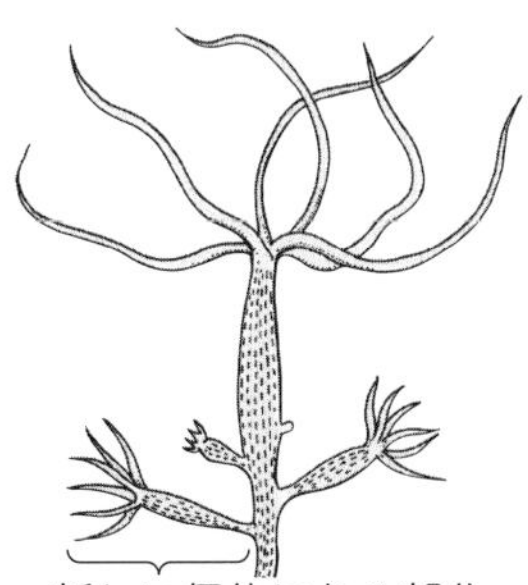

❺ジャガイモは有性生殖も行う
ジャガイモは，無性生殖だけでなく，有性生殖によっても子をつくる。このように，生物によっては，無性生殖と有性生殖の両方を行うものもある。

③多細胞生物（植物）の無性生殖（図８）

植物が，からだの一部から新しい個体をつくる無性生殖のことを，**栄養生殖**という。栄養生殖は農業や園芸などで広く利用され，ジャガイモやサツマイモのようなふやし方や，さし木などがある。❺

▼図８ いろいろな植物の無性生殖（栄養生殖）

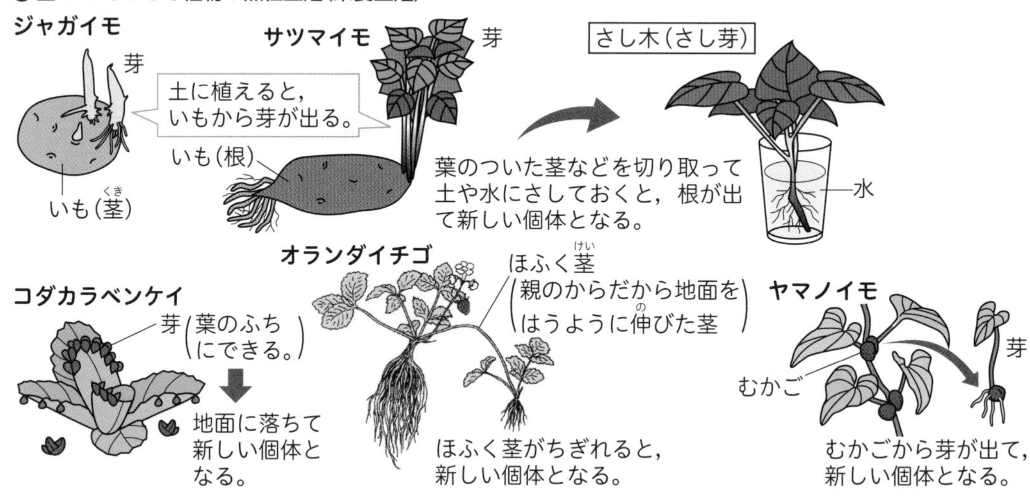

② 有性生殖

(1) 有性生殖

受精によって新しい個体をつくる生殖を，**有性生殖**という。多くの動物と植物は，有性生殖によってふえる。

(2) 生殖細胞と受精

有性生殖を行う生物では，**生殖のための特別な細胞**である２種類の**生殖細胞**がつくられる。生殖細胞は，動物では**卵**と**精子**とよばれ，被子植物では**卵細胞**と**精細胞**とよばれる。

この２種類の生殖細胞が結合し，それぞれの核が合体して１つの細胞になることを**受精**といい，受精によってつくられる新しい細胞を**受精卵**という。

小学校の復習

- メダカやヒトでは，卵と精子が結びつく（受精する）と，生命が誕生し，受精卵が成長を始める。

(3) 動物の有性生殖(図９)

多くの動物は，雌雄の区別があり，有性生殖を行う。雌の**卵巣**では**卵**が，雄の**精巣**では**精子**がつくられる。

①胚

例えばカエルでは，雌が卵をうむと，雄は水中に多数の精子を放出する。精子が卵にたどりつくと，そのうちの１つの精子が卵の中に入り，精子の核と卵の核が合体する(**受精**)。**受精卵**は，体細胞分裂をして**胚**になる。動物では，**受精卵が細胞分裂を始めてから，自分で食物をとり始める前まで**を**胚**という。

②発生

胚の細胞は，体細胞分裂をくり返して形やはたらきの違うさまざまな細胞になり，組織や器官がつくられ，成体(生殖可能な個体)へと成長する。このような，**受精卵から胚を経て成体になるまでの過程**を**発生**という。

小学校の復習

●メダカには雌雄があり，受精卵は日がたつにつれて中のようすが変化してふ化する。

❻幼生と変態
胚と成体の間に，成体とは形態が大きく異なる時期があるとき，その時期のものを幼生という。また，幼生が成体になるときの変化を変態という。

図９ ヒキガエルの受精と発生

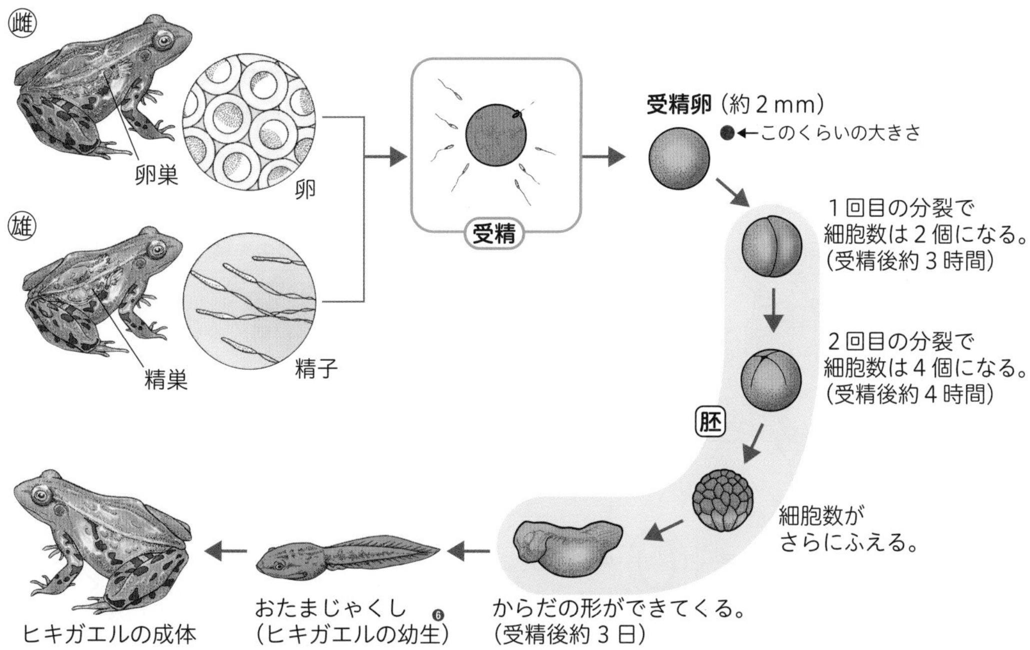

中1の復習

- 被子植物の花には，めしべとおしべがある。おしべの先端にあるやくから出た花粉が，めしべの先端の柱頭につくことを受粉という。受粉すると，めしべの根もとの子房は果実になり，子房の中の胚珠は種子になる。
- 種子をつくってふえる種子植物には，胚珠が子房の中にある被子植物と，子房がなく胚珠がむき出しの裸子植物がある。
- 裸子植物では，雄花の花粉のうから出た花粉が，雌花の胚珠に直接ついて受粉する。

(4) 被子植物の有性生殖(図10)

被子植物は，種子をつくるために有性生殖を行う。おしべのやくにある花粉の中で**精細胞**がつくられ，めしべの子房にある胚珠の中で**卵細胞**がつくられる。

①花粉管

花粉がめしべの柱頭につくと，花粉から柱頭の内部に管が伸びる。この管を**花粉管**という。»p.17 重要観察❷

花粉管は柱頭から胚珠へと伸びていき，花粉の中の精細胞は花粉管の中を移動する。

②胚と発生

花粉管が胚珠まで達すると，花粉管の中を移動してきた精細胞の核が，胚珠の中にある卵細胞の核と合体する(**受精**)。**受精卵**は，胚珠の中で体細胞分裂をくり返し，**胚**になる。胚は，将来，**植物のからだになるつくり**を備えている。

また，胚を含む胚珠全体は，成長して種子になる。種子が発芽すると，胚が成長し，やがて親と同じような植物のからだができる。このように，**受精卵が胚になり，個体としてのからだのつくりが完成していく過程**を**発生**という。

❼裸子植物の有性生殖
裸子植物では，胚珠に直接ついた花粉から花粉管が伸びるが，その速度が非常に遅いため，受粉から受精までに時間がかかるものが多い。受精後は，発生が進んで種子ができる。

図10 被子植物の受精と発生❼

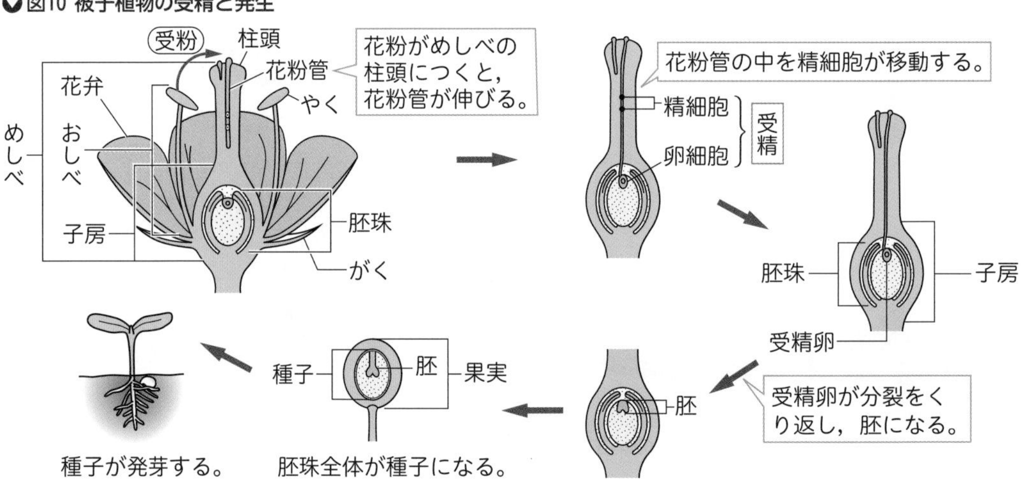

重要観察② 花粉管が伸びるようす

❶ スライドガラスにショ糖水溶液を1滴落とし，花粉をまく。

? なぜ？
めしべの柱頭と同じような状態にするため。
くわしく 柱頭には糖分があり，花粉はそれを養分にして花粉管を伸ばす。

★ショ糖水溶液のかわりに，砂糖を加えた寒天溶液を使うこともできる。

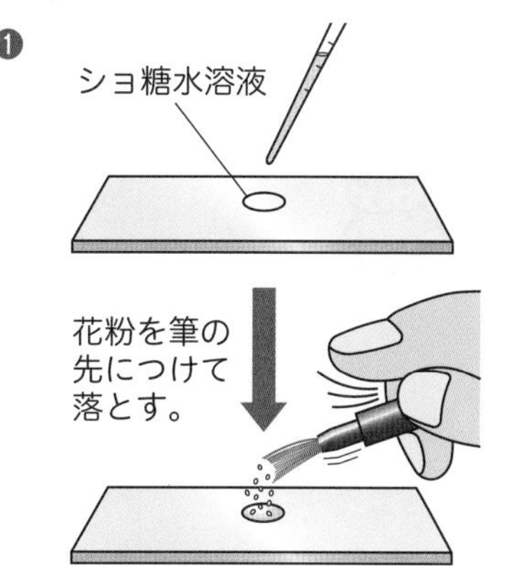

❷ 一定時間ごとに顕微鏡で観察し，スケッチする。観察しないときは，水を入れたペトリ皿に入れてふたをしておく。

? なぜ？
花粉やショ糖水溶液が乾燥するのを防ぐため。

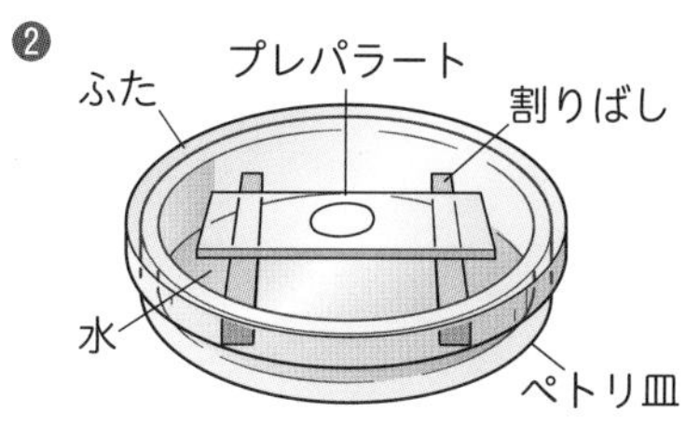

結果 （例）ホウセンカの花粉

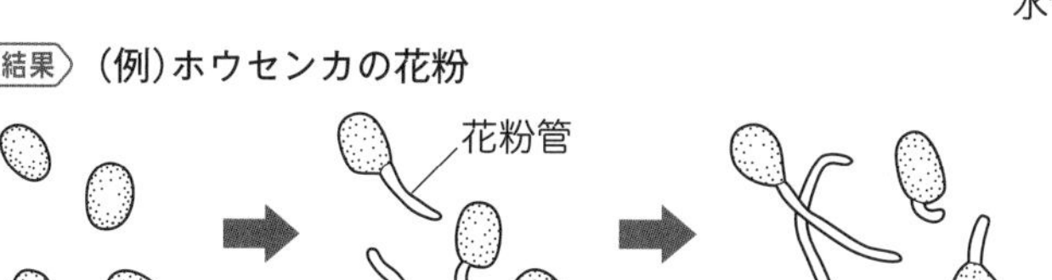

結果のまとめ
花粉が柱頭につくと，花粉管が伸びていく。

3 染色体の受けつがれ方

無性生殖か有性生殖かに関係なく，生殖によってつくられた子は，親の染色体を受けついでいる。

(1) 体細胞分裂での染色体の受けつがれ方

無性生殖で行われる体細胞分裂では，**図11**のように，染色体が複製され，それぞれ2個の細胞に分けられる。つまり，無性生殖でつくられる子は，親の染色体をそのまま受けつぐ。

▼図11 体細胞分裂での染色体の受けつがれ方（体細胞の染色体の数が2本の場合）

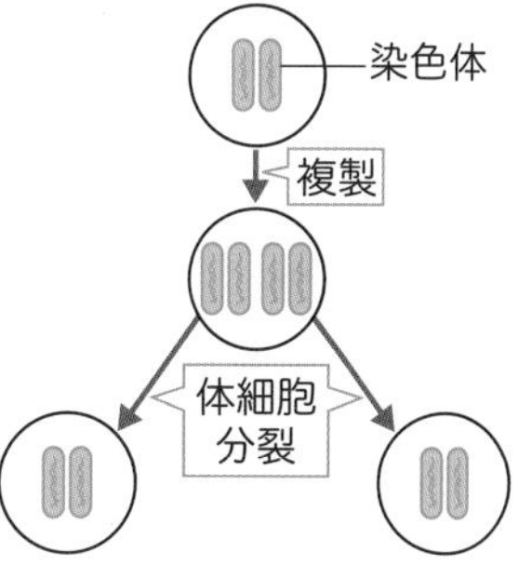

体細胞分裂と減数分裂の違いをしっかり確認しておこう。

(2) 減数分裂

有性生殖を行う生物において，卵(卵細胞)や精子(精細胞)などの生殖細胞ができるときの細胞分裂では，体細胞分裂とは異なり，**染色体の数がもとの細胞の半分になる**。このような特別な細胞分裂を**減数分裂**という。

(3) 減数分裂と受精での染色体の受けつがれ方(図12)

父親の細胞と母親の細胞からそれぞれ生殖細胞ができるときは，減数分裂によって，親から半数の染色体が受けつがれる。

次に，これらの生殖細胞が受精すると，受精卵では半数ずつの染色体が合わさる。つまり，受精卵(子)は，両方の親から半数ずつ染色体を受けつぎ，子の染色体の数は親と同じになる。このように，**減数分裂と受精によって，子の染色体の数は親と同じに保たれる**。

なお，減数分裂と受精によってできた受精卵は，前ページの**図11**のように体細胞分裂によって成長していく。

図12 減数分裂と受精での染色体の受けつがれ方(体細胞の染色体の数が2本の場合)

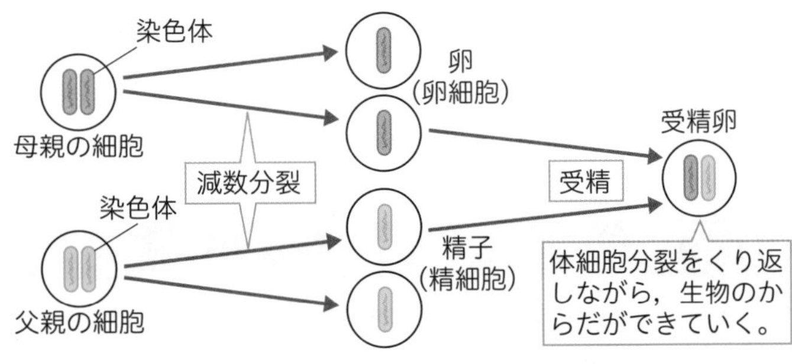

このような染色体と細胞のモデル図は次の章でも出てくるよ。よく理解しておこう。

(4) 無性生殖と有性生殖によってできる細胞

無性生殖によってできる子の細胞は，親の染色体をそのまま受けつぐので，親の細胞と同じである。

有性生殖によってできる子の細胞は，両方の親から半数ずつ染色体を受けつぐので，両親のどちらの細胞とも異なる。

要点チェック

1 生物の成長と細胞の変化

□ (1) １つの細胞が２つの細胞に分かれることを何というか。>>p.9

□ (2) 細胞分裂が始まると核（かく）のかわりに現れる，ひものようなものを何というか。>>p.10

□ (3) ①からだをつくる細胞を何というか。また，②からだをつくる細胞で起こる細胞分裂を何というか。>>p.12

2 生物のふえ方

□ (4) 生物が，自分と同じ種類の新しい個体をつくることを何というか。>>p.13

□ (5) 体細胞分裂によって新しい個体をつくる生殖を何というか。>>p.13

□ (6) 植物が，からだの一部から新しい個体をつくる無性生殖のことを何というか。>>p.14

□ (7) 受精によって新しい個体をつくる生殖を何というか。>>p.14

□ (8) 生殖のための特別な細胞を何というか。>>p.14

□ (9) 動物で，①雌（めす）の卵巣（らんそう）でつくられる生殖細胞を何というか。また，②雄の精巣でつくられる生殖細胞を何というか。>>p.14，15

□ (10) 被子植物（ひししょくぶつ）で，①めしべの胚珠（はいしゅ）でつくられる生殖細胞を何というか。また，②おしべの花粉でつくられる生殖細胞を何というか。>>p.14，16

□ (11) ２種類の生殖細胞が結合し，１つの細胞になることを何というか。>>p.14

□ (12) 動物で，受精卵が細胞分裂を始めてから，自分で食物をとり始める前までを何というか。>>p.15

□ (13) 受精卵から，からだのつくりが完成していく過程を何というか。>>p.15，16

□ (14) 染色体の数がもとの細胞の半分になる特別な細胞分裂を何というか。>>p.18

解答

(1) 細胞分裂

(2) 染色体

(3) ① 体細胞　② 体細胞分裂

(4) 生殖

(5) 無性生殖

(6) 栄養生殖

(7) 有性生殖

(8) 生殖細胞

(9) ① 卵　② 精子

(10) ① 卵細胞　② 精細胞

(11) 受精

(12) 胚

(13) 発生

(14) 減数分裂

定期試験対策問題 解答➡p.202

1 根の成長のようす ≫p. 9，10

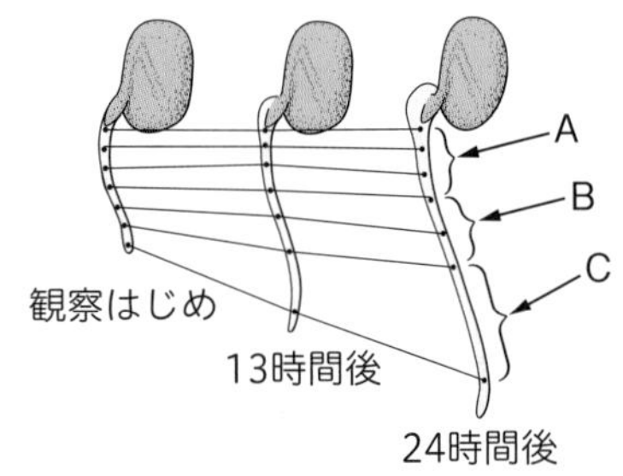

図は，ソラマメの根の成長のようすを表したものである。次の問いに答えなさい。

(1) 図の24時間後の根で，Ａ～Ｃの部分の断面を顕微鏡で観察した。細胞分裂が盛んに行われているようすを観察できる部分は，Ａ～Ｃのどれか。

(2) 細胞分裂をしている細胞を観察したところ，細胞内にひも状のつくりが見られた。このひも状のつくりを何というか。

(3) 根はどのように成長するか。細胞の数，細胞の大きさに着目して，簡単に答えなさい。

2 細胞分裂のようす ≫p.10～12

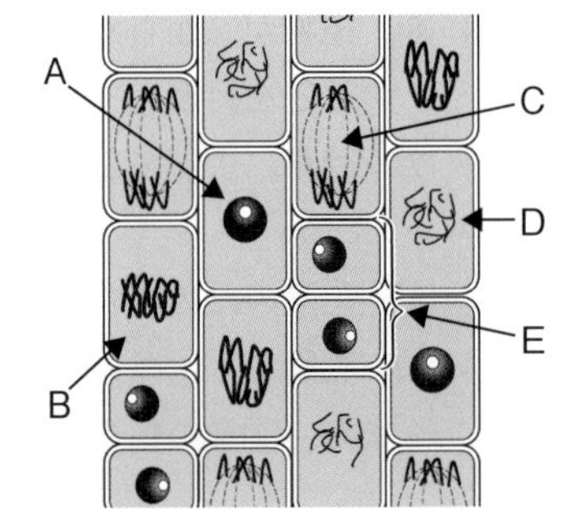

次のような手順で，タマネギの根の細胞を観察した。あとの問いに答えなさい。

〔手順〕① タマネギの根の先端部分を切り取り，<u>うすい塩酸に入れ，湯で２～３分あたためた</u>後，水洗いする。

② ①の根をスライドガラスにのせて柄つき針でほぐし，染色液をたらして２～３分おいた後，カバーガラスをかけ，ろ紙をのせて指で垂直に<u>押しつぶす</u>。

(1) 手順①で，下線部のような処理をする理由を，簡単に答えなさい。

(2) 手順②で，下線部のような処理をする理由を，簡単に答えなさい。

(3) 手順①，②の処理をした根の細胞を観察したところ，図のような細胞が見られた。図中のＡ～Ｅの細胞を，Ａを最初として，細胞分裂の順に並べかえなさい。

3 無性生殖 ≫p.13，14

次の(1)～(3)のような無性生殖をする生物を，あとの**ア**～**エ**からそれぞれ選びなさい。

(1) からだが２つに分裂して，新しい個体をつくる。

(2) 親のからだの一部から芽が出るようにふくらみ，それが分かれて新しい個体をつくる。

(3) 植物が，からだの一部から芽や根を出して，新しい個体をつくる。

ア ミカヅキモ　**イ** ジャガイモ　**ウ** ヒドラ　**エ** アサガオ

4 動物の有性生殖 >>p.15，18

図は，カエルの受精卵が細胞分裂をくり返して成長していく過程の一部を表したものである。あとの問いに答えなさい。

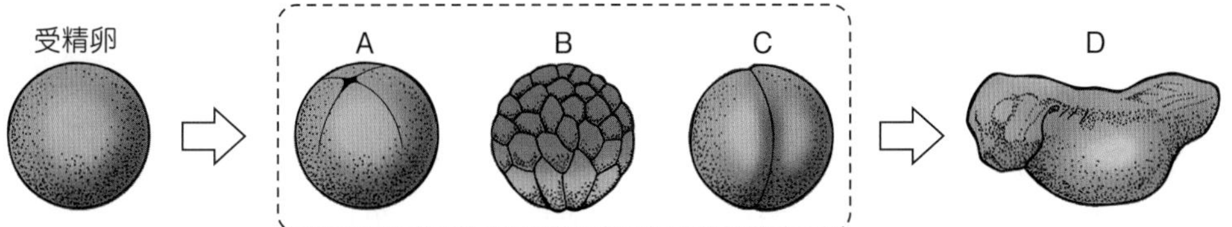

(1) カエルでは，卵と精子が合体することで，新しい個体ができる。卵や精子の染色体の数を n 本とすると，もとの親のからだの細胞に含まれる染色体の数は何本になるか。また，受精卵に含まれる染色体の数は何本になるか。それぞれ n を用いて表しなさい。

ヒント
(1) 親のからだの細胞から生殖細胞ができるとき，減数分裂が行われる。

(2) 図のA～Cを，成長の順に並べかえなさい。

(3) 受精卵が(2)のように成長する間，細胞の数と，１つ１つの細胞の大きさはどうなるか。それぞれ簡単に答えなさい。

5 植物の有性生殖 >>p.16，17

図は，被子植物の受粉後のめしべの断面を表したものである。次の問いに答えなさい。

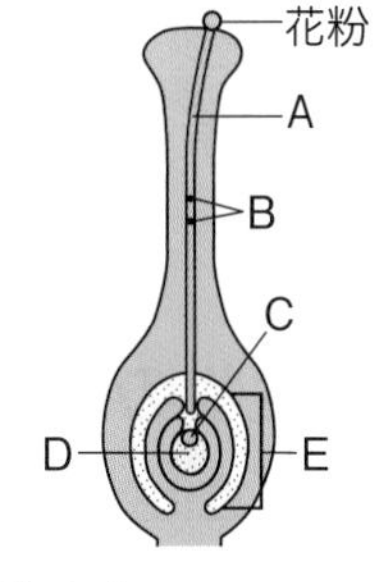

(1) 図で，花粉から伸びているAを何というか。また，Aの中を移動しているBを何というか。

(2) 図のBと受精して受精卵になる生殖細胞は，図のC～Eのどれか。

(3) 花粉から図のAが伸びるようすを観察するために，ショ糖水溶液に花粉をまいてプレパラートをつくった。このプレパラートは，観察しない間は水を入れたペトリ皿に入れてふたをしておく。この理由を，簡単に答えなさい。

第2章 遺伝と進化

要点のまとめ

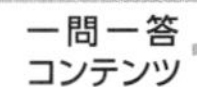

1 遺伝の規則性と遺伝子 >>p.23

- □ **形質**：生物のもつ形や性質などの特徴。
- □ **遺伝**：親の形質が子や孫の世代に現れること。
- □ **遺伝子**：生物の形質を決めるもの。細胞の核内の染色体にある。
- □ **純系**：自家受粉によって代を重ねても，その形質がすべて親と同じであるもの。
- □ **対立形質**：どちらか一方しか現れない形質どうし。
- □ **分離の法則**：対になっている親の遺伝子は，減数分裂によって，分かれて別々の生殖細胞に入ること。
- □ **顕性形質と潜性形質**：**対立形質をもつ純系どうし**をかけ合わせたとき，**子に現れる形質**を**顕性形質**，**子に現れない形質**を**潜性形質**という。
- □ **DNA（デオキシリボ核酸）**：遺伝子の本体である物質。

▼親から子，子から孫への遺伝子の伝わり方

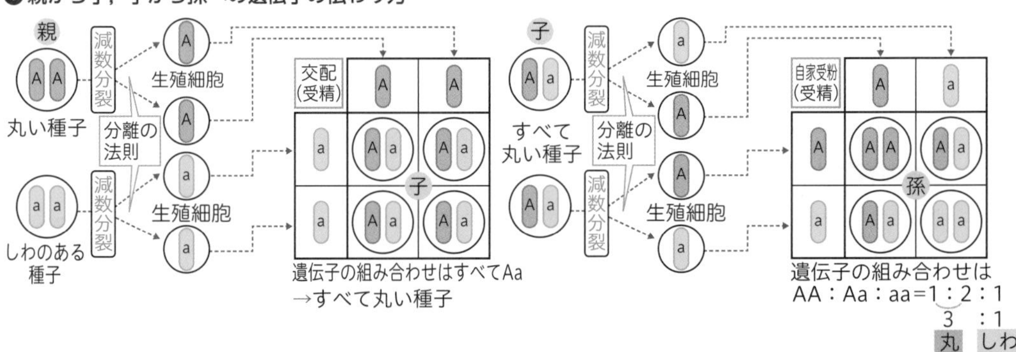

2 生物の種類の多様性と進化 >>p.28

- □ **進化**：生物が，長い年月をかけて世代を重ねる間にしだいに変化すること。
- □ **相同器官**：現在の形やはたらきは異なっていても，起源は同じと考えられる器官。進化の証拠の1つで，生活環境に合うように進化してきた。

▼相同器官（ホニュウ類の前あし）

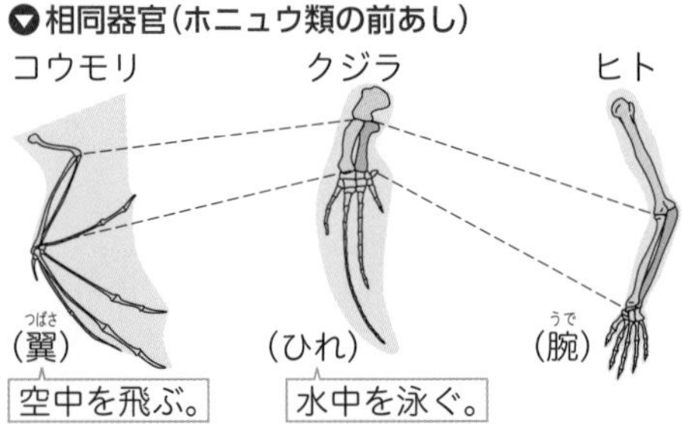

1 遺伝の規則性と遺伝子

① 遺伝

(1) 形質と遺伝

子は，親のもつさまざまな特徴を受けついでうまれてくる。この**生物のもつ形や性質などの特徴**を**形質**といい，**親の形質が子や孫の世代に現れること**を**遺伝**という。

(2) 遺伝子

生物の形質を決めるものを**遺伝子**という。遺伝子は，細胞の核内の**染色体**にある。

(3) 無性生殖と遺伝

無性生殖では，体細胞分裂によって子がつくられるので，子は親の染色体(遺伝子)をそのまま受けつぐ。そのため，親と同じ形質をもつ子ができる。❶

(4) 有性生殖と遺伝

有性生殖では，減数分裂をしてできた2つの生殖細胞が受精することによって，受精卵(じゅせいらん)(子)は両親の染色体(遺伝子)を半分ずつ受けつぐ。そのため，親とは異なる遺伝子の組合せをもつ子ができ，子に現れる形質は両親のどちらかと同じであったり，どちらとも異なっていたりする。また，子に現れなかった形質が孫に現れることもある(**図1**)。

❶クローン
無性生殖における親と子のように，すべての遺伝子がまったく同じで，形質もまったく同じ個体の集団をクローンという。

▼図1 マツバボタンの花の色の遺伝

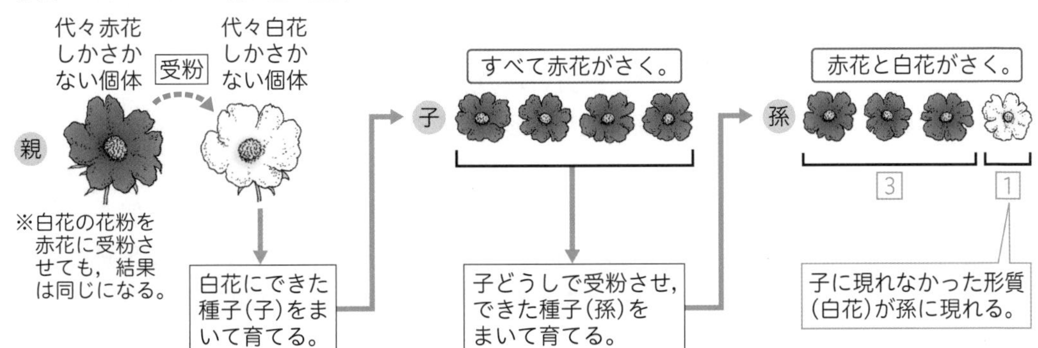

② メンデルが行った実験

19世紀の中ごろ，オーストリアのメンデルはエンドウを材料として，種子の形や子葉の色などの７つの形質の伝わり方を研究し，遺伝の規則性を発見した。

(1) 純系と対立形質

メンデルは，**対立形質**をもつ**純系**を用いて，交配[❷](かけ合わせ)実験を行った。

①**純系**

エンドウ(**図２**)は，自然の状態では自家受粉[❸]を行う。**自家受粉によって親，子，孫と代を重ねても，その形質がすべて親と同じ**である場合，これらを**純系**という。

②**対立形質**

エンドウの種子の形には「丸」と「しわ」があり，これらの形質は同時には現れない。この「丸」と「しわ」のように，どちらか一方しか現れない形質どうしを**対立形質**という。

(2) メンデルの実験

メンデルが行った実験のうち，種子の形についての実験の結果は次のようになった。

①**子に現れる形質**(図３のⓐ)

丸い種子をつくる純系(親)と，しわのある種子をつくる純系(親)の種子をまいて育て，さいた花をかけ合わせると，できた種子(子)はすべて丸かった。つまり，**子には，一方の親の形質だけが現れた**。

②**孫に現れる形質**(図３のⓑ)

①でできた種子(子)をまいて育て，さいた花で自家受粉させると，できた種子(孫)には丸が5474個，しわが1850個あった。つまり，**孫には，子に現れた形質と現れなかった形質の両方が現れ**，その**数の比はほぼ３：１**になった。

❷交配
２つの個体の間で，受粉または受精が行われることを交配という。

▼図２ エンドウの花
エンドウは，開花してもめしべとおしべが花弁に包まれているため，自然の状態では外から花粉が入らず，自家受粉する。

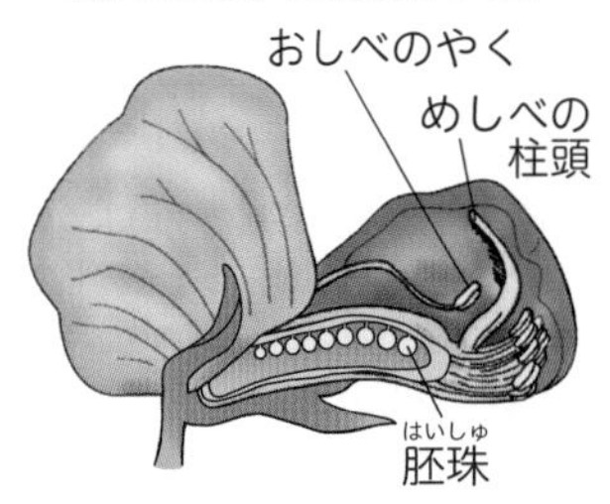

❸自家受粉と他家受粉
花粉が同じ個体のめしべにつくことを自家受粉という。
また，自家受粉に対して，花粉が別の個体のめしべにつくことを他家受粉という。

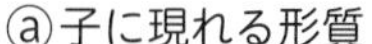
図3 メンデルの実験

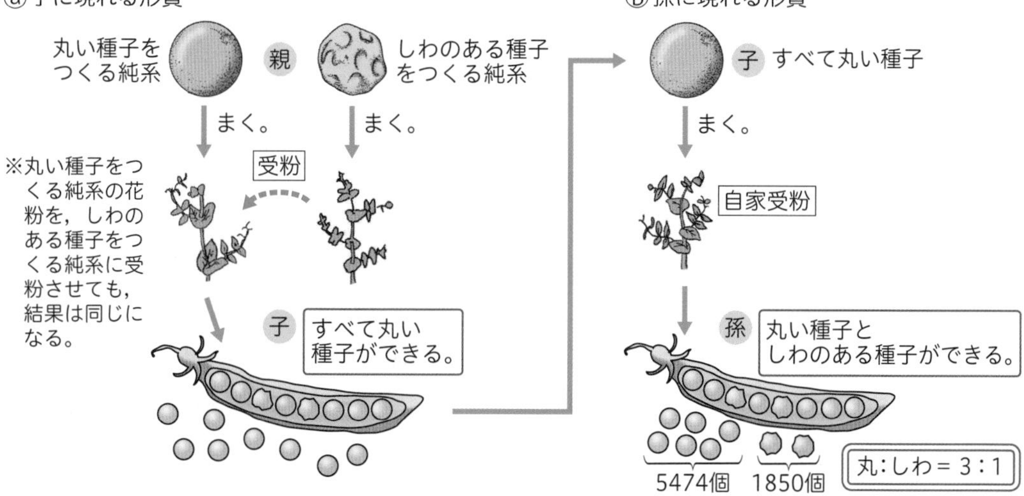

(3) メンデルが考えた遺伝のしくみ

図3の実験の結果，子に現れなかった「しわ」の形質は，孫に再び現れた。メンデルは，この実験結果を説明するために，生物のからだの中にはそれぞれの形質を支配する要素があると仮定し，次のような仮のしくみを考えた。

> **形質を支配する要素は，からだの中で2つ集まって対になっている。両親からその対の一方ずつが子に伝わり，子で新しい組み合わせの対ができる。**

この形質を支配する要素は，現在の**遺伝子**のことで，**染色体**に存在する。

(4) 遺伝子の表し方

遺伝子を記号で表し，遺伝のしくみを考えてみる。エンドウの種子の形を決める遺伝子のうち，種子を丸にする遺伝子をA，しわにする遺伝子をaで表すことにすると，**図4**のように，丸い種子をつくる純系のエンドウがもつ遺伝子の組み合わせはAA，しわのある種子をつくる純系のエンドウがもつ遺伝子の組み合わせはaaと表される。

図4 遺伝子の表し方

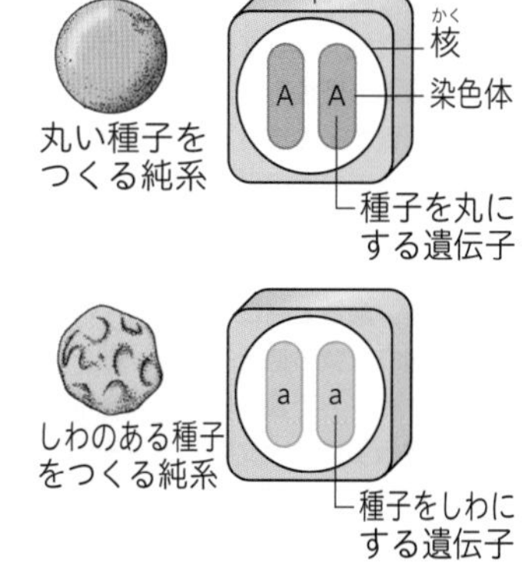

(5) 親(AAとaa)から子への遺伝子の伝わり方

親から子への遺伝子の伝わり方を，メンデルの実験の結果(>>p.25 **図3**のⓐ)をもとに考えると，**図5**のようになる。対(つい)になっている親の遺伝子は，減数分裂(げんすうぶんれつ)の結果，分かれて別々の生殖細胞(せいしょくさいぼう)に入り，受精によって再び対になる。

子の遺伝子の組み合わせは，すべてAaになり，子はすべて丸い種子になる。

①分離(ぶんり)の法則

対になっている親の遺伝子は，減数分裂によって，分かれて別々の生殖細胞(母親の場合は卵細胞(らんさいぼう)，父親の場合は精細胞)**に入る**。これを**分離の法則**という。

▼図5 親から子への遺伝子の伝わり方

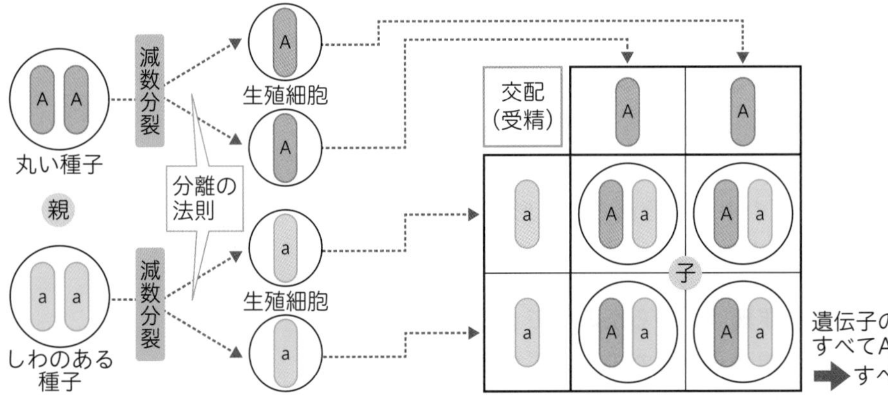

②顕性形質(けんせいけいしつ)と潜性形質(せんせいけいしつ)

メンデルの実験で，子には一方の親の形質(丸)だけが現れ，子の遺伝子の組み合わせはすべてAaである。つまり，子には，遺伝子Aが伝える形質(丸)だけが現れ，遺伝子aが伝える形質(しわ)は現れない。このように，**対立形質をもつ純系どうしをかけ合わせたとき，子に現れる形質**を**顕性形質(顕性の形質)**，**子に現れない形質**を**潜性形質(潜性の形質)**という。[4] エンドウの種子の形では，丸が顕性形質，しわが潜性形質である。[5]

❹優性と劣性(れっせい)
顕性を優性，潜性を劣性ということもある。優性形質，劣性形質は，その形質が子に現れるか現れないかであって，その形質が優(すぐ)れているか劣(おと)っているかではない。

❺顕性，潜性と遺伝子の記号
ある対立形質の遺伝子の記号をアルファベットで表す場合，顕性形質の遺伝子には大文字，潜性形質の遺伝子には小文字を使うことが多い。

(6) 子(Aa)から孫への遺伝子の伝わり方

子から孫への遺伝子の伝わり方を，メンデルの実験の結果(>>p.25 **図3**の⑥)をもとに考えると，**図6**のようになる。子の遺伝子Aとaは，減数分裂の結果，分かれて別々の生殖細胞に入り(**分離の法則**)，受精によって再び対になる。

孫の遺伝子の組み合わせは，AA，Aa，aaの3通りになる。このうち，AAとAaの種子は丸に，aaの種子はしわになる。このように，子に現れなかった潜性形質(しわ)も孫に現れ，丸い種子としわのある種子の割合は3：1になる。

図6 子から孫への遺伝子の伝わり方

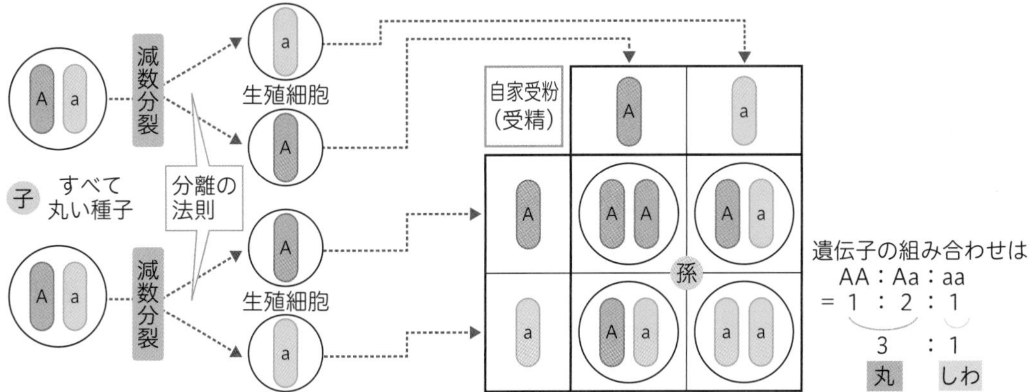

(7) メンデルが行った実験の結果のまとめ

メンデルは，7つの対立形質について調べた(**図7**)。

図7 メンデルの実験の結果

形質		種子の形	子葉の色	種皮の色	さやの形	さやの色	花のつき方	草たけ
対立形質	顕性	丸	黄色	有色	ふくれ	緑色	葉のつけ根	高い
	潜性	しわ	緑色	無色	くびれ	黄色	茎(くき)の先端(せんたん)	低い
孫に現れた個体数	顕性	5474	6022	705	882	428	651	787
	潜性	1850	2001	224	299	152	207	277
孫の形質の比(顕性：潜性)		2.96：1	3.01：1	3.15：1	2.95：1	2.82：1	3.14：1	2.84：1

どれもほぼ3：1

3 遺伝子の本体

エンドウを使った実験から，遺伝子は親から子，子から孫へと伝えられることがわかった。

(1) DNA

すべての生物は，細胞(さいぼう)の核内(かくない)の染色体(せんしょくたい)の中に遺伝子をもっている。これまでの研究から，**遺伝子の本体はDNA(デオキシリボ核酸)**という物質であることがわかっている。[6]

(2) 遺伝子の変化

遺伝子はふつう，変化せずに伝わる。しかし，遺伝子は不変なものではなく，染色体が複製される際に，遺伝子の本体であるDNAに変化が起こって子に伝えられることがある。このような場合には，親や祖先に現れなかった形質が子に現れることがある。

(3) DNAや遺伝子に関する研究とその成果の活用

DNAや遺伝子に関する研究は，近年めざましく進歩し，その成果が農業，医療(いりょう)，環境(かんきょう)などさまざまな分野で活用されている。[7]

❻DNA
DNAは，Deoxyribonucleic acid(デオキシリボ核酸の英語名)の略称(りゃくしょう)である。
DNAのうち，遺伝子の占(し)める部分は，約2％程度である。

❼DNAや遺伝子の研究と活用
- 農業への活用例
  ある生物に別の生物の遺伝子を導入し，生物の遺伝子を変化させる技術を遺伝子組換(くみか)えという。遺伝子組換えによって，比較的短時間で農作物の品種改良を行えるようになった。
- 医療への活用例
  病気の原因とかかわりのある遺伝子を特定し，治療方法を見つける研究が行われている。

2 生物の種類の多様性と進化

1 生物の歴史

(1) セキツイ動物(脊椎(せきつい)動物)が出現する年代(図8)

最も古いセキツイ動物の化石は，古生代初期の地層から見つかる原始的な魚類の化石で，それより古い地層からはセキツイ動物の化石は見つかっていない。古生代中期～後期の地層からは両生類やハチュウ類(は虫類)，中生代の地層からはホニュウ類(哺乳類(ほにゅうるい))や鳥類の化石が見つかっている。このことから，**地球上に最初に現れたセキツイ動物は魚類**で，その後，両生類，ハチュウ類，ホニュウ類，鳥類の特徴(とくちょう)をもつものが現れたと考えられている。

▼図8 セキツイ動物が出現する年代

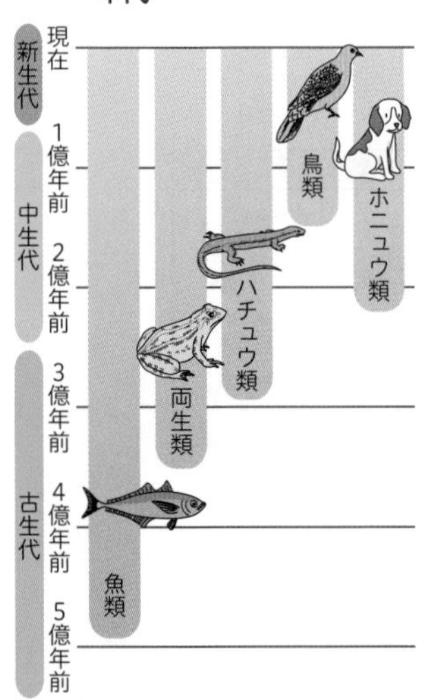

(2) セキツイ動物の特徴の比較

セキツイ動物の5つのなかまの特徴をまとめると，**表1**のようになる。次に，**表1**をもとに，2つのなかまに共通する特徴の数をまとめると，**表2**のようになる。

表1 セキツイ動物の特徴の比較 その特徴をもつものに○をつける。

特徴	魚類	両生類	ハチュウ類	鳥類	ホニュウ類
背骨がある。	○	○	○	○	○
えらで呼吸する。	○	○(子)			
肺で呼吸する。		○(親)	○	○	○
卵生で，卵を水中にうむ。	○	○			
卵生で，卵を陸上にうむ。			○	○	
胎生である。					○
羽毛や体毛がある。❽				○	○
羽毛や体毛がない。❽	○	○	○		

表2 セキツイ動物の5つのなかまに共通する特徴の数

	魚類	両生類	ハチュウ類	鳥類
ホニュウ類	1	2	2	3
鳥類	1	2	3	
ハチュウ類	2	3		
両生類	4			

図9 セキツイ動物の特徴と生活場所の関係

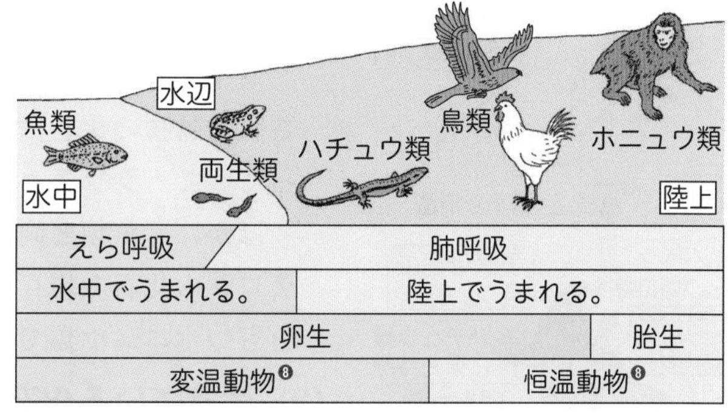

(3) セキツイ動物の歴史

表2をもとにすると，例えば魚類は，両生類とは共通する特徴が4つあるが，ハチュウ類とは2つである。したがって，魚類と最も似ているのは両生類で，次がハチュウ類である。このような関係や，最初の化石が見つかる年代の順序から，セキツイ動物の歴史を推測することができる。水中で生活する魚類のあるものが変化し，両生類になって水辺に上がり，さらに陸上での生活に適したハチュウ類やホニュウ類，鳥類が現れたと考えられている(**図9**)。

中1の復習

- 背骨がある動物をセキツイ動物という。セキツイ動物は，魚類，両生類，ハチュウ類，鳥類，ホニュウ類の5つのなかまに分けられる。
- 地層の中に，堆積した当時すんでいた生物の遺骸や生活した跡が残っているものを化石という。地層が堆積した当時の環境を推定できる化石を示相化石，地層が堆積した年代(地質年代)を推定できる化石を示準化石という。
- 示準化石などをもとに決められた，地層が堆積した年代を地質年代という。地質年代は，古いものから順に，古生代，中生代，新生代などと区分されている。

❽羽毛や体毛と体温

鳥類やホニュウ類の多くは，まわりの温度が変化しても，体温がほぼ一定に保たれている(恒温動物という)。一方，魚類や両生類，ハチュウ類の多くは，まわりの温度の変化に伴って，体温も変化する(変温動物という)。

中1の復習

- 種子をつくってふえる種子植物には，胚珠が子房の中にある被子植物と，子房がなく胚珠がむき出しの裸子植物がある。
- 胞子をつくってふえる植物には，根・茎・葉の区別があるシダ植物と，根・茎・葉の区別がないコケ植物がある。

発展 ❾植物の祖先

植物の祖先は，水中生活をしていた光合成を行う生物で，アオノリやミカヅキモのような生物に近いものだと考えられている。その中のあるものが陸上に進出し，コケ植物に変化していった。

(4) 植物の歴史

植物も，生活場所やからだのつくりなどの特徴の比較や，最初の化石が見つかる年代の順序から，歴史を推測することができる。最初に陸上に現れた植物は，胞子でふえるコケ植物やシダ植物である。根・茎・葉のつくりが発達したシダ植物は生活場所を広げていき，シダ植物のあるものが変化して種子でふえる裸子植物が現れ，裸子植物のあるものが変化して被子植物が現れたと考えられている。❾

(5) 進化

生物は，長い年月をかけて世代を重ねる間にしだいに変化する。このような変化を生物の**進化**という。

2 進化の証拠

進化を裏づける証拠には，次のようなものがある。

(1) 中間的な特徴をもつ生物(図10)

ドイツの1億5千万年前(中生代中ごろ)の地層から発見された動物の化石は，ハチュウ類と鳥類の特徴を合わせもっていて，**シソチョウ(始祖鳥)**と名づけられた。

ほかに，魚類と両生類の特徴を合わせもつユーステノプテロンの化石や現存するハイギョ，ハチュウ類に似た特徴をもつホニュウ類である**カモノハシ**やハリモグラがいる。

(2) 生きている化石

大昔の生物に近い特徴を現代まで保っている生物を，生きている化石という。**シーラカンス**は，古生代に栄えていた魚類のなかまの生き残りで，ひれにはセキツイ動物のあしと似たような骨格があり，このようななかまから原始的な両生類が進化したと考えられている(**図11**)。

ほかに，動物ではハイギョやカブトガニ，オウムガイ，植物ではメタセコイアやイチョウなども生きている化石である。

▼図10 中間的な特徴をもつ生物

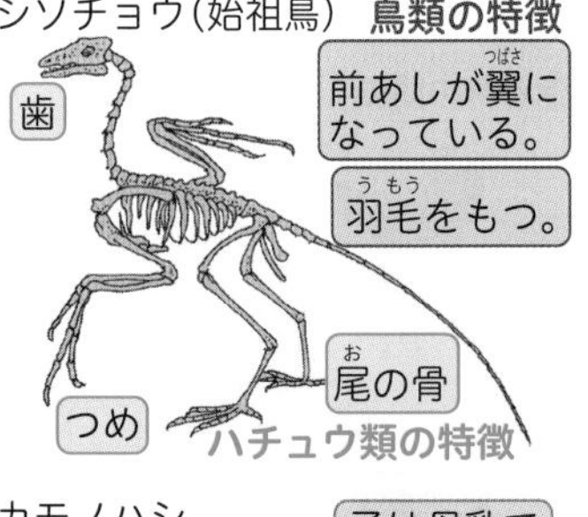

▼図11 生きている化石

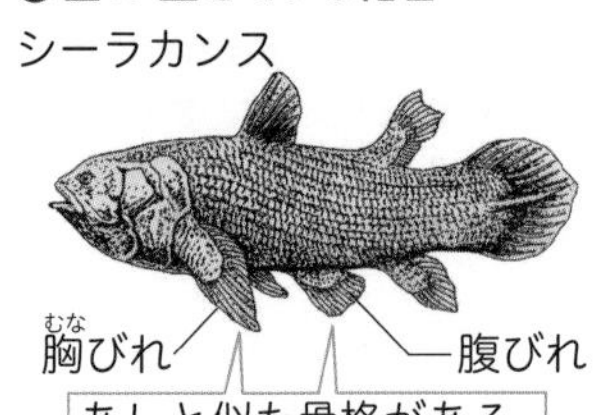

(3) 相同器官(図12)

セキツイ動物の前あしの骨格を見ると，外見やはたらきは異なるのに骨格の基本的なつくりがよく似ており，これらは同じものから変化してできたと考えられている。このように，**現在の形やはたらきは異なっていても，基本的なつくりが同じで，起源は同じものであったと考えられる器官**を**相同器官**という[10]。

相同器官は，これらのなかまが，共通の祖先から進化したことを示す証拠と考えられる。相同器官の形やはたらきは，現在ではそれぞれの動物の生活環境(かんきょう)に合うように進化している。

⑩痕跡器官(こんせききかん)
相同器官の中には，例えばヘビやクジラの後ろあしのように，はたらきを失って痕跡だけ残っている器官もある。これを痕跡器官という。

▼図12 相同器官(セキツイ動物の前あしの骨格)

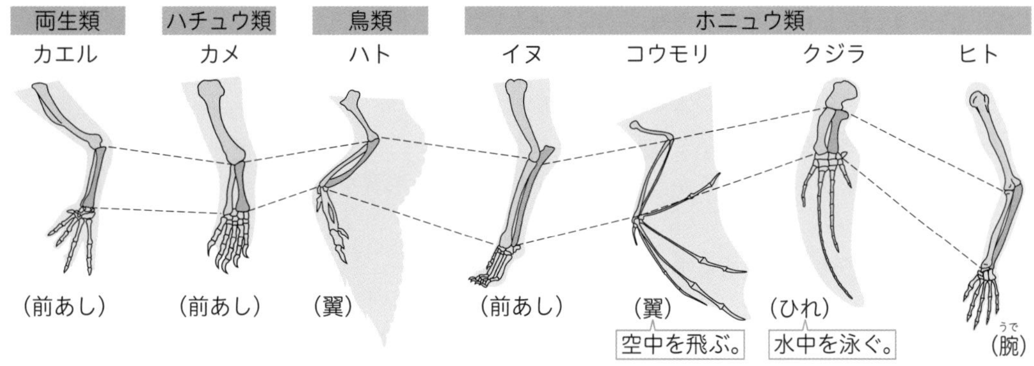

3 遺伝子の変化と進化

(1) 遺伝子の変化と形質

親の遺伝子に変化が起こって子に伝わると，子に新しい形質が現れ，それがまれに子孫に受けつがれることがある。

(2) 生物の種類の多様性と進化

遺伝子の変化が何世代もくり返される間に，生物の形質は環境に適するように変化する。このように，長い時間をかけて過去にいた生物が進化し，現在の地球上で見られる多様な生物が現れてきたと考えられている。

要点チェック

1 遺伝の規則性と遺伝子

- □ (1) 生物のもつ形や性質などの特徴を何というか。>>p.23
- □ (2) 親の形質が子や孫の世代に現れることを何というか。>>p.23
- □ (3) 細胞の核内の染色体にある，生物の形質を決めるものを何というか。>>p.23
- □ (4) 体細胞分裂によって，子が親の遺伝子をそのまま受けつぐのは，無性生殖か，有性生殖か。>>p.23
- □ (5) 自家受粉によって親，子，孫と代を重ねても，その形質がすべて親と同じであるものを何というか。>>p.24
- □ (6) エンドウの種子の形の「丸」と「しわ」のように，どちらか一方しか現れない形質どうしを何というか。>>p.24
- □ (7) 対になっている親の遺伝子が，減数分裂によって，分かれて別々の生殖細胞に入ることを何というか。>>p.26
- □ (8) 対立形質をもつ純系どうしをかけ合わせたとき，①子に現れる形質を何というか。また，②子に現れない形質を何というか。>>p.26
- □ (9) 遺伝子の本体である物質を何というか。>>p.28

2 生物の種類の多様性と進化

- □ (10) セキツイ動物の５つのなかまのうち，地球上に最初に現れたのは何類と考えられているか。>>p.28
- □ (11) 生物が，長い年月をかけて世代を重ねる間にしだいに変化することを何というか。>>p.30
- □ (12) ドイツの１億５千万年前の地層から発見された，ハチュウ類と鳥類の特徴を合わせもつ動物は何とよばれているか。>>p.30
- □ (13) 現在の形やはたらきは異なっていても，基本的なつくりが同じで，起源は同じものであったと考えられる器官を何というか。>>p.31

解答

(1) 形質
(2) 遺伝
(3) 遺伝子
(4) 無性生殖
(5) 純系
(6) 対立形質
(7) 分離の法則
(8) ① 顕性(の)形質
② 潜性(の)形質
(9) DNA(デオキシリボ核酸)
(10) 魚類
(11) 進化
(12) シソチョウ(始祖鳥)
(13) 相同器官

定期試験対策問題

解答➡p.203

1 遺伝の規則性 >>p.24〜27

　図のように，丸い種子から育ったエンドウと，しわのある種子から育ったエンドウを親としてかけ合わせたところ，できた種子(子)はすべて丸かった。種子を丸にする遺伝子をA，しわにする遺伝子をaの記号で表すものとして，次の問いに答えなさい。

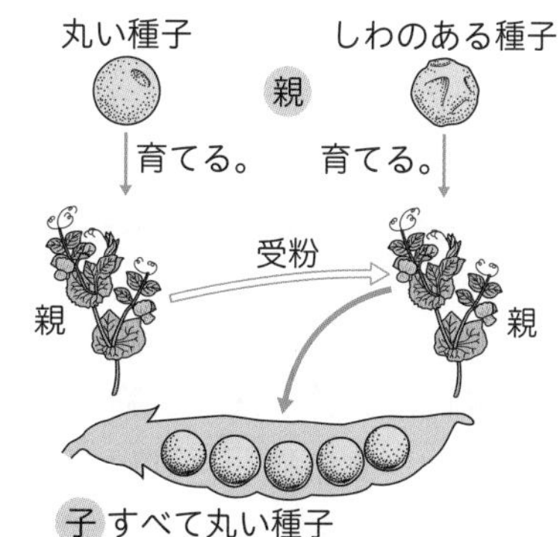

(1) エンドウの種子の形の遺伝で，顕性(けんせい)形質は丸，しわのどちらか。

(2) 子の種子がすべて丸かったことから，親の丸い種子の遺伝子の組み合わせはAA，Aaのどちらであることがわかるか。

(3) 子の丸い種子を育てて，これらどうしを受粉させたところ，400個の種子(孫)ができた。これに含(ふく)まれる丸い種子の個数として最も適当なものは，次の**ア**〜**オ**のどれか。

ア 0個　**イ** 100個　**ウ** 200個　**エ** 300個　**オ** 400個

2 遺伝子の伝わり方 >>p.24〜27

　図は，エンドウの遺伝子の伝わり方を表そうとしたもので，種子を丸にする遺伝子をA，しわにする遺伝子をaの記号で表している。次の問いに答えなさい。

親の代の細胞
核
染色体
A A
a a
子の代の細胞
A a
A a
あ
生殖細胞
A a A a
受精
孫の代の細胞
染色体

(1) 図のⓐのときに起こる細胞分裂を何というか。

(2) 図のⓐによって，遺伝子が分かれて別々の生殖細胞に入ることを何の法則というか。

(3) 図の孫の代で，遺伝子の組み合わせはどのようになるか。図の染色体の中に，Aまたはaの記号をかき入れなさい。

3 マツバボタンの花の色の遺伝 >>p.23~27

マツバボタンの代々赤花しかさかない個体と，代々白花しかさかない個体を親としてかけ合わせたところ，子の代ではすべて赤花がさいた。子どうしで受粉させ，できた種子（孫）をまいて育てたところ，赤花と白花がさいた。次の問いに答えなさい。

(1) 赤花をさかせる遺伝子をR，白花をさかせる遺伝子をｒの記号で表す場合，子の代の遺伝子の組み合わせを記号で表しなさい。

> ヒント
> (2) エンドウの種子の形の遺伝と同じように考えればよい。

(2) 孫の代の遺伝子の組み合わせは３通りある。これらをすべて，記号で表しなさい。

4 中間的な特徴(とくちょう)をもつ生物 >>p.30

図は，鳥類と□類の特徴を合わせもつ，シソチョウの骨格を表したものである。次の問いに答えなさい。

シソチョウ（始祖鳥）

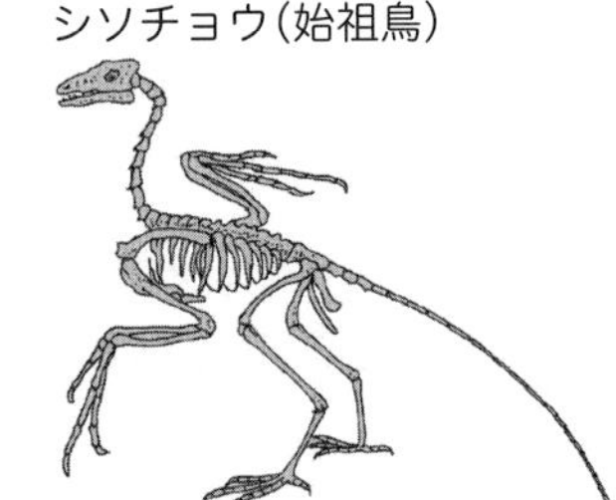

(1) 文中の□に当てはまることばを答えなさい。

(2) シソチョウの特徴を説明した次の**ア**～**エ**から，鳥類の特徴と考えられるものをすべて選びなさい。

ア 尾(お)に骨がある。　　**イ** 口に歯がある。

ウ 羽毛(うもう)をもつ。　　**エ** 前あしが翼(つばさ)になっている。

5 セキツイ動物の前あしの骨格 >>p.31

図は，セキツイ動物の前あしにあたる部分の骨格を比較(ひかく)したもので，これを見ると，<u>骨格の基本的なつくりがよく似ている</u>ことがわかる。次の問いに答えなさい。

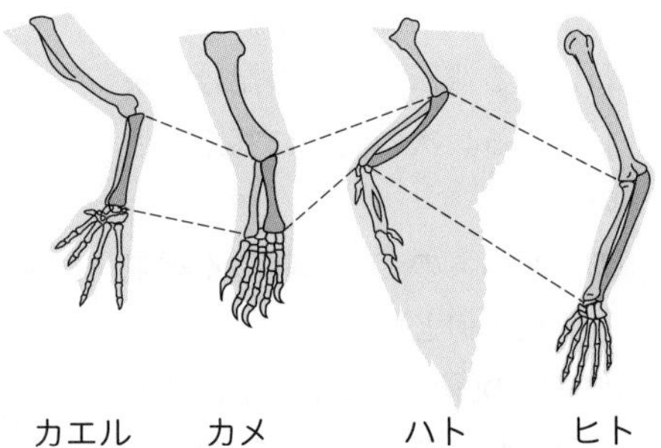

(1) 下線部のことから，セキツイ動物はどのように進化してきたと推測されているか。簡単に答えなさい。

(2) 図の前あしと相同器官であると考えられるものを，次の**ア**～**オ**からすべて選びなさい。

ア ヒトの足　　**イ** クジラの胸(むな)びれ　　**ウ** イヌの尾

エ イルカの背びれ　　**オ** コウモリの翼

第2編

化学変化とイオン

第3章 水溶液とイオン

要点のまとめ

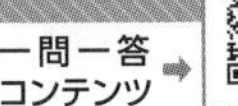

1 電流が流れる水溶液 ≫p.37

2年生で学習した電気分解を思い出そう。

□ **電解質**：水に溶かしたとき電流が流れる物質。

非電解質：水に溶かしても電流が流れない物質。

□ **電解質の水溶液に電流を流したとき**：電気分解が起こる。

例 塩化銅水溶液の電気分解 塩化銅 → 銅（陰極側） ＋ 塩素（陽極側）

$$CuCl_2 \rightarrow Cu + Cl_2$$

塩酸の電気分解 塩化水素 → 水素（陰極側） ＋ 塩素（陽極側）

$$2HCl \rightarrow H_2 + Cl_2$$

2 原子とイオン ≫p.40

□ **原子の構造**：原子は，＋の電気をもつ**原子核**と，－の電気をもつ**電子**からなる。原子核は，＋の電気をもつ**陽子**と，電気をもたない**中性子**からなる。

□ **同位体**：同じ元素で，中性子の数が異なる原子。

□ **イオン**：原子が電気を帯びたもの。原子が**電子**を失って＋の電気を帯びたものを**陽イオン**，原子が**電子**を受け取って－の電気を帯びたものを**陰イオン**という。

▼ヘリウム原子の構造

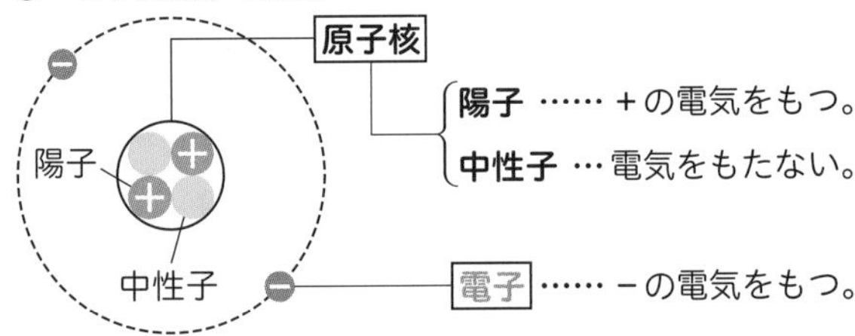

▼イオンのでき方

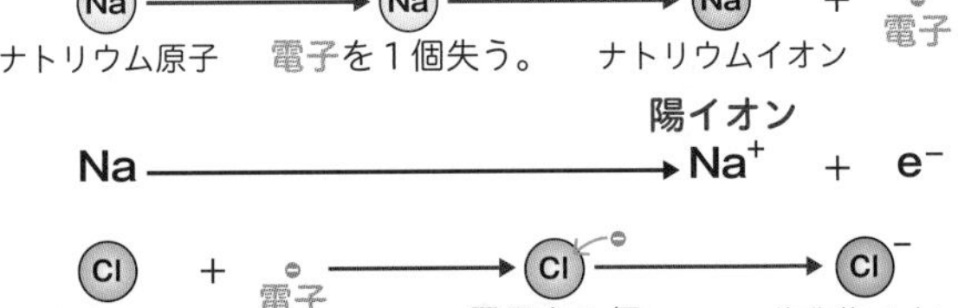

$$Cl + e^- \rightarrow Cl^-$$

□ **電離**：**電解質**が水に溶けると，**陽イオン**と**陰イオン**に分かれること。

例 塩化水素の電離 塩化水素 → 水素イオン ＋ 塩化物イオン

$$HCl \rightarrow H^+ + Cl^-$$

塩化銅の電離 塩化銅 → 銅イオン ＋ 塩化物イオン

$$CuCl_2 \rightarrow Cu^{2+} + 2Cl^-$$

1 電流が流れる水溶液

① 電解質と非電解質

(1) 電流が流れる水溶液と流れない水溶液

精製水(蒸留水)[1]にも塩化ナトリウム(食塩)の固体にも電流は流れない。しかし，塩化ナトリウムを精製水に溶かして水溶液にすると，電流が流れるようになる。物質を水に溶かしたとき電流が流れるかどうかは，**図1**のようにして調べることができる。

中1の復習

●砂糖水の場合，砂糖のように溶けている物質を溶質，水のように溶質を溶かしている液体を溶媒(ようばい)といい，砂糖水のように溶質が水に溶けた液全体を水溶液という。

中2の復習

●純粋(じゅんすい)な水は電流が流れにくいが，水酸化ナトリウムなどを溶かすと電流が流れるようになる。

❶精製水

何も溶けていない純粋な水のことを，精製水や蒸留水という。

図1 電流が流れる水溶液と流れない水溶液

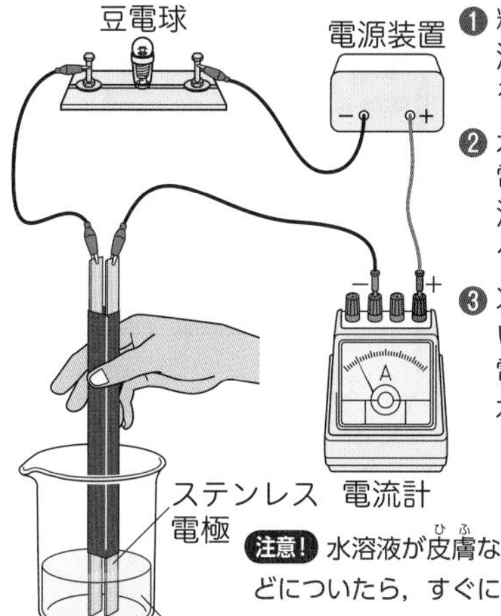

❶ 精製水に物質を溶かし，水溶液をつくる。

❷ 水溶液の1つに電極をつけ，電流が流れるか調べる。

❸ 次の水溶液について調べる前に，電極の先を精製水でよく洗う。

注意! 水溶液が皮膚(ひふ)などについたら，すぐに大量の水で洗い流す。

? なぜ? **水溶液が混ざらないようにするため。**

結果 ○は電流が流れたことを表す。

調べた水溶液	電流	電極付近のようす
塩化ナトリウム水溶液	○	気体が発生。
砂糖水		変化なし。
塩酸(塩化水素の水溶液)	○	気体が発生。
水酸化ナトリウム水溶液	○	気体が発生。
塩化銅水溶液	○	気体が発生。 電極の色が変化。
エタノール水溶液		変化なし。

★その他の電流が流れる水溶液

果物(くだもの)の汁(しる)は，クエン酸など複数の物質が溶けており，電流が流れる。また，雨水や水道水は，二酸化炭素やその他の物質が溶けており，わずかに電流が流れる。

(2) 電解質と非電解質(表1)

図1の 結果 から，水溶液にはその溶質によって，電流が流れるものと流れないものがあることがわかる。

①電解質

塩化ナトリウムや塩化水素のように，**水に溶かしたとき水溶液に電流が流れる物質**を**電解質**という。

②非電解質

砂糖やエタノールのように，**水に溶かしても水溶液に電流が流れない物質**を**非電解質**という。

表1 電解質と非電解質

電解質	塩化水素，アンモニア 塩化ナトリウム(食塩) 水酸化ナトリウム 塩化銅，塩化鉄 硫酸(りゅうさん)銅，硫酸 酢酸(さくさん)(食酢(しょくず))
非電解質	砂糖(ショ糖) ブドウ糖 エタノール

中1の復習

●塩素は，黄緑色で，特有の刺激臭がある有毒な気体で，水に溶けやすい。漂白作用があるため，漂白剤として利用されている。

❷塩化銅をつくる
塩化銅は，銅と塩素の化合物である。塩素の中に熱した銅線を入れると，塩化銅をつくることができる。
$Cu + Cl_2 \longrightarrow CuCl_2$

② 電解質の水溶液に電流を流したときの変化

前ページの**図1**の 結果 からわかるように，電解質の水溶液に電流が流れるとき，電極付近で変化が見られる。これは，化学変化(電気分解)が起こっているからである。

(1) 塩化銅水溶液の電気分解

塩化銅水溶液に電流を流すと，塩化銅❷が銅と塩素に分解する。» 重要実験❸

重要実験❸ 塩化銅水溶液の電気分解

❶ 図のような装置を組みたて，塩化銅水溶液に電流を流し，陰極や陽極のようすを観察する。
★電気分解のとき，電源装置の＋極につないだ電極を陽極といい，－極につないだ電極を陰極という。

結果 陰極：**赤色の物質が付着した。**
陽極：**刺激臭のある気体が発生した。**

❷ 電極に発生した物質の性質を調べる。
▶陰極に付着した赤色の物質をろ紙にとり，かたいものでこする。

結果 **金属光沢が見られた。**
➡赤色の物質は**銅**

▶陽極付近の液(発生した気体の水溶液)をとり，赤インクで着色した水に入れる。

結果 **赤インクの色が消えた。**
➡刺激臭のある気体は**塩素**

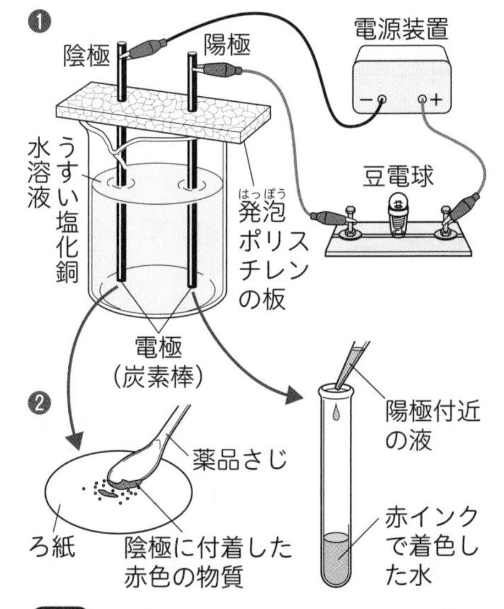

注意!
発生する気体は有毒なので，換気をよくし，吸わないようにする。気体のにおいを調べるときは，手であおぐようにしてかぐ。

塩素はプールのようなにおいがするね。

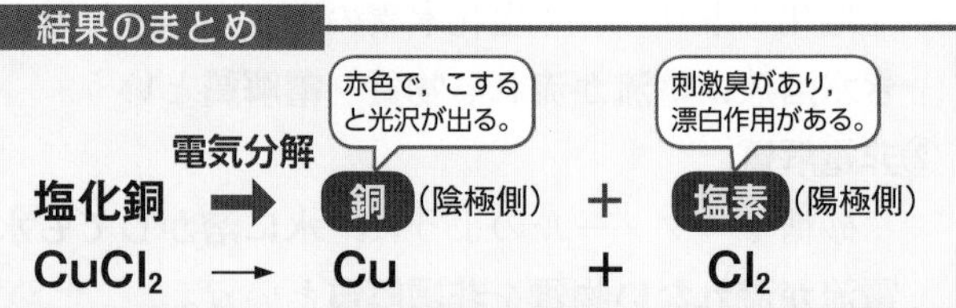

(2) 塩酸の電気分解

うすい塩酸は，気体の塩化水素が水に溶けた水溶液で，塩化水素は水素と塩素が結びついた化合物である。うすい塩酸に電流を流すと，塩化水素が水素と塩素に分解する。

>> 重要実験❹

中１の復習

●塩化水素は，無色で，刺激臭がある気体で，水によく溶ける。

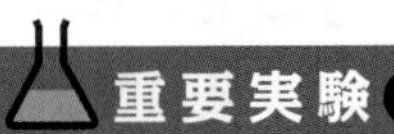

重要実験❹ 塩酸の電気分解

❶ 図のような装置を組みたて，塩酸に電流を流す。どちらかの電極側に，気体が装置の半分くらいまで集まったら電源を切り，それぞれの電極側に集まった気体の量を観察する。

結果 **陽極側に集まった気体のほうが量が少なかった。**

❷ 電極に発生した気体の性質を調べる。

▶陰極側のゴム栓(せん)をとり，気体にマッチの火を近づける。

結果 **気体が音を立てて燃えた。**

➡ 気体は**水素**

▶陽極側のゴム栓をとり，気体の中に赤インクで着色したろ紙を入れる。また，気体のにおいを調べる。

結果 着色したろ紙：**色が消えた。**

におい：**刺激臭がした。**

➡ 気体は**塩素**

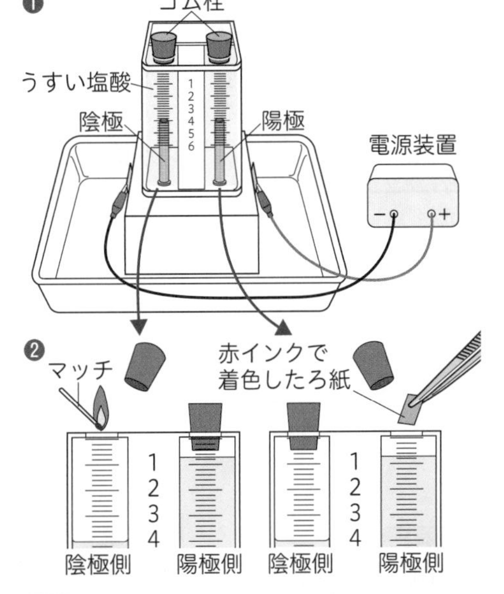

注意!

発生する気体は有毒なので，換気をよくし，吸わないようにする。気体のにおいを調べるときは，手であおぐようにしてかぐ。

水素と塩素の発生量は同じだけど，塩素は水に溶けやすいから少ししか集まらないんだって。

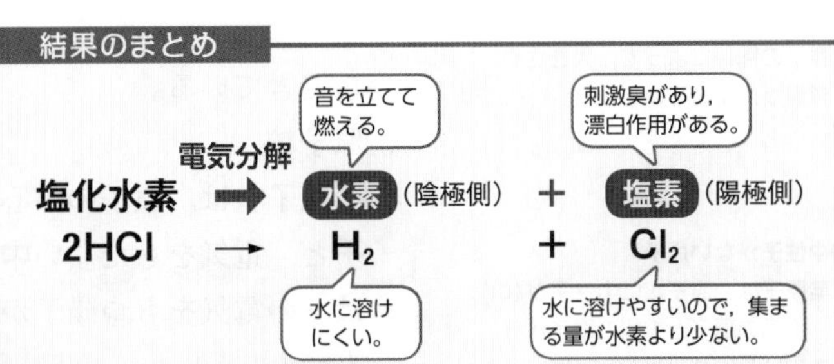

$$2HCl \rightarrow H_2 + Cl_2$$

中２の復習

●同じ種類の電気どうしはしりぞけあい，異なる種類の電気どうしは引きあう。

(3) 電源装置の＋極と－極をつなぎかえたとき

p.38の 重要実験❸，p.39の 重要実験❹ のそれぞれで，電源装置の＋極と－極を逆につなぐと，電極で起こる変化のようすも逆になる。つまり，電源装置のどちらの極につなぐかによって，電極で起こる変化が決まる。

◆図２ 塩化銅水溶液に電流が流れるときのモデル

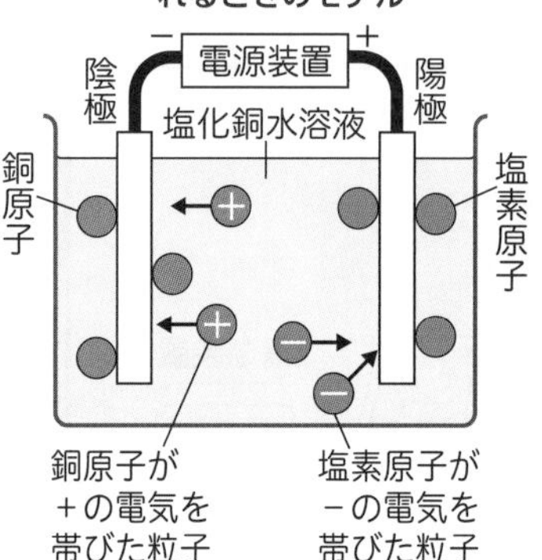

(4) 電解質の水溶液に電流が流れるときのモデル

重要実験❸，重要実験❹ からわかるように，電気分解で塩素はいつも陽極から発生する。これは，例えば塩化銅水溶液中には，**塩素原子が－の電気を帯びた粒子**があり，電流が流れるとその粒子が陽極に引かれて塩素原子になるからである。同じように，銅が陰極から発生するのは，塩化銅水溶液中には**銅原子が＋の電気を帯びた粒子**があり，電流が流れるとその粒子が陰極に引かれて銅原子になるからである（図２）。

原子が電気を帯びた粒子って何かな？原子は何からできているのかな？

中２の復習

●原子には次のような性質がある。
・化学変化でそれ以上分けることができない。
・化学変化で別の原子に変わったり，なくなったり，新しくできたりしない。
・原子の種類によって，大きさや質量が決まっている。

2 原子とイオン

① 原子の構造

(1) 原子の構造（図３）

原子は，＋の電気をもつ**原子核**と，－の電気をもつ**電子**からできている。

①**原子核**

原子核は，原子の中心に１個あり，＋の電気をもつ**陽子**と，電気をもたない**中性子**からできている。❸ 原子核には＋の電気をもつ陽子があるので，原子核は＋の電気をもつ。

❸中性子がない原子
水素原子は，原子核に中性子がなく，１個の陽子と１個の電子からできている。≫p.41

②**電気的に中性**

陽子１個がもつ＋の電気の量と，電子１個がもつ－の電気の量は等しい。原子の中では，陽子の数と電子の数が等しいので，原子全体としては電気を帯びていない。この状態を，**電気的に中性である**という。

❹原子と原子核の大きさ
原子核の大きさは，原子よりずっと小さい。例えば，原子を野球場とすると，原子核は米粒(こめつぶ)ほどの大きさしかない。このことから，原子はすき間だらけなのがわかる。

▼図３ ヘリウム原子の構造

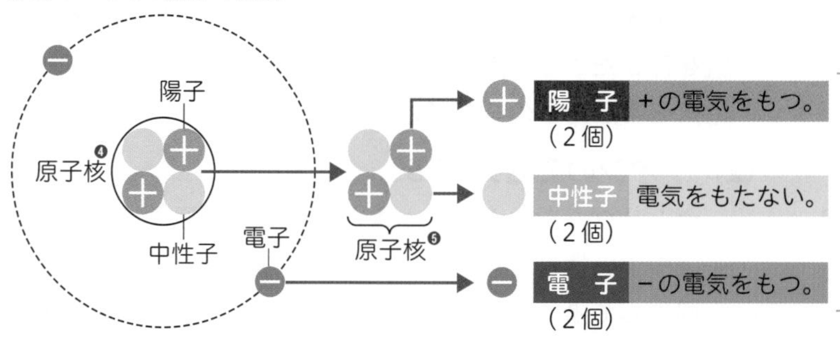

(2) 原子の種類を決めるもの

原子の種類(元素)は，原子核中の陽子の数で決まる。例えば，水素原子の陽子は１個，ヘリウム原子の陽子は２個，炭素原子の陽子は６個である。原子を陽子の数(原子番号という)の順に並べた表が，**周期表**(≫巻末資料)である。

❺陽子と中性子の結びつき
原子核の陽子と中性子は，非常に強く結びついているので離(はな)れない。

❻陽子・中性子・電子の質量
陽子と中性子の質量はほぼ同じで，電子の質量は，陽子や中性子に比べてきわめて小さい。

(3) 同位体

同じ元素でも，中性子の数が異なる原子が存在する。これらは周期表の上では同じ位置にあるため，このような原子どうしを互(たが)いに**同位体**という❼。例えば，水素の同位体には，中性子の数が０個の原子，中性子の数が１個の原子などがある(**図４**)。

中２の復習

- 原子の種類を元素といい，元素を表す記号を元素記号という。
- 現在知られている約120種類の元素を，原子番号の順に並べて，元素の性質を整理した表を周期表という。
- 周期表の横の行を周期，縦の列を族という。同じ族には，化学的な性質のよく似た元素が並んでいる。

▼図４ 水素の同位体

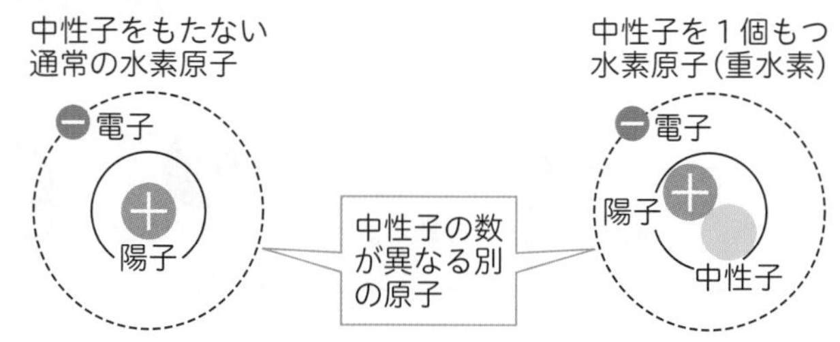

❼同位体の化学的な性質
化学変化には，ふつう中性子は関係しないため，どの同位体も化学的な性質はほとんど等しい。

② イオン

(1) イオン

原子は，ふつうの状態では電気的に中性であるが，－の電気をもつ電子を失ったり受け取ったりすることで，電気を帯びることがある。このように，**原子が電気を帯びたものをイオン**という。そのうち，**原子が電子を失って＋の電気を帯びたものを陽イオン**，**原子が電子を受け取って－の電気を帯びたものを陰(いん)イオン**という。

(2) イオンのでき方(図５)

ナトリウムやマグネシウムなどの金属の原子は，電子を失いやすい性質をもっている。ナトリウム原子は，電子を１個失って陽イオンになる。これを**ナトリウムイオン**といい，Na^+と表す。また，マグネシウム原子は，電子を２個失って陽イオンになる。これを**マグネシウムイオン**といい，Mg^{2+}と表す。

一方，塩素などの非金属の原子は，電子を受け取りやすい性質をもっている。塩素原子は，電子を１個受け取って陰イオンになる。これを**塩化物イオン**といい，Cl^-と表す。

中２の復習

- 元素記号は，アルファベットの大文字１文字か，大文字と小文字の２文字を用いた記号で表される。
- すべての物質は，元素記号と数字を使って表すことができ，これを化学式という。

▼図５ イオンのでき方

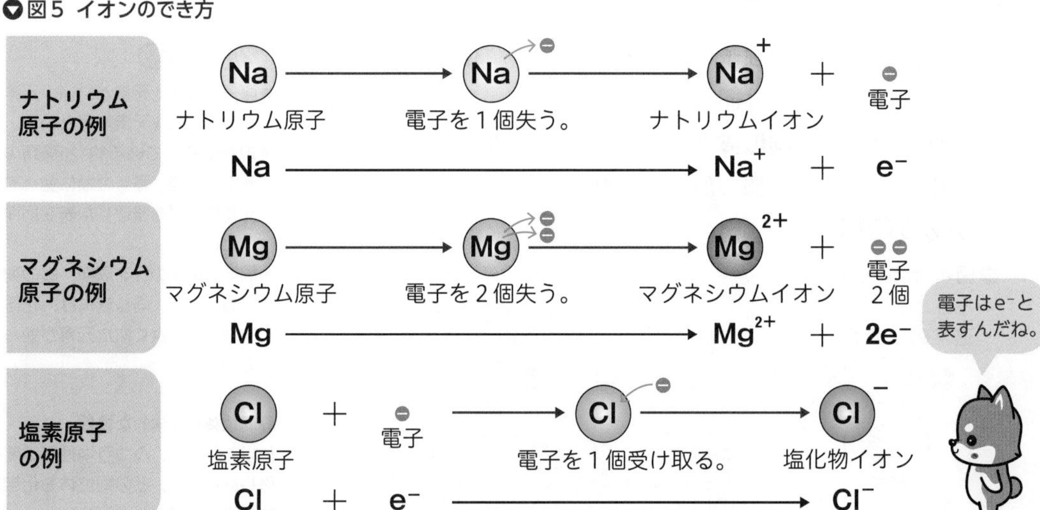

(3) イオンを表す化学式(図5，図6，表2)

イオンを記号で表すには，元素記号の右肩(みぎかた)に，それが帯びている電気の種類(＋か－)と，やりとりした電子の数を書き加える。これを**化学式**という。

①価数

原子がイオンになるときに，やりとりする電子の数を**価数**という。例えば，電子を1個失ってできるイオンを1価の陽イオン，電子を2個受け取ってできるイオンを2価の陰イオンという。

図6 イオンを表す化学式の表し方と読み方

陽イオン

〈ナトリウムイオン〉 表し方：失った電子1個(1は省略) Na^{+} 読み方：エヌ エー プラス

〈銅イオン〉 表し方：失った電子2個 Cu^{2+} 読み方：シー ユー 2プラス

陰イオン

〈塩化物イオン〉 表し方：受け取った電子1個(1は省略) Cl^{-} 読み方：シー エル マイナス

〈硫酸(りゅうさん)イオン〉 表し方：受け取った電子2個 SO_4^{2-} 読み方：エス オー4 2マイナス

表2 いろいろなイオンとその化学式 ＊は多原子イオン。

1価の陽イオン	化学式	2価の陽イオン	化学式	1価の陰イオン	化学式	2価の陰イオン	化学式
水素イオン	H^{+}	銅イオン	Cu^{2+}	塩化物イオン	Cl^{-}	硫化物イオン	S^{2-}
リチウムイオン	Li^{+}	マグネシウムイオン	Mg^{2+}	水酸化物イオン＊	OH^{-}	硫酸イオン＊	SO_4^{2-}
ナトリウムイオン	Na^{+}	亜鉛(あえん)イオン	Zn^{2+}	硝酸(しょうさん)イオン＊	NO_3^{-}	炭酸イオン＊	CO_3^{2-}
カリウムイオン	K^{+}	鉄イオン	Fe^{2+}				
銀イオン	Ag^{+}	カルシウムイオン	Ca^{2+}				
アンモニウムイオン＊	NH_4^{+}	バリウムイオン	Ba^{2+}				

②多原子イオン

イオンには，**アンモニウムイオン**NH_4^{+}や**水酸化物イオン**OH^{-}のように，異なる種類の原子が2個以上集まったもの(原子の集団)が，全体として電気を帯びたイオンもある。このようなイオンを**多原子イオン**という(図7)。

図7 多原子イオン

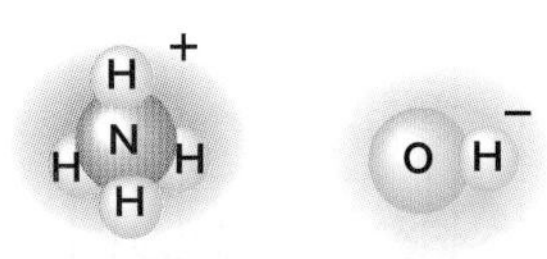

3 電離

(1) 電離

電解質が水に溶けると，陽イオンと陰イオンに分かれる。 これを**電離**という。電離のようすは，化学式を使って表すことができる(**図8，表3**)。

▼図8 電離を表す式のつくり方(塩化銅の電離)

❶ 電離のようすを物質名やイオン名で表し，それぞれの化学式を書く。

塩化銅 → 銅イオン ＋ 塩化物イオン

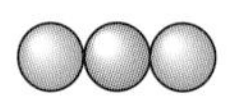 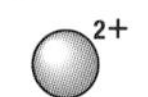 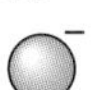

$CuCl_2 \rightarrow Cu^{2+} + Cl^-$

❷ 矢印の左右で，原子の数が等しいか調べる。

❸ 矢印の右側に塩化物イオンを1個追加し，右側の＋の数と－の数が等しいことを確かめる。

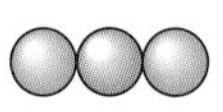 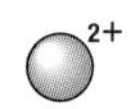 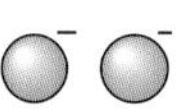

$CuCl_2 \rightarrow Cu^{2+} + 2Cl^-$

▼表3 いろいろな電解質の電離を表す式

電解質	電離を表す式
塩化水素	$HCl \rightarrow H^+ + Cl^-$
塩化ナトリウム	$NaCl \rightarrow Na^+ + Cl^-$
塩化銅★	$CuCl_2 \rightarrow Cu^{2+} + 2Cl^-$
水酸化ナトリウム	$NaOH \rightarrow Na^+ + OH^-$
硫酸	$H_2SO_4 \rightarrow 2H^+ + SO_4^{2-}$
硫酸銅	$CuSO_4 \rightarrow Cu^{2+} + SO_4^{2-}$
水酸化カルシウム	$Ca(OH)_2 \rightarrow Ca^{2+} + 2OH^-$

★塩化銅は銅イオンと塩化物イオンを1：2の割合で含むため，塩化銅が電離すると，それらが1：2の割合でできる。

発展 ❽電気分解とイオン

p.38の塩化銅水溶液の電気分解の場合，水溶液中の銅イオンは，陰極から電子を2個受け取って銅原子となり，陰極の表面に付着する。水溶液中の塩化物イオンは，陽極で電子を1個失って塩素原子となり，さらに2個ずつ結びついて塩素分子となり，気体となって発生する。

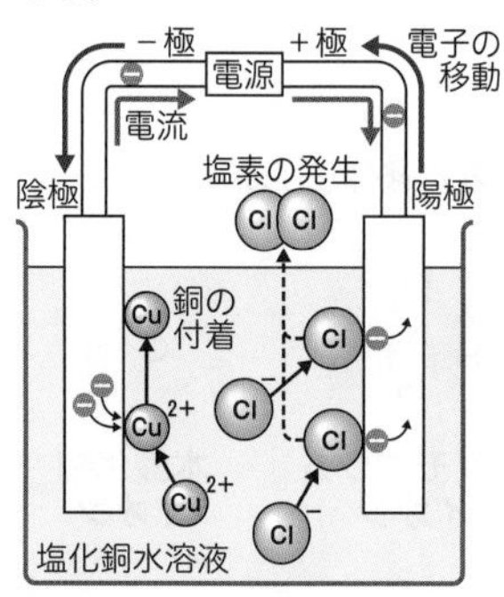

(2) 電解質の水溶液に電流が流れる理由

p.37の**図1**の実験のように，電解質の水溶液には電流が流れる。これは，電解質の水溶液中には，**電解質が電離してできたイオンが存在**するためである。❽ 一方，非電解質の水溶液には電流が流れない。これは，非電解質は電離せず，その水溶液中にイオンが存在しないためである。

▼図9 電解質と非電解質が水に溶けているようす

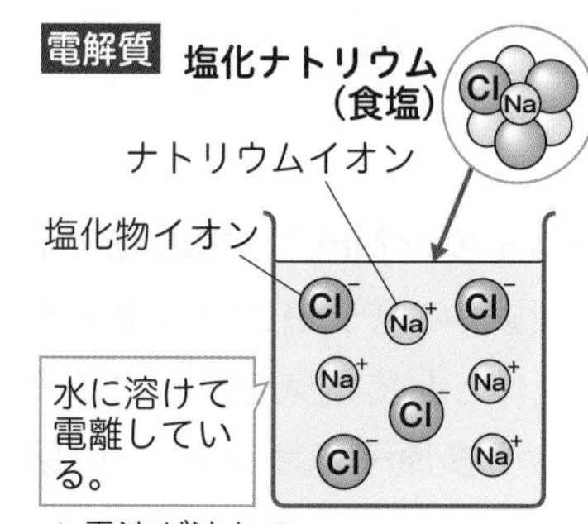

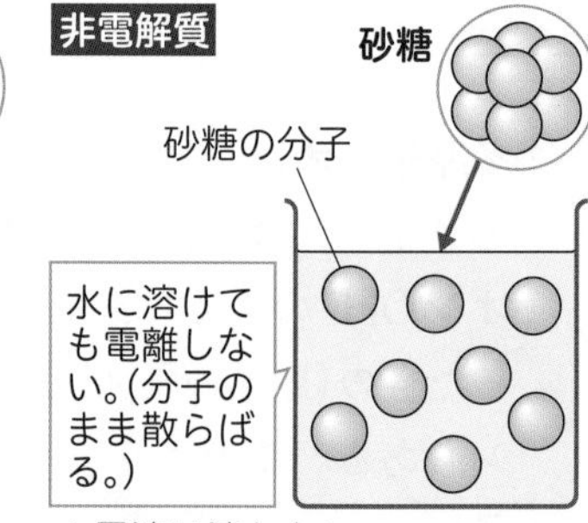

要点チェック

1 電流が流れる水溶液

問題	解答
□ (1) ①水に溶かしたとき電流が流れる物質を何というか。また，②水に溶かしても電流が流れない物質を何というか。 >>p.37	(1) ① 電解質 ② 非電解質
□ (2) 塩化銅水溶液に電流を流したとき，①陰極に付着した赤色の物質は何か。また，②陽極から発生した刺激臭(しげきしゅう)のある気体は何か。 >>p.38	(2) ① 銅 ② 塩素
□ (3) うすい塩酸に電流を流したとき，①陰極から発生した燃える気体は何か。また，②陽極から発生した漂白(ひょうはく)作用のある気体は何か。 >>p.39	(3) ① 水素 ② 塩素

2 原子とイオン

問題	解答
□ (4) 原子の中心に１個ある，＋の電気をもったものを何というか。 >>p.40	(4) 原子核
□ (5) 原子をつくっている，－の電気をもったものを何というか。 >>p.40	(5) 電子
□ (6) 原子核(げんしかく)をつくっているもののうち，①＋の電気をもつものを何というか。また，②電気をもたないものを何というか。 >>p.40	(6) ① 陽子 ② 中性子
□ (7) 原子の中で，陽子の数と電子の数は等しいか，等しくないか。 >>p.41	(7) 等しい。
□ (8) 同じ元素で，中性子の数が異なる原子どうしを何というか。 >>p.41	(8) 同位体
□ (9) 原子が電気を帯びたものを何というか。 >>p.42	(9) イオン
□ (10) ①原子が電子を失って，＋の電気を帯びたものを何というか。また，②原子が電子を受け取って，－の電気を帯びたものを何というか。 >>p.42	(10) ① 陽イオン ② 陰イオン
□ (11) 電解質が水に溶けると，陽イオンと陰イオンに分かれることを何というか。 >>p.44	(11) 電離

定期試験対策問題 解答➡p.204

1 電流が流れる水溶液と流れない水溶液 >>p.37

図のようにして，塩酸，エタノール水溶液，蒸留水，食塩水，果物の汁に電流が流れるかどうかを調べた。次の問いに答えなさい。

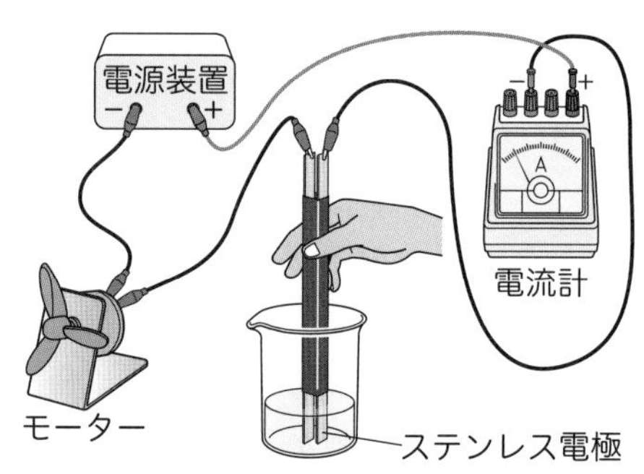

(1) 調べる液体をかえるごとに，ステンレス電極を精製水で洗う必要がある。この理由を，簡単に答えなさい。

(2) この実験で調べた次の**ア**～**オ**の液体のうち，電流が流れたものはどれか。すべて選びなさい。

ア 塩酸　　**イ** エタノール水溶液

ウ 蒸留水　　**エ** 食塩水

オ 果物の汁

(3) 水溶液が皮膚についた場合に，すぐにしなくてはならないことを，簡単に答えなさい。

ヒント
(3) 水溶液が人体に有害な物質である可能性もある。

2 塩化銅水溶液と塩酸の電気分解 >>p.38，39

図1は塩化銅水溶液の，**図2**はうすい塩酸の電気分解のようすをそれぞれ表したものである。次の問いに答えなさい。

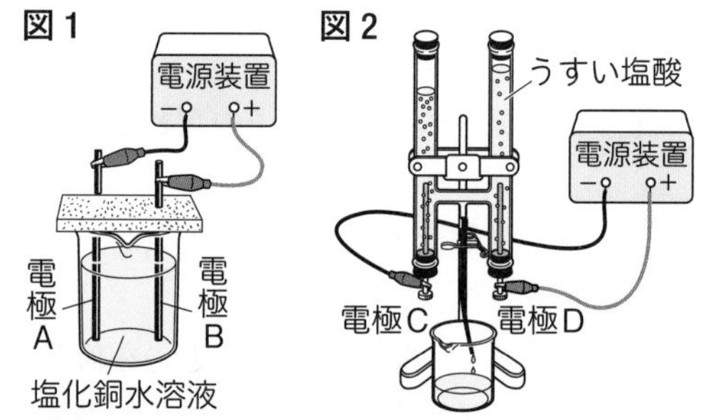

(1) **図1**では，電極Bから気体が発生し，電極Aに物質が付着した。

① 電極Bから発生した気体は何か。化学式で答えなさい。

② 次の文の(　　)に当てはまることばを答えなさい。

電極Aに付着した物質は，(㋐)色をしており，軽くこすると，(㋑)光沢が現れることから，(㋒)である。

(2) **図2**では，電極C，Dから気体が発生した。

① 電極Cから発生した気体は何か。化学式で答えなさい。

② 電極Dから発生した気体は，あまり集まらなかった。この理由を，簡単に答えなさい。

3 原子の構造 >>p.40，41

図は，ヘリウム原子の構造を表したものである。次の問いに答えなさい。

(1) AとBをそれぞれ何というか。

(2) AとBがもっている電気の組み合わせとして適切なものは，次の**ア**～**エ**のどれか。

ア Aは－，Bは＋　　**イ** Aは＋，Bは－

ウ AもBも－　　**エ** AもBも＋

(3) 電気をもっていない通常の原子の場合，AとBの個数の関係として適切なものは，次の**ア**～**ウ**のどれか。

ア AとBで等しい。　**イ** Aのほうが多い。　**ウ** Bのほうが多い。

4 イオンを表す化学式 >>p.42，43

イオンについて，次の問いに答えなさい。

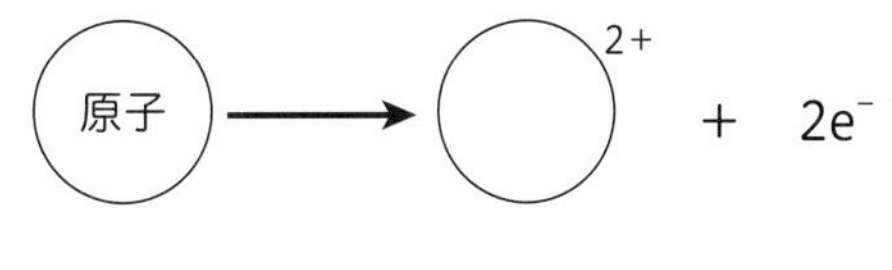

(1) 図は，イオンのでき方を表したものである。陽イオンと陰(いん)イオンのどちらのでき方を表しているか。

(2) 次の①～④のイオンの名称(めいしょう)を，それぞれ答えなさい。

① Mg^{2+}　② Zn^{2+}　③ $SO_4{}^{2-}$　④ $NH_4{}^{+}$

(3) 次の①～③のイオンを，それぞれ化学式で表しなさい。

① カリウムイオン　② バリウムイオン　③ 水酸化物イオン

5 電離(でんり)を表す式 >>p.44

電離を表す式について，次の問いに答えなさい。

(1) 次の①，②の式の(　　)に当てはまる，イオンを表す化学式を答えなさい。

① $HCl \longrightarrow$ (㋐) ＋ Cl^{-}　② $NaCl \longrightarrow$ (㋑) ＋ Cl^{-}

(2) 次の式は，塩化銅の電離を答えたものであるが，誤っている部分がある。誤っている部分を直した式を答えなさい。

$CuCl_2 \longrightarrow Cu^{+} + Cl^{-}$

(3) 硫酸銅(りゅうさんどう)($CuSO_4$)の電離を，式で表しなさい。

第4章 電池とイオン

要点のまとめ

1 金属のイオンへのなりやすさ ≫p.49

□ **イオンへのなりやすさ**：金属の種類によって違いがある。

▼マグネシウム・亜鉛・銅のイオン(陽イオン)へのなりやすさ

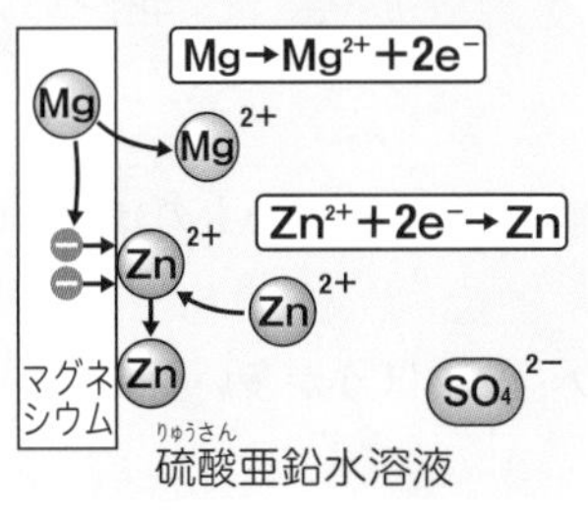

イオンへのなりやすさ Mg ＞ Zn

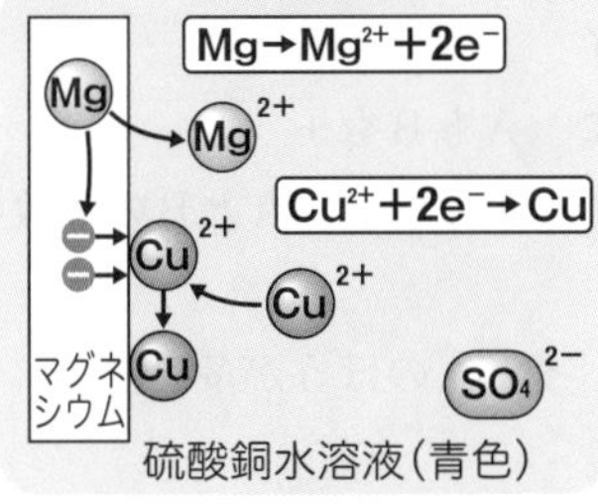

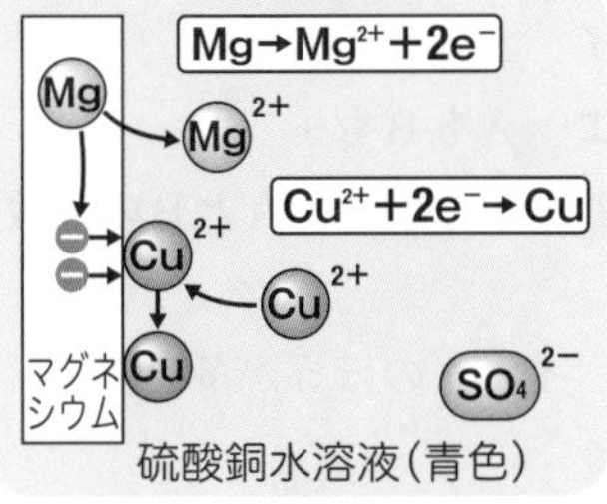

イオンへのなりやすさ Mg ＞ Cu

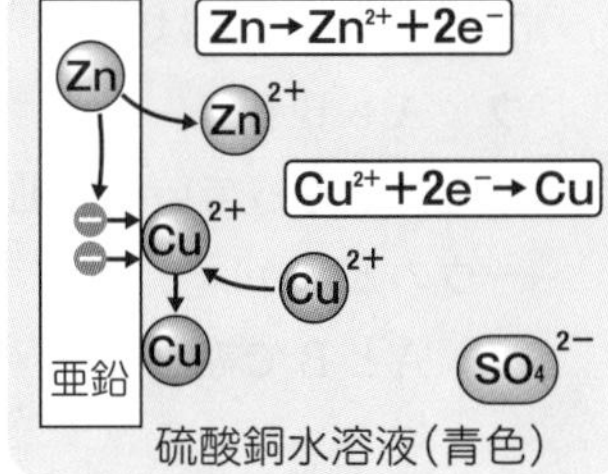

イオンへのなりやすさ Zn ＞ Cu

2 電池のしくみ ≫p.53

□ **電池**(**化学電池**)：化学変化を利用して，物質がもっている化学エネルギーを電気エネルギーに変える装置。

□ **ダニエル電池**：亜鉛板で**電子**を放出する反応が起こり，亜鉛板が－極になる。➡放出された**電子**が導線を通って移動し，**電流**が流れる。➡銅板で**電子**を受け取る反応が起こり，銅板が＋極になる。

▼ダニエル電池のモデル

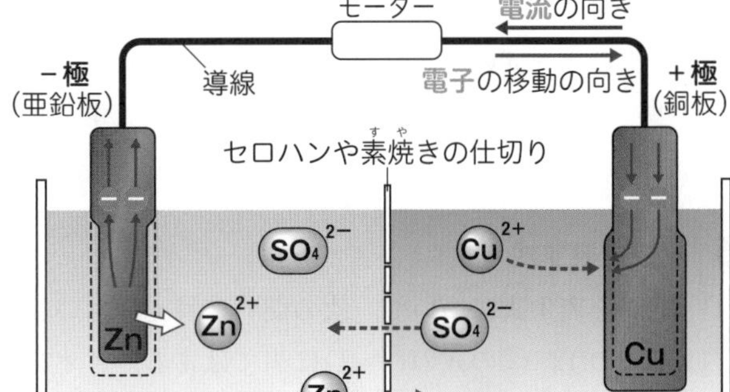

イオンへのなりやすさ Zn ＞ Cu

□ **一次電池と二次電池**：使い切りタイプの電池を**一次電池**といい，充電することでくり返し使える電池を**二次電池**という。

□ **燃料電池**：水の電気分解とは逆の化学変化を利用して，水素がもつ化学エネルギーを電気エネルギーとして取り出す装置。

1 金属のイオンへのなりやすさ

① イオンへのなりやすさ

(1) 金属と塩酸の反応

マグネシウムや亜鉛，鉄などの金属にうすい塩酸を加えると，水素を発生させながら溶(と)けていく(**図1**)。このように金属が電解質の水溶液(すいようえき)に溶けるとき，水溶液中で金属の原子はイオンに変化している。

図2は，亜鉛がうすい塩酸に溶けるときのようすをイオンのモデルで表したものである。うすい塩酸中では，塩化水素HClが水素イオンH^+と塩化物イオンCl^-に電離(でんり)している。亜鉛原子Znは電子を2個失って亜鉛イオンZn^{2+}となり，塩酸中に出ていく。この電子を，塩酸中の水素イオンH^+が受け取って水素原子Hとなり，水素原子が2個結びついて水素分子H_2となる。このため，亜鉛が溶けるのと同時に，気体の水素が発生する。

▼図2 亜鉛が塩酸に溶けるときのモデル❷

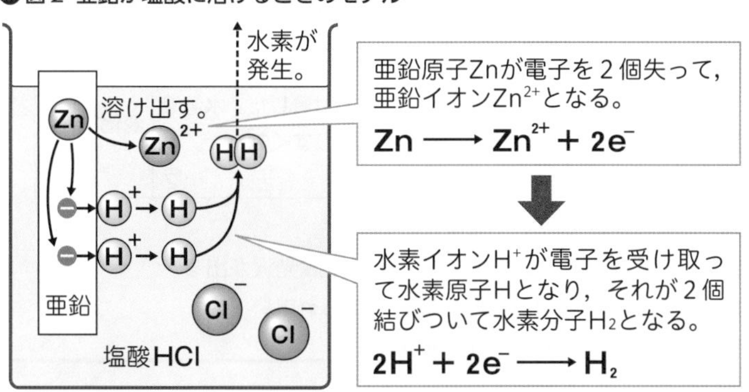

一方，銅にうすい塩酸を加えても反応しない。これは，塩酸中では銅原子が銅イオンに変化しないからである。

金属がうすい塩酸に溶けたり溶けなかったりするのは，**金属のイオンへのなりやすさに違いがある**からである。亜鉛と銅では，亜鉛のほうがイオンになりやすい。

中1の復習

- 亜鉛や鉄などの金属にうすい塩酸や硫酸を加えると，水素が発生する。

▼図1 マグネシウムに塩酸を加えたときのようす❶

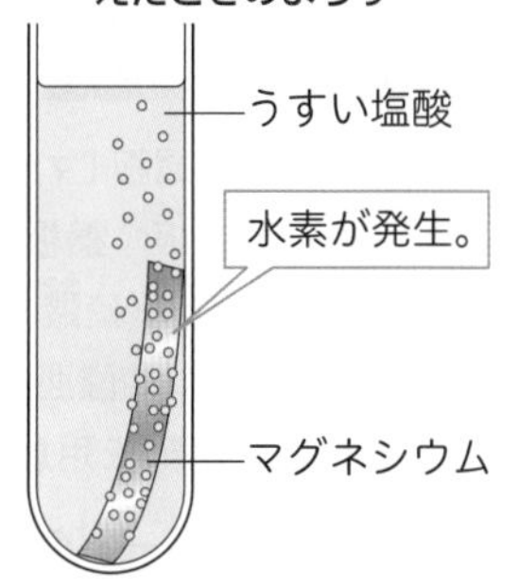

❶マグネシウムと塩酸の反応
マグネシウムがうすい塩酸に溶けるときの化学反応式は，次のように表される。
$Mg + 2HCl \longrightarrow MgCl_2 + H_2$
(マグネシウム + 塩酸
⟶ 塩化マグネシウム + 水素)

発展 ❷金属と酸の反応
図2のような反応が起こるのは，亜鉛が水素よりイオンになりやすいからである。>>p.53 発展❼
水素よりイオンになりやすいマグネシウムや亜鉛，鉄などの金属を，塩酸や硫酸などの酸性の水溶液(>>p.62)に入れると，水素が発生する。一方，水素よりイオンになりにくい銅や銀などの金属を酸性の水溶液に入れても，水素は発生しない。

❸水溶液の青色

硫酸銅水溶液の青色は，銅イオンを含む水溶液に特有の色である。ほかに，塩化銅水溶液も青色をしている。

(2) 金属のイオンへのなりやすさ

金属の種類によるイオンへのなりやすさを調べるとき，**マイクロスケール実験**を行えば，使用する薬品が少なくてすみ，安全性が上がる。≫ 重要実験❺

重要実験❺ 金属のイオンへのなりやすさ

❶ 3種類の金属板（マグネシウム板，亜鉛板，銅板）と，3種類の水溶液（硫酸マグネシウム水溶液，硫酸亜鉛水溶液，硫酸銅水溶液）を用意する。

❷ マイクロプレートの縦の列に同じ種類の金属板を，横の列に同じ種類の水溶液を入れる。

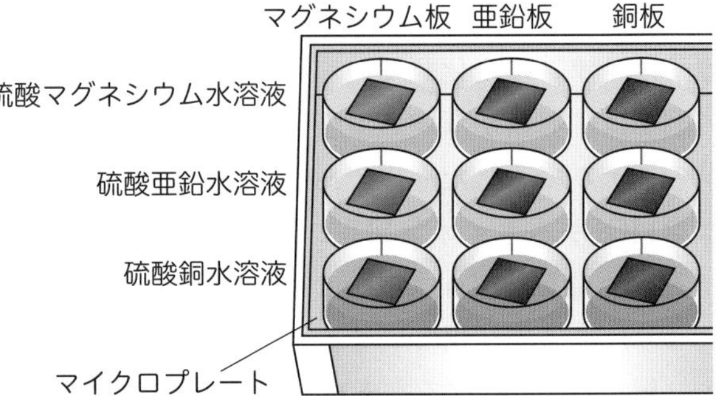

❸ 金属板のようすを観察する。

結果

	マグネシウム板	亜鉛板	銅板
硫酸マグネシウム水溶液	変化なし。	変化なし。	変化なし。
硫酸亜鉛水溶液	金属板がうすくなり，灰色の物質が付着した。…㋐	変化なし。	変化なし。
硫酸銅水溶液❸	金属板がうすくなり，赤色の物質が付着した。水溶液の青色がうすくなった。…㋑	金属板がうすくなり，赤色の物質が付着した。水溶液の青色がうすくなった。…㋒	変化なし。

㋐～㋒では，金属板が水溶液に溶けてうすくなった。

㋐～㋒で金属板に付着した物質は，かたいものでこすると金属光沢が出る。

➡㋐の灰色の物質は亜鉛，㋑・㋒の赤色の物質は銅と考えられる。

マイクロスケール実験

小さな器具を用いて少量の薬品で行う実験を，マイクロスケール実験という。マイクロプレートを用いることで，使用する薬品や廃棄物の量を少なくし，環境への影響を小さくすることができる。

結果のまとめ

㋐…マグネシウムの原子がイオンになった。マグネシウム板に亜鉛が付着した。

㋑・㋒…マグネシウムや亜鉛の原子がイオンになった。金属板に銅が付着した。

➡イオン（陽イオン）へのなりやすさは，

マグネシウム ＞ 亜鉛 ＞ 銅

(3) 金属板で起こる化学変化

重要実験5 の 結果 の㋐〜㋒で，金属が水溶液に溶け（金属の原子がイオンに変化し），金属板に物質が付着したときの化学変化を，イオンのモデルで考える。

①マグネシウムと硫酸亜鉛水溶液の反応（㋐のとき・図3）

硫酸亜鉛は，水溶液中で次のように電離（でんり）している。

硫酸亜鉛 ⟶ 亜鉛イオン ＋ 硫酸イオン

$ZnSO_4 \longrightarrow Zn^{2+} + SO_4^{2-}$

亜鉛よりもマグネシウムのほうが陽イオンになりやすいので，マグネシウム原子Mgが電子を2個失ってマグネシウムイオンMg^{2+}となり，水溶液中に出ていく。この電子を，水溶液中の亜鉛イオンZn^{2+}が受け取って亜鉛原子Znとなり，マグネシウム板に付着する。

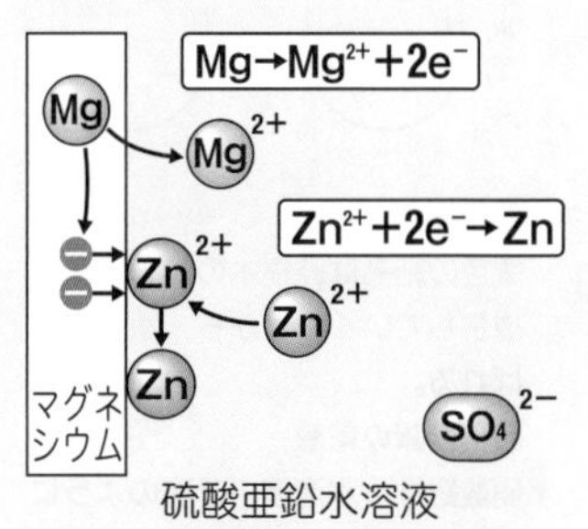

▼図3 マグネシウムと硫酸亜鉛水溶液の反応のモデル

②マグネシウムと硫酸銅水溶液の反応（㋑のとき・図4）

硫酸銅は，水溶液中で次のように電離している。

硫酸銅 ⟶ 銅イオン ＋ 硫酸イオン

$CuSO_4 \longrightarrow Cu^{2+} + SO_4^{2-}$

銅よりもマグネシウムのほうが陽イオンになりやすいので，マグネシウム原子Mgが電子を2個失ってマグネシウムイオンMg^{2+}となり，水溶液中に出ていく。この電子を，水溶液中の銅イオンCu^{2+}が受け取って銅原子Cuとなり，マグネシウム板に付着する。水溶液中の銅イオンが減るため，水溶液の青色がうすくなる。

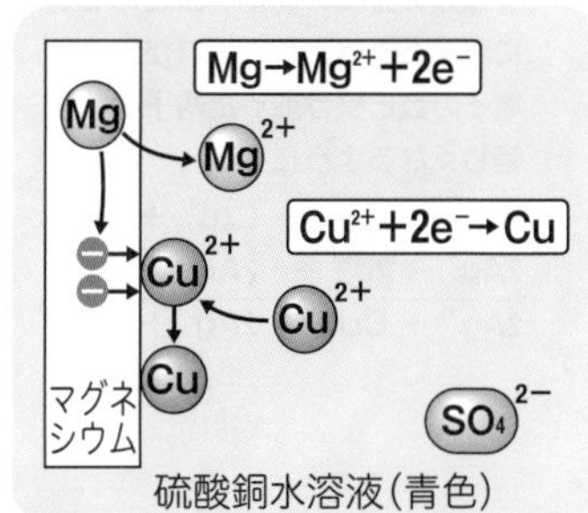

▼図4 マグネシウムと硫酸銅水溶液の反応のモデル

③亜鉛と硫酸銅水溶液の反応（㋒のとき・図5）

硫酸銅は，②のときと同じように電離している。

銅よりも亜鉛のほうが陽イオンになりやすいので，亜鉛原子Znが電子を2個失って亜鉛イオンZn^{2+}となり，水溶液中に出ていく。この電子を，水溶液中の銅イオンCu^{2+}が受け取って銅原子Cuとなり，亜鉛板に付着する。水溶液中の銅イオンが減るため，水溶液の青色がうすくなる。

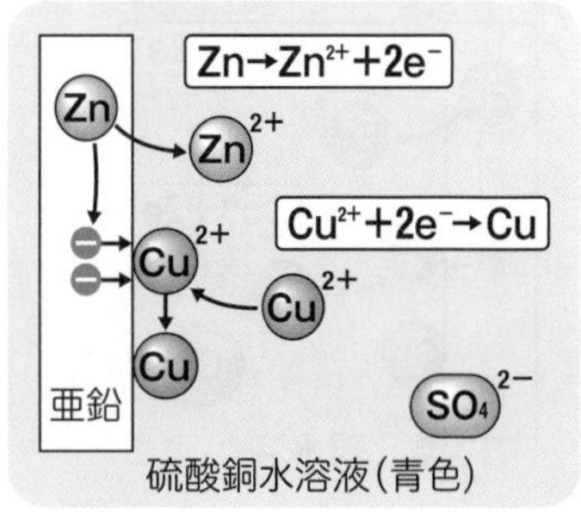

▼図5 亜鉛と硫酸銅水溶液の反応のモデル

(4) 銅と銀のイオンへのなりやすさ

図6のように，硝酸銀水溶液に銅線を入れると，無色透明だった水溶液はしだいに青色になり，銅線のまわりに銀色の結晶が現れる。[4]

このとき，硝酸銀は，水溶液中で銀イオンと硝酸イオンに電離している。[5] 無色の水溶液が青色になったのは，銅原子Cuが電子を2個失って銅イオンCu^{2+}に変化し，水溶液中に出ていったからである。また，銀色の結晶が現れたのは，水溶液中の銀イオンAg^{+}が電子を1個受け取って銀原子Agに変化したからである（図7）。このように，**銅と銀では，銅のほうが陽イオンになりやすい。**

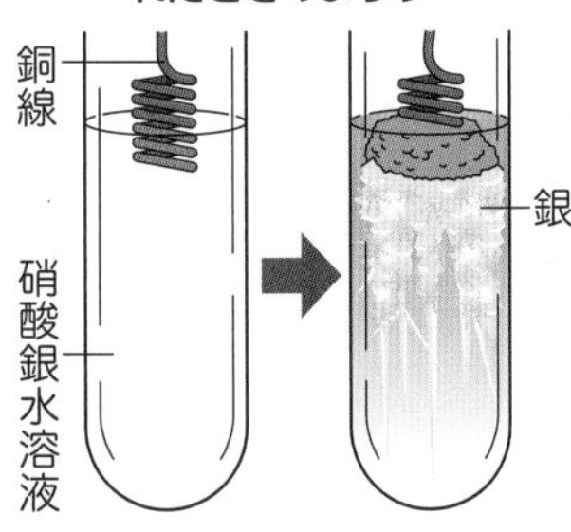

▼図6 硝酸銀水溶液に銅線を入れたときのようす

❹銀樹
銀色の結晶は，樹木の枝のように成長していくことから，銀樹とよばれる。

❺硝酸銀の電離
硝酸銀は，水溶液中で次のように電離している。

$AgNO_3 \longrightarrow Ag^{+} + NO_3^{-}$

❻金属原子とイオンの化学反応式
2種類の金属の変化をまとめて式に表すときは，それぞれが失った電子の数と受け取った電子の数が等しくなるようにする。

$$Cu \longrightarrow Cu^{2+} + 2e^{-}$$
$$2Ag^{+} + 2e^{-} \longrightarrow 2Ag$$
$$2Ag^{+} + Cu \longrightarrow 2Ag + Cu^{2+}$$

▼図7 銅と硝酸銀水溶液の反応のモデル

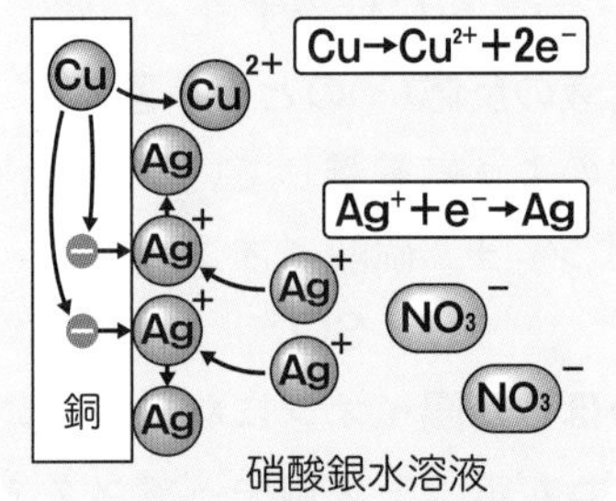

銅と銀の変化をまとめると，銀イオン2個が銅原子1個から電子を1個ずつ受け取り，銀原子2個と銅イオン1個ができたと考えることができる。

$2Ag^{+} + Cu \longrightarrow 2Ag + Cu^{2+}$ [6]

(5) 鉄と銅のイオンへのなりやすさ

塩化銅水溶液（青色）に鉄板を入れると，鉄板が水溶液に溶け，鉄板の表面に赤色の物質（銅）が付着する。水溶液の青色は，しだいにうすくなる。

このとき，塩化銅は水溶液中で次のように電離している。

塩化銅	⟶	銅イオン	＋	塩化物イオン
$CuCl_2$	⟶	Cu^{2+}	＋	$2Cl^{-}$

鉄原子Feは電子を2個失って鉄イオンFe^{2+}となり，水溶液中に出ていく。この電子を，水溶液中の銅イオンCu^{2+}が受け取って銅原子Cuとなり，鉄板に付着する（図8）。

このように，**鉄と銅では，鉄のほうが陽イオンになりやすい。**

▼図8 鉄と塩化銅水溶液の反応のモデル

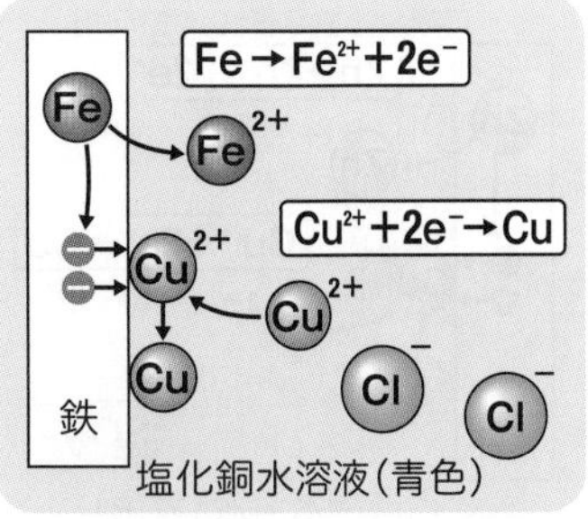

イオンへのなりやすさのまとめ[7]

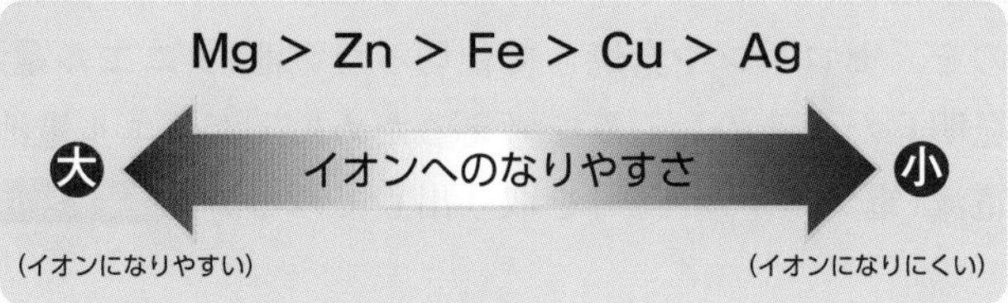

2 電池のしくみ

1 ダニエル電池

(1) 化学電池

電解質の水溶液の中に2種類の金属板を入れて導線でつなぐと，それぞれの金属板で化学変化が起こり，電流(**電気エネルギー**)を取り出すことができる(図9)。このように，**化学変化を利用して，物質がもっているエネルギー**(**化学エネルギー**という)**を電気エネルギーに変える装置**を**電池**(**化学電池**)という。

図9 ボルタ電池のしくみ[8]

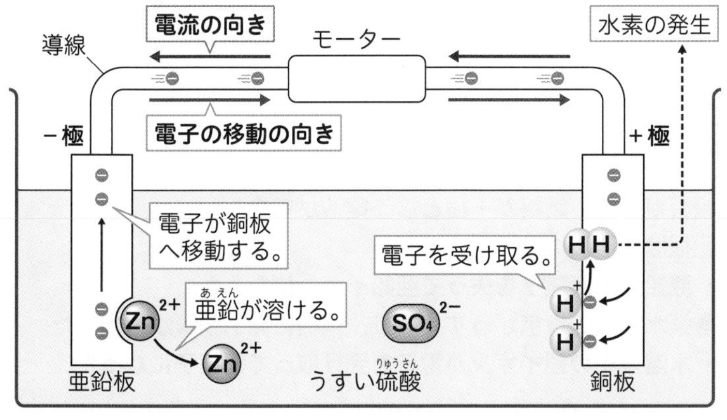

発展 ❼イオン化傾向

水溶液中で金属の原子が陽イオンになろうとする性質を，イオン化傾向という。

Na > Mg > Al > Zn > Fe > (H) > Cu > Ag > Au

(水素は金属ではないが，陽イオンになることができるので，比較のために示してある。)

>>p.49 発展❷

2種類の金属板を使って電池をつくったとき，イオン化傾向の大きい金属が−極になる。>>p.55

中2の復習

- 電流の向きは，電源の+極から出て，導線などを通って−極に入る向きと決められている。
- 電子が移動する向きと，電流の向きは逆である。

❽ボルタ電池

1800年ごろ，イタリアの物理学者ボルタは，うすい硫酸と亜鉛板，銅板を使って電流を取り出す装置(ボルタ電池)を発明した。

しかし，この電池では，硫酸に亜鉛を入れるだけで発生する水素や，電流を取り出し始めると発生する水素が+極につき，電池のはたらきがすぐに低下してしまうという欠点があった。この欠点を改善したものが，次のページのダニエル電池である。

(2) ダニエル電池

1836年，イギリスの化学者ダニエルは，亜鉛板を硫酸亜鉛水溶液に入れたものと，銅板を硫酸銅水溶液に入れたものを，セロハンや素焼きで仕切った電池(**ダニエル電池**)を発明した。そのしくみを考えるために，ダニエル電池から電流(電気エネルギー)を取り出してみる。» 重要実験6

ダニエル電池から電気エネルギーを取り出す

❶ 図のような装置を組みたて，電子オルゴールが鳴るかどうか調べる。また，電子オルゴールの＋と－を逆につなぎ，電子オルゴールが鳴るかどうか調べる。その結果から，亜鉛板と銅板のどちらが－極になるかを記録する。

ポイント 電子オルゴールは，＋極と－極を正しくつながないと音が鳴らない。

結果〉亜鉛板を－極に，銅板を＋極につないだときに電子オルゴールが鳴った。

❷ 電子オルゴールをモーターにつなぎかえて電流を流し続け，金属板と水溶液のようすを観察する。

結果〉亜鉛板：表面がぼろぼろになった。
銅板：表面に赤い物質が付着した。
硫酸銅水溶液：青色がうすくなった。

電子オルゴール
亜鉛板
銅板
硫酸亜鉛水溶液
硫酸銅水溶液
セロハン(または素焼き)の仕切り
ダニエル電池用水槽

ポイント セロハンや素焼きの仕切りには，非常に小さな穴があいている。この仕切りがあることによって，2つの水溶液は完全には混ざらないが，電流を流すために必要なイオンは移動できる。

結果のまとめ

- **亜鉛板が－極，銅板が＋極**となる電池ができた。
- 亜鉛板は水溶液に溶けた。
  ➡ **亜鉛原子が電子を失って亜鉛イオンになった。**
- 硫酸銅水溶液の青色がうすくなり，銅板に赤い物質が付着した。
  ➡ **水溶液中の銅イオンが電子を受け取って銅原子になった。**

(3) ダニエル電池のしくみ

電流は，電池の＋極から導線を通って－極へ流れ，逆に電子は，－極から＋極へ流れる。つまり，電池の－極では電子を放出する反応が起こり，＋極では電子を受け取る反応が起こる。

❶**亜鉛は銅よりイオンになりやすい**ので，亜鉛原子が電子を失って亜鉛イオンとなり，硫酸亜鉛水溶液中に溶け出す。亜鉛板では電子を放出する反応が起こるので，亜鉛板が－極になる(**図10の❶**)。

[－極]　$Zn \longrightarrow Zn^{2+} + 2e^{-}$ ❾

❷このとき亜鉛板に残された電子は，導線を通って銅板に向かって移動し，電流が流れる(**図10の❷**)。

❸硫酸銅水溶液中の銅イオンが，銅板に移動してきた電子を受け取り，銅原子となって銅板に付着する。銅板では電子を受け取る反応が起こるので，銅板が＋極になる(**図10の❸**)。

[＋極]　$Cu^{2+} + 2e^{-} \longrightarrow Cu$ ❾

このように，電極に２種類の金属を使った電池では，**イオンになりやすいほうの金属が－極**になり，イオンになりにくいほうの金属が＋極になる。❿

❾全体の反応を表す式

全体の反応は，－極と＋極での反応を表す２つの式を合わせた，次のような式で表される。

$Zn + Cu^{2+} \longrightarrow Zn^{2+} + Cu$

❿電気的な偏(かたよ)りを防ぐ

このまま反応が進むと，－極側では陽イオン(Zn^{2+})が増え続け，＋極側では陽イオン(Cu^{2+})が減り続け(SO_4^{2-}ばかりになり)，電子が－極から＋極に移動しにくくなって電池のはたらきが低下する。そこで，セロハンや素焼きにある小さな穴を通してZn^{2+}やSO_4^{2-}を少しずつ移動させることで，２つの水溶液のイオンによる電気的な偏りをなくしている。

▼図10 ダニエル電池のモデル

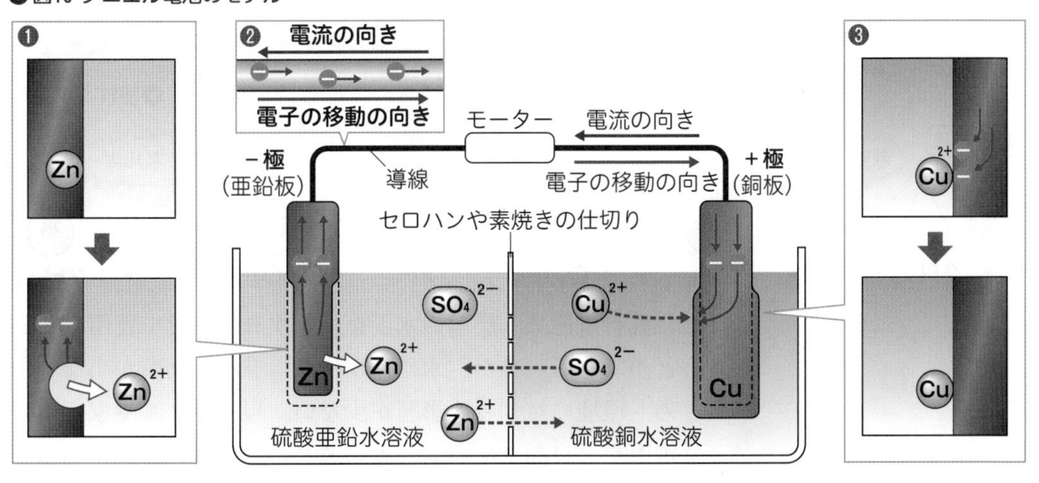

② 身のまわりの電池

⑪放電と充電
電池の内部で化学エネルギーを電気エネルギーに変え，電流を取り出すことを放電という。逆に，外部電源から電池に強制的に逆向きの電流を流し，電気エネルギーを化学エネルギーに変えることを充電という。

(1) 一次電池と二次電池(表1)

マンガン乾電池(かんでんち)のように，使うと電圧が低下し，**もとにもどらない電池**を**一次電池**という。

一方，鉛蓄電池(なまりちくでんち)のように，**充電**(じゅうでん)**することでくり返し使える電池**を**二次電池**(または**蓄電池**)という。**充電**とは，外部電源から電池に電流を流し，電圧を回復させる操作である。[11]

▼表1 一次電池と二次電池 しくみや形はさまざまであるが，どれも物質の化学変化を利用している。

一次電池	おもな特徴(とくちょう)・用途(ようと)
マンガン乾電池	取り出せる電流は少ないが，休ませながら使うと長持ちする。リモコン，置き時計など。
アルカリ乾電池	取り出せる電流は大きく，長持ちする。モーターを使うおもちゃ，LEDライトなど。
リチウム電池	電圧が高く，長持ちする。電卓(でんたく)，腕時計(うでどけい)など。
酸化銀電池	電圧が安定していて，長持ちする。腕時計，精密機器など。
空気電池(空気亜鉛電池(くうきあえんでんち))	取り出せる電流はわずかだが，長持ちする。補聴器(ほちょうき)など。

二次電池	おもな特徴・用途
鉛蓄電池	価格が安く，比較的(ひかくてき)電圧が高いが，鉛を使用していて重い。車のバッテリーなど。
ニッケル水素電池	価格が比較的安く，長持ちして，すばやく充電できる。デジタルカメラなど。
リチウムイオン電池	小型・軽量で高性能。電圧が高く，安定しているが，価格が比較的高い。携帯電話(けいたいでんわ)，ノート型パソコンなど。

⑫水の電気分解
水は，電流を流すことによって水素と酸素に分解される。このとき，電気エネルギーは，水素と酸素の化学エネルギーに移り変わっている。

(2) 燃料電池

水の電気分解[12]とは逆の化学変化を利用して，**水素がもつ化学エネルギーを電気エネルギーとして取り出す装置**を，**燃料電池**という(図11)。

▼図11 燃料電池

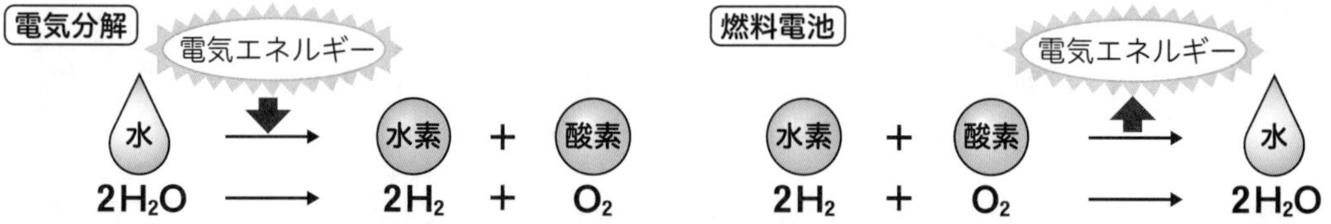

電気分解：電気エネルギー ↓
水 → 水素 + 酸素
$$2H_2O \longrightarrow 2H_2 + O_2$$

燃料電池：電気エネルギー ↑
水素 + 酸素 → 水
$$2H_2 + O_2 \longrightarrow 2H_2O$$

燃料電池は，燃料の水素を供給すれば続けて使用することができる。また，水だけが生じ，有害な物質が出ないため，環境(かんきょう)に対する悪影響(あくえいきょう)が少ない。現在，ビルや家庭用の電源や，自動車やバスの動力源として実用化されている。

要点チェック

1 金属のイオンへのなりやすさ

□ (1) マグネシウム板を硫酸亜鉛水溶液(りゅうさんあえんすいようえき)に入れると，マグネシウム原子がマグネシウムイオンとなって水溶液中に出ていく。①マグネシウムイオンの化学式はどのように表されるか。また，②マグネシウムと亜鉛では，どちらのほうが陽イオンになりやすいか。>>p.50，51

□ (2) マグネシウム板を硫酸銅水溶液に入れると，マグネシウム原子がマグネシウムイオンとなって水溶液中に出ていく。①マグネシウムと銅では，どちらのほうが陽イオンになりやすいか。また，②このときマグネシウム板に付着する物質は何か。>>p.50，51

□ (3) 亜鉛板を硫酸銅水溶液に入れると，亜鉛原子が亜鉛イオンとなって水溶液中に出ていく。①亜鉛と銅では，どちらのほうが陽イオンになりやすいか。また，②このとき硫酸銅水溶液の青色は，しだいに濃(こ)くなるか，うすくなるか。>>p.50，51

2 電池のしくみ

□ (4) 化学変化を利用して，物質がもっている化学エネルギーを電気エネルギーに変える装置を何というか。>>p.53

□ (5) 電池で，電子を放出する反応が起こっているのは，＋極と－極のどちらか。>>p.55

□ (6) ダニエル電池で，イオンになりやすい金属が使われるのは，＋極と－極のどちらか。>>p.55

□ (7) ①使い切りタイプの電池を何というか。また，②充電することでくり返し使える電池を何というか。>>p.56

□ (8) 水の電気分解とは逆の化学変化を利用して，水素がもつ化学エネルギーを電気エネルギーとして取り出す装置を何というか。>>p.56

解答

(1) ① Mg^{2+}
② マグネシウム

(2) ① マグネシウム
② 銅

(3) ① 亜鉛
② うすくなる。

(4) 電池(化学電池)

(5) －極

(6) －極

(7) ① 一次電池
② 二次電池(蓄電池)

(8) 燃料電池

定期試験対策問題 (解答➡p.205)

1 金属のイオンへのなりやすさ >>p.50, 51

表は，マイクロプレートに硫酸マグネシウム水溶液，硫酸亜鉛水溶液，硫酸銅水溶液を入れた後に，マグネシウム板，亜鉛板，銅板を入れて変化を観察する実験を行った結果をまとめたものである。表中の○は，金属が溶けてうすくなり，金属板に物質が付着したことを表している。あとの問いに答えなさい。

	マグネシウム板	亜鉛板	銅板
硫酸マグネシウム水溶液	変化なし	変化なし	変化なし
硫酸亜鉛水溶液	○(A)	変化なし	変化なし
硫酸銅水溶液	○	○(B)	変化なし

(1) 実験結果から，実験で用いた3種類の金属のうち，最もイオンになりにくいものはどれか。

(2) 表のAで，マグネシウム板に付着した物質は何か。

(3) 表のBで起こった反応について説明した次の文の，(　　)に共通して当てはまることばを答えなさい。

亜鉛板の亜鉛原子が(　　)を2個失って亜鉛イオンとなり，この(　　)を硫酸銅水溶液中の銅イオンが受け取って銅原子となった。

2 ダニエル電池 >>p.54

図は，ダニエル電池を使って電子オルゴールを鳴らしているようすを表したものである。次の問いに答えなさい。

(1) 電子オルゴールの＋と－を逆にしてつなぐと，オルゴールは鳴るか，鳴らないか。

(2) 電子オルゴールをモーターにかえて電流を流し続けると，亜鉛板は溶けて表面がぼろぼろになった。この結果からわかることを，「イオン」ということばを使って，簡単に答えなさい。

(3) (2)のとき，硫酸銅水溶液にはどのような変化が見られたか。簡単に答えなさい。

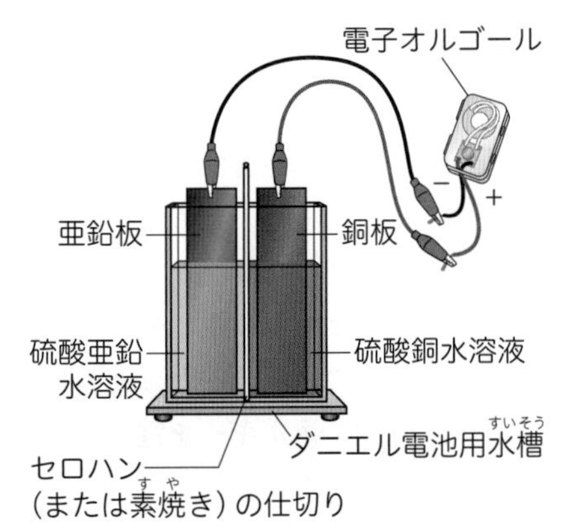

3 ダニエル電池のしくみ >>p.55

図は，ダニエル電池のしくみを模式的に表したものである。次の問いに答えなさい。

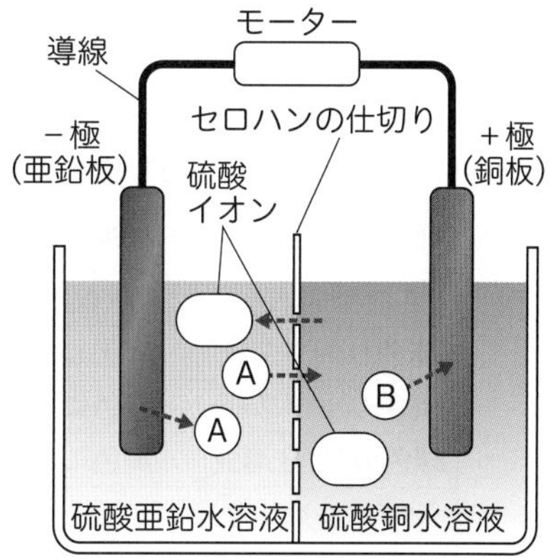

(1) 図中のAとBはそれぞれイオンである。A，Bのイオンを表す化学式として適切なものは，それぞれ次の**ア**～**エ**のどれか。

ア SO_4^{2-}　　**イ** Cu^{2+}

ウ Zn^{2+}　　**エ** H^+

(2) 導線の中を移動する，－の電気をもった粒子を何というか。

(3) ＋極(銅板)，－極(亜鉛板)で起こる反応として適切なものは，それぞれ次の**ア**～**エ**のどれか。

ア $Zn \longrightarrow Zn^{2+} + 2e^-$　　**イ** $Cu^{2+} + SO_4^{2-} \longrightarrow CuSO_4$

ウ $ZnSO_4 \longrightarrow Zn^{2+} + SO_4^{2-}$　　**エ** $Cu^{2+} + 2e^- \longrightarrow Cu$

(4) ダニエル電池の＋極と－極について正しく説明したものは，次の**ア**～**エ**のどれか。

ア イオンになりやすいほうの金属板が＋極になる。

イ イオンになりやすいほうの金属板が－極になる。

ウ どちらが＋極，－極になるかは決まっていない。

エ 電解質の水溶液を使ったほうの金属板が－極になる。

4 身のまわりの電池 >>p.56

いろいろな電池について，次の問いに答えなさい。

(1) 電池には，一次電池と二次電池がある。

① 一次電池は，次の**ア**～**エ**のどれか。すべて選びなさい。

ア ニッケル水素電池　　**イ** アルカリ乾電池

ウ マンガン乾電池　　**エ** リチウムイオン電池

② 二次電池とはどのような電池か。簡単に答えなさい。

(2) 水素の燃焼を利用して，直接電気を取り出す電池を何というか。

(3) (2)の電池が，環境に対する影響面で優れている点について，簡単に答えなさい。

ヒント

(3) 燃料電池を使ったときに生じる物質が何かを考える。

第5章 酸・アルカリとイオン

要点のまとめ

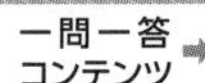

1 酸・アルカリ ≫p.61

□ **酸性・中性・アルカリ性の水溶液**：それぞれ共通の性質をもつ。

▼酸性・中性・アルカリ性の水溶液の性質

	酸性	中性	アルカリ性
赤色リトマス紙	変化しない。	変化しない。	青色になる。
青色リトマス紙	赤色になる。	変化しない。	変化しない。
緑色のBTB溶液	黄色になる。	緑色のまま。	青色になる。
マグネシウムを入れたとき	水素が発生。	変化しない。	変化しない。

□ **酸性の正体と酸**：水溶液の酸性を示すものの正体は**水素イオンH^+**。
水溶液にしたとき，電離して**水素イオンH^+**を生じる物質を**酸**という。

塩酸中の塩化水素の電離　$HCl \rightarrow H^+ + Cl^-$
塩化水素　水素イオン　塩化物イオン

□ **アルカリ性の正体と酸**：水溶液のアルカリ性を示すものの正体は**水酸化物イオンOH^-**。
水溶液にしたとき，電離して**水酸化物イオンOH^-**を生じる物質を**アルカリ**という。

水酸化ナトリウムの電離　$NaOH \rightarrow Na^+ + OH^-$
水酸化ナトリウム　ナトリウムイオン　水酸化物イオン

□ **pH**：**酸性やアルカリ性の強さを表す数値**。pHの値が7のとき中性で，7より小さいほど酸性が強く，7より大きいほどアルカリ性が強い。

2 中和と塩 ≫p.66

□ **中和**：**水素イオン**と**水酸化物イオン**が結びついて水をつくり，互いの性質を打ち消しあう反応。

□ **塩**：酸の陰イオンとアルカリの陽イオンが結びついてできた物質。

▼塩酸と水酸化ナトリウム水溶液の中和

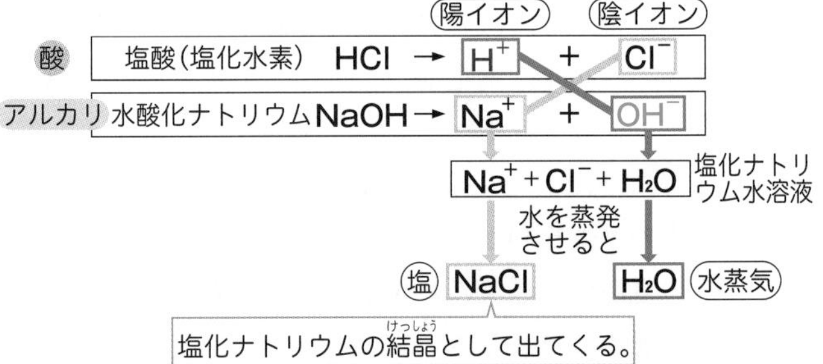

1 酸・アルカリ

小学校の復習

●水溶液には，酸性，中性，アルカリ性のものがある。

① 酸性・アルカリ性の水溶液の性質

(1) 水溶液の性質の調べ方

酸性やアルカリ性の水溶液の性質は，**図1**のようにして調べることができる。**図2**は，それぞれの水溶液の性質をまとめたものである。

▼図1 水溶液の性質の調べ方

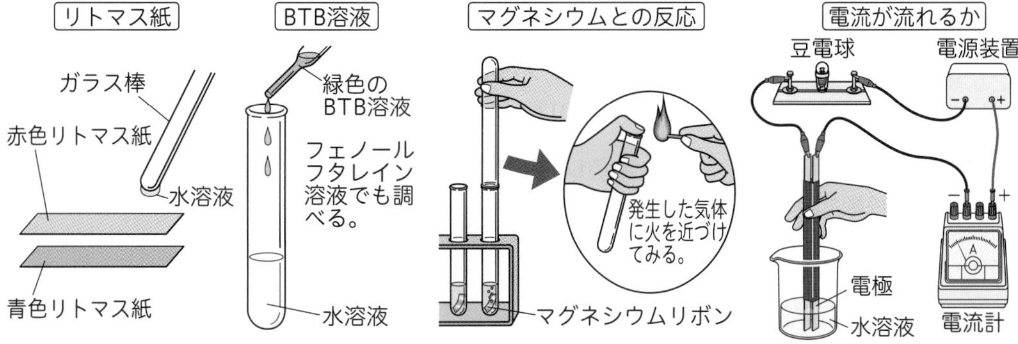

▼図2 酸性・中性・アルカリ性の水溶液の性質

	リトマス紙の変化	BTB溶液の変化	フェノールフタレイン溶液の変化	マグネシウムを入れたとき	電流が流れるか
酸性	青色→赤色	黄色	無色	気体→燃える。→水素	流れる。
中性		緑色	無色	変化しない。	流れる。 流れない。
アルカリ性	赤色→青色	青色	赤色	変化しない。	流れる。

(2) 酸性の水溶液の性質(前ページの図2)

酸性の水溶液は，次のような共通の性質をもつ。❶

- 青色リトマス紙を赤色に変える。
- 緑色のBTB溶液を黄色に変える。
- マグネシウム，亜鉛，鉄，アルミニウムなどの金属を溶かし，水素を発生させる。
- 電流が流れる(電解質の水溶液である)。

酸性の水溶液の例　塩酸，硫酸，酢酸(食酢)，硝酸，炭酸水(二酸化炭素の水溶液)。

(3) アルカリ性の水溶液の性質(図2)

アルカリ性の水溶液は，次のような共通の性質をもつ。❶

- 赤色リトマス紙を青色に変える。
- 緑色のBTB溶液を青色に変える。
- フェノールフタレイン溶液を赤色に変える。
- 電流が流れる(電解質の水溶液である)。

アルカリ性の水溶液の例　水酸化ナトリウム水溶液，水酸化カルシウム水溶液(石灰水)，水酸化バリウム水溶液，水酸化カリウム水溶液，アンモニア水。

(4) 中性の水溶液の性質(図2)

中性の水溶液は，次のような共通の性質をもつ。❶

- 赤色・青色リトマス紙のどちらの色も変えない。
- 緑色のBTB溶液の色を変えない。

中性の水溶液の例　塩化ナトリウム水溶液(食塩水)，砂糖水。

塩化ナトリウム水溶液には電流が流れるが，砂糖水には電流が流れない。このように，中性の水溶液は電解質の水溶液とは限らない。(非電解質の水溶液は中性である。)

小学校の復習

- 酸性の水溶液は青色リトマス紙を赤色に，アルカリ性の水溶液は赤色リトマス紙を青色に変化させる。中性の水溶液は，どちらの色のリトマス紙も変化させない。

中1の復習

- 緑色のBTB溶液は，塩化水素の水溶液(塩酸)や二酸化炭素の水溶液(炭酸水)などの酸性の水溶液に加えると黄色に，アンモニアの水溶液(アンモニア水)などのアルカリ性の水溶液に加えると青色に変化する。中性の水溶液に加えると，緑色のままである。
- 亜鉛や鉄などの金属にうすい塩酸や硫酸を加えると，水素が発生する。

中2の復習

- フェノールフタレイン溶液は，酸性や中性の水溶液に加えても無色だが，アルカリ性の水溶液に加えると赤色に変化する。

❶pH試験紙の変化
pH試験紙は，酸性の水溶液をつけると黄色～赤色に，アルカリ性の水溶液をつけると青色に，中性の水溶液をつけると緑色に変化する。>>p.65

これまで学習してきた内容も多いよ。しっかり整理しておこう。

② 酸性・アルカリ性の正体とイオン

(1) 酸性・アルカリ性の正体を調べる

酸性の水溶液とアルカリ性の水溶液は電解質の水溶液なので，それらの水溶液中にはイオンが存在している。酸性やアルカリ性の水溶液がそれぞれ共通の性質をもつのは，それぞれの水溶液に共通のイオンが存在するからである。

>> 重要実験⑦

重要実験⑦ 酸性・アルカリ性を示すものの正体

❶ 図のような装置を2つ組みたて，それぞれに電圧を加える。

❷ ❶の装置の中央に，塩酸をしみこませた糸を置く。

❸ ❶の装置の中央に，水酸化ナトリウム水溶液をしみこませた糸を置く。

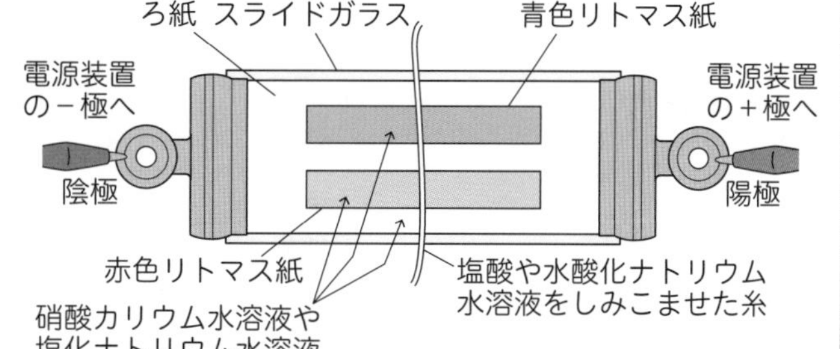

? なぜ?
電流を通しやすくするため。

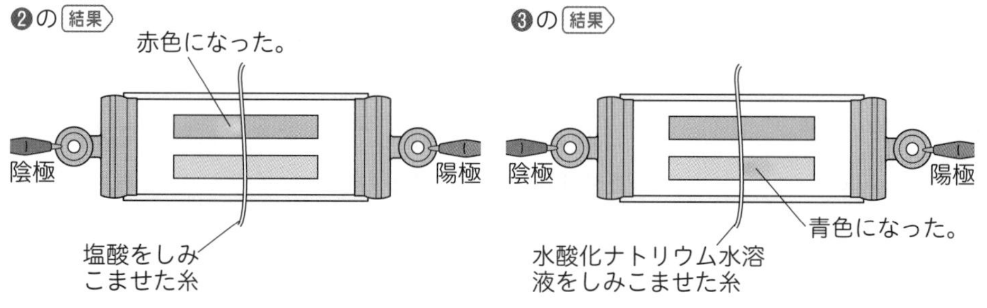

結果のまとめ

青色リトマス紙を赤色に変える（酸性を示す）もの……………陰極側へ移動した。
➡ **＋の電気**を帯びている。

赤色リトマス紙を青色に変える（アルカリ性を示す）もの……陽極側へ移動した。
➡ **－の電気**を帯びている。

❷代表的な酸

代表的な酸には，塩化水素，硫酸，硝酸のほかに，酢酸CH_3COOH，炭酸H_2CO_3などがある。

発展 ❸酢酸の電離

酢酸は，水に溶けると次のように電離する。

$CH_3COOH \longrightarrow H^+ + CH_3COO^-$（酢酸イオン）

発展 ❹二酸化炭素と水の反応

二酸化炭素は水に溶けても電離しないが，二酸化炭素が水に溶けてできる炭酸H_2CO_3という酸が，次のように電離して水素イオンを生じるので，炭酸水は酸性を示す。

$CO_2 + H_2O \longrightarrow H_2CO_3$

$H_2CO_3 \longrightarrow 2H^+ + CO_3^{2-}$（炭酸イオン）

(2) 酸性の正体と酸

前ページの重要実験❼の❷で，塩酸中の塩化水素は水素イオンと塩化物イオンに電離している。つまり，❷の結果で陰極側へ移動した，酸性を示すものの正体は水素イオンである。

このように，**水溶液にしたとき，電離して水素イオンを生じる物質**を**酸**という。いろいろな酸の電離は，次のような式で表される。❷❸❹

酸	→	水素イオン	+	陰イオン
HCl 塩化水素	→	H^+	+	Cl^- 塩化物イオン
H_2SO_4 硫酸	→	$2H^+$	+	SO_4^{2-} 硫酸イオン
HNO_3 硝酸	→	H^+	+	NO_3^- 硝酸イオン

❺代表的なアルカリ

代表的なアルカリには，水酸化ナトリウム，水酸化カリウム，水酸化バリウムのほかに，水酸化カルシウム$Ca(OH)_2$，アンモニアNH_3などがある。

❻水酸化カルシウムの電離

水酸化カルシウムは，水に溶けると次のように電離する。

$Ca(OH)_2 \longrightarrow Ca^{2+} + 2OH^-$

発展 ❼アンモニアの電離

アンモニアには水酸化物イオンが含まれていない。しかし，アンモニアが水に溶けると，アンモニア水の一部が次のように電離して水酸化物イオンを生じるので，アンモニア水はアルカリ性を示す。

$NH_3 + H_2O \longrightarrow NH_4^+ + OH^-$（アンモニウムイオン）

(3) アルカリ性の正体とアルカリ

前ページの重要実験❼の❸で，水酸化ナトリウムはナトリウムイオンと水酸化物イオンに電離している。つまり，❸の結果で陽極側へ移動した，アルカリ性を示すものの正体は水酸化物イオンである。

このように，**水溶液にしたとき，電離して水酸化物イオンを生じる物質**を**アルカリ**という。いろいろなアルカリの電離は，次のような式で表される。❺❻❼

アルカリ	→	陽イオン	+	水酸化物イオン
$NaOH$ 水酸化ナトリウム	→	Na^+ ナトリウムイオン	+	OH^-
KOH 水酸化カリウム	→	K^+ カリウムイオン	+	OH^-
$Ba(OH)_2$ 水酸化バリウム	→	Ba^{2+} バリウムイオン	+	$2OH^-$

(4) 酸性・アルカリ性の強さ ― pH

リトマス紙やBTB溶液のように，色の変化によって，酸性・中性・アルカリ性を調べることができる薬品を**指示薬**という。

また，**酸性やアルカリ性の強さ**は，**pH**という数値で表される。pHは，pH試験紙やpHメーター(pH計)で調べることができる(**図3**)。純粋な水のpHの値は**7**(**中性**)で，pHの値が7より小さいほど酸性が強く，7より大きいほどアルカリ性が強い(**図4**)。

pHは，水溶液中に含まれる水素イオンの割合から求められる数値で，水素イオンを多く含む水溶液ほど，pHが小さい。

◆図3 pHの測定

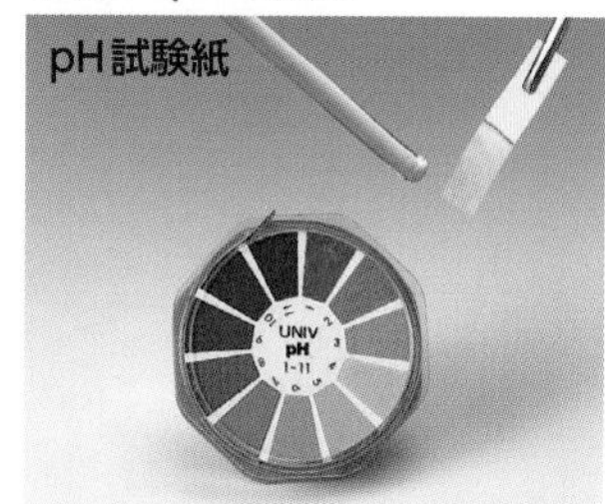

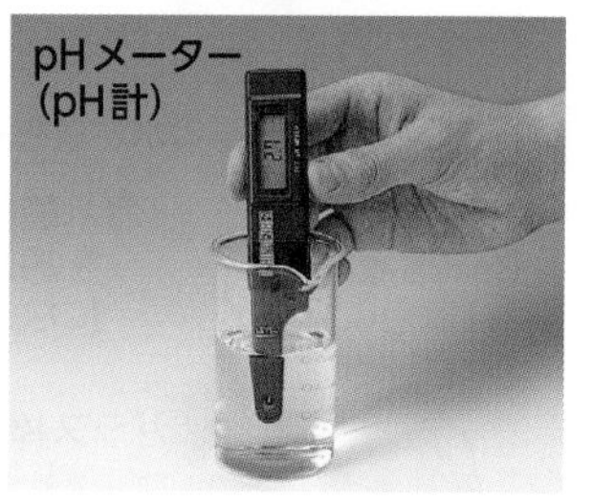

◆図4 身近な液体のpHと指示薬

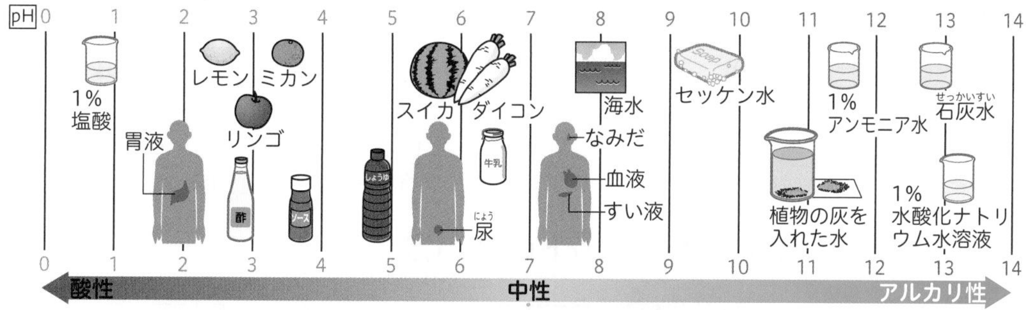

フェノールフタレイン溶液

2 中和と塩

1 酸とアルカリを混ぜたときの変化

(1) 酸とアルカリの水溶液を混ぜたときの変化

酸の水溶液とアルカリの水溶液を混ぜ合わせたときの水溶液の性質と，そのときできる物質について，**図5**のようにして調べる。

▼図5 酸とアルカリの水溶液を混ぜたときの変化を調べる実験

❶塩酸に緑色のBTB溶液を加える（黄色になる）。

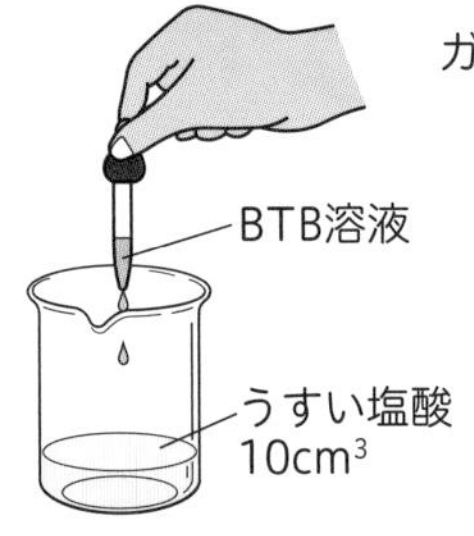

❷水酸化ナトリウム水溶液を加えていき，液が青色になったところでやめる。

❸塩酸を1滴ずつ加え，液が緑色になったところでやめる。

うすい
塩酸

❹液を少量とる。

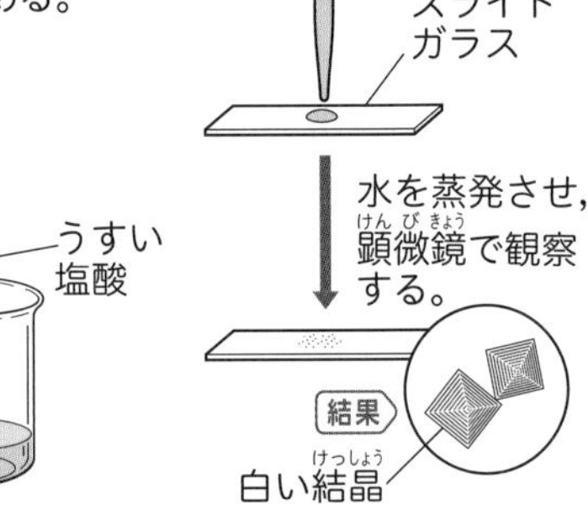

基本操作❶ こまごめピペットの使い方

こまごめピペットは，少量の液体を必要な量だけとるときに使う。液体がゴム球に吸いこまれないように，安全球がつけられている。

❶ 親指と人さし指でゴム球を押して，ピペットの先を液体につける。

❷ 親指をゆるめて，液体を吸い上げる。

❸ 再び，親指でゴム球を押して，必要な量の液体を落とす。（ゴム球を軽く押すと，液体を1滴ずつ落とすことができる。）

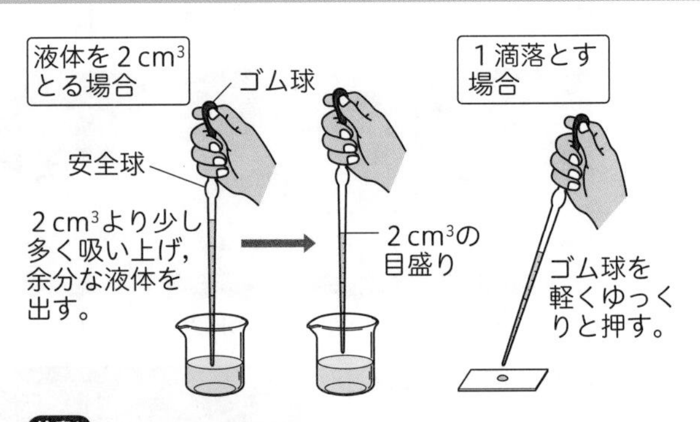

注意!
ピペットの先は割れやすいので，ものにぶつけないようにする。液体がゴム球に流れこむと，ゴム球がいたむので，ピペットの先を上に向けないようにする。

(2) 中和

図5の実験で，BTB溶液を加えた塩酸に水酸化ナトリウム水溶液を加えていくと，液の色は黄色から緑色，青色へと変化し，ここに塩酸を加えていくと，液の色は青色から緑色に変化した。このことから，酸の水溶液にアルカリの水溶液を混ぜていくと，水溶液の酸性がしだいに弱まり，アルカリの水溶液に酸の水溶液を混ぜていくと，水溶液のアルカリ性がしだいに弱まることがわかる。

このように，**酸の水溶液とアルカリの水溶液を混ぜ合わせると，互いの性質を打ち消しあう**。この反応を**中和**という❽。中和のときは，**酸の水素イオンとアルカリの水酸化物イオンが結びついて，水ができる。**

$$H^+ + OH^- \longrightarrow H_2O$$

水素イオン　　水酸化物イオン　　水

(3) 塩

図5の実験で，水溶液が中性になったとき(液の色が緑色になったとき)，水溶液から水を蒸発させて現れた白い結晶は，塩化ナトリウムである。この塩化ナトリウムのように，**酸の陰イオンとアルカリの陽イオンが結びついてできた物質を塩**という(**図6**)。

中2の復習

- 化学変化が起こるときには，熱の出入りがある。
- 熱を発生して周囲の温度が上がる反応を発熱反応といい，熱を吸収して周囲の温度が下がる反応を吸熱反応という。

❽中和と熱
塩酸に，同じ温度の水酸化ナトリウム水溶液を加えると，水溶液の温度は上がる。このように，中和は発熱反応である。

▼図6 塩酸と水酸化ナトリウム水溶液の中和と化学反応式

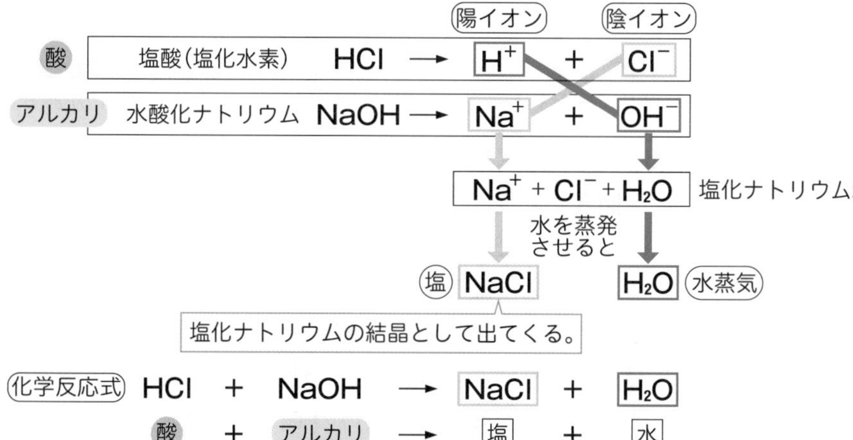

(4) 中和とイオンのモデル

塩酸に水酸化ナトリウム水溶液(すいようえき)を加えていったときのようすは，イオンのモデルを使うと**図7**のように表すことができる。

図7の❶では，加えた水酸化物イオンの分だけ中和が起こる。このとき水溶液が酸性を示すのは，水溶液中にまだ水素イオンが残っているからである。[9] ❷では，水溶液中に残っていた水素イオンがすべて水酸化物イオンと結びつき，どちらのイオンも残っていないので，中性となる。❸では，水酸化物イオンを加えても，水溶液中に水素イオンが残っていないので，中和は起こらない。加えた水酸化物イオンによって，水溶液はアルカリ性を示す。

❾中性になっていなくても中和は起こっている
酸とアルカリが性質を完全に打ち消しあっていなくても（中性になっていなくても），酸とアルカリが少しでも混ざれば，中和は起こっていて，塩も生じている。

▼図7 塩酸に水酸化ナトリウム水溶液を加えていったときのイオンのモデル

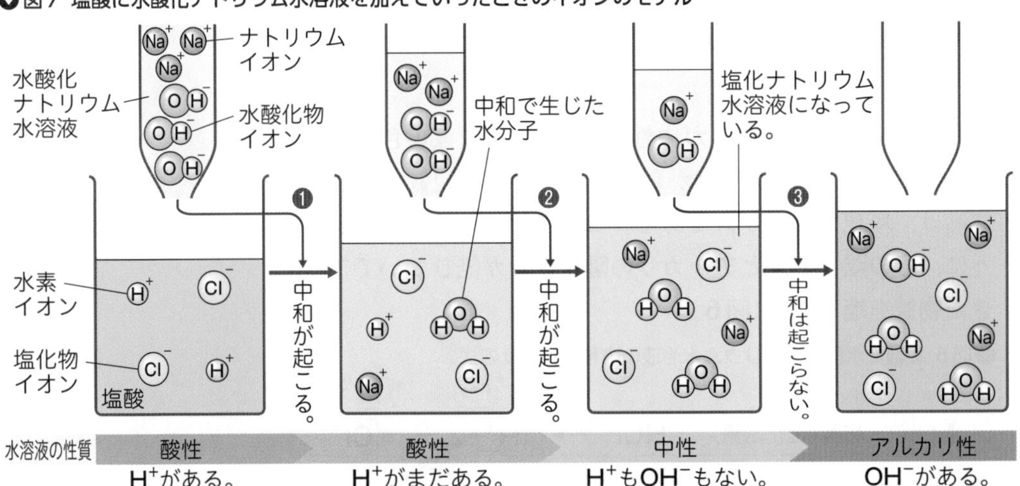

(5) 中和と水素の発生

図8のように，塩酸にマグネシウムを入れると，水素が発生する。これは，水溶液中に水素イオンがあるからである。ここに水酸化ナトリウム水溶液を加えていくと，中和が起こって水溶液中の水素イオンが減るので，水素の発生は弱まっていく。水溶液が中性になった後は，水溶液中に水素イオンが残っていないので，水素は発生しない。

図8 中和と水素の発生

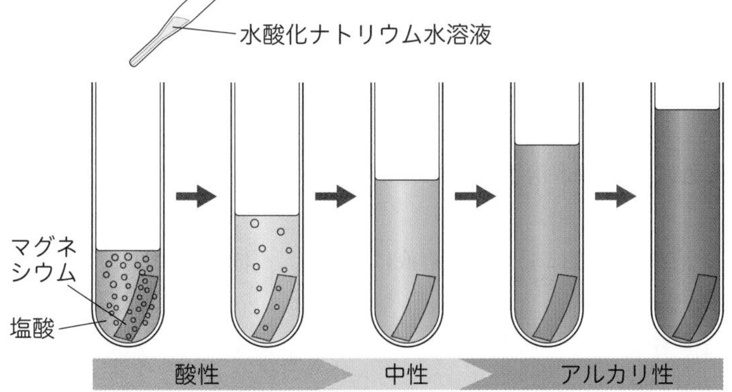

(6) いろいろな塩

塩には，水に溶けやすいものと溶けにくいものがある。

①水に溶けやすい塩

水に溶けやすい塩には，塩化ナトリウム，硝酸カリウム，塩化カルシウムなどがあり，p.66の**図5**のように再結晶によって取り出せる。

- 硝酸と水酸化カリウム水溶液の中和

$$HNO_3 + KOH \longrightarrow KNO_3 + H_2O$$

硝酸　水酸化カリウム　硝酸カリウム　水

- 塩酸と水酸化カルシウム水溶液の中和

$$2HCl + Ca(OH)_2 \longrightarrow CaCl_2 + 2H_2O$$

（$Ca(OH)_2$ に注⑩）

塩酸　水酸化カルシウム　塩化カルシウム　水

②水に溶けにくい塩

水に溶けにくい塩には，硫酸バリウム，炭酸カルシウムなどがあり，水溶液中に白く沈殿する(**図9**)。

- 硫酸と水酸化バリウム水溶液の中和

$$H_2SO_4 + Ba(OH)_2 \longrightarrow BaSO_4 + 2H_2O$$

（$Ba(OH)_2$ に注⑩，$BaSO_4$ に注⑪）

硫酸　水酸化バリウム　硫酸バリウム　水

- 炭酸水と水酸化カルシウム水溶液(石灰水)の中和⑫

$$H_2CO_3 + Ca(OH)_2 \longrightarrow CaCO_3 + 2H_2O$$

（$CaCO_3$ に注⑬）

炭酸　水酸化カルシウム　炭酸カルシウム　水

炭酸：二酸化炭素が水に溶けてできる酸

中1の復習

- 固体の物質をいったん水などの溶媒に溶かし，温度を下げたり溶媒を蒸発させたりして再び結晶として取り出すことを再結晶という。

⑩水酸化物イオンをもつ物質の化学式

水酸化カルシウムや水酸化バリウムの化学式は，水酸化物イオンOH^-をもつことがわかるように，$Ca(OH)_2$や$Ba(OH)_2$と書く。CaO_2H_2やBaO_2H_2とは書かない。

⑪硫酸バリウム

硫酸バリウム$BaSO_4$は，胃のレントゲン撮影の造影剤などに利用されている。

⑫二酸化炭素を確認する方法

炭酸水と石灰水の中和でできる炭酸カルシウムは水に溶けにくいため，中和が進むと白くにごる。この化学変化は，二酸化炭素の確認に利用されている。

⑬炭酸カルシウム

炭酸カルシウム$CaCO_3$は，石灰岩や鍾乳石の主成分である。

図9 白色の沈殿(硫酸バリウム)

☑要点チェック

1 酸・アルカリ

	解答
□ (1) 赤色リトマス紙を青色に変える水溶液(すいようえき)は，酸性か，アルカリ性か。>>p.62	(1) アルカリ性
□ (2) 緑色のBTB溶液を黄色に変える水溶液は，酸性か，アルカリ性か。>>p.62	(2) 酸性
□ (3) フェノールフタレイン溶液を赤色に変える水溶液は，酸性か，アルカリ性か。>>p.62	(3) アルカリ性
□ (4) マグネシウムなどの金属を溶(と)かし，水素を発生させる水溶液は，酸性か，アルカリ性か。>>p.62	(4) 酸性
□ (5) ①酸性の水溶液に共通して含(ふく)まれるイオンは，何イオンか。また，②アルカリ性の水溶液に共通して含まれるイオンは，何イオンか。>>p.64	(5) ① 水素イオン ② 水酸化物イオン
□ (6) 水溶液にしたとき，①電離(でんり)して水素イオンを生じる物質を何というか。また，②電離して水酸化物イオンを生じる物質を何というか。>>p.64	(6) ① 酸 ② アルカリ
□ (7) ①酸性やアルカリ性の強さを表す数値を何というか。また，②酸性やアルカリ性の強さを表す数値が7のとき，水溶液は何性か。>>p.65	(7) ① pH ② 中性

2 中和と塩

	解答
□ (8) 酸の水溶液とアルカリの水溶液を混ぜ合わせたときに起こる，互(たが)いの性質を打ち消しあう反応を何というか。>>p.67	(8) 中和
□ (9) 酸の水溶液とアルカリの水溶液を混ぜ合わせたとき，水素イオンと水酸化物イオンが結びついて何ができるか。>>p.67	(9) 水
□ (10) 酸の陰(いん)イオンとアルカリの陽イオンが結びついてできた物質を何というか。>>p.67	(10) 塩
□ (11) 塩酸と水酸化ナトリウム水溶液の中和によってできる塩を何というか。>>p.67	(11) 塩化ナトリウム

定期試験対策問題 解答➡p.206

1 いろいろな水溶液の性質 >>p.61，62

次のA～Fの水溶液について，あとの問いに答えなさい。

［ A 塩化ナトリウム水溶液　B 水酸化ナトリウム水溶液　C 酢酸
D 水酸化カリウム水溶液　E 塩酸　F 砂糖水 ］

(1) 緑色にしたBTB溶液を黄色に変化させる水溶液は，A～Fのどれか。すべて選びなさい。

(2) (1)で選んだ水溶液に，亜鉛の小片を入れると気体が発生した。その気体の化学式を答えなさい。

(3) フェノールフタレイン溶液を赤色に変化させる水溶液は，A～Fのどれか。すべて選びなさい。

(4) (3)で選んだ水溶液に，緑色にしたBTB溶液を加えると，何色に変化するか。

(5) (1)と(3)で選ばなかった水溶液の性質は何性か。

(6) 電流が流れない水溶液は，A～Fのどれか。

2 酸性・アルカリ性の正体 >>p.63，64

図のような装置をつくり，中央に塩酸や水酸化ナトリウム水溶液をしみこませた糸を置いて電圧を加えたところ，リトマス紙の色に変化が見られた。次の問いに答えなさい。

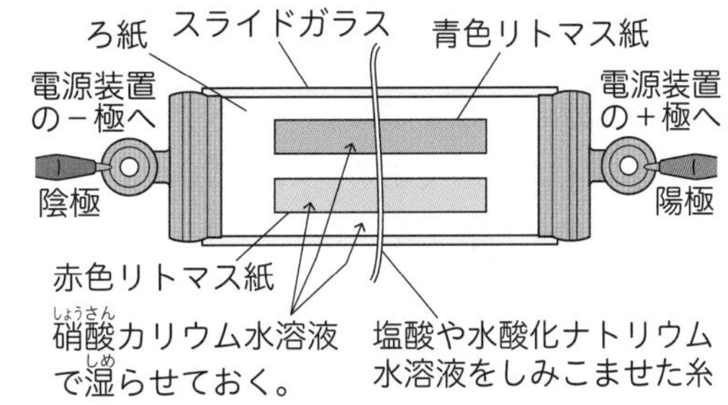

(1) 塩酸の溶質は何という物質か。また，その物質が水に溶けて電離しているようすを，式で表しなさい。

(2) 図で，塩酸をしみこませた糸をおいて電圧を加えた場合に，色が変化したのは，赤色リトマス紙と青色リトマス紙のどちらか。

(3) 水酸化ナトリウムが水に溶けて電離しているようすを，式で表しなさい。

(4) 図で，水酸化ナトリウム水溶液をしみこませた糸を置いて電圧を加えた場合に，リトマス紙の色を変化させたイオンは何か。その名称を答えなさい。また，このとき色が変化した部分は，次の**ア**～**エ**のどれか。

ア 陰極側の青色リトマス紙　**イ** 陰極側の赤色リトマス紙
ウ 陽極側の青色リトマス紙　**エ** 陽極側の赤色リトマス紙

3 酸・アルカリと電離 >>p.64

(1) 酸は，水溶液中で電離すると，何イオンを生じるか。化学式で答えなさい。

(2) アルカリ性の水溶液に共通して含まれているイオンは何か。化学式で答えなさい。

(3) 次の①～④の物質が水に溶けて電離しているようすを，それぞれ式で表しなさい。

① 硝酸(HNO_3)　② 水酸化カリウム(KOH)
③ 硫酸(H_2SO_4)　④ 水酸化バリウム($Ba(OH)_2$)

4 中和とイオンのモデル >>p.66～68

酸の水溶液とアルカリの水溶液を混ぜ合わせたときの水溶液の性質と，そのときできる物質について，**図1**のような実験を行って調べた。あとの問いに答えなさい。

図1

①塩酸にBTB溶液を加える(黄色になる)。

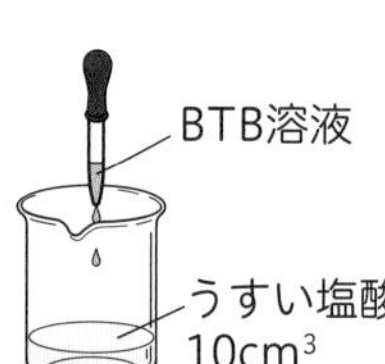

②水酸化ナトリウム水溶液を加えていき，液が青色になったところでやめる。

③塩酸を1滴ずつ加え，液が緑色になったところでやめる。

④液を少量とり，水を蒸発させて顕微鏡で観察する。

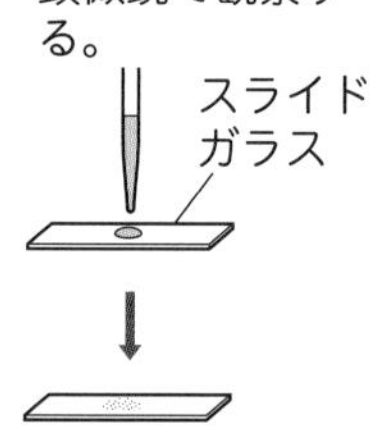

(1) **図2**は，こまごめピペットで液体を吸い取ろうとしているようすを表したものである。こまごめピペットに安全球がついている理由を，簡単に答えなさい。

図2

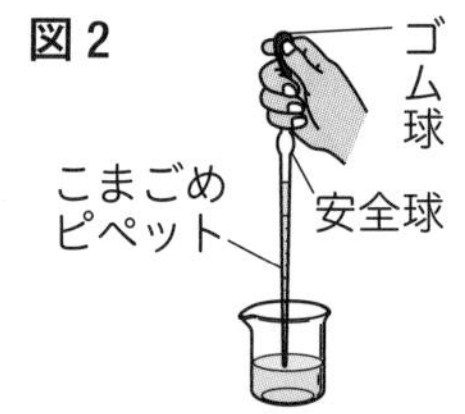

(2) **図1**の③で緑色になった水溶液を，イオンのモデルで表したものとして適切なものは，次の**ア**～**エ**のどれか。

ア

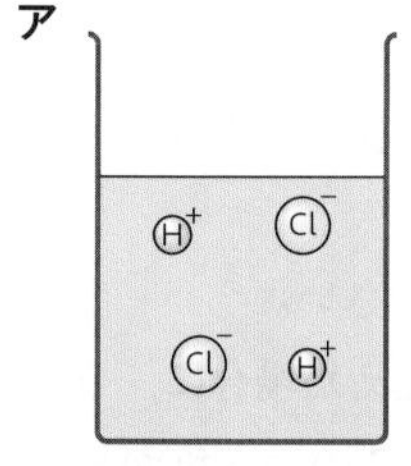

イ

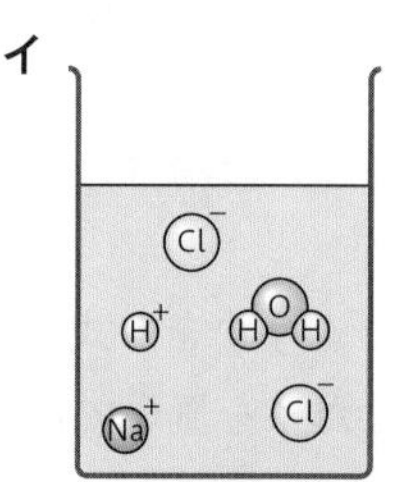

ウ

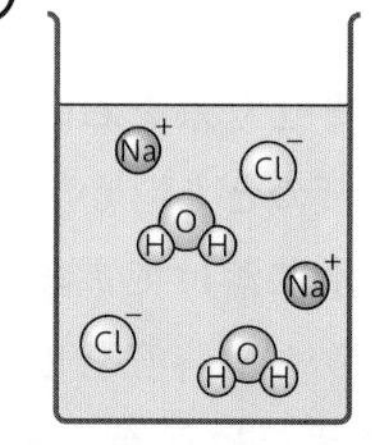

エ

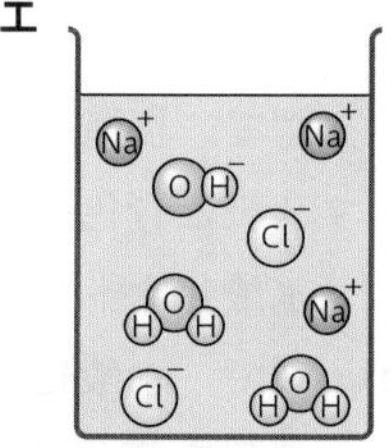

(3) この実験で起こった反応を表した次の化学反応式の，[　　]に当てはまる化学式を答えなさい。

HCl + [㋐] ⟶ [㋑] + H_2O

ヒント
(2) 水溶液の性質が何性か，水溶液の性質を示すイオンが含まれるかを考える。

第3編

運動とエネルギー

第6章 力の合成と分解，水圧と浮力

要点のまとめ

1 力の合成と分解 >>p.75

□ **力の合成**：2つの力と同じはたらきをする1つの力を求めること。

□ **合力**：力の合成によってできた力。

□ **力の分解**：1つの力を，これと同じはたらきをする複数の力に分けること。

□ **分力**：力の分解によってできた力。

□ **力の平行四辺形の法則**：角度をもってはたらく2力の合力は，その2力を表す矢印を2辺とする**平行四辺形の対角線**で表される。分力は逆に，もとの力の矢印を対角線とする**平行四辺形の隣り(とな)あう2辺**で表される。

▼力の合成と分解

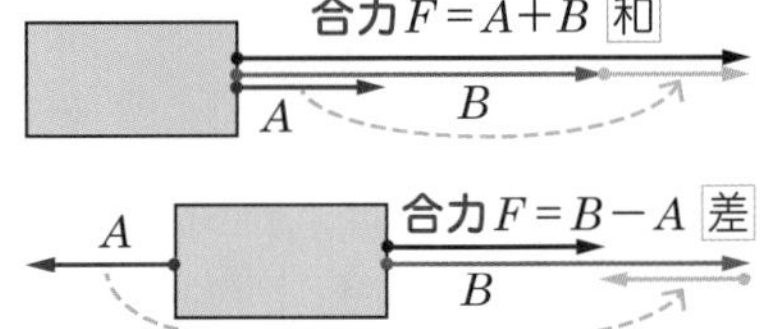

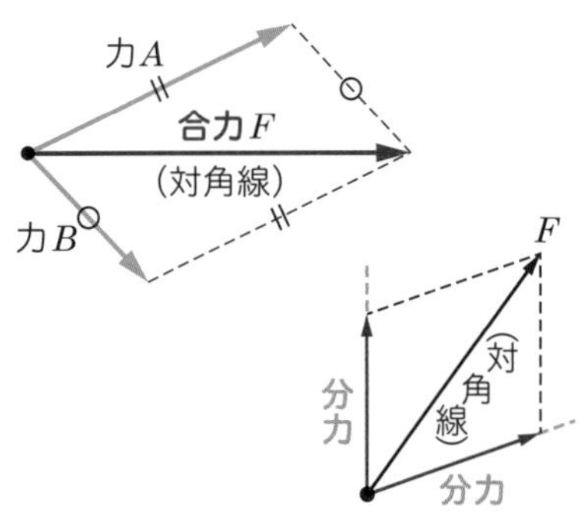

2 水中の物体にはたらく力 >>p.80

□ **水圧**：水にはたらく重力によって生じる圧力。水面から深くなるほど大きく，あらゆる方向からはたらく。

□ **浮力(ふりょく)**：水中の物体にはたらく上向きの力。物体の水中にある部分の体積が大きいほど大きく，物体の全体が水中にあるときは深さによって変わらない。

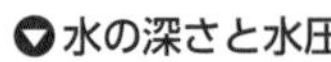

▼水の深さと水圧

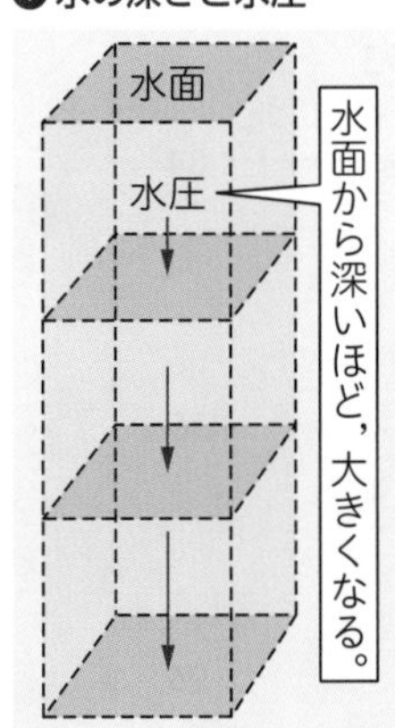

▼水圧と深さ

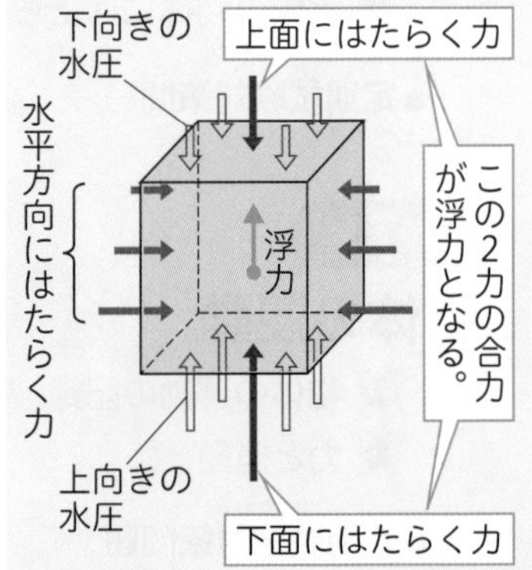

1　力の合成と分解

① 力の合成

(1) 力の合成と合力

2つの力と同じはたらきをする1つの力を求めることを**力の合成**といい，力の合成によってできた力を**合力**という。

(2) 一直線上ではたらく2力の合成

図1のⓐのように，一直線上で同じ向きにはたらく2力を合成すると，**合力の大きさは2力の大きさの和**になり，**合力の向きは2力と同じ向き**になる。

また，**図1**のⓑのように，一直線上で反対向きにはたらく2力を合成すると，**合力の大きさは2力の大きさの差**になり，**合力の向きは大きいほうの力と同じ向き**になる。

なお，**図1**のⓒのように，2力がつりあっているときは，**合力は0**になる。

中1の復習

- 力の大きさはニュートン（記号N）という単位で表す。質量100gの物体にはたらく重力の大きさが約1Nである。
- 物体にはたらく力は，力の三要素（力の大きさ，力の向き，作用点）を，矢印を使って表す。物体にはたらく重力を矢印で表すときは，物体の中心を作用点とする。
- 1つの物体に2つ以上の力がはたらいていて，その物体が静止しているとき，それらの力はつりあっているという。
- 2力がつりあう条件
  - ① 2力の大きさは等しい。
  - ② 2力の向きは反対である。
  - ③ 2力は同一直線上にある（作用線が一致（いっち）する）。

❶力を表す記号 F
Fは，力という意味の英語forceからきている。

図1　一直線上ではたらく2力の合成

ⓐ 同じ向きにはたらく2力

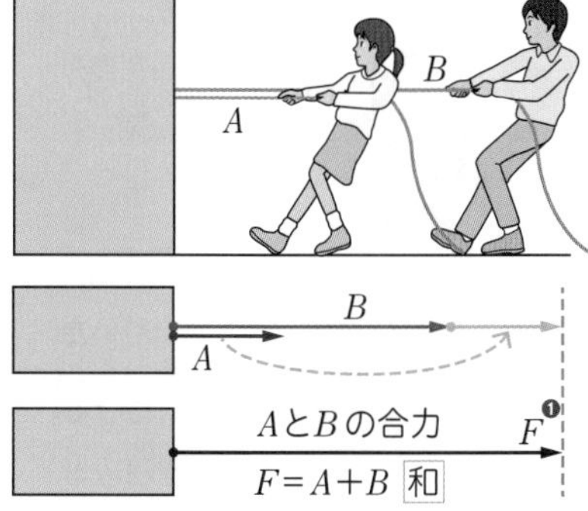

ⓑ 反対向きにはたらく2力

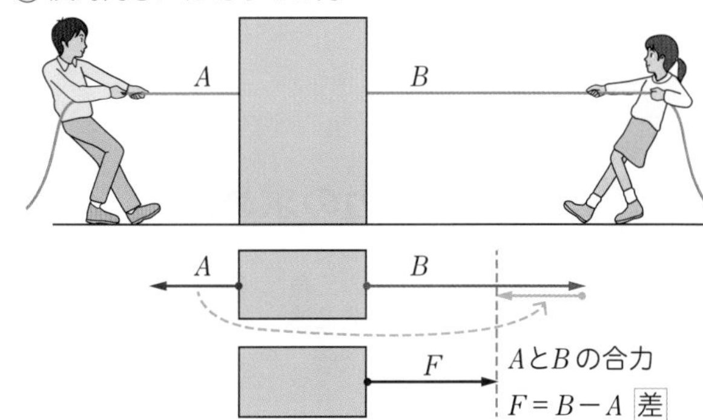

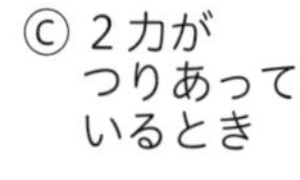

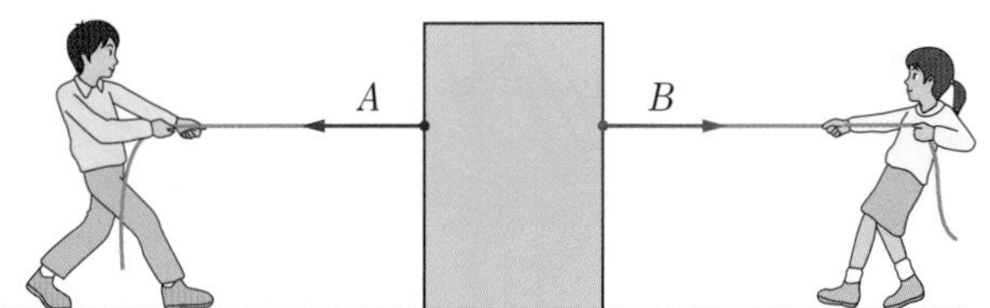

(3) 角度をもってはたらく２力の合成

角度をもってはたらく２力の合力と，もとの２力の間にある関係は，**図２**のようにして調べることができる。

図２ 角度をもってはたらく２力の合力を調べる実験

❶ ２つの力で引いて，ばねを点Oまで伸ばす。

力の大きさ(ばねばかりの値)と向きを記録する。
A
O
ばねばかり
くぎ
ばね
B
記録用紙

❷ １つの力で引いて，ばねを点Oまで伸ばす。

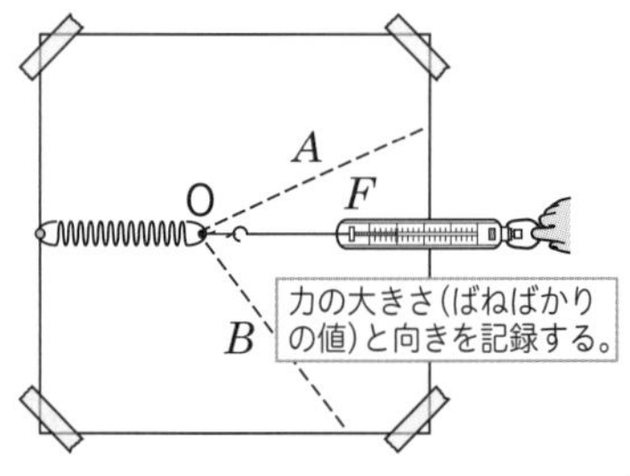

❸ １cmを何Nにするかを決めて，３力を矢印で表す。

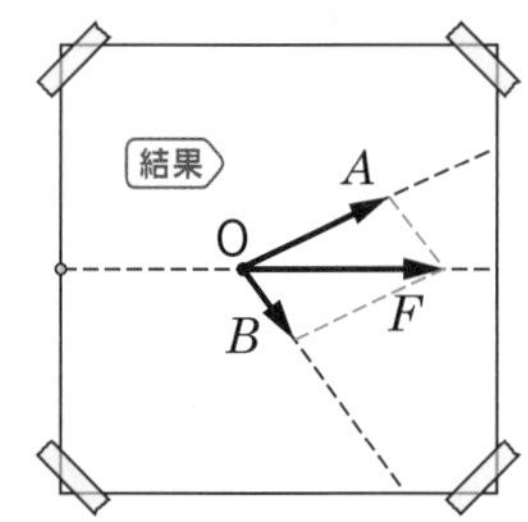

AとBの合力Fは，AとBを２辺とする平行四辺形の対角線。

図３ 角度をもってはたらく２力の合力

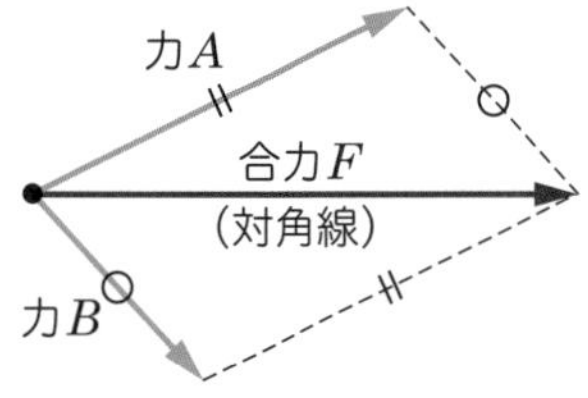

図２の実験からわかるように，角度をもってはたらく２力の合力は，その**２力を表す矢印を２辺とする平行四辺形の対角線**で表される(**図３**)。これを**力の平行四辺形の法則**という。この法則より，２力の合力は平行四辺形の作図によって求められる。›› 基本操作❷

向かいあう２組の辺が平行な四角形を，平行四辺形というね。

基本操作❷ 合力の求め方

❶ 矢印Bに三角定規を合わせ，三角定規をずらして，矢印Aの先を通り，矢印Bに平行な線を引く。

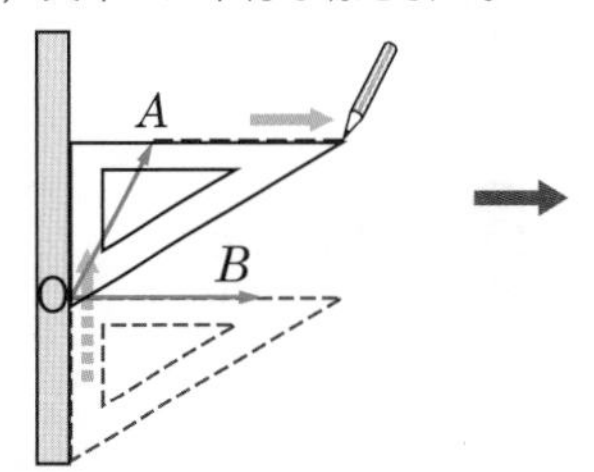

❷ ❶と同様にして，矢印Bの先を通り，矢印Aに平行な線を引く。

❸ 点Oから，❶と❷で引いた線の交点まで矢印をかくと，それがAとBの合力になる。

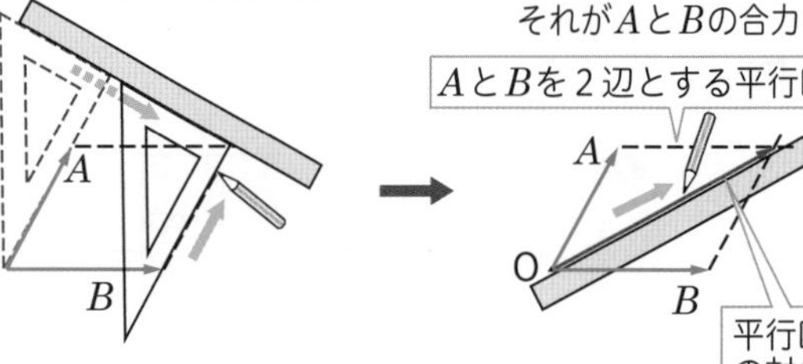

(4) 2力の角度と合力の関係

図4のⓐのように，合力の大きさが変わらないとき，2力の角度を大きくすると，2力も大きくなる。また，ⓑのように，2力の大きさを変えずに角度を大きくすると，合力は小さくなる。

▼図4 2力の角度と合力の関係

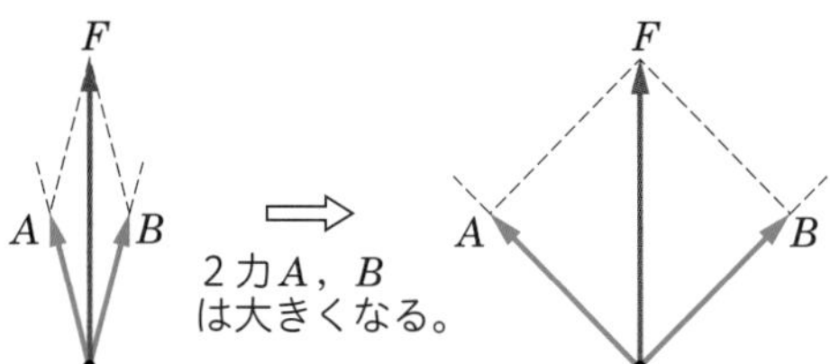

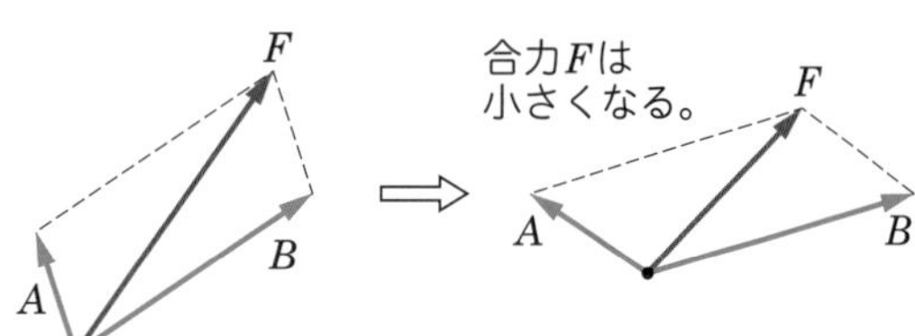

例題① 《作図》 **力の合成**

図の①～③のように，点Oに力Aと力Bがはたらいているとき，この2力の合力Fを，それぞれ図に矢印で表しなさい。

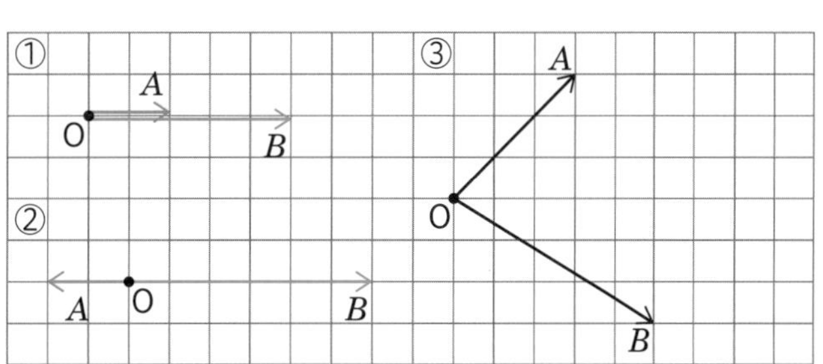

解き方

① 力A，Bは右向きで，力Aは2目盛り，力Bは5目盛りだから，合力Fは右向きで，その大きさは，
$2+5=7$〔目盛り〕

② 力Aは左向きで2目盛り，力Bは右向きで6目盛りだから，合力Fは右向きで，その大きさは，$6-2=4$〔目盛り〕

③ 平行線をかく場合にも方眼を利用することができる。力Aの矢印は点Oから右に3目盛り，上に3目盛りだから，その平行線をかくには，力Bの矢印の先端（せんたん）から，右に3目盛り，上に3目盛りの点を求める。この点が，合力Fの矢印の先端になる。

解答

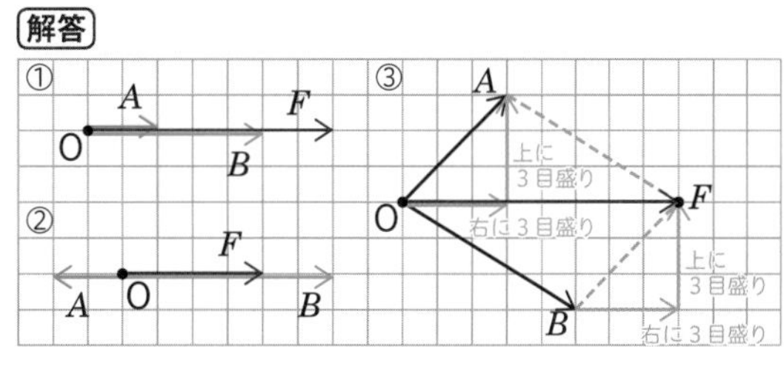

図5 荷物を持つときの力

図6 力の分解の例

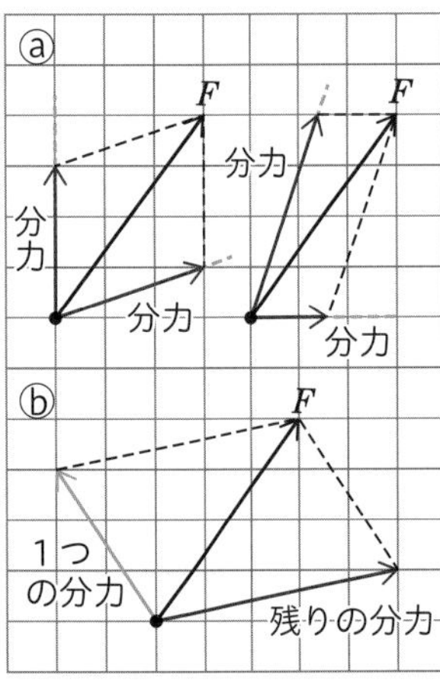

② 力の分解

(1) 力の分解と分力

図5のように，荷物を2人で持つと，荷物を引く力を2人で分けるため，1人で持つより楽になる。

このように，1つの力を，これと同じはたらきをする複数の力に分けることを**力の分解**といい，力の分解によってできた力を**分力**という。

(2) 分力の求め方

力を2力に分解するときは，2力を合成するときとは逆に，もとの力の矢印を対角線とする平行四辺形を作図すると，その平行四辺形の隣(とな)りあう2辺が分力になる。

力を分解する方向によって，分力は何通りもできる(**図6**のⓐ)。そのため，分力を求めるときは，分解する方向を決めておく必要がある。≫ 基本操作❸

また，1つの分力の向きと大きさが決まれば，残りの分力も決まる(**図6**のⓑ)。

基本操作❸ 分力の求め方

❶力 F を分解する方向A，Bを決める。

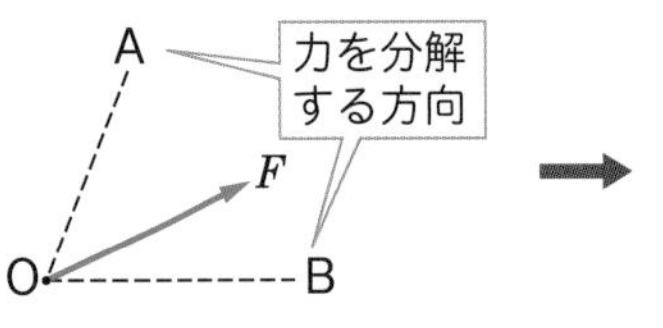

❷力 F が対角線になるような平行四辺形の1辺をかく。

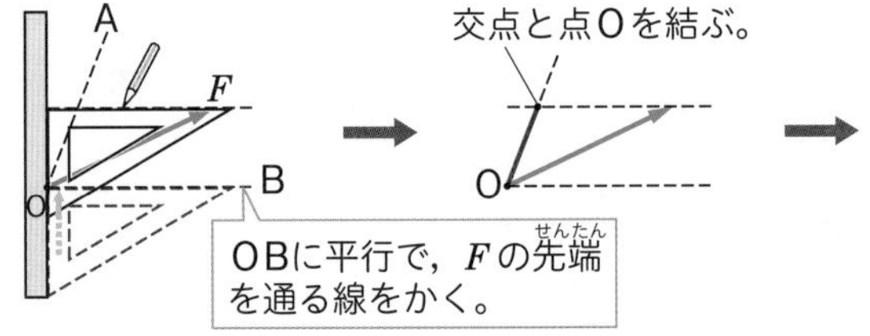

❸❷と同様にして，もう1辺もかく。

❹力 A と B が，力 F の分力になる。

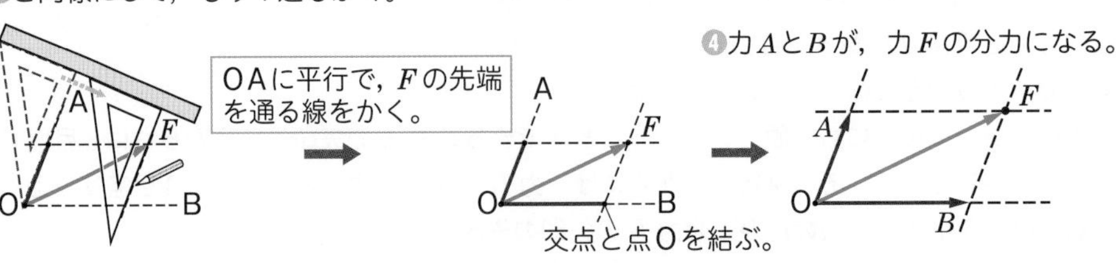

例題② 《作図》力の分解

図の①～③の矢印は，同じ力 F を表している。

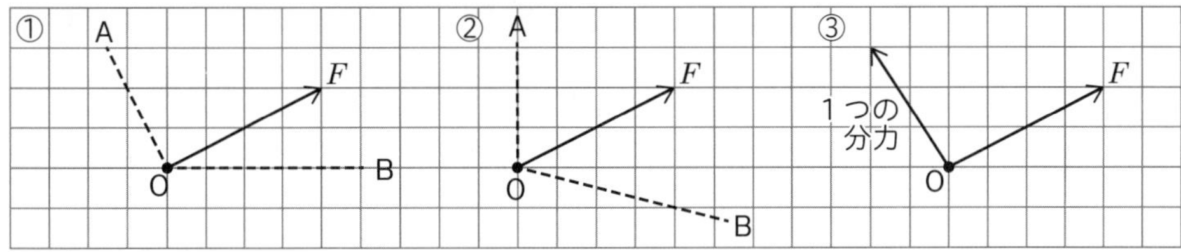

(1) 図の①，②の力 F を，それぞれ図のAとBの方向に分解し，2つの分力を矢印で表しなさい。

(2) 図の③で，力 F を2つの力に分解し，その分力の1つが図のように表されるとする。このとき，残りの分力を図に矢印で表しなさい。

解き方

①，② OA，OBにそれぞれ平行で，力 F の矢印の先端を通る線を，方眼を利用してかく。①のOA，②のOBは，傾き（上がり方，または下がり方）を図のように調べ，力 F の矢印の先端から同じ傾きの線をかいて，分力の矢印の先端を求める。

③ 1つの分力の矢印は，点Oから左に2目盛り，上に3目盛りだから，力 F の矢印の先端から，右に2目盛り，下に3目盛りの点を求める。この点が，残りの分力の矢印の先端になる。

解答

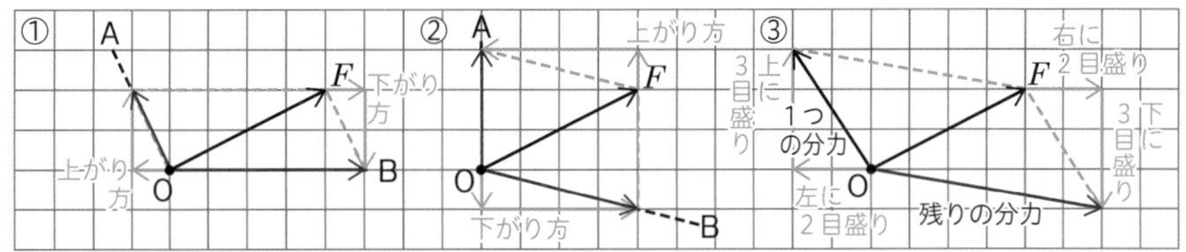

(3) 3力のつりあい

図7のようにしたとき，力 A，力 B，重力 W の3力はつりあっている。このとき，力 A と力 B の合力 F が重力 W とつりあっていると考えることもできる。

このように，3力がつりあっているとき，2力の合力と残りの力はつりあっている。また，物体に3力がはたらいていても静止して動かないときは，その3力はつりあっていて，3力の合力は0である。

▼図7 3力のつりあい

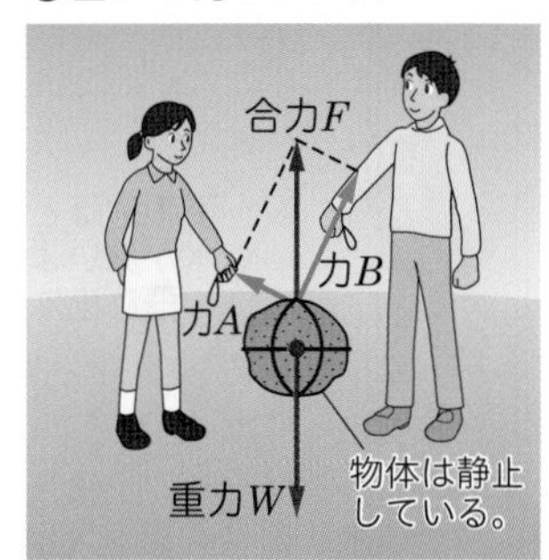

2 水中の物体にはたらく力

① 水圧

(1) 水の深さとゴム膜のへこみ方の関係

中２の復習

- 一定面積当たりの面を垂直に押す力の大きさを圧力という。圧力の単位には，パスカル（記号Pa）やニュートン毎平方メートル（記号N/m^2）を使う。
- 圧力の求め方

$$\text{圧力〔Pa〕}=\frac{\text{力の大きさ〔N〕}}{\text{力がはたらく面積〔m}^2\text{〕}}$$

図8のような実験を行うと，水中でゴム膜がへこむ。これは，ゴム膜が水中で力を受けているからである。

図8 水の深さとゴム膜のへこみ方の関係を調べる実験

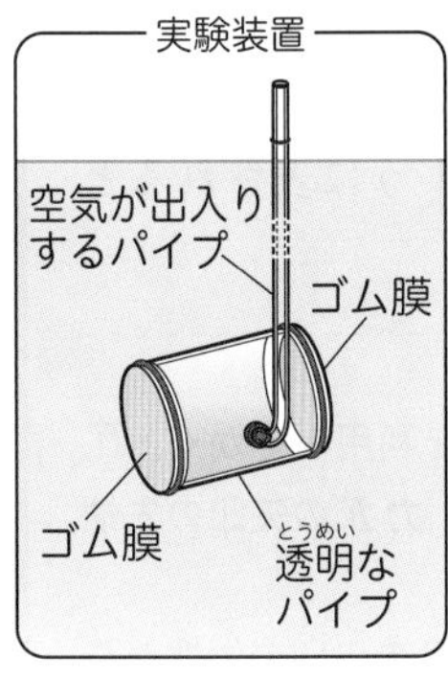

❶装置を水中に沈めて深さを変え，ゴム膜のへこみ方を比べる。

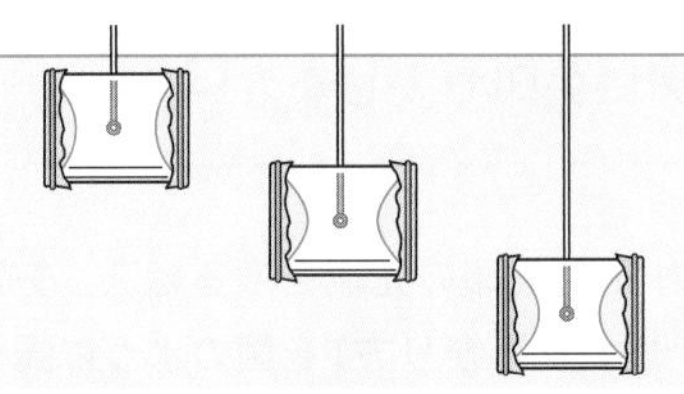

結果 水の深さが深くなるほど，ゴム膜のへこみ方が大きくなる。

❷ゴム膜の向きを変えた装置を，水中の同じ深さの位置に沈め，ゴム膜のへこみ方を比べる。

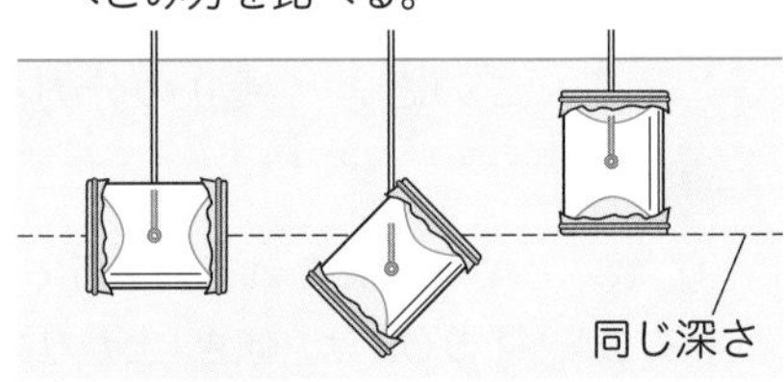

結果 水の深さが同じなら，どの向きにしてもゴム膜のへこみ方は変わらない。

- 大気にはたらく重力による圧力を大気圧（気圧）という。大気圧は，あらゆる方向から物体の表面に垂直にはたらく。

図8の実験から，水中のゴム膜には，深さが深いほど大きな力が，あらゆる方向からはたらいていることがわかる。

(2) 水圧

図8で，ゴム膜にはたらいているのは，まわりの水による**圧力**である。水の深さが深くなるほど，その地点より上にある水の量が多くなって水の重さが大きくなるため，ゴム膜にはたらく圧力が大きくなる。このように，**水にはたらく重力によって生じる圧力**を**水圧**という（**図9**，**図10**）。

図9 水の深さと水が飛び出す勢い

いろいろな高さに穴を開けた容器

水

下の穴ほど水が勢いよく飛び出す。

図10 水の深さと水圧のはたらき方

断面積が同じ水の柱を考えると，水の柱は深くなるほど長くなり，重くなる。

⇩

深くなるほど柱の底面にはたらく力が大きくなり，水圧が大きくなる。

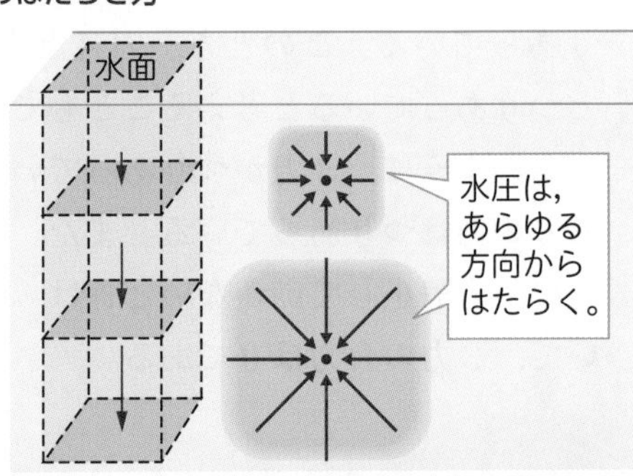

② 浮力（ふりょく）

(1) 浮力

水の中に入ると，からだが軽く感じられる。これは，からだに上向きの力がはたらくからである。このように，**水中の物体にはたらく上向きの力**を**浮力**という。

(2) 浮力の大きさを決めるもの

図11のようにすると，**浮力**の大きさが何と関係しているかを調べることができる。

▼図11 浮力の大きさを調べる実験

❶ 空気中で，おもりAにはたらく重力の大きさをはかる。
❷ おもりAを半分だけ水中に沈める。
❸ おもりAの全体を水中に浅く沈める。
❹ おもりAの全体を水中に深く沈める。
（❷～❹）ばねばかりの値（あたい）を読む。
❺ おもりAと体積が同じで質量が異なるおもりBにかえ，❶～❹をくり返す。

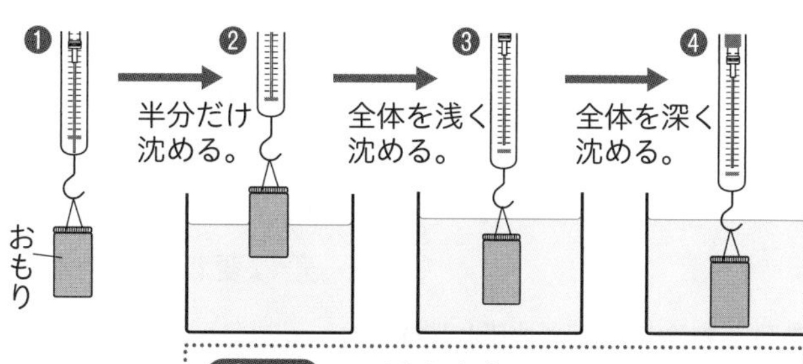

ポイント 浮力〔N〕＝重力の大きさ〔N〕－水中に入れたときのばねばかりの値〔N〕

結果

	おもり	❶空気中	❷半分水中	❸浅く水中	❹深く水中	❶－❷	❶－❸
ばねばかりの値〔N〕	A	0.50	0.40	0.30	0.30	0.10	0.20
	B	0.90	0.80	0.70	0.70	0.10	0.20

（❶－❷，❶－❸：浮力）

図11の実験で，おもりAとBの結果から，浮力の大きさは物体の質量に関係しないことがわかる。また，❷と❸の結果から，浮力の大きさは水面より下にある物体の体積に関係し，❸と❹の結果から，物体の全体が水中にあるとき，浮力の大きさは深さに関係しないことがわかる。

浮力には，次のような性質がある。

- 浮力は，水中の物体に上向きにはたらく。
- 浮力の大きさは，物体の水中にある部分の体積が大きいほど，大きい。❷
- 物体の全体が水中にあるとき，浮力の大きさは深さによって変わらない。

発展 ❷アルキメデスの原理
物体を水中に入れると，水は押しのけられる。水中の物体には，その物体が押しのけた水にはたらく重力と同じ大きさの浮力がはたらく。これをアルキメデスの原理という。
アルキメデスは，この法則を発見したギリシャの数学者である。

❸水圧によって生じる力

圧力を求める式 圧力=$\frac{力}{面積}$ より，水圧によって生じる力=水圧×面積 である。これより，面積が同じとき，水圧による力の大きさは，水圧に比例する。

(3) 水圧と浮力(ふりょく)の関係

図12のように，水中にある物体には，あらゆる方向から水圧によって生じる力(力=水圧×面積)がはたらく。[❸]

①物体の側面(水平方向)にはたらく力

水圧の大きさは，水面からの深さが同じであれば等しいので，**図12**のⓐのように，同じ深さで水平方向にはたらく力は，大きさが同じで向きが反対なので，つりあう。

②物体の上面と下面にはたらく力

一方，水圧の大きさは，水面から深くなるほど大きくなるので，**図12**のⓑのように，上面より下面にはたらく水圧のほうが大きく，水圧によって生じる力も下面のほうが大きい。この上面と下面にはたらく力の差によって生じる上向きの力(合力)が，浮力である。水中での物体の深さが変わっても，物体の上面と下面にはたらく力の差は変わらないため，浮力の大きさは深さに関係しない。

▼図12 物体にはたらく水圧と浮力

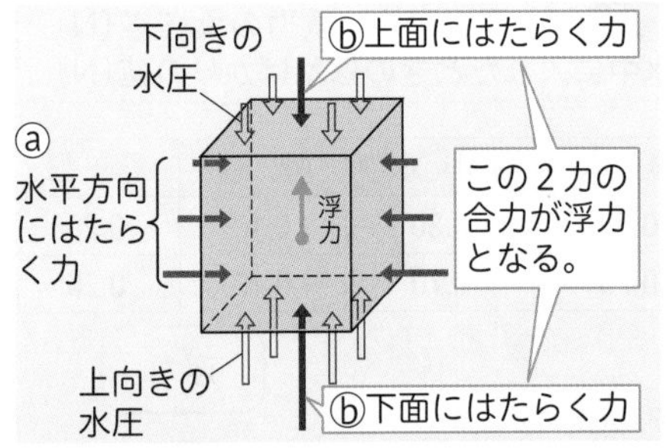

▼図13 浮力と物体の浮き沈み

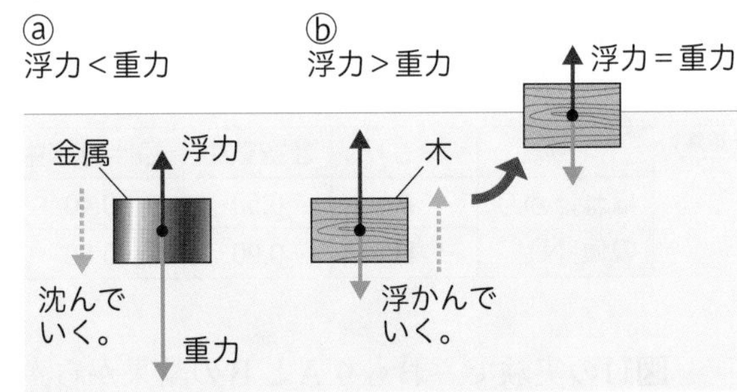

中1の復習

● 物質の一定体積当たりの質量を密度という。水よりも密度の大きい鉄は水に沈み，水よりも密度の小さい氷は水に浮く。

発展 ❹浮力と密度

物体が水に浮くかどうかは，浮力と重力の関係だけでなく，密度からもわかる。これは，アルキメデスの原理と深く関係している。

(4) 浮力と物体の浮(う)き沈(しず)み

水中の物体が浮き上がるかどうかは，物体にはたらく浮力と重力の大きさの関係で決まる。[❹] **図13**のⓐのように，浮力よりも重力のほうが大きいとき，**2力の合力は下向き**になるので，物体は水に沈んでいく。逆に，ⓑのように，重力よりも浮力のほうが大きいとき，**2力の合力は上向き**になるので，物体は浮かんでいく。その後，物体が水面に浮いて止まったとき，重力と浮力はつりあっている。

要点チェック

1 力の合成と分解

- □ (1) 2つの力と同じはたらきをする1つの力を求めることを何というか。>>p.75
- □ (2) 力の合成によってできた力を何というか。>>p.75
- □ (3) 一直線上で同じ向きにはたらく2力を合成すると，①合力の大きさは2力の大きさの和になるか，差になるか。また，②合力の向きは2力と同じ向きになるか，反対向きになるか。>>p.75
- □ (4) 一直線上で反対向きにはたらく2力を合成すると，合力の大きさは2力の大きさの和になるか，差になるか。>>p.75
- □ (5) 2力の合力が0になるのは，2力がどうなっているときか。>>p.75
- □ (6) 角度をもってはたらく2力の合力は，その2力を表す矢印を2辺とする平行四辺形の何で表されるか。>>p.76
- □ (7) 1つの力を，これと同じはたらきをする複数の力に分けることを何というか。>>p.78
- □ (8) 力の分解によってできた力を何というか。>>p.78

2 水中の物体にはたらく力

- □ (9) 水にはたらく重力によって生じる圧力を何というか。>>p.80
- □ (10) 水にはたらく重力によって生じる圧力は，水面から深くなるほど，大きくなるか，小さくなるか。>>p.80
- □ (11) 浮力の大きさは，物体の水中にある部分の体積が大きいほど，大きいか，小さいか。>>p.81
- □ (12) 物体の全体が水中にあるとき，浮力の大きさは深さによって変わるか，変わらないか。>>p.81
- □ (13) 水中の物体にはたらく重力より浮力のほうが大きいとき，2力の合力は上向きになるか，下向きになるか。>>p.82

解答

(1) 力の合成
(2) 合力
(3) ① 和になる。
② 同じ向きになる。
(4) 差になる。
(5) つりあっているとき。
(6) 対角線
(7) 力の分解
(8) 分力
(9) 水圧
(10) 大きくなる。
(11) 大きい。
(12) 変わらない。
(13) 上向きになる。

定期試験対策問題 （解答➡p.207）

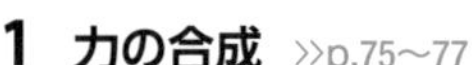

1 力の合成 >>p.75～77

力の合成について，次の問いに答えなさい。ただし，図の方眼の１目盛りは0.2Nとする。

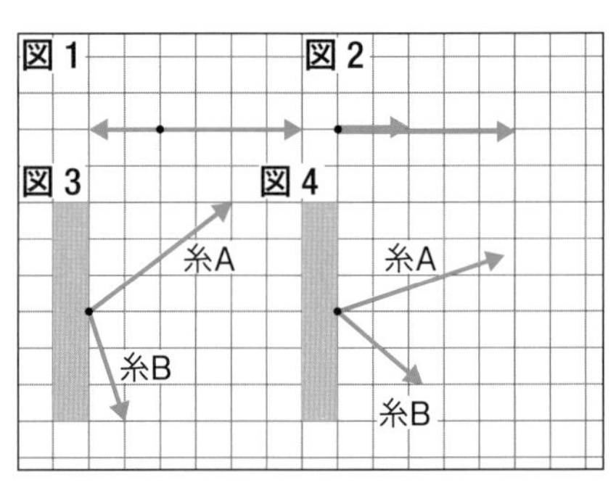

⑴　**図1**の２力の合力を作図しなさい。また，その合力の大きさは何Nか。

⑵　**図2**の２力の合力を作図しなさい。また，その合力の大きさは何Nか。

⑶　**図3**は，壁（かべ）に糸A，糸Bを結びつけて引っ張っているようすを表したものである。糸Aと糸Bを引っ張っている力の合力を作図しなさい。また，その合力の大きさは何Nか。

⑷　**図4**のように，**図3**の２力の大きさは変えずに，糸Aと糸Bのなす角度を小さくしたとき，合力の大きさは**図3**のときと比べてどうなるか。

ヒント
⑷　正確に作図する必要はなく，２力を２辺とする平行四辺形の形がどのように変化するかを考えればよい。

2 力の分解 >>p.78，79

力の分解について，次の問いに答えなさい。ただし，図の方眼の１目盛りは0.5Nとする。

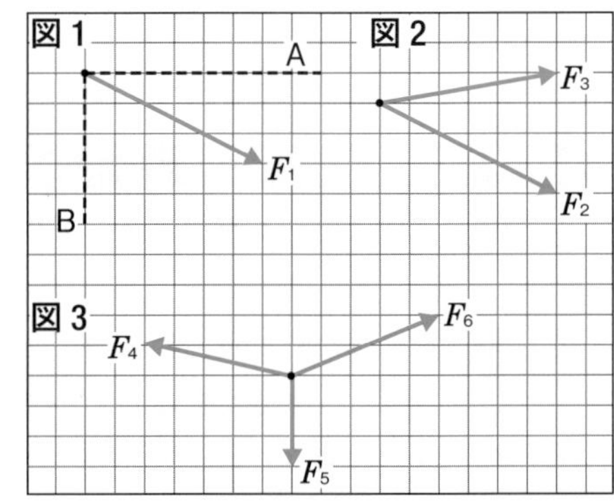

⑴　**図1**の力F_1を，AとBの方向に分解しなさい。また，Bの方向の分力の大きさは何Nか。

⑵　**図2**の力F_3は，力F_2の分力の１つである。残りの分力を作図しなさい。また，求めた分力の大きさは何Nか。

⑶　**図3**の力F_4，力F_5，力F_6の３力のうち，いずれか２力を選び，その合力を作図しなさい。

⑷　⑶から，**図3**の３力の関係についてどのようなことがいえるか。

ヒント
⑶　どの２力を選んでも，⑷の答えは同じになるので，作図しやすい２力を選べばよい。

3 水圧 ≫p.80

図のような装置を用意して，水圧について調べる実験を行った。次の問いに答えなさい。

(1) 図の装置を水中に沈(しず)めると，装置に水圧がはたらき，ゴム膜(まく)のようすが変化する。水圧とは，どのような力によって生じる圧力か。簡単に答えなさい。

(2) 図の装置の向きを変えて，水中のいろいろな深さに沈めた。このときのゴム膜のようすを表したものとして誤っているものは，次の**ア**～**エ**のどれか。

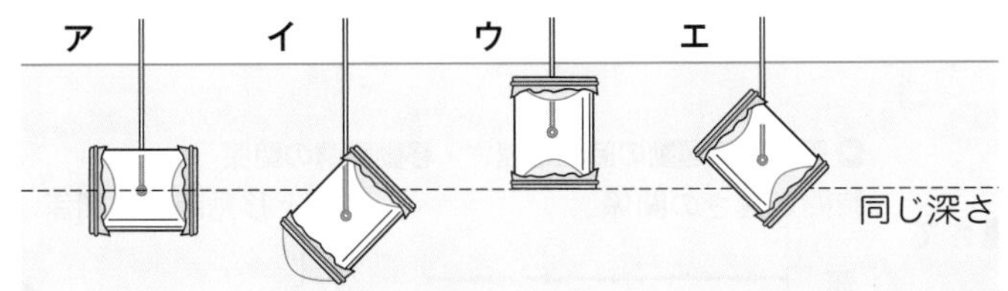

4 水圧と浮力(ふりょく) ≫p 81，82

空気中でばねばかりにおもりをつるしたら，ばねばかりの目盛りは1.6Nを示した。これをビーカーの水の中に入れたところ，**図1**のように静止した。次の問いに答えなさい。

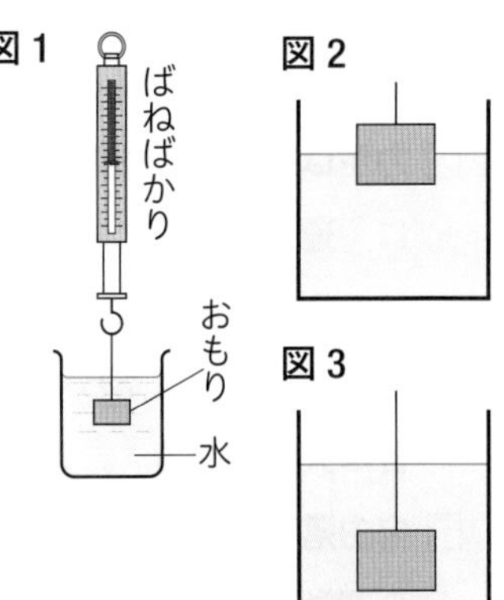

(1) 水中で，おもりの各面が水から受ける圧力のようすを，最も正しく表しているものは，次の**ア**～**エ**のどれか。

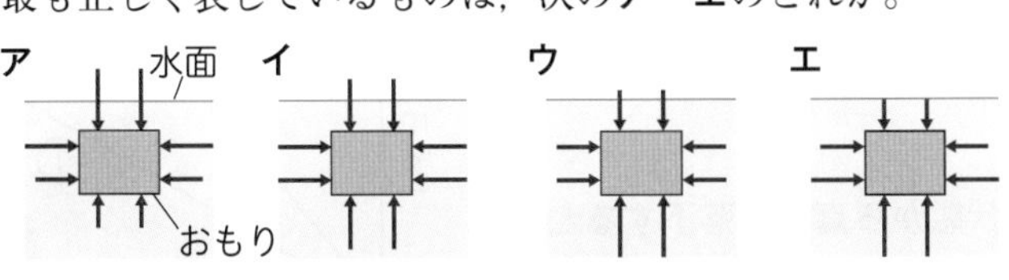

(2) **図1**のとき，ばねばかりの目盛りは1.3Nを示していた。このおもりにはたらいている浮力の大きさは何Nか。

(3) **図2**のように，おもりを半分だけ水中に沈めて静止させた。このとき，ばねばかりの目盛りの値(あたい)は，**図1**のときと比べてどうなるか。

(4) **図3**のように，おもりを**図1**のときより深く水中に沈めて静止させた。このとき，ばねばかりの目盛りの値は，**図1**のときと比べてどうなるか。

第7章 物体の運動

要点のまとめ

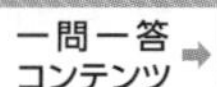

1 物体の運動の記録 ≫p.87

- □ **平均の速さ**：ある距離(きょり)を一定の速さで移動したと考えたときの速さ。
- □ **瞬間(しゅんかん)の速さ**：ごく短い時間に移動した距離をもとに求めた速さ。

▼速さを求める式

$$速さ〔m/s〕= \frac{移動距離〔m〕}{移動にかかった時間〔s〕}$$

速さの単位：メートル毎秒(記号m/s)，
センチメートル毎秒(記号cm/s)，
キロメートル毎時(記号km/h)など。

2 力と運動 ≫p.90

- □ 等速直線運動：**一定の速さで一直線上を進む運動**。運動の向きに力がはたらいていないときの運動で，**移動距離は運動した時間に比例**する。

▼等速直線運動の時間と速さ・移動距離の関係

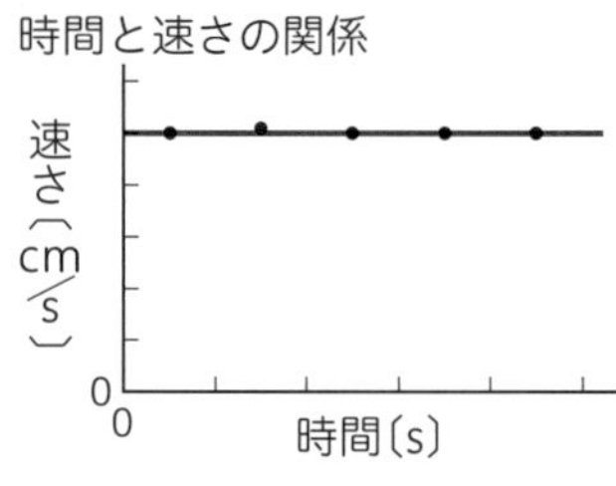

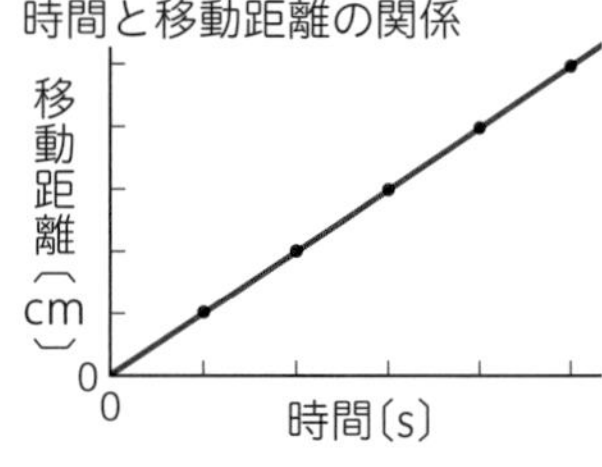

- □ **力がはたらくときの運動**：物体が斜面(しゃめん)を下るときのように，運動の向きに一定の力(重力の斜面に平行な分力)がはたらき続けると，速さは一定の割合で大きくなる。同じ物体では，はたらく力が大きいほど，速さの変化の割合は大きくなる。

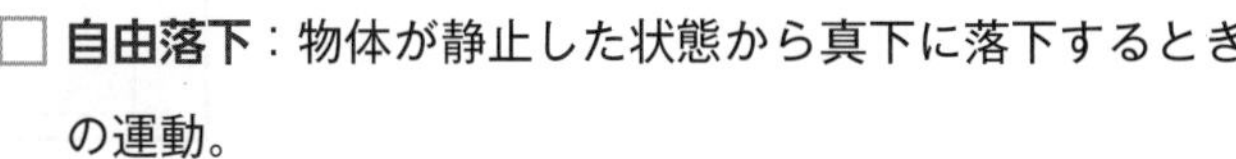

- □ **自由落下**：物体が静止した状態から真下に落下するときの運動。

▼斜面を下る運動の時間と速さの関係

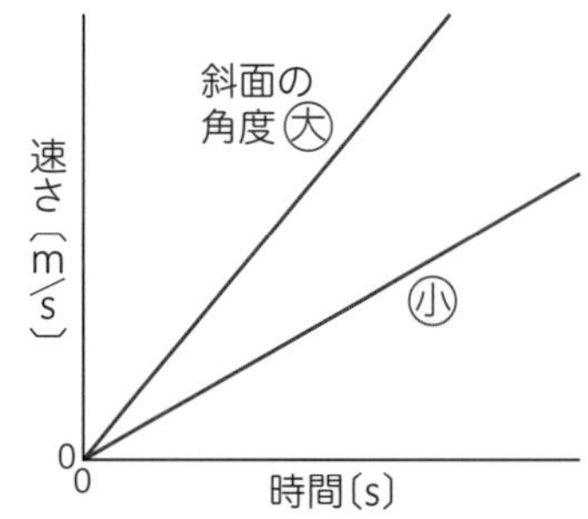

- □ **慣性の法則**：物体に力がはたらいていないか，はたらいている力がつりあっているとき，静止している物体は静止し続け，動いている物体は等速直線運動を続ける。
- □ **慣性**：物体がもとの運動状態を保とうとする性質のこと。
- □ **作用・反作用の法則**：ある物体に力を加えると，同時にその物体から，**大きさが等しく，同一直線上にあり，向きが反対の力**を受ける。この2力の一方を**作用**，もう一方を**反作用**という。

1 物体の運動の記録

① 運動の表し方と記録のしかた

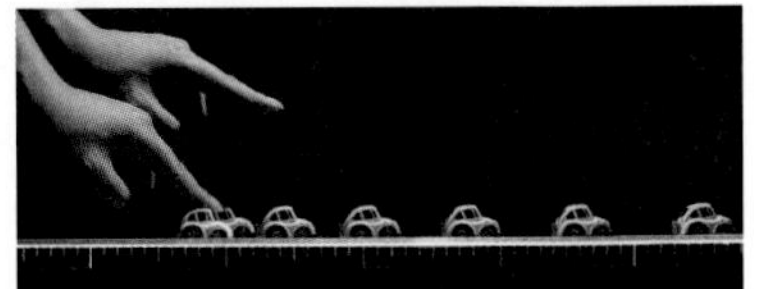
▲図1 **ストロボ写真**(発光間隔0.1秒)

(1) 運動の表し方

物体の運動のようすは，**速さ**と**向き**で表すことができる。速さと向きは，**図1**のような，一定の時間間隔(かんかく)で撮影(さつえい)した連続写真(ストロボ写真❶)を使って調べることができる。

(2) 運動の速さ

運動している物体の速さは，一定時間(1秒間，1時間など)に移動する距離で表される。速さの単位には，**メートル毎秒**(記号m/s)や**センチメートル毎秒**(記号cm/s)，**キロメートル毎時**(記号km/h)などが使われる。❷

$$速さ〔m/s〕=\frac{移動距離〔m〕}{移動にかかった時間〔s〕}$$

このようにして求めた速さは，**ある距離を一定の速さで移動したと考えたときの速さ**なので，**平均の速さ**という。

一方，自動車などのスピードメーター(速度計)に表示されるような，**時間の変化に応じて刻々と変化する速さ**を，**瞬間の速さ**という。

❶ストロボスコープとストロボ写真
一定時間ごとに瞬間的に強い光を出す装置をストロボスコープという。この装置を使って撮影した写真をストロボ写真といい，一定時間ごとの物体の位置を記録することができる。

❷時間の単位と速さの表し方
時間の単位の「秒」には記号s(secondのs)を，「時」には記号h(hourのh)を使う。
50cm/sは秒速50cm，50km/hは時速50kmと表すこともある。

第7章 物体の運動

例題③ 《計算》 **平均の速さ**

物体が80mを10秒で移動したとき，平均の速さは何m/sか。また，それは何km/hか。

解き方

速さを求める公式 $速さ〔m/s〕=\frac{移動距離〔m〕}{移動にかかった時間〔s〕}$ より，$\frac{80〔m〕}{10〔s〕}=8〔m/s〕$

また，1時間は(60×60)秒なので，8m/sの速さで1時間に移動する距離は，(8×60×60)mになる。よって，$\frac{(8×60×60)〔m〕}{1〔h〕}=28800〔m/h〕$ 1km＝1000m より，28800m/h＝28.8km/h

解答 8m/s，28.8km/h

例題

中２の復習

●東日本では50Hz，西日本では60Hzの周波数の交流が使われている。

(3) 運動の記録

向きが変化しない運動の場合，記録タイマーを使って運動を記録することができる。≫ 基本操作❹

基本操作❹ 記録タイマーを使った運動の記録のしかた

【記録タイマーの使い方】

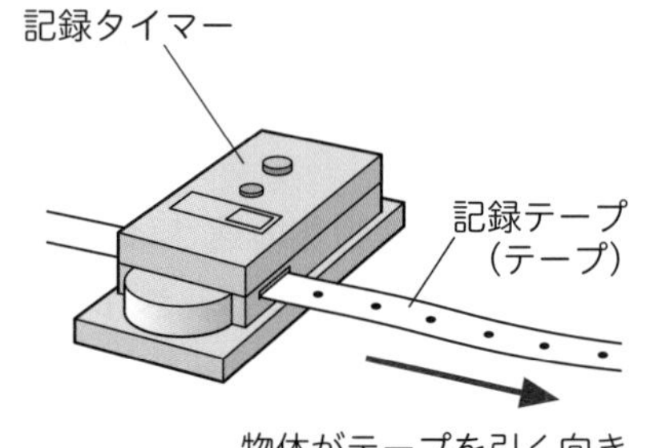

❶ 適当な長さに切った記録タイマー用のテープを記録タイマーに通し，運動を調べる物体につける。

❷ 記録タイマーのスイッチを入れてから物体を運動させ，テープに記録する。このとき，一定の時間間隔(かんかく)でテープに点が打たれる。

★打点の時間間隔は，１秒間に，東日本では50回，西日本では60回である。

❸ 運動を記録し終わったら，記録タイマーのスイッチを切る。

【テープの処理のしかた】

0.1秒（東日本では５打点，西日本では６打点）ごとにテープを切り，台紙に並べてはる。

東日本の場合

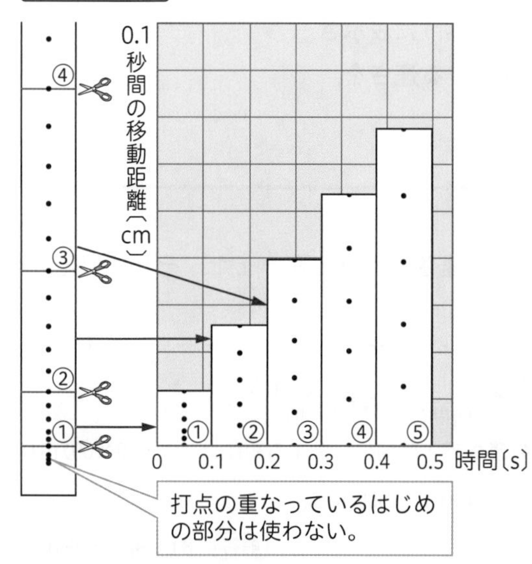

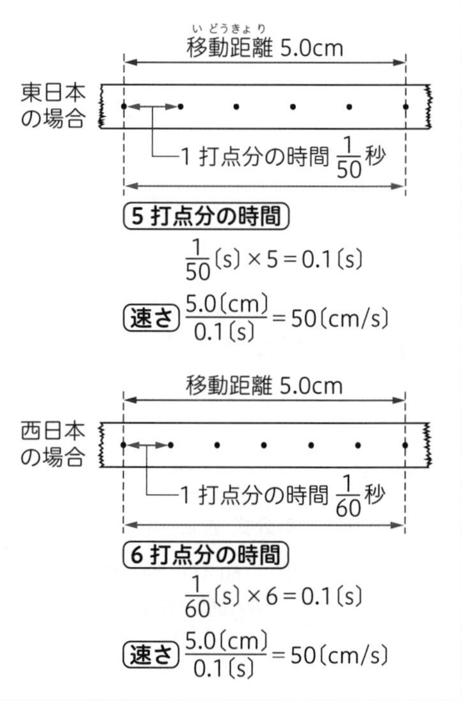

(4) テープの打点間隔と速さ

図2のように，テープに記録された打点の間隔は，テープを引く速さに応じて変化する。速さが一定のときは打点の間隔は一定になり，また，速さが速いほど打点の間隔は広くなる。

図2 テープの打点間隔と速さ

テープを引く向き

一定で遅(おそ)い。 一定で速い。 しだいに速くなる。 しだいに遅くなる。

例題④ 〔計算〕 **記録テープをもとにした速さ**

(1) 図1は，1秒間に50回打点する記録タイマーを使って物体の運動を調べ，テープを5打点ごとに切って並べたものである。Aのテープを記録している間の物体の平均の速さは何cm/sか。

図1

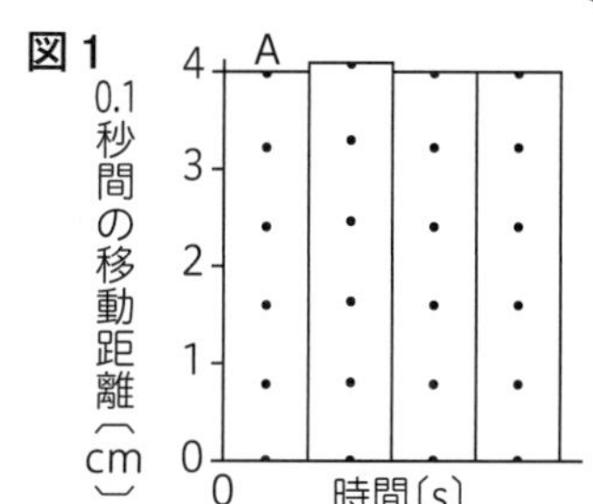

(2) 図2は，1秒間に60回打点する記録タイマーを使って物体の運動を調べ，テープを6打点ごとに切って並べたものである。Bのテープを記録している間の物体の平均の速さは何cm/sか。

図2

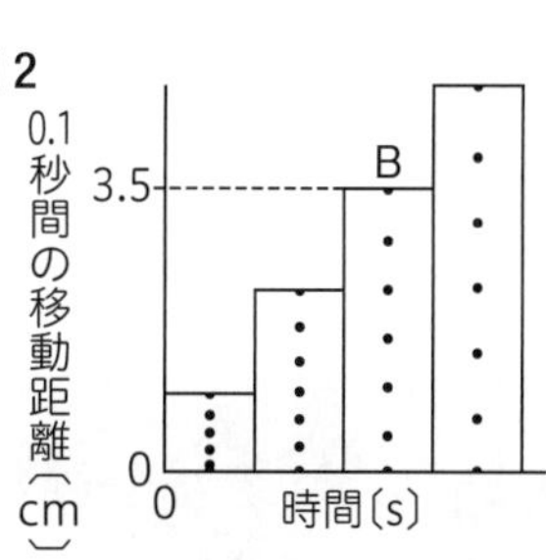

解き方

(1) 1秒間に50回打点する記録タイマーでは，5打点分の時間は，$\frac{1}{50}$〔s〕×5=0.1〔s〕である。

Aのテープの長さは4.0cmなので，平均の速さは，$\frac{4.0〔cm〕}{0.1〔s〕}$=40〔cm/s〕 **解答** 40cm/s

(2) 1秒間に60回打点する記録タイマーでは，6打点分の時間は，$\frac{1}{60}$〔s〕×6=0.1〔s〕である。

Bのテープの長さは3.5cmなので，平均の速さは，$\frac{3.5〔cm〕}{0.1〔s〕}$=35〔cm/s〕 **解答** 35cm/s

2 力と運動

① 力がはたらかないときの運動

(1) 物体に力がはたらかないときの運動

力がはたらいていない物体の運動は，**図3**のようにして調べることができる。

▼図3 物体に力がはたらかないときの運動を調べる実験

❶台車にテープをつけ，なめらかな水平面上に置く。
❷台車を手で軽く押(お)し，記録タイマーで運動を記録する。
❸テープを 0.1 秒ごとに切り，台紙に並べてはる。また，時間と速さ・移動距離の関係をグラフに表す。

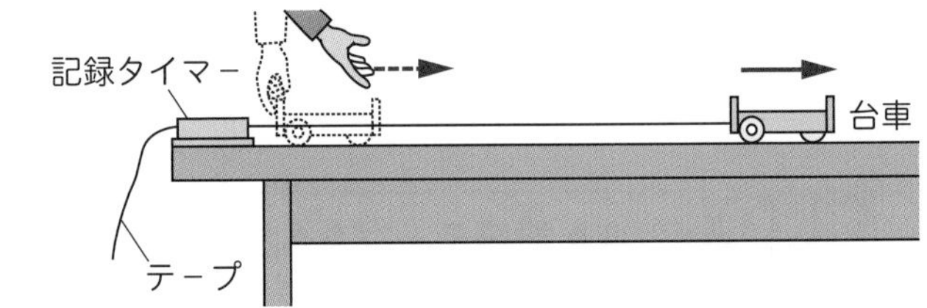

結果

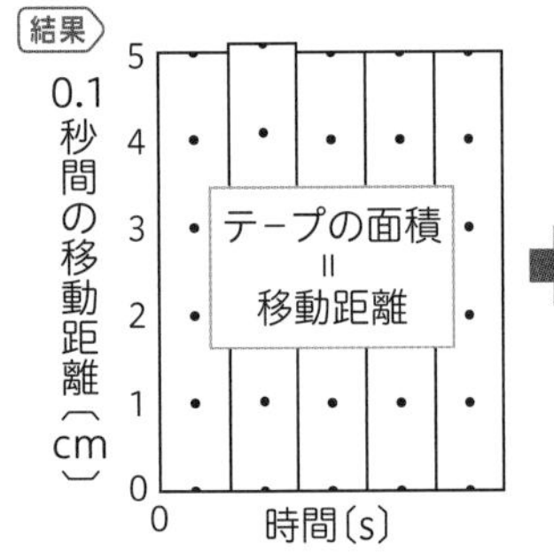

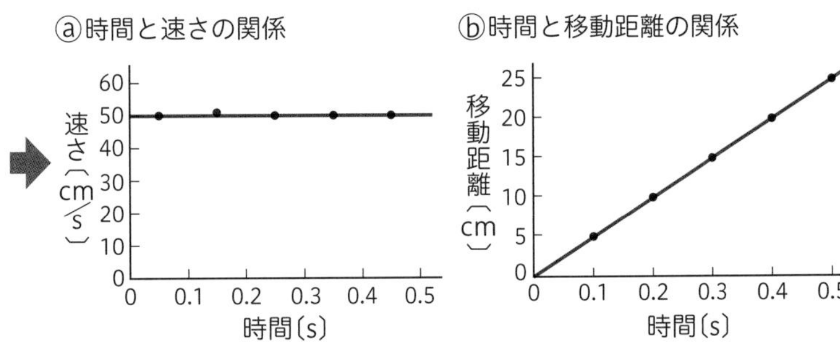

▼図4 等速直線運動のストロボ写真(発光間隔(かんかく)0.05秒)

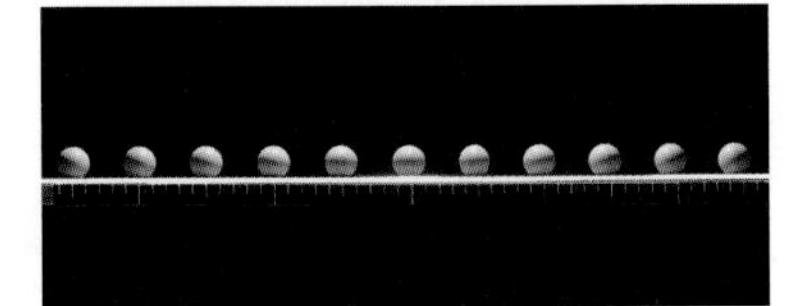

(2) 等速直線運動

図3の実験から，運動の向きに力がはたらいていなければ，水平面上を進む台車の速さはほぼ一定であることがわかる（結果のⓐ)。この台車の運動のように，**一定の速さで一直線上を進む運動**を**等速直線運動**という(**図4**)。

等速直線運動では，物体の移動距離(いどうきょり)は，次の式のように速さと運動した時間の積で表される。

移動距離〔m〕＝ 速さ〔m/s〕× 時間〔s〕

速さが一定なので，移動距離は運動した時間に比例する（結果のⓑ)。

p.87の速さの公式を変形すると，この式になるね。

② 力がはたらくときの運動

(1) 斜面を下る物体の運動

斜面を下る物体にはたらいている力と物体の運動の関係は，図5のようにして調べることができる。

❸水平面上の物体に一定の力がはたらき続けるときの運動
図3のように水平面上に置いた台車を，運動と同じ向きに一定の力で引いても，記録テープの結果は図5と同じようになる。

▼図5 斜面を下る物体の運動を調べる実験❸

❶台車を斜面上のA点，B点，C点に置き，台車にはたらく斜面に平行な力の大きさをはかる。

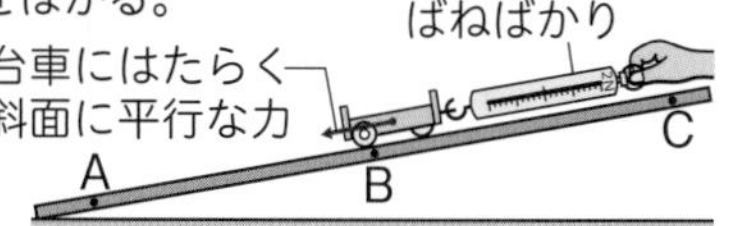

結果 斜面上のどこに置いても，斜面に平行な力の大きさは変わらない。

❷テープをつけた台車を斜面上に置いて手をはなし，記録タイマーで運動を記録する。

記録タイマー
台の高さを変えて，斜面の角度を変える。
テープ
台

❸斜面の角度(傾き)を大きくして，❶，❷と同様にする。

❹ ❷と❸のテープを0.1秒ごとに切り，台紙に並べてはる。

結果 ❷のテープ(斜面の角度㊛小)

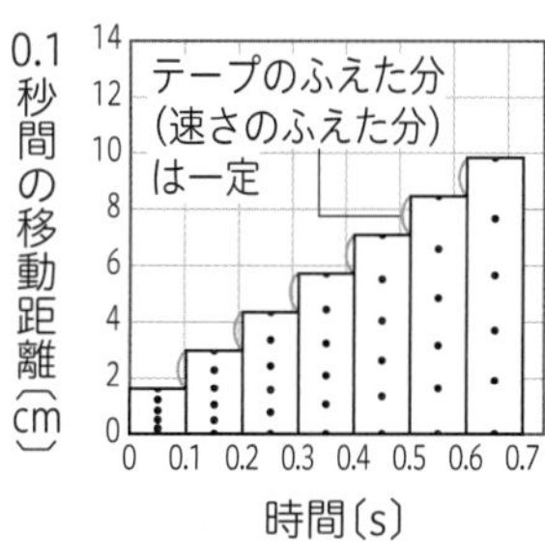

❸のテープ(斜面の角度㊐大)

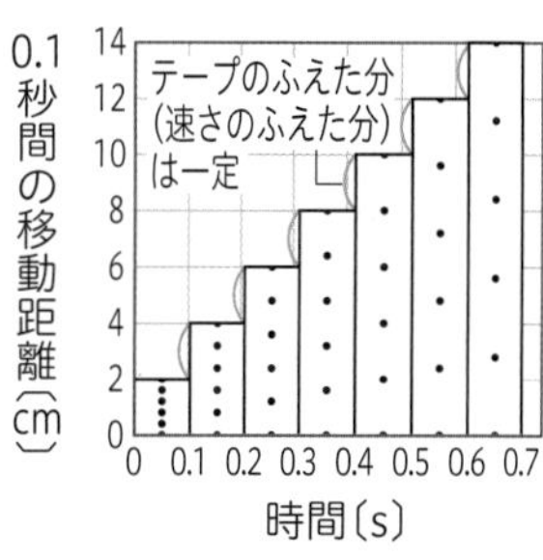

図5の実験で，斜面を下る台車の速さが一定の割合で大きくなるのは，台車には運動の向き(斜面に平行で下向き)に一定の大きさの力がはたらき続けるからである。また，斜面の角度(傾き)が大きくなると，速さのふえ方が大きくなるのは，斜面に平行で下向きの力が大きくなるからである。

このような，一定の割合で速さが大きくなる運動の，時間と速さの関係をグラフに表すと，原点を通る右上がりの直線になる(図6のⓐ)。また，時間と移動距離の関係をグラフに表すと，原点を通る右上がりの曲線になる(図6のⓑ)。

▼図6 時間と速さ・距離の関係

ⓐ時間と速さの関係

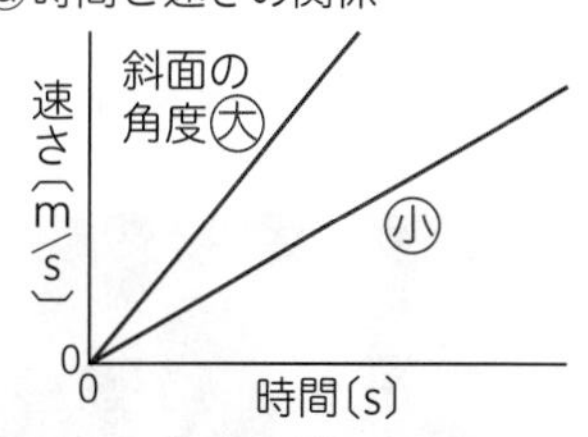

ⓑ時間と移動距離の関係

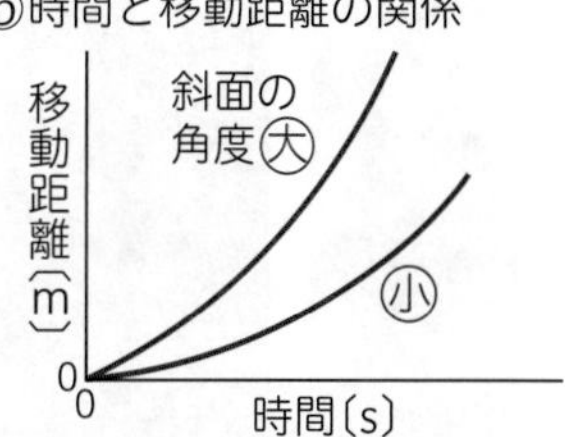

中1の復習

- 面に接している物体に，面から垂直にはたらく力を垂直抗力という。

(2) 斜面上の物体にはたらく力の分解

斜面上の物体にはたらく重力は，**図8**のように，斜面に垂直な分力と斜面に平行な分力に分解して考えるとよい。斜面に垂直な分力（物体を斜面に押しつける力）は，斜面からの垂直抗力（斜面が物体を押し返す力）と常につりあっているため，斜面を下る物体の運動に関係する力は，斜面に平行な分力だけである（**図7**）。

図8のⓑ，ⓒからわかるように，斜面に平行な分力の大きさは，斜面の角度が大きいほど大きくなる。

▼図7 斜面を下る運動のストロボ写真（発光間隔0.05秒）

▼図8 斜面の角度と重力の分力の変化

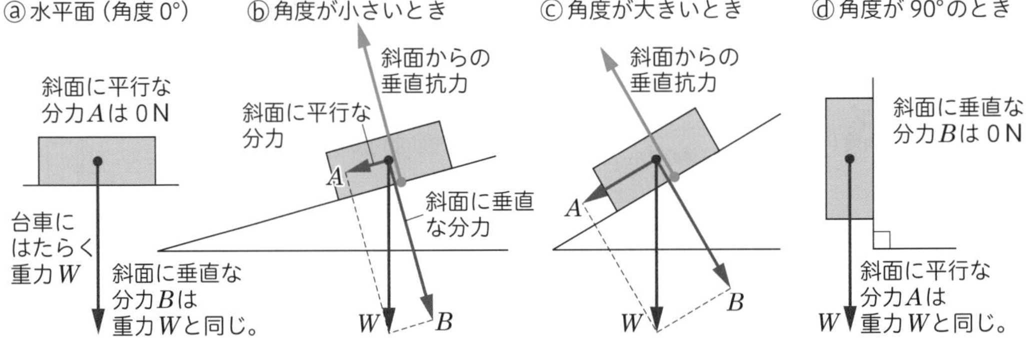

(3) 自由落下

図8のⓓのように斜面の角度が最大（90°）になると，物体の運動に関係する力は重力だけになる。この状態で静かに物体をはなすと，物体は真下（鉛直[4]下向き）に落下する。このときの運動を**自由落下**（**自由落下運動**）という（**図9**）。自由落下のときに，速さのふえ方が最も大きくなる。

❹鉛直方向

物体にはたらく重力の方向（水平面に対して垂直の方向）を，鉛直方向という。

(4) 運動と反対向きに力がはたらくときの運動

斜面を下る物体の運動や自由落下では，運動の向きに一定の大きさの力がはたらき続けるため，速さは一定の割合で大きくなる。これとは逆に，運動の向きとは反対向きに一定の力がはたらき続けるとき，速さは一定の割合で小さくなる。

▼図9 自由落下のストロボ写真（発光間隔0.025秒）

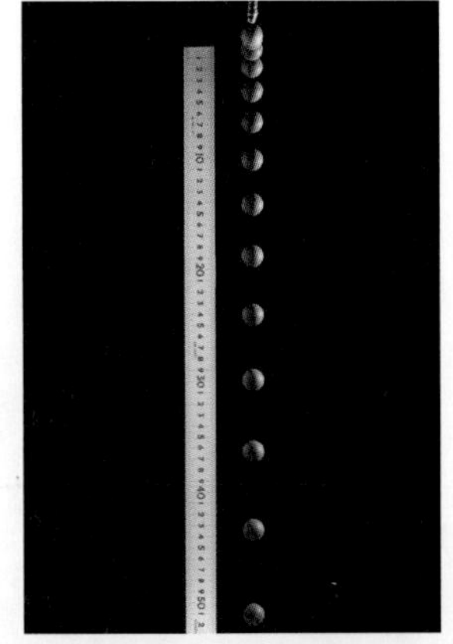

①斜面を上る物体の運動

図10のように，斜面を上る球には，運動と反対向きに，重力の斜面に平行な分力がはたらき続ける。そのため，球の速さは一定の割合で小さくなり，球はやがていったん静止した後，斜面を下り始める。

運動の向き
球
上り坂
重力の斜面に平行な分力

▲図10 斜面を上る運動

②水平面上で摩擦力がはたらくときの運動

図11のように，床の上をすべる木片には，運動と反対向きに摩擦力がはたらき続ける。そのため，木片の速さは一定の割合で小さくなり，木片はやがて静止する。

中1の復習

- 物体が接している面との間で，物体の動きを妨げるようにはたらく力を摩擦力（または摩擦の力）という。

▼図11 摩擦力がはたらくときの運動

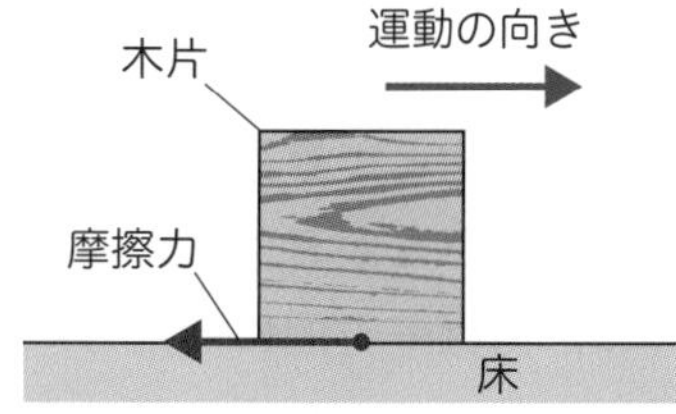

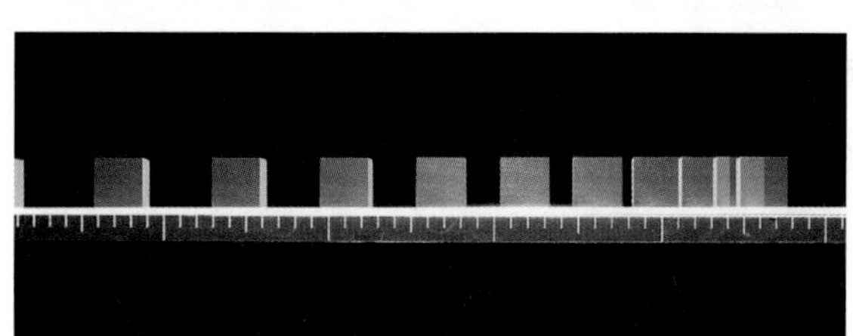

3 慣性と作用・反作用

(1) 慣性の法則

図12のⓐのように，止まっているバスが急発進するとき，乗っている人は，力がはたらかないので静止し続けようとするが，バスは移動するので，人のからだは進行方向とは反対に傾く。また，ⓑのように，走行しているバスが急ブレーキをかけるとき，乗っている人は，力がはたらかないので進行方向に運動し続けようとするが，バスは止まるので，人のからだは進行方向に傾く。

このように，**物体に力がはたらいていないか，力がはたらいていてもそれらがつりあっているとき，静止している物体は静止し続け，動いている物体は等速直線運動を続ける**。これを**慣性の法則**といい，物体がもっているこのような性質を**慣性**という。

▼図12 慣性の例

ⓐ急発進するとき

乗客は静止の状態を続けようとして，後ろに傾く。

ⓑ急ブレーキをかけるとき

乗客は運動の状態を続けようとして，前に傾く。

(2) 力のつりあいと慣性の法則

物体にはたらいている力がつりあい，慣性の法則が成りたっている例には，**図13**のようなものがある。

図13 力のつりあいと慣性の法則　台車の図の垂直抗力は，それぞれの車輪にはたらく垂直抗力の合力を表す。

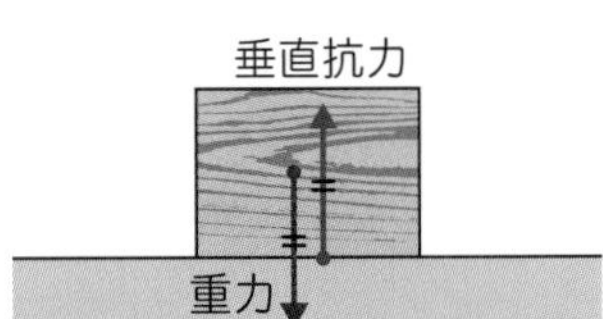

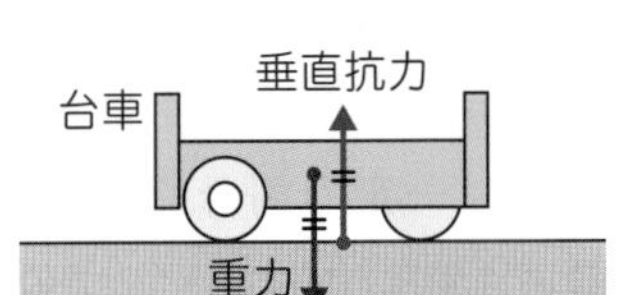

図14 人を押したときの動き

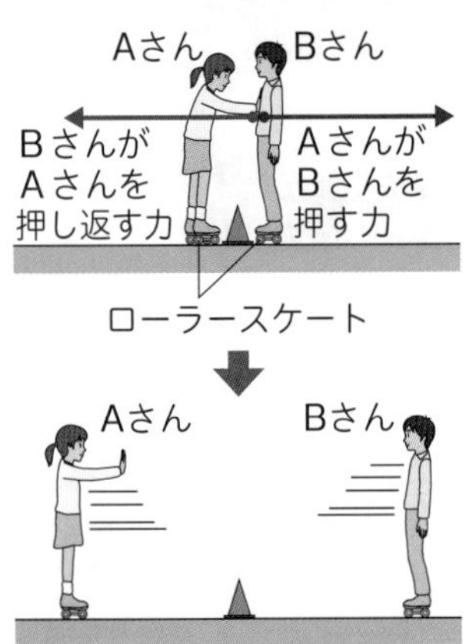

(3) 作用と反作用

図14のように，AさんがBさんを押すと，Bさんだけでなく，Aさんも動きだす。これは，AさんがBさんから力を受けたからである。このように，力は一方的にはたらくのではなく，2つの物体間で対になってはたらく。この2力のうち，一方(今注目しているほう)を**作用**，もう一方を**反作用**という。**図15**も，作用・反作用の例である。

(4) 作用・反作用の法則

作用と反作用の2力は，2つの物体間で同時にはたらき，**大きさは等しく，一直線上にあり，向きは反対**である。これを**作用・反作用の法則**という。この法則は，物体が運動しているときにも成りたつ。

図15 壁を押したときの動き

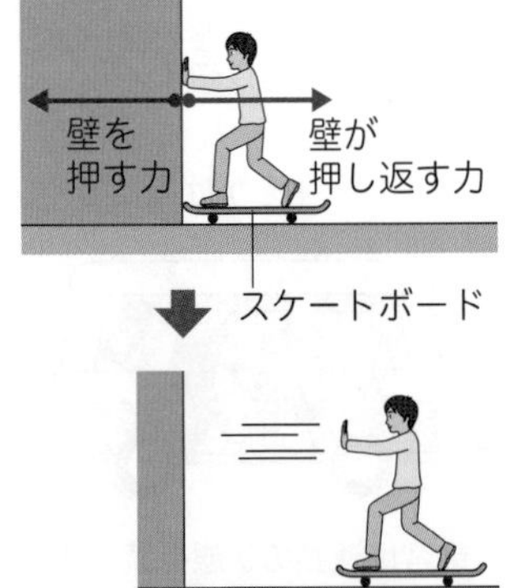

(5) 作用・反作用と2力のつりあい

作用と反作用の2力の関係は，つりあっている2力の関係と似ているが，**図16**のような違いがある。

図16 2力のつりあいと作用・反作用の違い

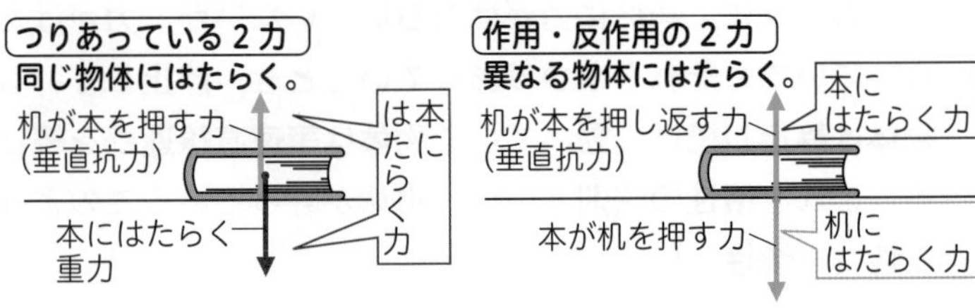

要点チェック

1 物体の運動の記録

□ (1) 次の式の①，②に当てはまることばは何か。>>p.87

$$\text{速さ}〔\text{m/s}〕=\frac{〔\ ①\ 〕〔\text{m}〕}{\text{移動にかかった}〔\ ②\ 〕〔\text{s}〕}$$

□ (2) ある距離(きょり)を一定の速さで移動したと考えたときの速さを何というか。>>p.87

□ (3) ごく短い時間に移動した距離をもとに求めた速さを何というか。>>p.87

2 力と運動

□ (4) 一定の速さで一直線上を進む運動を何というか。>>p.90

□ (5) 物体が斜面(しゃめん)を下るとき，運動の向きにはたらいているのは，重力の分力のうち，斜面に平行な分力か，斜面に垂直な分力か。>>p.92

□ (6) 物体が静止した状態から真下に落下するときの運動を何というか。>>p.92

□ (7) 物体に力がはたらいていないか，はたらいている力がつりあっているとき，静止している物体は静止し続け，動いている物体は等速直線運動を続ける，という法則を何というか。>>p.93

□ (8) 物体がもとの運動状態を保とうとする性質のことを何というか。>>p.93

□ (9) 2つの物体間で対になってはたらく2力のうちの，一方を作用というとき，もう一方を何というか。>>p.94

□ (10) ある物体に力を加えると，同時にその物体から，大きさが等しく，同一直線上にあり，向きが反対の力を受ける，という法則を何というか。>>p.94

解答

(1) ① 移動距離
② 時間

(2) 平均の速さ

(3) 瞬間の速さ

(4) 等速直線運動

(5) 斜面に平行な分力

(6) 自由落下
(自由落下運動)

(7) 慣性の法則

(8) 慣性

(9) 反作用

(10) 作用・反作用の法則

定期試験対策問題 解答➡p.209

1 運動の記録と平均の速さ >>p.88，89

図は，１秒間に50打点する記録タイマーの記録テープを手で引っ張り，その運動を記録したものである。次の問いに答えなさい。

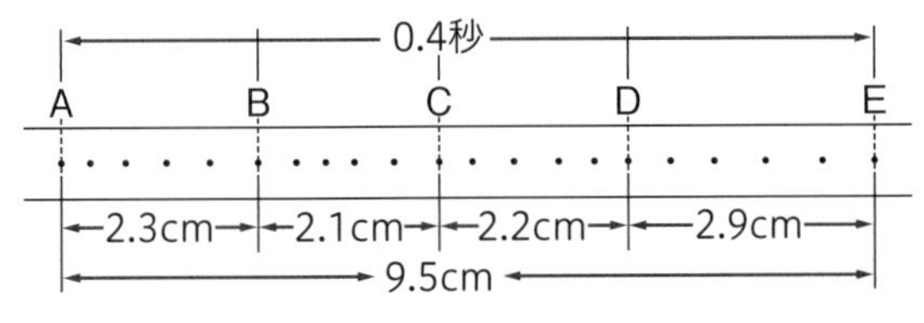

(1)　記録テープの５打点分の時間は何秒か。

(2)　図で，次の①～⑤の区間について，運動の平均の速さはそれぞれ何cm/sか。

①　ＡＢ間　　②　ＢＣ間　　③　ＣＤ間　　④　ＤＥ間　　⑤　ＡＥ間

(3)　テープの打点間隔(かんかく)と速さの関係について正しく説明したものは，次の**ア**～**エ**のどれか。

ア　打点間隔が広いほど速い。　　**イ**　打点間隔が一定であれば加速している。

ウ　打点間隔が狭(せま)いほど速い。　　**エ**　打点間隔は速さとは関係がない。

2 水平面上の台車の運動 >>p.90

図１のように，テープをつけた台車を水平な面上に置いた後，台車を手で軽く押(お)して，記録タイマーで運動を記録した。**図２**は，記録したテープを５打点ごとに切り，台紙に並べたものである。次の問いに答えなさい。

図１

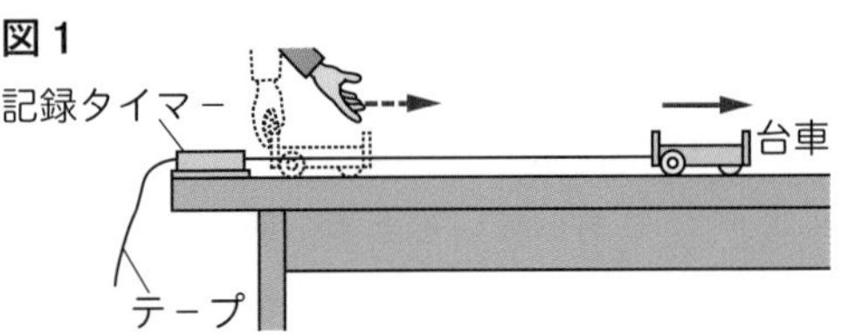

(1)　**図２**のＡのテープを記録している間の台車の平均の速さは何cm/sか。

(2)　台車が(1)の速さで運動を続けたとすると，３秒間に移動する距離(きょり)は何cmか。

図２

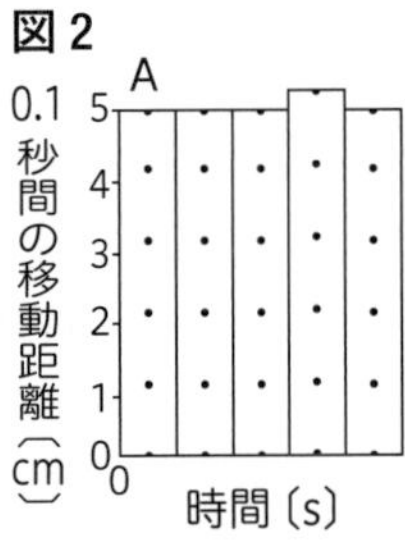

(3)　**図２**をもとに，時間と台車の速さの関係を**図３**に，時間と台車の移動距離の関係を**図４**に，それぞれグラフで表しなさい。

図３　**図４**

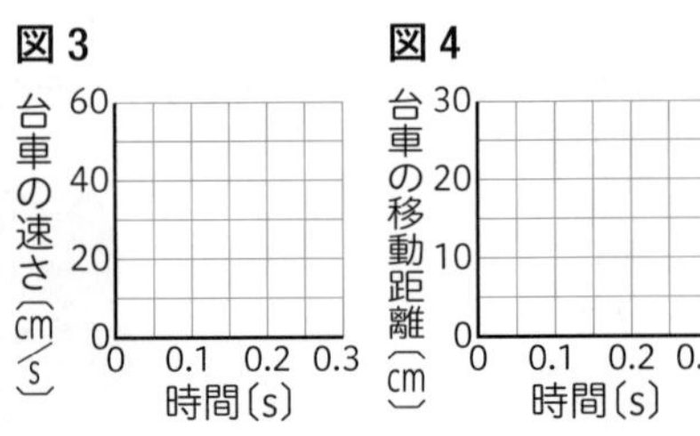

3 斜面上の台車の運動 >>p.91～93

図1のように，斜面上に置いた台車にテープをつけて，静かに手をはなし，斜面を下る台車の運動を記録タイマーで記録した。**図2**は，このときのテープを0.1秒ごとに切り，順に方眼紙にはりつけたものである。次の問いに答えなさい。

図1

記録タイマー　台車　テープ

図2

0.1秒ごとの移動距離〔cm〕　時間〔s〕

図3

(1) **図3**は，斜面を下る台車にはたらく重力を表したものである。この重力を，斜面に平行な方向と，斜面に垂直な方向に分解しなさい。

(2) 台車が斜面を下る間，台車にはたらく重力の斜面に平行な方向の分力の大きさはどうなるか。

(3) 台車から手をはなしてからの時間と，台車の速さの関係を表したグラフは，右の**ア**～**ウ**のどれか。

ア

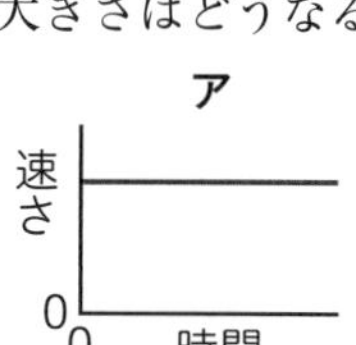

イ

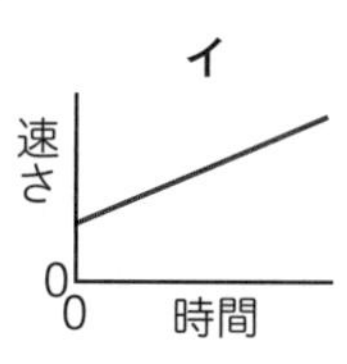

ウ

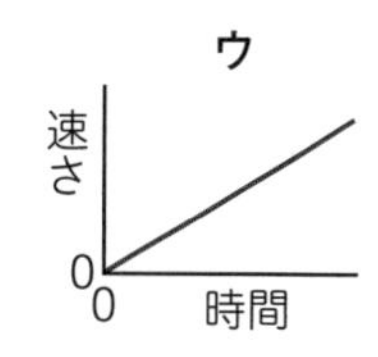

(4) **図1**の斜面の角度を大きくすると，台車にはたらく重力の斜面に垂直な方向の分力の大きさは，**図1**のときと比べてどうなるか。

(5) **図1**で，台車を斜面の下から上に向かって手で押したところ，台車の速さはしだいに小さくなっていった。その理由を，簡単に答えなさい。

4 2つの物体間ではたらく力 >>p.94

図は，平らな床の上でスケートボードに乗った人が，壁を押しているときのようすを表したものである。次の問いに答えなさい。

(1) 図の矢印は，人が壁を押す力を表している。この力を作用とするとき，反作用に当たる力を，図に矢印でかき入れなさい。

(2) 作用・反作用の2力の関係と，つりあっている2力の関係について説明した次の**ア**～**エ**のうち，誤っているものはどれか。

ア　どちらも2力は一直線上にある。
イ　どちらも2力の向きは反対である。
ウ　どちらも2力は同じ物体にはたらく。
エ　どちらも2力の大きさは等しい。

第8章 仕事とエネルギー

要点のまとめ

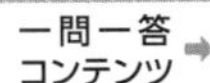

1 仕事 ≫p.99

- □ **仕事**：物体に力を加え，力の向きに物体を動かしたとき，力は物体に対して**仕事**をしたという。
- □ **仕事の原理**：道具を使っても使わなくても，同じ状態になるまでの仕事の大きさは変わらない。
- □ **仕事率**：一定時間（１秒間）当たりにする仕事の大きさ。

▼仕事の大きさを求める式

仕事〔J〕＝物体に加えた力の大きさ〔N〕× 力の向きに動いた距離〔m〕

▼仕事率を求める式

$$\text{仕事率〔W〕} = \frac{\text{仕事〔J〕}}{\text{仕事にかかった時間〔s〕}}$$

2 エネルギー ≫p.104

- □ **エネルギー**：ある物体が他の物体に仕事をする能力のこと。単位は仕事と同じ**ジュール**（記号**J**）。仕事ができる状態にある物体は**エネルギーをもっている**という。
- □ **位置エネルギー**：**高いところにある物体がもっているエネルギー**。物体の位置が高いほど，質量が大きいほど，大きい。
- □ **運動エネルギー**：**運動している物体がもっているエネルギー**。物体の速さが速いほど，質量が大きいほど，大きい。
- □ **力学的エネルギー**：位置エネルギーと運動エネルギーの和。
- □ **力学的エネルギーの保存**：摩擦力や空気の抵抗がなければ，力学的エネルギーは一定に保たれる。

▼力学的エネルギーの保存

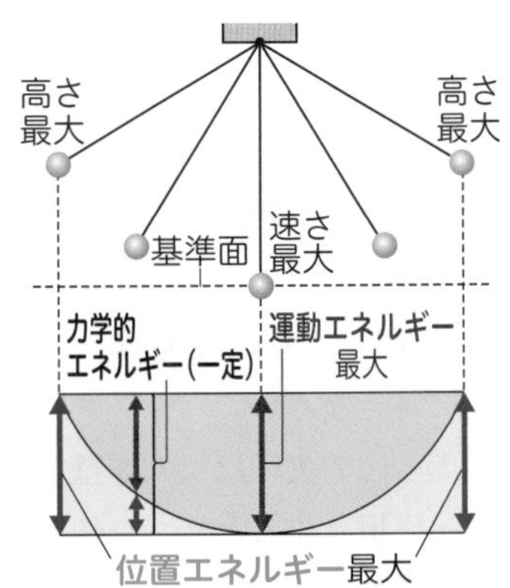

- □ **エネルギー変換効率**：消費したエネルギーに対する，利用できるエネルギーの割合。
- □ **エネルギーの保存**：エネルギー変換の前後で，エネルギーの総量は変わらない。
- □ **熱の伝わり方**：物質の高温部分から低温部分に熱が移動して伝わる**伝導**，液体や気体の物質が移動して熱が伝わる**対流**，物質の熱が光として放出される**放射**がある。

1 仕事

① 仕事の大きさ

(1) 仕事

理科では，**図1**のように，物体に力を加え，その力の向きに物体を動かしたとき，力は物体に対して「**仕事**をした」という。

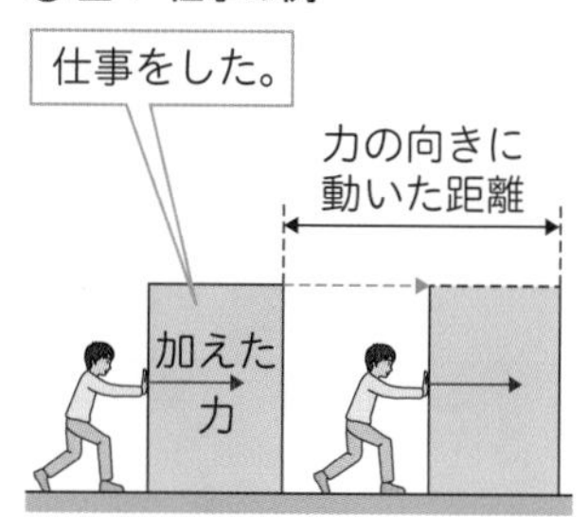

▼図1 仕事の例

(2) 仕事の大きさ

物体を動かすとき，加える力が大きいほど，また，動かす距離が長いほど，仕事は大きくなる。仕事は，物体に加えた力の大きさと，力の向きに物体が動いた距離との積で表す。仕事の単位には，**ジュール**(記号 **J**)が使われる。

仕事〔J〕＝物体に加えた力の大きさ〔N〕
× 力の向きに動いた距離〔m〕

1Nの力の大きさで，物体をその力の向きに1m動かしたときの仕事の大きさが1Jである。

(3) 重力に逆らってする仕事

物体をある高さまでゆっくりと一定の速さで持ち上げるには，物体にはたらく重力とつりあう力を加え続ければよい。このときの仕事は，「重力の大きさ×持ち上げた高さ」で求められる(**図2**)。

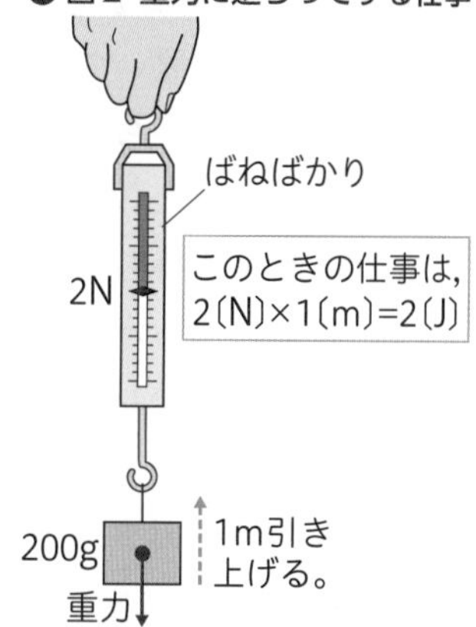

▼図2 重力に逆らってする仕事

(4) 摩擦力に逆らってする仕事

物体を水平面上で動かすとき，物体と水平面の間に摩擦力がはたらく。そのため，この物体を一定の速さで水平に動かすには，摩擦力と同じ大きさで向きが反対の力を加え続ければよい。このときの仕事は，「摩擦力の大きさ×水平に動かした距離」で求められる(**図3**)。

台車やころ(丸い棒)を使って水平面と物体の間の摩擦力を小さくすれば，仕事を小さくすることができる。

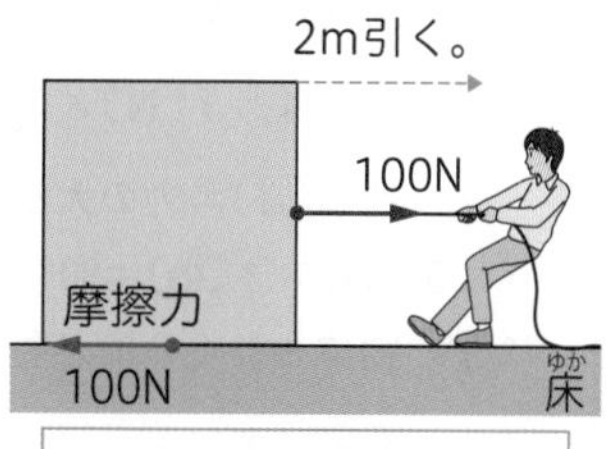

▼図3 摩擦力に逆らってする仕事

このときの仕事は，
100〔N〕×2〔m〕=200〔J〕

(5) 仕事をしたことにならない例

図4のように，物体に力を加えていても，物体が力の向きに動いていないときは，仕事をしたことにならない。

▼図4　0Jの仕事の例

例題⑤ 《計算》 **仕事**

(1)　床(ゆか)の上に置いてある質量3kgの物体を，1mの高さまで持ち上げた。

　①　物体を持ち上げるのに必要な力の大きさを求めなさい。ただし，質量100gの物体にはたらく重力の大きさを1Nとする。

　②　物体を持ち上げる力がした仕事を求めなさい。

(2)　摩擦(まさつ)のある水平面上で，質量3kgの物体を水平に引いて，ゆっくりと一定の速さで2m動かした。このとき，物体にはたらく摩擦力の大きさは50Nであった。

　①　物体を引くのに必要な力の大きさを求めなさい。

　②　物体を引く力がした仕事を求めなさい。

解き方

(1)①　物体を持ち上げるのに必要な力の大きさは，物体にはたらく重力の大きさに等しい。質量100gの物体にはたらく重力の大きさが1Nだから，3kg(3000g)の物体にはたらく重力の大きさは，$1〔N〕\times\frac{3000〔g〕}{100〔g〕}=30〔N〕$　**解答** 30N

②　仕事〔J〕=力の大きさ〔N〕×力の向きに動いた距離(きょり)〔m〕より，
30〔N〕×1〔m〕=30〔J〕　**解答** 30J

(2)①　物体を引くのに必要な力の大きさは，物体にはたらく摩擦力の大きさに等しい。
解答 50N

②　仕事の大きさを求める公式より，50〔N〕×2〔m〕=100〔J〕　**解答** 100J

② 仕事の原理

(1) 道具を使ったときの仕事

物体を持ち上げるとき，動滑車❶(どうかっしゃ)や斜面(しゃめん)，てこなどの道具を使うと，手で直接持ち上げる場合に比べて，楽に持ち上げることができる。

道具を使ったときの仕事については，**図5**のようにして調べることができる。

❶定滑車と動滑車
別の物体に固定された滑車を定滑車といい，固定されないで移動できる滑車を動滑車という。

第8章 仕事とエネルギー

図5 道具を使ったときの仕事を調べる実験

❶ おもりを20cm持ち上げ，力の大きさと引いた距離をはかる。

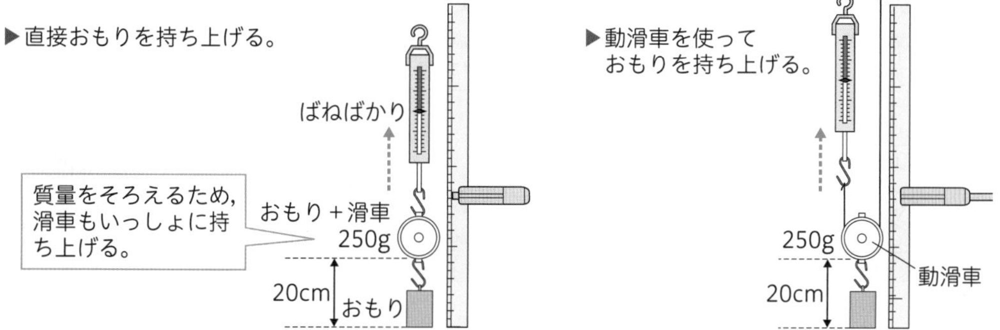

❷ 結果を表にまとめ，それぞれ仕事の大きさを求める。

結果

	力の大きさ〔N〕	引いた距離〔m〕	仕事の大きさ〔J〕
直接持ち上げたとき	2.50	0.20	0.50
動滑車を使ったとき	1.25	0.40	0.50

力は$\frac{1}{2}$　距離は2倍　仕事は変わらない

①動滑車を使ったときの仕事

動滑車を使って物体をある高さまで引き上げるときは，**図6**のように，2本の糸で支えているので，糸を引く力は直接持ち上げるときの$\frac{1}{2}$になる。しかし，2本の糸をそれぞれ，物体を持ち上げる距離と同じだけ引く必要があるので，糸を引く距離は物体が持ち上がる距離の2倍になる。したがって，動滑車を使っても，直接持ち上げたときと仕事の大きさは変わらない。

図6 動滑車を使ったとき

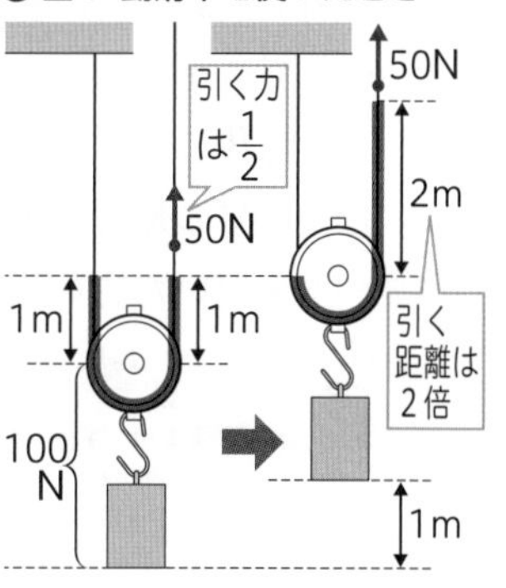

例題

小学校の復習

- てこがつりあっているとき，左右のうでで，おもりの重さと支点からの距離の積が等しい。
- てこでは，支点から力点までの距離を長くしたときや，支点から作用点までの距離を短くしたときに，小さな力でものを持ち上げることができる。

②斜面（しゃめん）やてこを使ったときの仕事

物体をある高さまで持ち上げるとき，**図7**の⓪のように斜面にそって引き上げたり，ⓑのようにてこを使ったりすると，物体を直接持ち上げるときよりも小さな力ですむ。しかし，どちらの場合も，物体が持ち上がった高さよりも人が動かした距離（きょり）は長くなる。したがって，斜面やてこを使っても，直接持ち上げたときと仕事の大きさは変わらない。

図7 斜面やてこを使ったときの仕事

ⓐ 斜面を使ったとき

斜面の角度が30°の場合，
引く力は$\frac{1}{2}$になるが，引く距離は2倍になる。

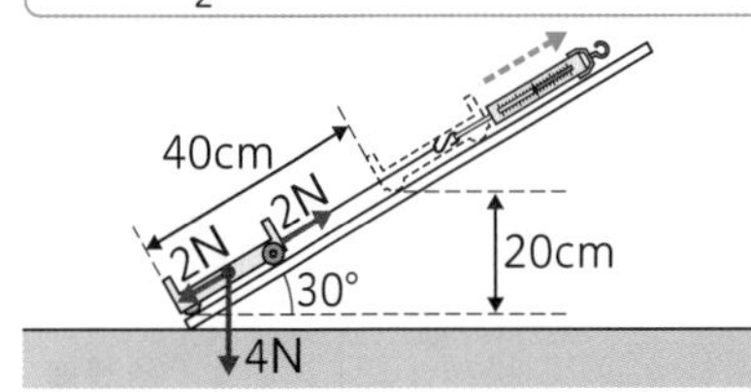

ⓑ てこを使ったとき

作用点，力点から支点までの距離の比が1：2の場合，
押（お）す力は$\frac{1}{2}$になるが，押す距離は2倍になる。

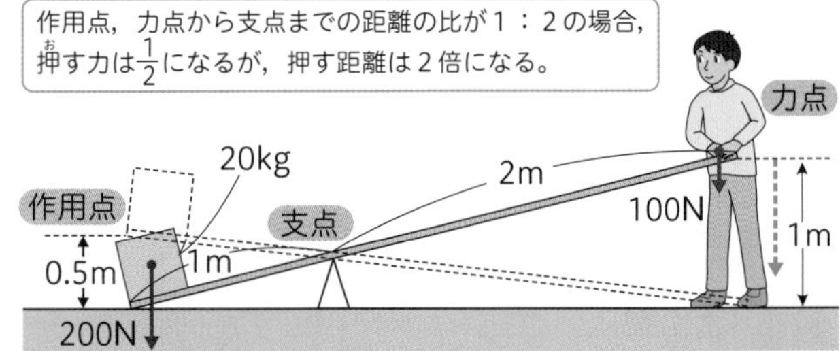

(2) 仕事の原理

道具を使うと，物体を動かすのに必要な力は小さくできる。しかし，動かす距離は長くなる。このように，**道具を使っても使わなくても，同じ状態になるまでの仕事の大きさは変わらない**。このことを**仕事の原理**という。

例題6 〔計算〕 仕事の原理の利用

(1) 図1のように，30Nの物体を，摩擦（まさつ）のない斜面にそって4m引いて，2mの高さまで持ち上げた。

① 物体にした仕事の大きさを求めなさい。

② 仕事の原理が成りたつとして，斜面にそって物体を引いた力の大きさを求めなさい。

図1

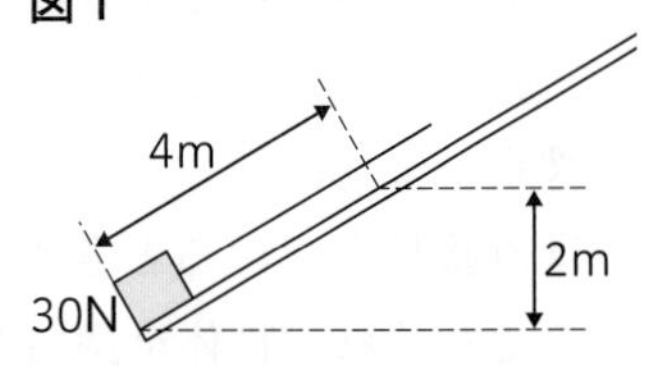

ヒント

(1) 仕事の原理より，斜面を使ってした仕事の大きさは，直接持ち上げるときの仕事の大きさに等しい。

(2) 図2のように，40Nの物体を，摩擦のない斜面にそって20Nの力で引いて，3mの高さまで持ち上げた。斜面にそって物体を引いた距離を求めなさい。

図2

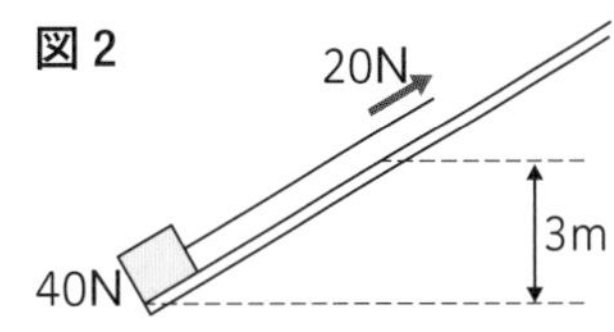

解き方

(1)① 仕事の原理より，斜面を使ったときの仕事は，30Nの物体を直接2mの高さまで持ち上げるときの仕事に等しい。
仕事〔J〕＝力の大きさ〔N〕×力の向きに動いた距離〔m〕より，30〔N〕×2〔m〕＝60〔J〕

解答 60N

② 斜面にそって引いた力をFとすると，①より，F〔N〕×4〔m〕＝60〔J〕という式が成りたつ。よって，$F=\dfrac{60〔J〕}{4〔m〕}$＝15〔N〕

解答 15N

(2) 仕事の原理より，斜面を使ったときの仕事は，40Nの物体を直接3mの高さまで持ち上げるときの仕事に等しいので，40〔N〕×3〔m〕＝120〔J〕
斜面にそって引いた距離をaとすると，20〔N〕×a〔m〕＝120〔J〕という式が成りたつ。
よって，$a=\dfrac{120〔J〕}{20〔N〕}$＝6〔m〕

解答 6m

3 仕事率

(1) 仕事率

図8のように，同じ大きさの仕事をしても，かかる時間によって仕事の能率は異なる。仕事の能率は，**一定時間（1秒間）当たりにする仕事の大きさ**で表され，これを**仕事率**という。仕事率の単位には，**ワット**（記号**W**）が使われる。

$$仕事率〔W〕=\frac{仕事〔J〕}{仕事にかかった時間〔s〕}$$

1秒間に1Jの仕事をするときの仕事率の大きさが1Wである。これは，ジュール毎秒（記号J/s）という単位を使って1J/sと表すこともできる。

$$1\,W=\frac{1J}{1s}=1\,J/s$$

▼図8 仕事の能率の違い

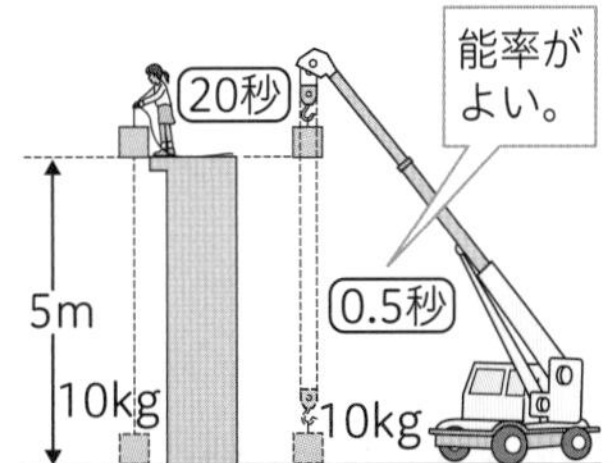

中2の復習
- 電気器具などで，1秒間当たりに消費する電気エネルギーの量を電力といい，電力の単位にはワット（記号W）を使う。
- 消費した電気エネルギーの量を電力量といい，電力量の単位にはジュール（記号J）を使う。
電力量〔J〕＝電力〔W〕×時間〔s〕

第8章 仕事とエネルギー

例題

電力量を求める式を，
電力〔W〕＝$\dfrac{電力量〔J〕}{時間〔s〕}$
と表すと，仕事率を求める式と似ているね。

(2) 仕事率と電力

仕事率の単位はワットで，電力の単位と同じである。電力は電気による仕事率で，電気が1秒間当たりにする仕事の大きさを表している。

また，仕事の単位はジュールで，電力量の単位と同じである。電力量は，電気による全体の仕事の大きさを表している。

例題⑦ 〔計算〕 仕事率

30Nの物体を1mの高さまで持ち上げるのに2秒かかった。このときの仕事率を求めなさい。

解き方

このときの仕事は，仕事〔J〕＝力の大きさ〔N〕×力の向きに動いた距離(きょり)〔m〕より，
30〔N〕×1〔m〕＝30〔J〕　よって，仕事率は，仕事率〔W〕＝$\dfrac{仕事〔J〕}{仕事にかかった時間〔s〕}$ より，
$\dfrac{30〔J〕}{2〔s〕}$＝15〔W〕

解答 15W

2 エネルギー

① 位置エネルギーと運動エネルギー

(1) エネルギー

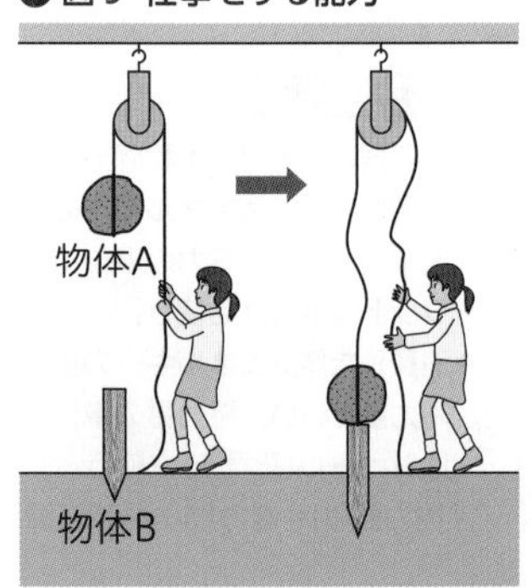

▼図9 仕事をする能力

図9のように，高いところにある物体Aは，落下すると物体Bに力を加えて，物体Bを動かすことができる。このとき物体Aは，物体Bに対して仕事をしている。物体Aが他の物体に対して仕事ができるとき，物体Aは仕事をする能力があるといえる。

このような，ある物体が他の物体に仕事をする能力のことを**エネルギー**という。また，仕事ができる状態にある物体は**エネルギーをもっている**という。

(2) 仕事とエネルギーの関係

図10で，高いところにある物体は，エネルギーをもっている。そして，落下して別の物体に仕事をすると，その分だけ物体がもつエネルギーは減少する。この物体に，ある高さまで持ち上げるという仕事をすると，その分だけ物体がもつエネルギーは増加する。

このように，物体がもつエネルギーの大きさは，他の物体にすることができる仕事の大きさで表せるので，エネルギーの単位には，仕事の単位と同じジュール(記号 J)が使われる。

▼図10 仕事とエネルギーの関係

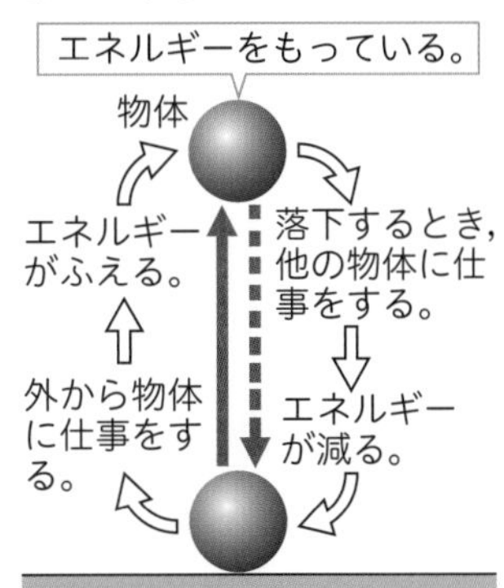

(3) 位置エネルギー

高いところにある物体は，重力によって落下することで他の物体に仕事をすることができるので，エネルギーをもっている。このように，**高いところにある物体がもっているエネルギー**を**位置エネルギー**という。❷

位置エネルギーの大きさが何によって決まるのかは，**図11**のようにして調べることができる。

❷位置エネルギーの利用
水力発電では，発電所より高いところにあるダム湖の水がもっている位置エネルギーを利用して，発電機につながったタービンを回転させて発電する。>>p.179

▼図11 位置エネルギーと高さや質量の関係を調べる実験

❶小球を転がして木片(もくへん)に当て，木片の移動距離をはかる。
- ▶同じ小球を，基準面からの高さを変えて転がす。
- ▶質量の異なる小球を，基準面からの高さを同じにして転がす。

❷小球の高さ・質量と木片の移動距離の関係をグラフに表す。

結果 **小球の高さと木片の移動距離の関係**

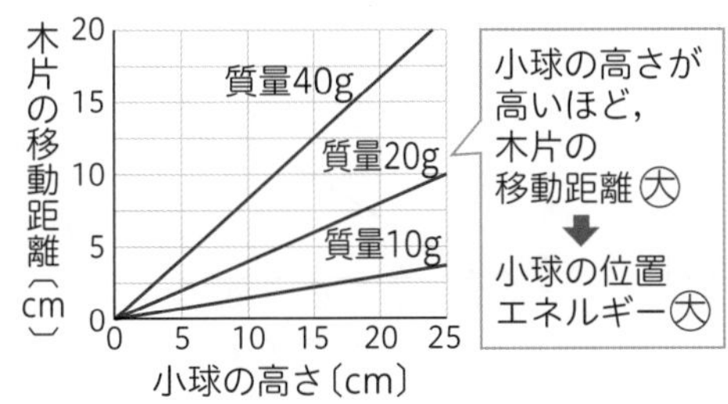

小球の質量と木片の移動距離の関係

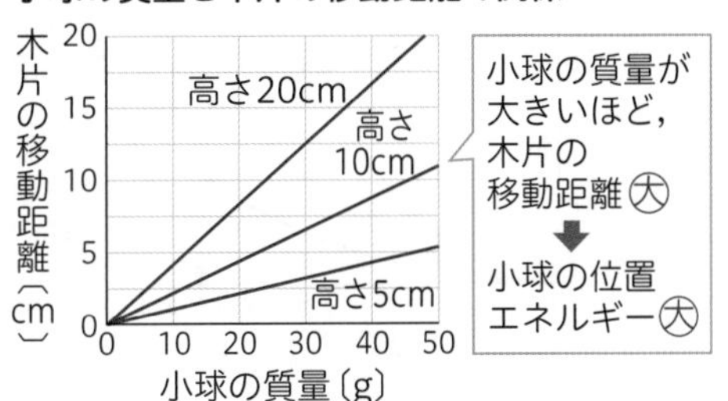

(4) 位置エネルギーの大きさ

前ページの**図11**の実験では，木片の移動距離が大きいほど，小球がした仕事(小球がもっていた位置エネルギー)が大きい。したがって，次のことがいえる。

> 物体の位置エネルギーは
> - 物体の基準面からの高さが高いほど，大きい。
> - 物体の質量が大きいほど，大きい。

物体の位置エネルギーの大きさは，高さの基準(基準面)をどこにするかによって変わる。

(5) 運動エネルギー

運動している物体は，他の物体に衝突することで，その物体に仕事をすることができるので，エネルギーをもっている。このように，**運動している物体がもっているエネルギー**を**運動エネルギー**という。❸

運動エネルギーの大きさが何によって決まるのかは，**図12**のようにして調べることができる。

❸運動エネルギーの利用
水車は，流れる水がもっている運動エネルギーで動いている。また，ボウリングでは，転がるボールがもっている運動エネルギーでピンを動かす。

図12 運動エネルギーと速さや質量の関係を調べる実験

❶ 小球を転がして木片に当て，木片の移動距離をはかる。
▶同じ小球を，速さを変えて転がす。
▶質量の異なる小球を，同じ速さで転がす。

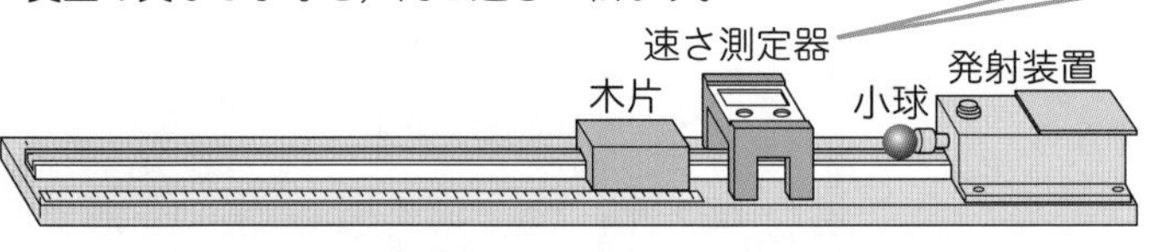

❷ 小球の速さ・質量と木片の移動距離の関係をグラフに表す。

結果 **小球の速さと木片の移動距離の関係**

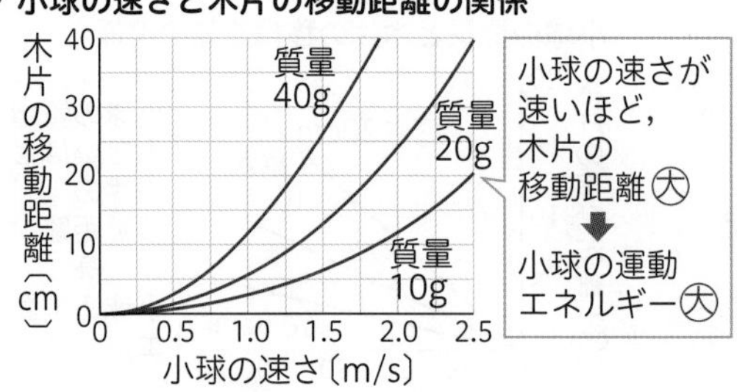

小球の質量と木片の移動距離の関係

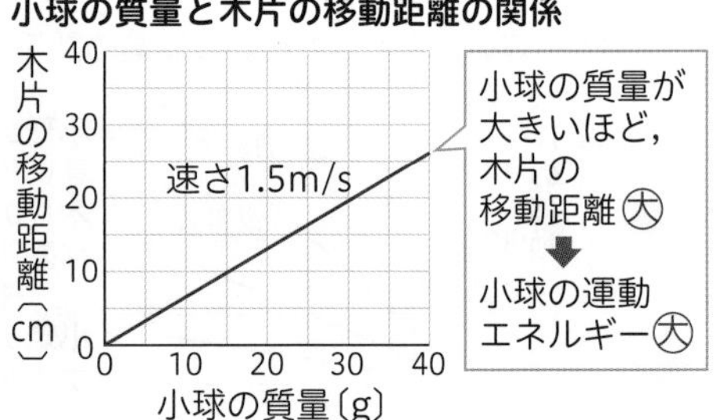

(6) 運動エネルギーの大きさ

図12の実験では，木片の移動距離が大きいほど，小球がした仕事(小球がもっていた運動エネルギー)が大きい。したがって，次のことがいえる。

> 物体の運動エネルギーは
> - 物体の速さが速いほど，大きい。
> - 物体の質量が大きいほど，大きい。

2 力学的エネルギー

(1) 位置エネルギーと運動エネルギーの移り変わり

物体が斜面(しゃめん)を下っているとき，物体の位置エネルギーはしだいに減少する。一方，物体の速さはしだいに速くなるため，運動エネルギーはしだいに増加する。これは，物体の位置エネルギーが運動エネルギーに移り変わっていると考えることができる(**図13**の ⓐ)。また，振(ふ)り子(こ)の運動でも，位置エネルギーと運動エネルギーは互(たが)いに移り変わっている(**図13**の ⓑ)。

▼図13 位置エネルギーと運動エネルギーの移り変わり

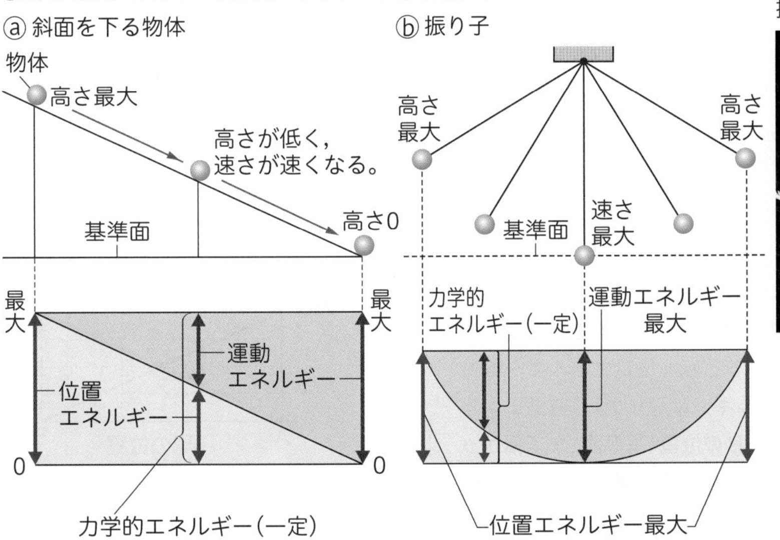

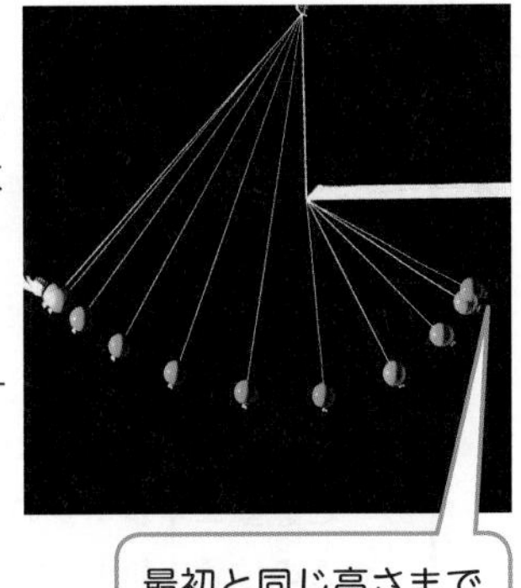

❹力学的エネルギーの大きさ
図13の運動では，台車や振り子がもつ力学的エネルギーの大きさは，運動を始める前の位置エネルギーの大きさに等しい。

(2) 力学的エネルギーとその保存

位置エネルギーと運動エネルギーの和を，**力学的エネルギー**という。摩擦力や空気の抵抗がなければ，力学的エネルギーは変化しない(前ページの**図13**)❹。このように，物体のもつ力学的エネルギーが一定に保たれることを，**力学的エネルギーの保存**(**力学的エネルギー保存の法則**)という。

▼図14 ジェットコースターの運動と力学的エネルギーの保存

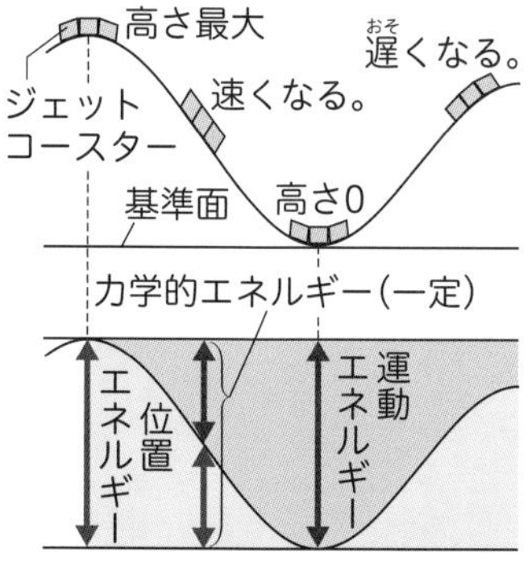

(3) ジェットコースターの運動と力学的エネルギーの保存

ジェットコースターの運動でも，力学的エネルギーは保存されると考えることができる(**図14**)。しかし，実際のジェットコースターには摩擦力や空気の抵抗がはたらき，力学的エネルギーの一部は音や熱など別のエネルギーに変わってしまい，力学的エネルギーは保存されていない。そのため，ジェットコースターは最初の高さまでは上がることができない。

例題8 《作図》 力学的エネルギーの保存

図は，小球を斜面のAの位置から転がし，Bの位置に達するまでの小球の位置エネルギーの変化を表したものである。このときの小球の運動エネルギーの変化を，図にかきなさい。ただし，摩擦や空気の抵抗はないものとする。

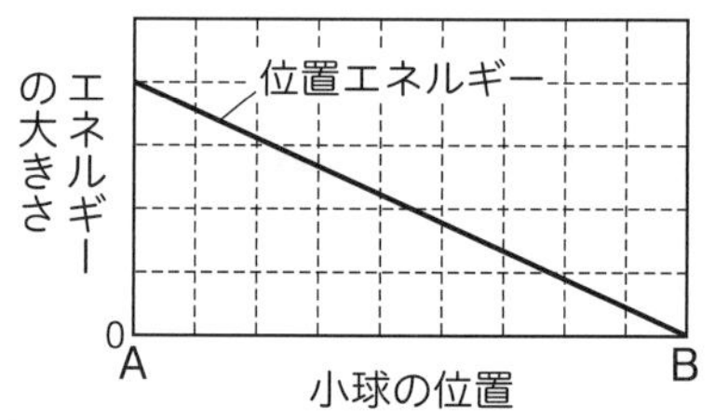

ヒント
位置エネルギーと運動エネルギーの和が一定であることを利用しよう。

解き方

力学的エネルギーは保存されるので，位置エネルギーと運動エネルギーの和はAB間で一定である。小球がAの位置で静止しているとき，位置エネルギーは最大で(これが力学的エネルギーに等しい)，運動エネルギーは0である。小球がBの位置(基準面)まで転がったとき，位置エネルギーは0なので運動エネルギーは最大である。

解答

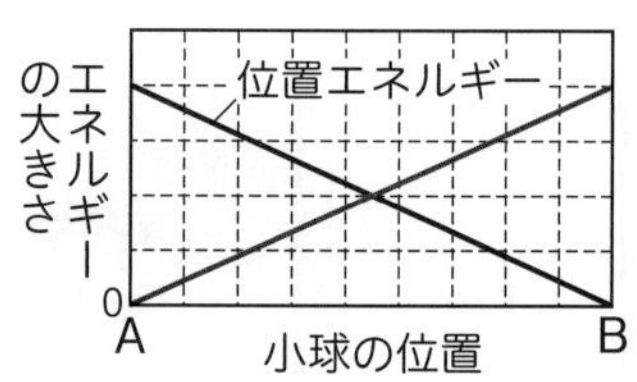

3 多様なエネルギーとその移り変わり

(1) エネルギーの種類

力学的エネルギーのほかにも，エネルギーにはいろいろな種類がある(**表1**)。これらのエネルギーの単位にも，仕事の単位と同じジュール(記号 J)が使われる。

中2の復習
- 電気は，光や熱，音を発生させたり，物体を動かしたりできるので，エネルギーをもっている。これを電気エネルギーという。
- 葉緑体で光合成が行われるとき，光のエネルギーを使ってデンプンなどがつくられる。

表1 いろいろなエネルギー

エネルギー	はたらきの例	エネルギー	はたらきの例
電気エネルギー(電気がもつエネルギー)	電流によってモーターを回転させ，他の物体を動かすことができる。	化学エネルギー(物質がもつエネルギー)	ガスや石油などが燃焼(ねんしょう)すると，熱や光を発生する。
熱エネルギー(熱がもつエネルギー)	水を加熱したときに発生する水蒸気は，その圧力で他の物体を動かすことができる。	弾性(だんせい)エネルギー(変形した物体がもつエネルギー)	変形したゴムやばねは，もとの形にもどろうとする力で，他の物体を動かすことができる。
光エネルギー(光がもつエネルギー)	太陽電池(光電池)で，電気を発生させることができる。	核(かく)エネルギー(原子核から発生するエネルギー)	原子力発電では，核エネルギーを利用して水蒸気を発生させ，発電機を動かす。>>p.179
音エネルギー(音がもつエネルギー)	スピーカーから出た音は，近くの物体を振動(しんどう)させる。		

- 音源は激しく振動している。音は物質中を波として伝わる。
- 激しく熱や光を出しながら物質が酸素と結びつく化学変化を燃焼という。化学変化を利用して熱などが取り出せる状態にある物質は，エネルギーをもっている。これを化学エネルギーという。

(2) エネルギーの変換(へんかん)

エネルギーは，さまざまな装置を使うことによって，互(たが)いに変換することができる。中でも，電気エネルギーは他のエネルギーに変換しやすいことから，私たちの生活の多くの場面で利用されている(**図15**)。

図15 さまざまなエネルギーの変換

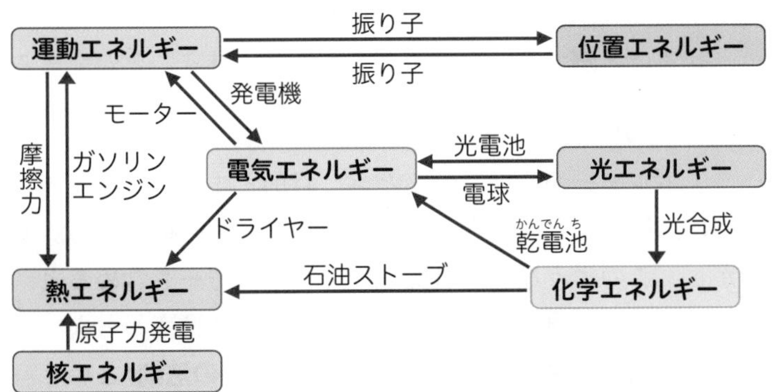

▼図16 手回し発電機

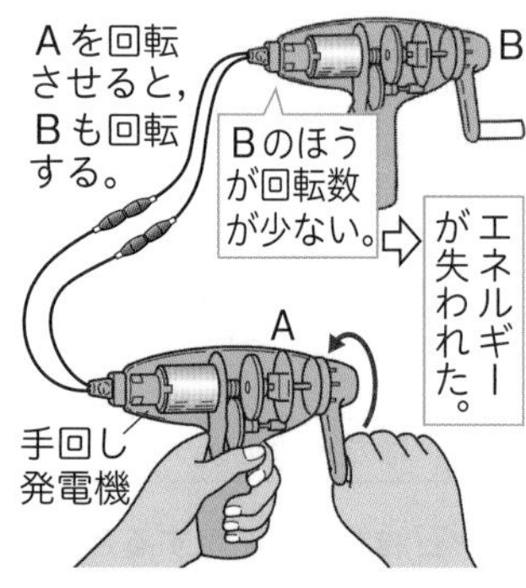

▼図17 照明器具の温度の違い

(3) エネルギー変換効率

① 2個の手回し発電機でエネルギーの変換を調べる

図16のように，2個の手回し発電機AとBをつなぎ，Aのハンドルを回転させると，Bのハンドルも回転するが，Bの回転数のほうが少なくなる。これは，Aの運動エネルギーが電気エネルギー，Bの運動エネルギーへと移り変わるときに，エネルギーの一部が失われるからである。この場合，回転するときの音や，電流による熱などとしてエネルギーが逃げている。

②白熱電球とLED電球の温度の違い

図17のように，白熱電球は，電気エネルギーを光エネルギーに変換するときに，ほとんど熱エネルギーとして放出してしまうため，高温になる。一方，LED電球は，電気エネルギーの約30％を光エネルギーに変換し，発熱量が少ないため，温度が低い。

図16，**図17**の例のように，エネルギーが変換されるとき，エネルギーの一部は目的以外のエネルギーとして逃げてしまい，消費したエネルギーのすべてを有効に利用できるわけではない。消費したエネルギーに対する利用できるエネルギーの割合（もとのエネルギーから目的のエネルギーに変換された割合）を，**エネルギー変換効率**という。

図17の照明器具の場合，エネルギー変換効率が高いLED電球のほうが，同じ電力でより多くの光を発生させることができ，エネルギーを有効に使うことができる。

エネルギーを有効に使うためには，変換効率の高い器具を選ぶ必要があるね。

(4) エネルギーの保存

エネルギーが変換されるとき，目的とするエネルギー以外に，ほとんどの場合，熱エネルギーにも変換される。しかし，このような利用目的以外のエネルギーも含めると，エネルギー変換の前後でエネルギーの総量は変わらない。これを**エネルギーの保存**（**エネルギー保存の法則**）という。

(5) 熱の伝わり方

熱は，エネルギーの変換の過程で発生しやすいが，逆に，熱で仕事をして，他のエネルギーに変換するのは難しい。それは，熱が周囲に伝わりやすく，拡散しやすいからである。熱の伝わり方には，次のようなものがある。

①伝導(熱伝導)

温度の異なる物質を接触(せっしょく)させたり，固体の物質の一部をあたためたりすると，高温の部分から低温の部分に熱が移動して伝わる。この現象を**伝導**(**熱伝導**)という(図18のⓐ)。このとき，物質そのものは移動しない。熱の伝わりやすさ(熱伝導率)は，物質によって違う(**表2**)。

②対流

液体や気体の物質を加熱すると，あたたまった部分は密度が小さくなるので，上に移動する。逆に，冷たい部分は下に移動する。このように，液体や気体の物質そのものが流動して，全体に熱が伝わる現象を**対流**という(図18のⓑ)。

③放射(熱放射)

太陽や炎(ほのお)，熱いアイロンなどは，触(ふ)れなくてもあたたかさを感じる。これは，太陽などの熱が，目に見える光や目に見えない赤外線などの光として放出され，それが当たった物質に熱が移動するからである。このように，物質の熱が光として放出される現象を**放射**(**熱放射**)という(図18のⓒ)。

小学校の復習

- 金属は，熱せられた部分から順にあたたまっていき，やがて全体があたたまる。
- 水や空気は，熱せられた部分が移動して，全体があたたまる。
- 光を当てると，もののあたたかさが変わる。

表2 物質の熱伝導率

27℃での水の熱伝導率を1として，およその比率で表している。

物質	熱伝導率
銅	650
アルミニウム	390
鉄	130
ガラス	1.7
水	1
木(スギ)	0.23
発泡(はっぽう)ポリスチレン	0.062
空気	0.043
真空	ほぼ0

図18 熱の伝わり方

ⓐ 伝導

ⓑ 対流

ⓒ 放射

要点チェック

1 仕事

□ (1) 物体に力を加え，力の向きに物体を動かしたとき，力は物体に対して何をしたというか。≫p.99

□ (2) 次の式の①，②に当てはまる単位やことばは何か。≫p.99

仕事〔 ① 〕= 物体に加えた力の大きさ〔N〕×力の向きに動いた〔 ② 〕〔m〕

□ (3) 道具を使っても使わなくても，同じ状態になるまでの仕事の大きさは変わらないことを何というか。≫p.102

□ (4) 次の式の①，②に当てはまることばは何か。≫p.103

$$仕事率〔W〕= \frac{〔\ ①\ 〕〔J〕}{仕事にかかった〔\ ②\ 〕〔s〕}$$

2 エネルギー

□ (5) 仕事ができる状態にある物体は，何をもっているというか。≫p.104

□ (6) 高いところにある物体がもっているエネルギーを何というか。≫p.105

□ (7) 運動している物体がもっているエネルギーを何というか。≫p.106

□ (8) 位置エネルギーと運動エネルギーの和を何というか。≫p.108

□ (9) 摩擦力(まさつりょく)や空気の抵抗(ていこう)がなければ，力学的エネルギーは一定に保たれることを何というか。≫p.108

□ (10) エネルギー変換(へんかん)の前後で，エネルギーの総量は変わらないことを何というか。≫p.110

□ (11) 熱の伝わり方のうち，①物質の高温部分から低温部分に熱が移動して伝わる現象を何というか。また，②液体や気体の物質が移動して熱が伝わる現象を何というか。≫p.111

解答

(1) 仕事(をした)

(2) ① J
② 距離

(3) 仕事の原理

(4) ① 仕事
② 時間

(5) エネルギー(をもっている)

(6) 位置エネルギー

(7) 運動エネルギー

(8) 力学的エネルギー

(9) 力学的エネルギーの保存(力学的エネルギー保存の法則)

(10) エネルギーの保存(エネルギー保存の法則)

(11) ① 伝導(熱伝導)
② 対流

定期試験対策問題

解答➡p.210

1 仕事と仕事率 >>p.99～104

Aさん，Bさん，Cさんは仕事について調べるために，ひも・滑車（かっしゃ）・斜面（しゃめん）を使って，それぞれ**図1～3**のように，物体を2mの高さまで引き上げた。表は，物体の質量と物体を引き上げるのにかかった時間を示している。次の問いに答えなさい。ただし，物体と斜面の間の摩擦（まさつ）や，滑車やひもの質量は考えないものとする。また，100gの物体にはたらく重力の大きさを1Nとする。

	Aさん	Bさん	Cさん
物体の質量〔kg〕	6	6	6
時間〔秒〕	4	6	5

図1

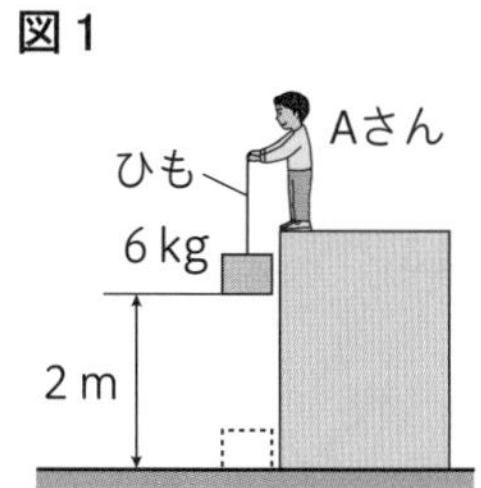

図2

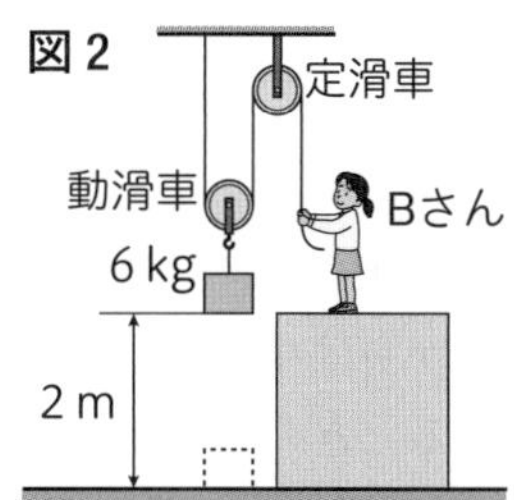

図3

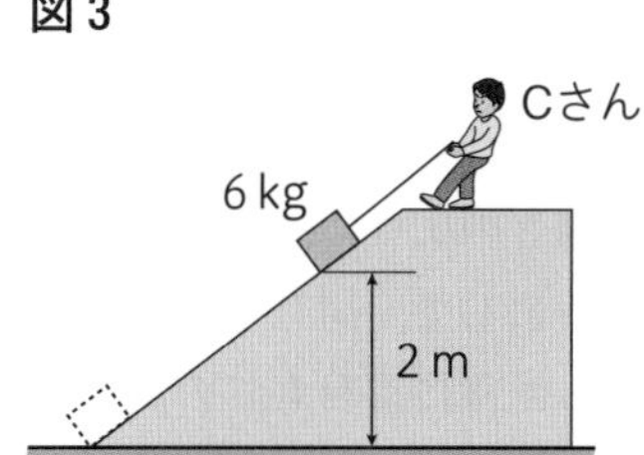

(1) Aさんが物体にした仕事の大きさは何Jか。

(2) Bさんは，物体を2mの高さまで引き上げるために，ひもを何m引いたか。

(3) Cさんが物体を引いた力の大きさは，Bさんが引いた力の$\frac{1}{2}$であった。Cさんは，物体を2mの高さまで引き上げるために，ひもを何m引いたか。

(4) 3人がした仕事のうち，仕事率が最も小さかったのはだれの仕事か。また，その仕事率の大きさは何Wか。

2 力学的エネルギーの保存 >>p.105～108

図1のように，点Oからつるした振り子（ふりこ）のおもりを，点Aまで糸がたるまないように持ち上げて静かにはなすと，おもりはA→B→C→D→Eと振れ，点Eで折り返して再び点Aまで振れた。次の問いに答えなさい。ただし，空気の抵抗（ていこう）や摩擦は考えないものとする。

図1

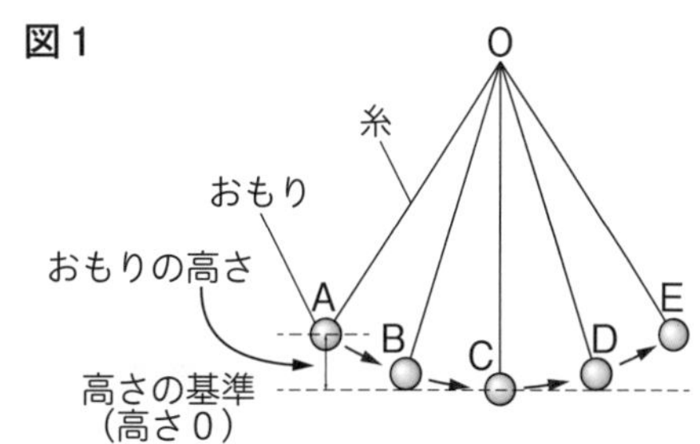

(1) おもりの運動エネルギーが0になる点はどこか。**図1**のA～Eから2つ選びなさい。

(2) おもりの運動エネルギーが最大になる点はどこか。**図1**のA～Eから選びなさい。

(3) **図1**の点Bでのおもりの高さは，点Aでの高さの $\frac{1}{3}$ であった。点Aでのおもりの位置エネルギーの大きさは，点Bでの位置エネルギーの何倍か。

図2

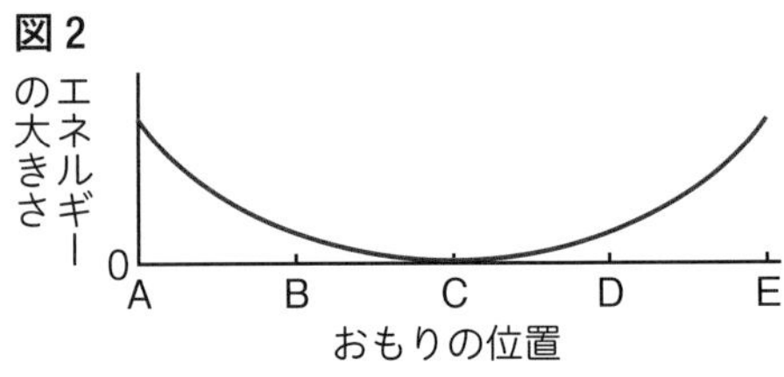

(4) **図2**は，**図1**のおもりがA～Eまで動くときの位置エネルギーの大きさの変化を表したものである。このときの運動エネルギーの大きさの変化を表したものとして正しいものは，次の**ア**～**エ**のどれか。

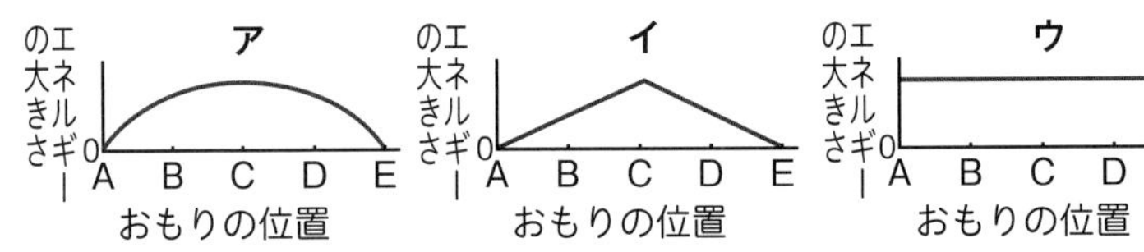

(5) **図3**のように，点Oの真下の位置で糸がくぎに引っかかるようにして，同じようにおもりを点Aからはなした。点Cを通った後に，おもりの高さが最高になるときのおもりの位置として最も適当なものは，**図3**の**ア**～**ウ**のどれか。

図3

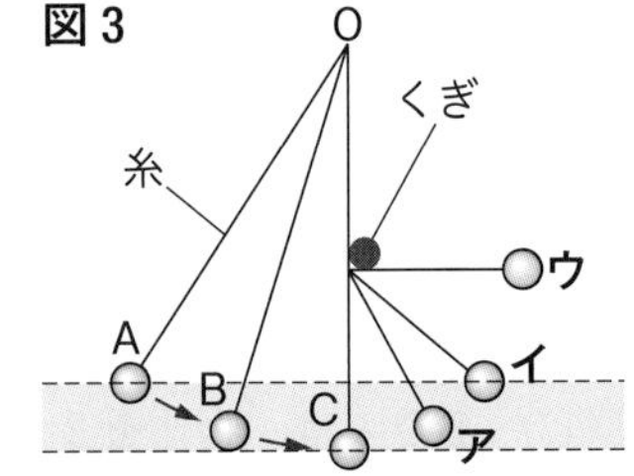

3 多様なエネルギーとその移り変わり >>p.109，110

図は，いろいろなエネルギーとその移り変わりを表している。次の問いに答えなさい。

(1) 図のA～Eに当てはまる装置は，それぞれ次の**ア**～**カ**のどれか。

ア モーター　**イ** 光電池

ウ ガソリンエンジン

エ 発電機　**オ** スピーカー

カ 乾電池(かんでんち)

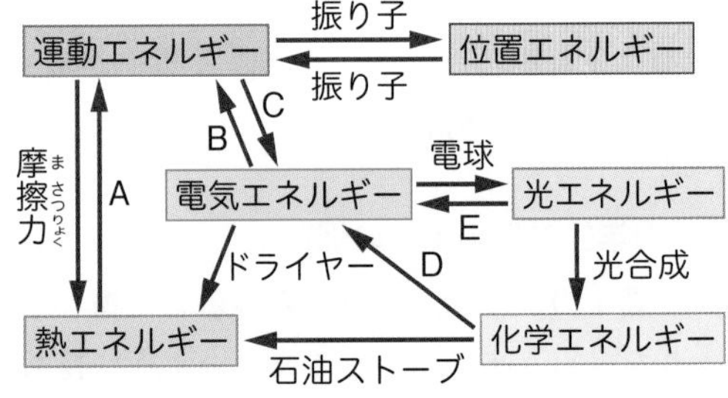

(2) 電気エネルギーを光エネルギーに変換(へんかん)して利用する電球には，白熱電球やLED電球がある。この2種類の電球を同じだけ使用したとき，白熱電球のほうが温度が高くなった。このことから，エネルギー変換効率が高いのはどちらの電球か。

第4編

地球と宇宙

第9章 天体の1日の動き

要点のまとめ

1 天体の位置の表し方 ≫p.117

□ **天球**：天体の位置や動きを表すのに使われる，見かけ上の球形の天井(てんじょう)。**天球**面上で，観測者の真上の点を**天頂**という。

□ **方位の表し方**：**経線(子午線)**の方向が南北で，経線に垂直な**緯線**(いせん)の方向が東西である。

□ **地軸**(ちじく)：地球の北極と南極を結ぶ軸。

□ **地球の自転**：地球が**地軸**を中心に，１日に１回転する運動。

◆地球の自転と日本の位置

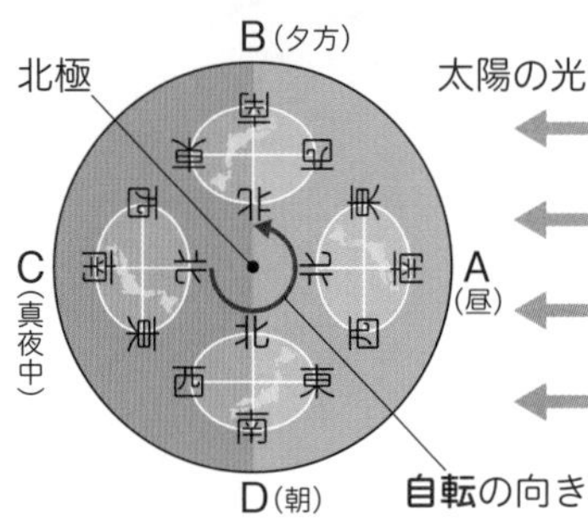

2 天体の１日の動き ≫p.119

□ **南中**：太陽や星などの天体が真南にきたときのこと。このときの天体の高度を**南中高度**という。

□ **太陽の日周運動**：太陽が朝，東の空からのぼり，昼ごろ南の空で最も高くなり，夕方西の空に沈(しず)んでいく動き。地球の**自転**によって起こる見かけの動きで，その動く速さは一定である。

□ **星の日周運動**：北の空の星は，**北極星を中心に反時計回りに回転**して見え，東の空からのぼった星は，南の空に移動し，南の空に見えていた星は，西の空へと沈んでいく。地球の**自転**によって起こり，**1時間に約15°の速さ**で動く。

◆天球上の太陽の動き

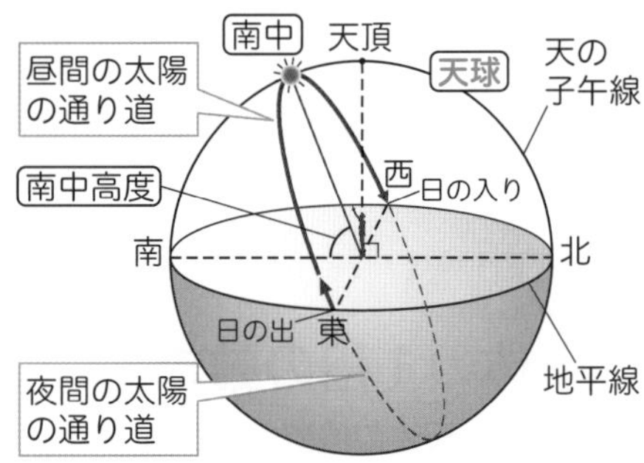

◆地球の自転と星の日周運動

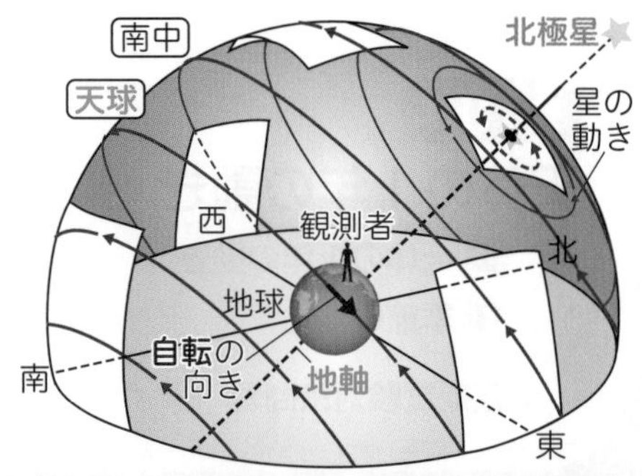

1 天体の位置の表し方

① 天球と天体の位置

(1) 天球

地球から太陽や星などの天体までの距離は，天体によって異なるが，どれも非常に遠いため距離の違いを感じることはなく，自分を中心とした大きな球形の天井に散りばめられたように見える。このような**見かけ上の球形の天井**を**天球**という。また，天球面上で，**観測者の真上の点**を**天頂**という。天球は球形の面であるが，私たちには地平線より上にある部分しか見えない(**図1**)。

❶1光年
1光年は，光が1年かかって進む距離で，約9兆5千億kmである。
>>p.153

❷子午線
子午線とは，経線の別称である。東西南北の方位を十二支で表す際に，北を子，南を午としたことに由来する。

図1 天球

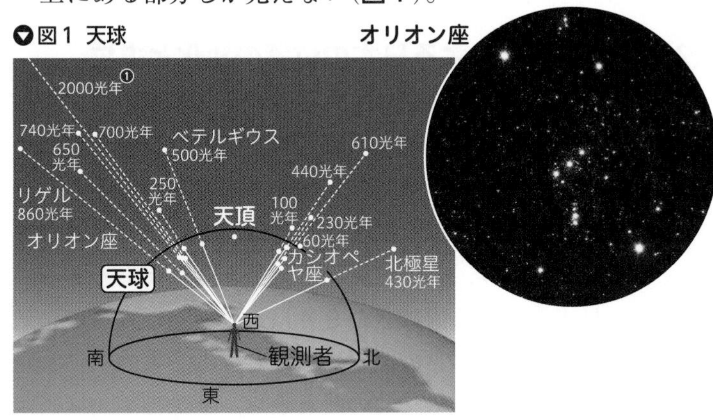

図2 方位と高度

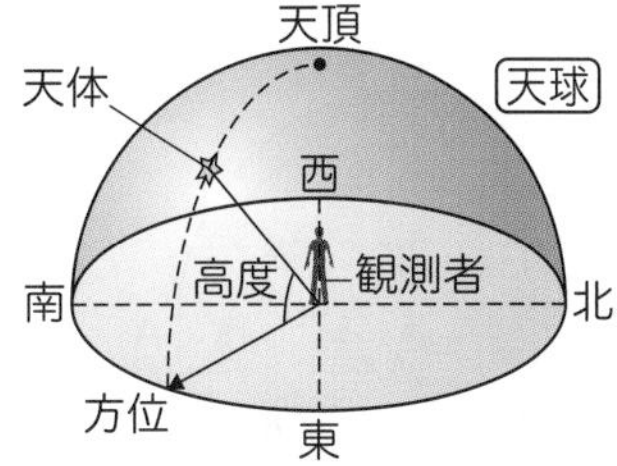

(2) 天体の位置の表し方

天体の位置は，天球上の位置で表すことができ，天球上の天体の位置は，方位と高度で表すことができる(**図2**)。

地球上の方位は，**図3**のように，**経線**(北極から観測者の地点を通り，南極までを結ぶ**子午線**❷)の方向が南北で，北極のほうが北，南極のほうが南である。そして，経線に垂直に交わる**緯線**の方向が東西で，太陽がのぼるほうが東，太陽が沈むほうが西である。

また，天体の高度は，**図2**のように，天体の方位での，地平線からの角度で表す。

図3 方位の決め方
南を向いた観測者の左側が東，右側が西になる。

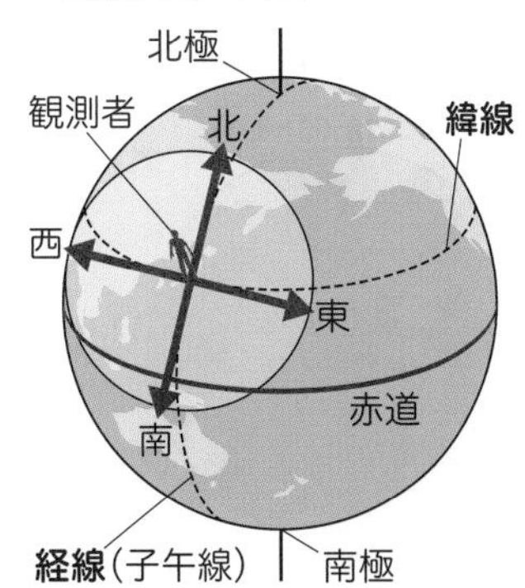

② 地球の運動

(1) 地球の運動(図4)

①公転

地球は，**太陽のまわりを1年かけて1周**している。この運動を地球の**公転**という。また，公転する軌道(公転軌道)を含む平面のことを**公転面**という。>>p.129

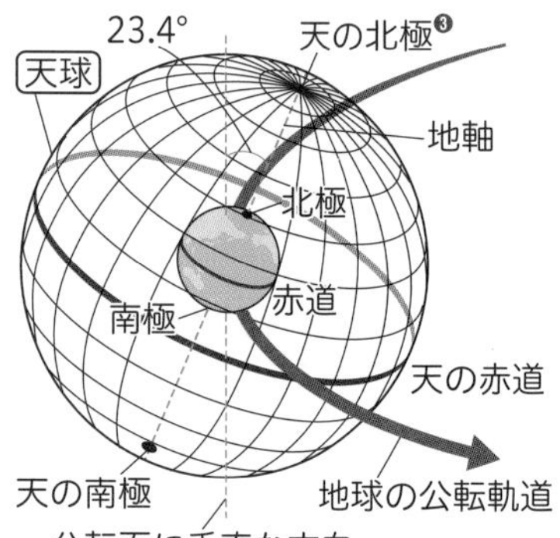

▼図4 地球と天球

❸天の北極・南極・赤道
地軸を北と南に延長して天球と交わるところを，天の北極と天の南極とよぶ。また，地球の赤道面を延長し，天球と交わってできる円を天の赤道とよぶ。

②自転

地球は，**北極と南極を結ぶ軸(地軸)を中心に，1日に1回転**している。この運動を地球の**自転**という。地軸は，地球の公転面に対して垂直な方向から，約23.4°傾いている。>>p.134

(2) 地球の自転による日本の位置の変化と方位

図5は，太陽の光を受けている地球を，北極の真上から見たようすである。地球は自転しているので，時間とともに日本の位置も動き，各方位が示す方向も変わる。

日本が**図5**のAの位置にきたときは，南の空に太陽が見えるので昼であり，Cの位置にきたときは真夜中である。また，日本がBの位置にきたときは，西の空に太陽が見えるので夕方であり，Dの位置にきたときは，東の空に太陽が見えるので朝である。このことから，地球は，北極側から見て反時計回り(A→B→C→D)に自転していることがわかる。

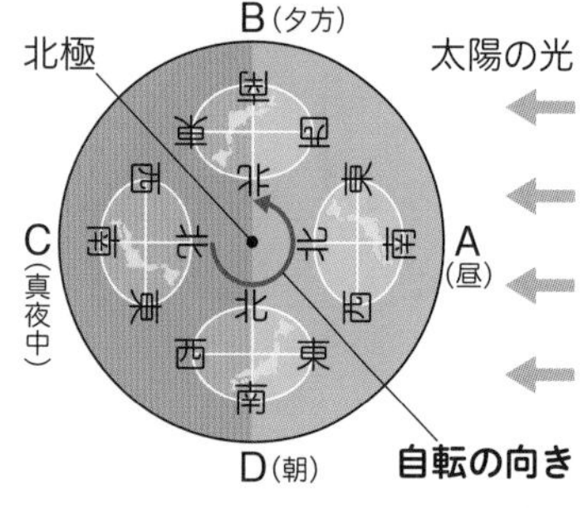

▼図5 地球の自転と日本の位置

(3) 時刻

太陽が真南の経線(子午線)を通るときの時刻が，その地点での正午(午後0時)である。また，正午から次の正午までの時間が，1日(24時間)である。したがって，**図6**のように，地球と太陽の位置関係から，ある地点でのおよその時刻がわかる。

なお，日本では，**東経135°の地点(兵庫県明石市)**で太陽が南中する時刻を正午と決めている。

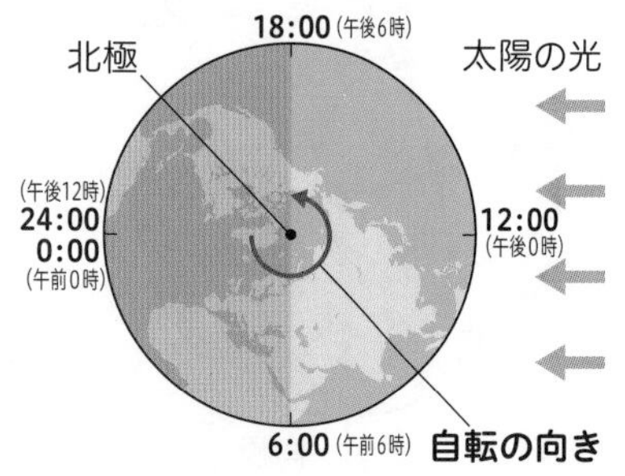

▼図6 地球の自転と時刻

2 天体の1日の動き

① 太陽の1日の動き

(1) 太陽の1日の動きの観察

太陽の1日の動きは，透明(とうめい)半球を用いて調べることができる。» 重要観察8

小学校の復習

●太陽は，東からのぼって南の高いところを通り，西に沈む。太陽が動くと，影の向きも変わる。

重要観察8 太陽の1日の動き

❶ 画用紙に透明半球を固定し，方位を合わせて水平な場所に置く。

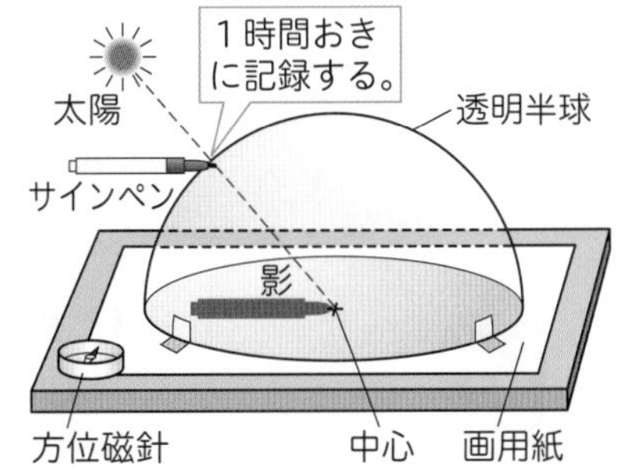

❷ サインペンの先の影(かげ)が，円の中心にくるようにして，透明半球に•印をつけ，太陽の位置を記録する。

ポイント サインペンの先の影を円の中心に合わせるということは，大型の透明半球の中心から見える太陽の方向に印をつけるのと同じことになる。

❸ 記録した•印をなめらかな曲線で結び，それを透明半球のふちまで延長する。

結果

- 太陽の位置が最も高くなったとき
  ➡ 方位は南，時刻は12時ごろ。
- 延長した線が画用紙と交わった点
  ➡ 日の出，日の入りの位置を表している。

結果

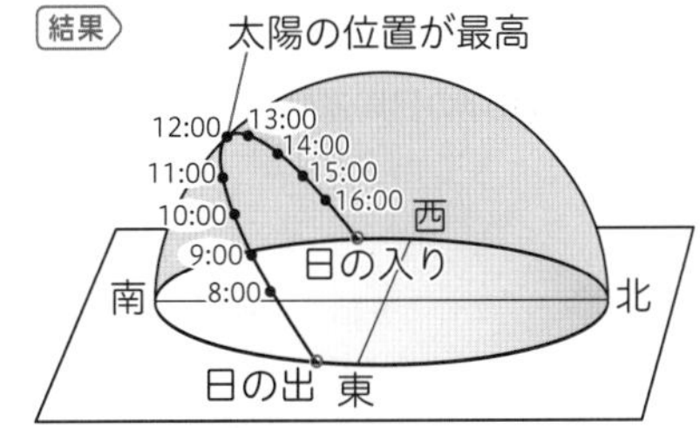

❹ ❸の曲線に紙テープを当て，•印を写し取り，1時間ごとの印の間隔(かんかく)を比べる。

結果

例

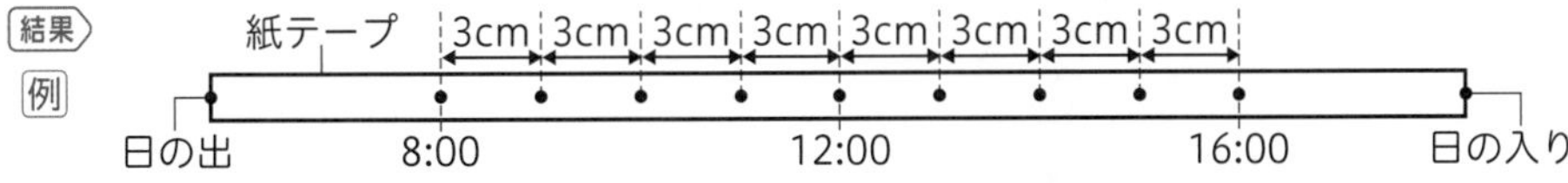

1時間ごとの印の間隔は，どこも等しい。➡ 太陽の動く速さは一定。

結果のまとめ

●太陽は朝，東の空からのぼり，昼ごろ南の空で最も高くなり，夕方西の空に沈(しず)む。
●**太陽の動く速さは一定**である。

▼図7 天球上の太陽の動き
（秋分の日）

南中
天頂
天の子午線
昼間の太陽の通り道
天球
西
日の入り
南中高度
南
北
日の出
東
地平線
夜間の太陽の通り道

太陽の通り道は季節によって違うから，上の図では「秋分の日」と書いてあるよ。詳しくは第10章で学習するよ。

(2) 太陽の南中

前ページの重要観察8からわかるように，太陽は天球上を規則正しく動いて見える。**太陽の高度が最も高くなる**のは，**図7**のように，**北と天頂と南を結ぶ半円(天の子午線)上を通過するとき**，つまり，**真南にきたとき**で，これを太陽の**南中**という。また，このときの高度を**南中高度**といい，このときの時刻を南中時刻という。

(3) 太陽の日周運動

太陽は1日のうちで，東から西へ一定の速さで動いているように見える。これは，地球が地軸を中心に，西から東へ一定の速さで自転しているからである。この**地球の自転による，太陽の1日の見かけの動き**を，太陽の**日周運動**という。

(4) 観測地による太陽の日周運動の違い

観測する場所(緯度)が変わると，**図8**のように，見える空の方向(天球の範囲)が変わるため，同じ日でも太陽は異なった動きをする。

▼図8 各地の太陽の日周運動
（秋分の日）

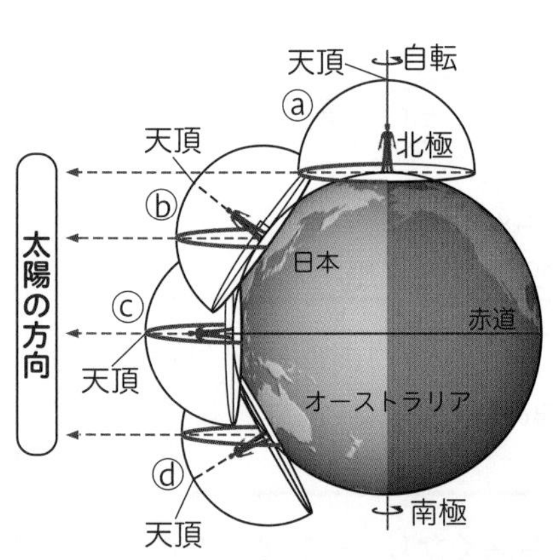

ⓐ北極付近

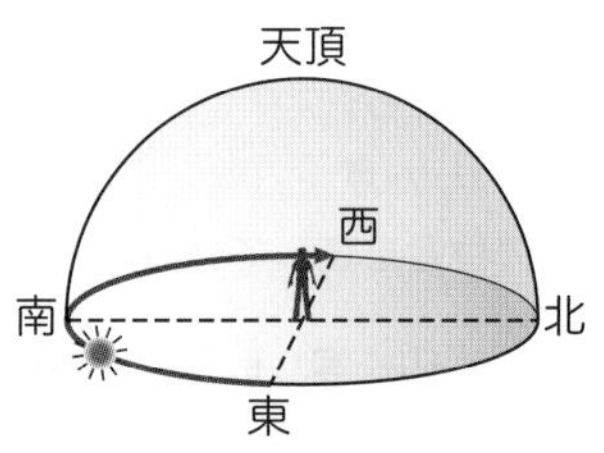

ⓑ日本付近

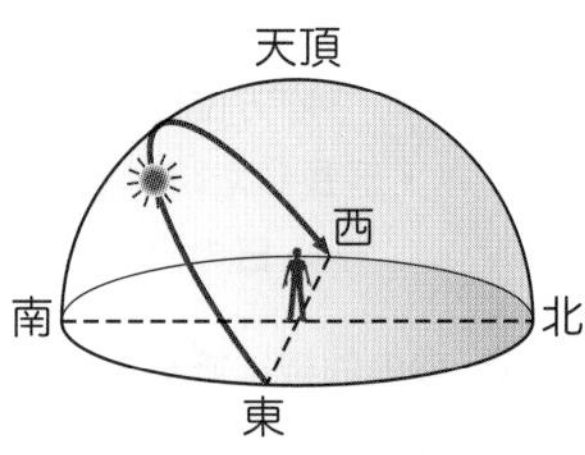

ⓒ赤道付近

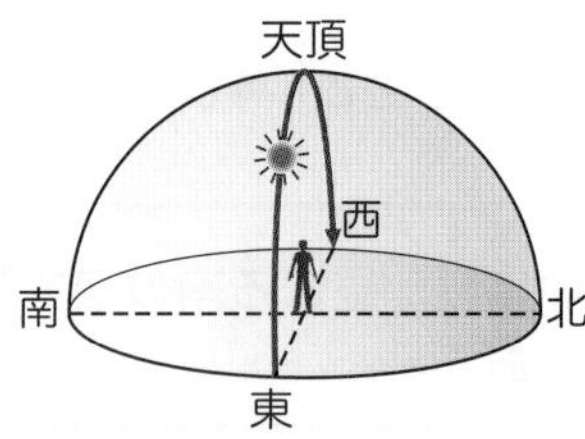

ⓓオーストラリア付近

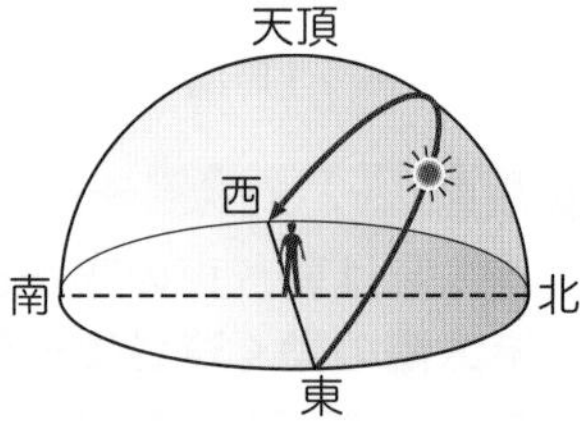

例題⑨ 【計算】太陽の南中や日の出の時刻の求め方

図は，透明半球上に記録したある日の１時間ごとの太陽の位置を，紙テープに写し取ったものである。

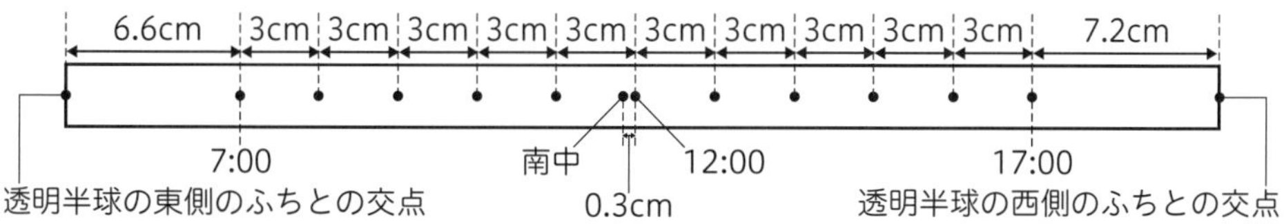

(1) 図から，太陽の南中時刻は何時何分か。

(2) 図から，日の出の時刻は何時何分か。

ヒント 太陽は天球上を，1時間(60分)に3cm動くことを利用する。太陽が12時の位置から南中の位置まで動くのにかかった時間をx分として，比例式「△cm：□cm＝▲分：x分」を立ててみよう。

解き方

(1) 図から，太陽は天球上を，1時間(60分)に3cm動いたことがわかる。また，12時の太陽の位置から南中の位置までの長さは0.3cmだから，太陽が0.3cm動くのにかかった時間をx分とすると，3〔cm〕：0.3〔cm〕＝60〔分〕：x〔分〕という比例式が成りたつ。比例式には，

a：b=c：d のとき ad＝bc

という性質があるから，

3〔cm〕× x〔分〕＝0.3〔cm〕×60〔分〕より，

$$x = 60〔分〕\times \frac{0.3〔cm〕}{3〔cm〕} = 60〔分〕\times \frac{3}{30} = 60〔分〕\times \frac{1}{10} = 6〔分〕$$

よって，太陽の南中時刻は12時の6分前である。

解答 11時54分

(2) 図から，7時の太陽の位置から日の出の位置までの長さは6.6cmだから，太陽が6.6cm動くのにかかった時間をy分とすると，3〔cm〕：6.6〔cm〕＝60〔分〕：y〔分〕という比例式が成りたつ。比例式の性質より，$y = 60〔分〕\times \frac{6.6〔cm〕}{3〔cm〕} = 60〔分〕\times \frac{66}{30} = 132〔分〕$

132分＝2時間12分 だから，日の出の時刻は7時の2時間12分前である。

解答 4時48分

同じようにして，日の入りの時刻も求められるね。

第9章 天体の1日の動き

例題

② 星の１日の動き

(1) 各方位の星の動きの観察

星の１日の動きを観察すると，次ページの**図10**のように，方位によって違って見える。北の空の星は，**北極星**をほぼ中心に反時計回りに回転して見える。一方，東の空からのぼった星は，南の空に移動し，南の空に見えていた星は，西の空へと沈んでいき，この動きは太陽と似ている。

小学校の復習

●時間がたつと，星座の位置は変わるが，星の並び方は変わらない。

(2) 星の日周運動

星の動く方向は方位によって違って見えるが，空全体では，**図９**のように，地軸を延長した軸を中心として，星のはりついた天球が東から西へ回転しているように見える。これは，地球が地軸を中心に西から東へ自転しているからである。この**地球の自転による，星の１日の見かけの動き**を，星の**日周運動**という。

また，太陽と同じように，観測する場所（緯度）が変わると，星も異なった動きをする。

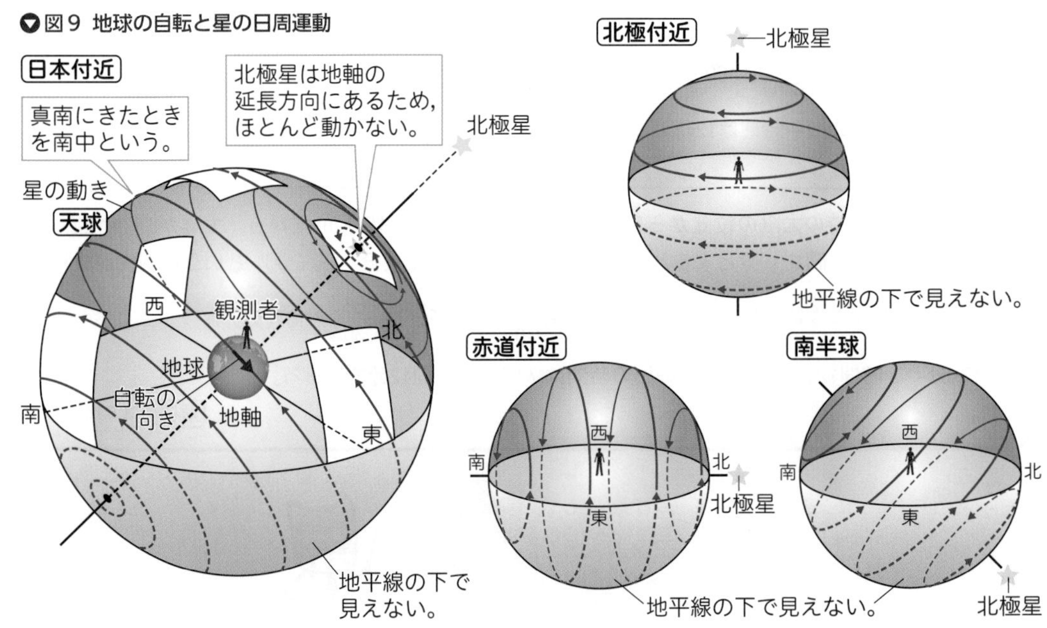

▼図９ 地球の自転と星の日周運動

図10 各方位の星の動き

カメラを固定し，長時間シャッターを開いておくと，星の動きが線となって写る。

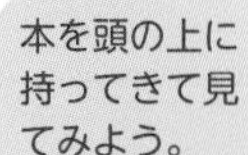

(3) 星が動いて見える速さ

地球は地軸(ちじく)を中心に，1日に1回(24時間で360°，1時間では約15°)，西から東へ自転している。そのため，**図11**のⓐのように，北の空の星は，北極星付近(天の北極)を中心として，1時間に約15°の速さで反時計回りに回転して見える。また，ⓑのように，真東から出た星が真南の空にくるまでには，約6時間(90°÷15°＝6)かかる。

❹オリオン座の動き
オリオン座の三つ星は，天の赤道上にあるので，真東からのぼり，真西に沈む。

▼図11 星が動いて見える速さ

ⓐ **北の空**（北斗七星(ほくとしちせい)の動き）

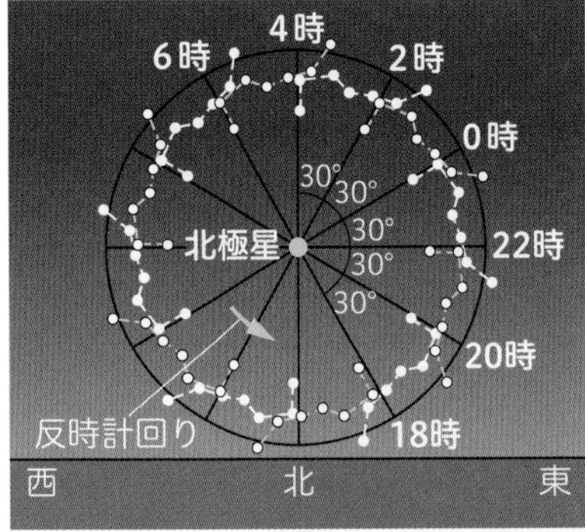

ⓑ **南の空**（12月ごろのオリオン座❹の動き）

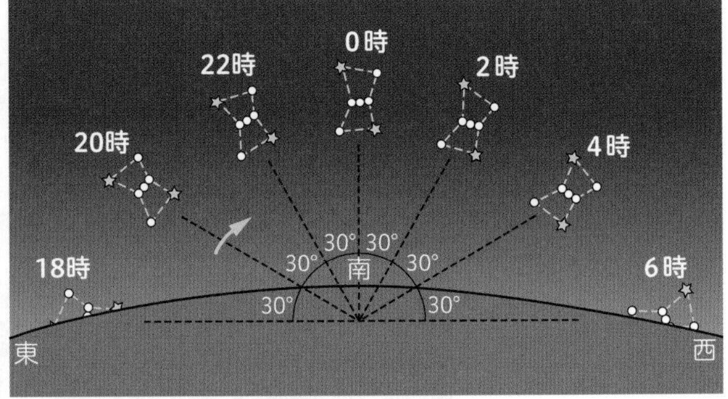

例題⑩ 《計算》 星の日周運動と時刻

図は，北の空に見える星を，時間をおいて観察して位置を記録したものである。Aの位置に見えた時刻は何時か。

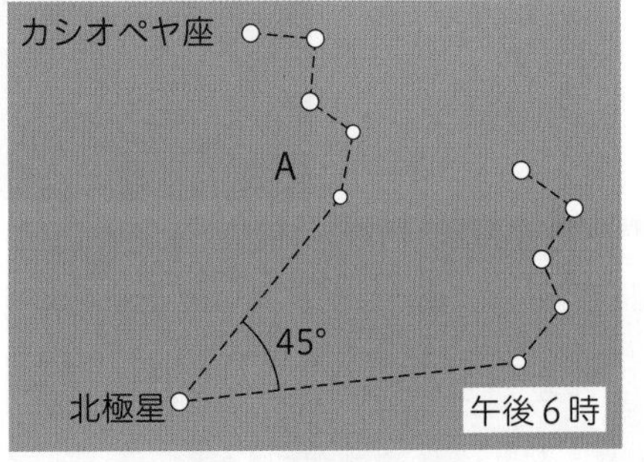

解き方

北の空の星は，北極星を中心に，1時間に約15°の速さで反時計回りに回転して見える。午後6時に見えた位置からAの位置までは45°だから，この間の時間は，$1〔時間〕\times\frac{45°}{15°}=3〔時間〕$

よって，Aの位置に見えた時刻は，午後6時の3時間後である。 **解答** 午後9時

要点チェック

1 天体の位置の表し方

	解答
□ (1) 天体の位置や動きを表すのに使われる，見かけ上の球形の天井(てんじょう)を何というか。>>p.117	(1) 天球
□ (2) 天球面上で，観測者の真上の点を何というか。>>p.117	(2) 天頂
□ (3) 地球上で南北の方位を表すのは，経線，緯線(いせん)のどちらの方向か。>>p.117	(3) 経線
□ (4) 地球の北極と南極を結ぶ軸(じく)を何というか。>>p.118	(4) 地軸
□ (5) 地球が地軸を中心に，１日に１回転する運動を，地球の何というか。>>p.118	(5) (地球の)自転
□ (6) 太陽が西の空に見えるのは，朝か，夕方か。>>p.118	(6) 夕方

2 天体の１日の動き

	解答
□ (7) １日のうちで，太陽の高度が最も高くなるのは，太陽がどの方位にきたときか。>>p.120	(7) (真)南
□ (8) ①太陽や星などの天体が真南にきたときのことを何というか。また，②天体が真南にきたときの高度を何というか。>>p.120	(8) ① 南中 ② 南中高度
□ (9) 太陽が朝，東の空からのぼり，昼ごろ南の空で最も高くなり，夕方西の空に沈(しず)んでいく動きを，太陽の何というか。>>p.120	(9) (太陽の)日周運動
□ (10) 太陽が１日のうちで，東から西へ動いているように見えるのは，地球の何という運動が原因か。>>p.120	(10) 自転
□ (11) 観測する場所(緯度)によって，太陽の１日の見かけの動き方は変わるか，変わらないか。>>p.120	(11) 変わる。
□ (12) 星の日周運動で，北の空の星は，何という星をほぼ中心に反時計回りに回転して見えるか。>>p.122	(12) 北極星

定期試験対策問題 解答➡p.211

1 地球の自転と方位・時刻 ≫p.118

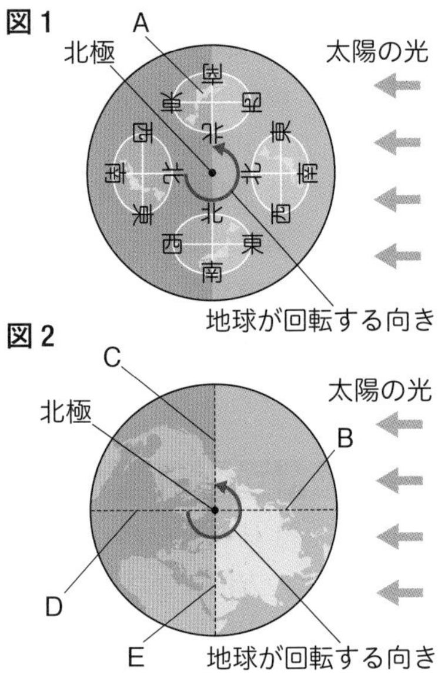

図1，**図2**は，太陽の光を受けている地球を，北極の真上から見たようすを表したものである。次の問いに答えなさい。

(1) 地球は，1日に1回，図に示した向きに1回転している。この運動を何というか。

(2) 日本が**図1**のAの位置にあるとき，日本での時刻として適切なものは，次の**ア**～**エ**のどれか。

ア 6時　　**イ** 12時

ウ 18時　　**エ** 24時

(3) **図2**では，日本はBの位置にある。18時間後の日本のおよその位置として適切なものは，**図2**のB～Eのどれか。また，そのときの日本での時刻として適切なものは，(2)の**ア**～**エ**のどれか。

2 太陽の1日の動き ≫p.119，120

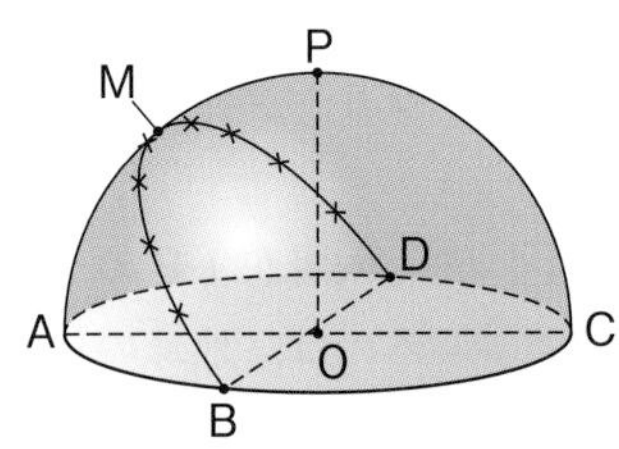

図は，日本のある場所で，ある日の太陽の位置を1時間おきに観察して透明(とうめい)半球上に×印で記録し，それらを曲線で結んで透明半球のふちまで延長したものである。Oは透明半球の中心を，PはOの真上の位置を，A～Dは東西南北のいずれかの方位を，Mは結んだ曲線上で最も高い位置を表している。次の問いに答えなさい。

(1) 図で，観測者の位置を表しているのはどの点か。

(2) 図の場合，日の出の位置を表しているのはどの点か。

(3) この日の太陽の南中高度は，図のどの角度で表されるか。図中の記号と∠の記号を用いて，「∠COP」のように答えなさい。

(4) 観察結果から，太陽の動く速さが一定であることがわかった。太陽が一定の速さで動いている理由を，簡単に答えなさい。

⑸　赤道付近で同様の観察を行った場合，太陽が南中したときの位置は，図のどの点になるか。

ヒント
⑸　赤道上に透明半球を置いた地球と太陽の位置関係を，図に表して考えるとよい。

3　星の1日の動き >>p.122〜124

図のA〜Dは，日本のある地点で，夜に東，西，南，北の方位の空にそれぞれカメラを向け，しばらくの間シャッターを開放して，星の動きを撮影（さつえい）したようすを表したものである。あとの問いに答えなさい。

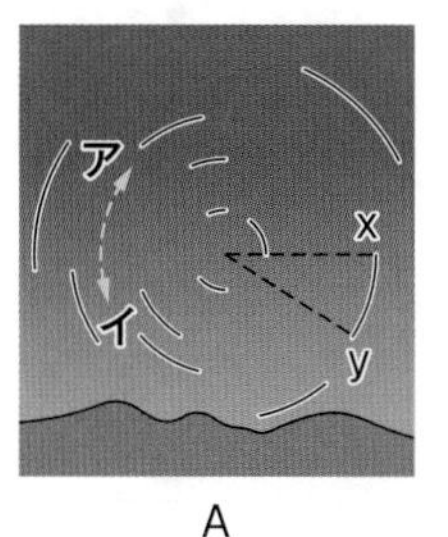

A

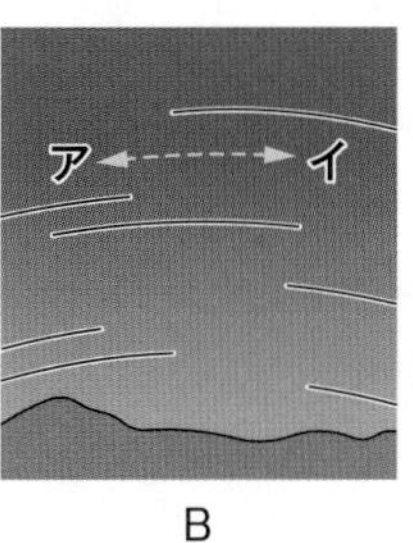

B

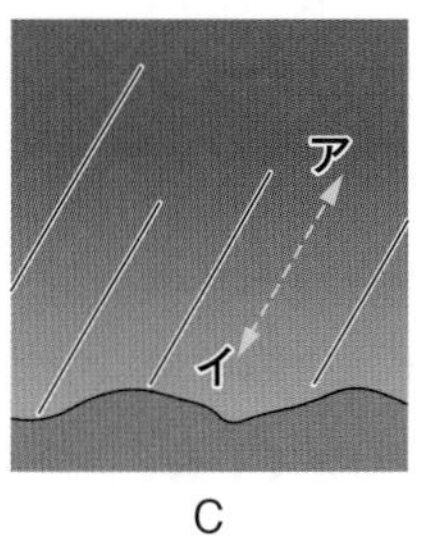

C

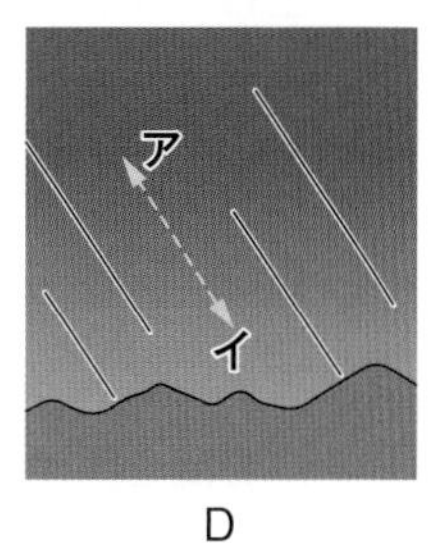

D

⑴　図のA〜Dは，それぞれ東，西，南，北のどの方位の空を表しているか。

⑵　図のA〜Dで，星の動いた向きは，それぞれ**ア**，**イ**のどちらか。

⑶　図のAで，弧（こ）xyのなす角度は約30°であった。シャッターを開放していた時間は約何時間か。

4　星が動いて見える速さ >>p.124

図は，ある日の夜，北の空を一定の時間おきに観察してカシオペヤ座の位置を記録したもので，Dは，午後9時のカシオペヤ座の位置である。次の問いに答えなさい。

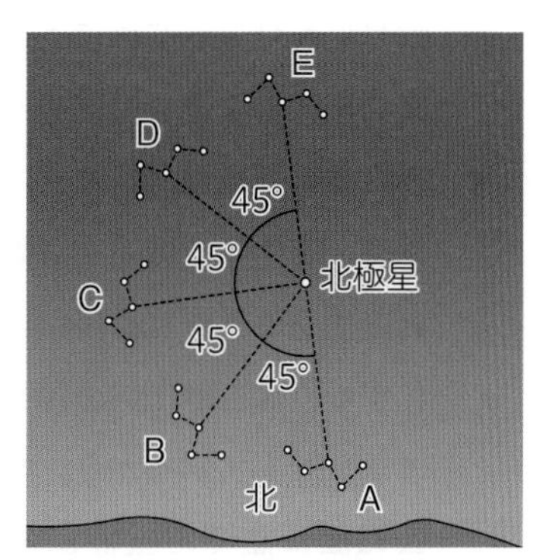

⑴　図は，何時間おきのカシオペヤ座の位置を記録したものか。

⑵　この日の午後6時に観察したカシオペヤ座の位置は，図のA〜Eのどれか。

⑶　この日，Bの位置にカシオペヤ座が見えた時刻は，次の**ア**〜**エ**のどれか。

ア　午後11時　　**イ**　午後12時（午前0時）　　**ウ**　午前2時　　**エ**　午前3時

⑷　この日の観察で，北極星はほとんど動いていないことがわかった。北極星がほとんど動かない理由を，簡単に答えなさい。

第10章 天体の1年の動き

要点のまとめ

一問一答コンテンツ

1 天体の1年の動き >>p.129

- □ **地球の公転**：地球が太陽のまわりを1年かけて1周する運動。
- □ **星の年周運動**：地球の公転によって，同じ時刻に見える星座の星は，1か月に約30°東から西へと移動し，1年でもとの位置にもどる。
- □ **黄道**（こうどう）：天球上での太陽の通り道。地球の公転によって，太陽は星座の間を西から東へ動いていく。

▼地球の公転と季節による星座の移り変わり

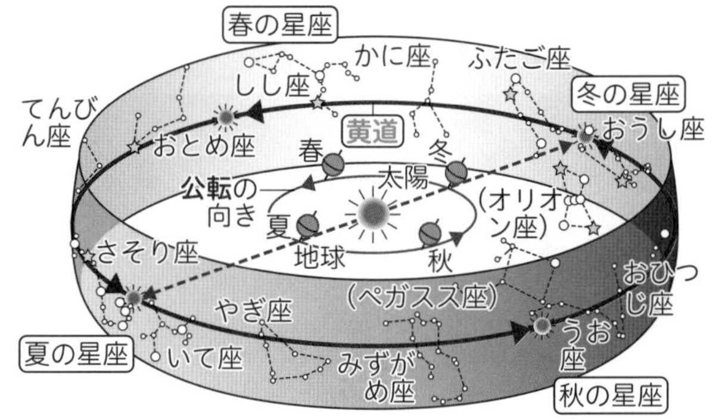

2 季節の変化 >>p.132

- □ **太陽の南中高度**：夏至（げし）の日に最も高くなり，冬至の日に最も低くなる。
- □ **日の出・日の入りの位置**：夏至の日に最も北寄りになり，冬至の日に最も南寄りになる。
- □ **昼の長さ**：夏至の日に最も長くなり，冬至の日に最も短くなる。
- □ **季節が変化する理由**：太陽の南中高度や昼の長さが季節によって変化するのは，**地球が地軸（ちじく）を傾（かたむ）けたまま公転しているから。**地軸は，公転面に立てた垂線に対して約23.4°傾いている。

▼季節による太陽の日周運動の変化（東京都）

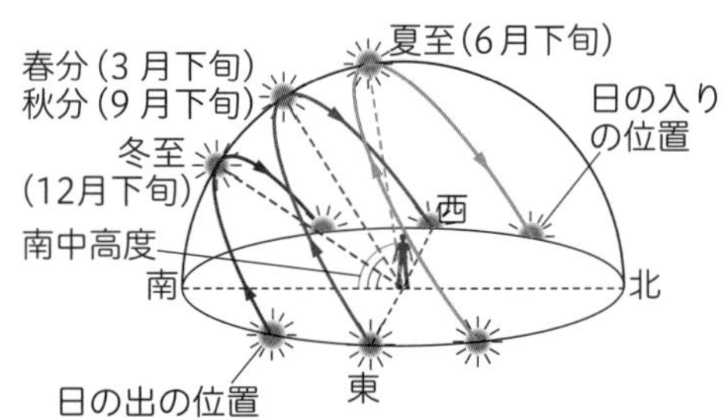

▼夏至・冬至の日の地球

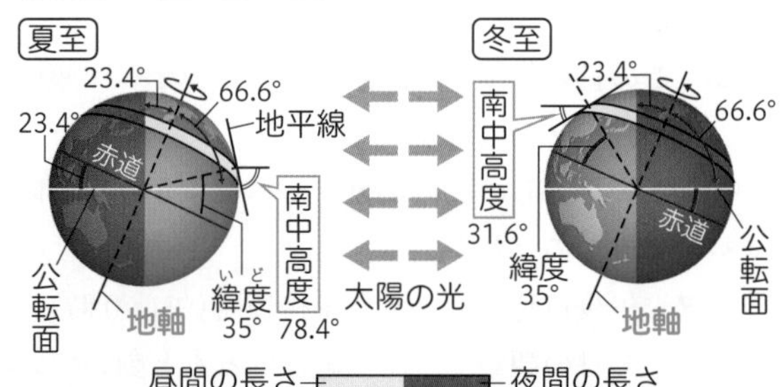

1 天体の１年の動き

① 星座の移り変わりと太陽の１年の動き

(1) 公転

地球は，**太陽のまわりを１年かけて１周**している。この運動を地球の**公転**という。１年で１回(360°)公転するので，１か月では約30°(１日では約１°)公転軌道上を移動する。また，公転の向きは，北極側から見ると反時計回り(自転の向きと同じ向き)である(**図１**)。

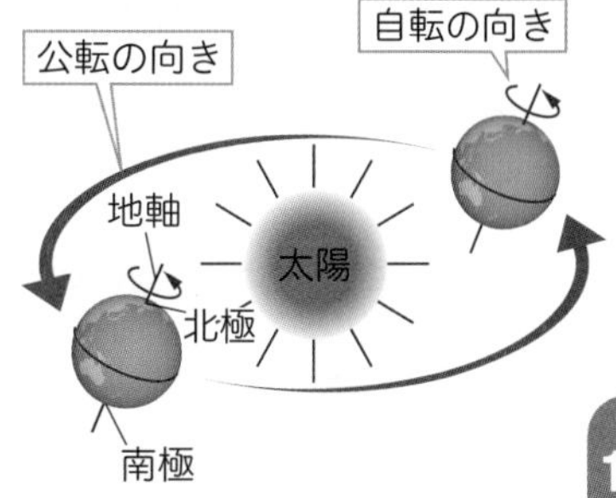

図１ 地球の自転と公転

地球の自転によって天体の日周運動が見られたように，地球の公転によっても，天体の１年の動きが見られる。

(2) 地球の公転による星座の見え方

地球上では，太陽の反対側が真夜中となる。地球の公転と真夜中に見える星座の関係は，**図２**のようにして調べることができる。

図２ 地球の公転による星座の見え方を調べるモデル実験

地球がＡ～Ｄの位置にあるとき，太陽と逆方向にある星座(真夜中に南中する星座)と，太陽と同じ方向にある星座を調べる。

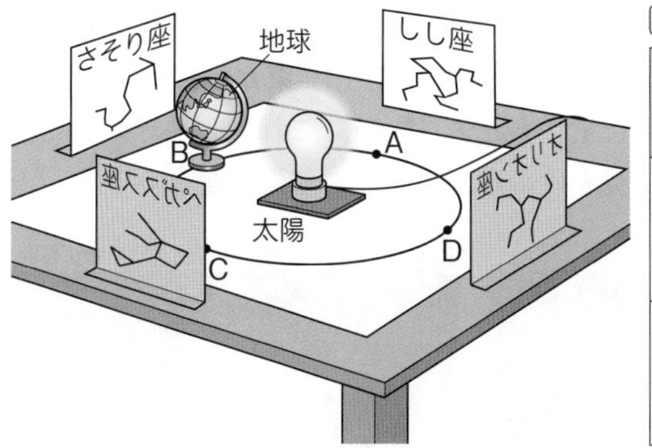

結果

地球の位置(季節)	A (春)	B (夏)	C (秋)	D (冬)
真夜中に南中する星座	しし座	さそり座	ペガスス座	オリオン座
太陽と同じ方向にある星座	ペガスス座	オリオン座	しし座	さそり座

図２の実験から，地球が太陽のまわりを公転しているため，季節によって，真夜中に南中する星座が移り変わっていくことがわかる。また，太陽と同じ方向にある星座も，季節によって移り変わっていくことがわかる。

❶**どこまでもついてくる月**
夜道を歩いているとき，月がついてくるように感じるのは，自分が移動した距離に比べて，月までの距離が非常に大きいからである。

(3) 星座の見える方向の変化

前ページの**図2**で，地球がDの位置からAの位置まで移動するときの，オリオン座の見える方向に着目すると，**図3**のようになる。

▼図3 星座の見える方向の変化

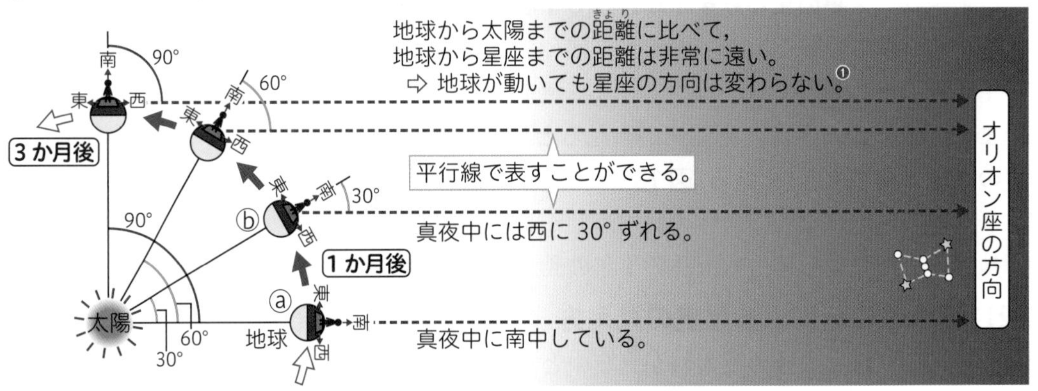

図3で，地球がⓐの位置にあるとき，オリオン座は真夜中に南中する。1か月後に地球がⓑの位置にくると，オリオン座は，真夜中には真南から西へ約30°動いて見える。

❷**星座が同じ位置に見える時刻**
星は1時間に15°東から西へ動くので，30°動くのには2時間かかる。図4で，オリオン座は2月15日午後8時に南中しているが，1か月後の3月15日には2時間早い午後6時に南中し，2時間後の午後8時には図の位置にくる。

(4) 星の年周運動

図3からわかるように，同じ時刻に同じ星座を観察すると，**1か月で約30°**（1日では約1°）**東から西へと移動**し，1年でもとの位置にもどる(**図4**)。これは，地球の公転によって生じる見かけの動きで，星の**年周運動**という。

▼図4 星の年周運動

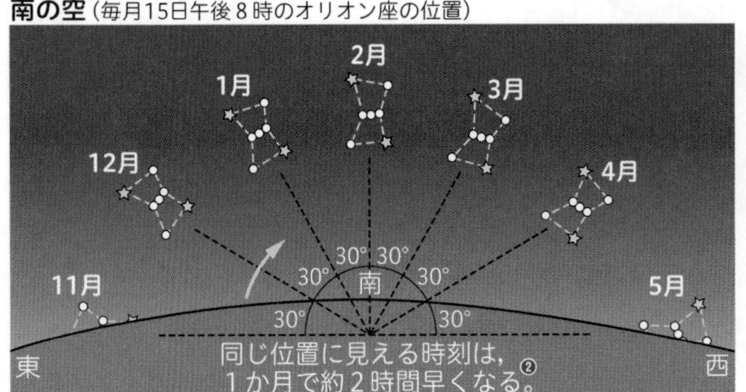

例題⑪ 《計算》 星の年周運動と時刻

図は，12月のある日に，オリオン座を２時間おきに観察して位置を記録したものである。

(1)　２か月後の０時に，オリオン座はＡ～Ｄのどの位置に見えるか。

(2)　２か月後，オリオン座が南中するのは何時か。

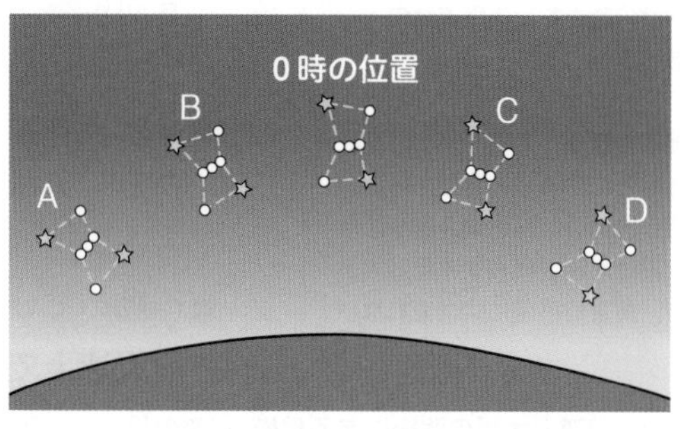

解き方

(1)　日周運動では，南の空の星は１時間に15°の速さで東から西へ動く。図は，２時間おきに記録したものなので，隣(とな)りあうオリオン座の間の角度は，15°×２＝30°である。年周運動では，南の空の星は１か月で30°東から西へ動くので，２か月では30°×２＝60°動く。　**解答**　D

(2)　(1)より，２か月後の０時にはＤの位置にあり，南中する位置とＤの位置の間の角度は60°である。日周運動で30°動くのには２時間かかるので，南中するのは０時の４時間前である。

解答　20時（午後８時）

(5) 地球の公転と季節による星座の移り変わり

太陽のまわりを公転する地球と星座の位置関係は，**図５**のようになっている。地球はほぼ一定の速さで公転しているため，見える星座もほぼ一定の速さで移り変わっていく。

図５ 地球の公転と季節による星座の移り変わり，太陽の１年の動き

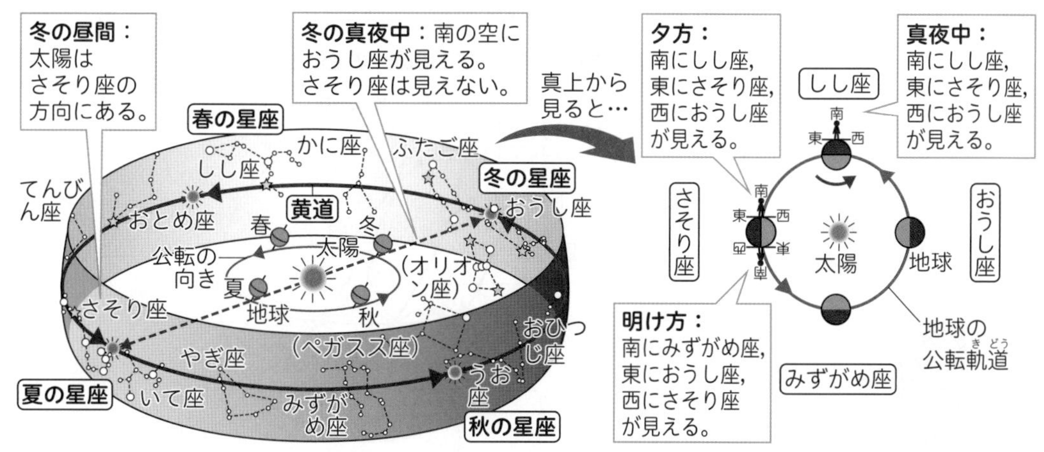

❸太陽の年周運動
地球の公転による，太陽の１年の見かけの動きも，年周運動の１つである。

❹黄道12星座
黄道付近にある12の星座を，黄道12星座という。ペガスス座やオリオン座は季節を代表する星座であるが，黄道12星座には含まれない。

(6) 太陽の１年の動き

昼間に星が見えないのは，星の明るさよりも空が明るいからである。もし，昼間に星が見えるとしたら，p.129の**図２**の実験で調べた通り，太陽は星と重なって見えることになる。天球上の星座の位置を基準にして太陽の動きを見てみると，地球の公転によって，太陽は星座の間を西から東へ動いていき，１年でもとの位置にもどる[3]（**図５**，**図６**）。この**天球上での太陽の通り道**を**黄道**という。

図６ 黄道と太陽の背後にある星座[4]（星座の月は，太陽がその星座の方向にある時期を示す。）

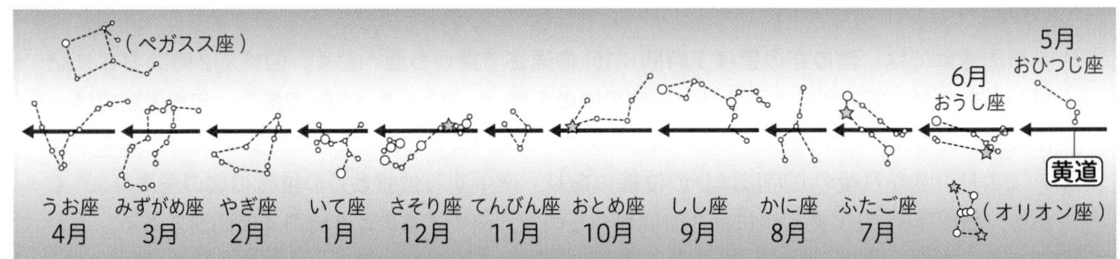

2 季節の変化

1 季節による太陽の日周運動の変化と気温の変化

(1) 季節による太陽の日周運動の変化

１年を通して太陽の日周運動を観察すると，**図７**のように，南中高度や日の出と日の入りの位置が変化する。

図７ 季節による太陽の日周運動の変化（東京都）

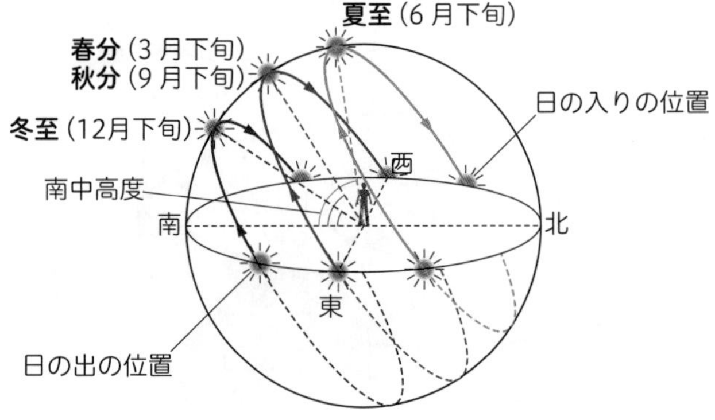

①**太陽の南中高度の変化**

太陽の南中高度は，夏至の日に最も高くなり，冬至の日に最も低くなる。春分・秋分の日には，その中間になる。

②**日の出・日の入りの位置の変化**

日の出・日の入りの位置は，夏至の日に最も北寄りになり，冬至の日に最も南寄りになる。春分・秋分の日は，太陽は真東からのぼり，真西に沈む。

③**昼夜の長さの変化**

図8のように，昼の長さ（太陽の光を受ける時間の長さ）は，夏至の日に最も長くなり，冬至の日に最も短くなる。春分・秋分の日は，昼と夜の長さがほぼ同じになる。

▼図8 昼夜の長さの変化（東京都）

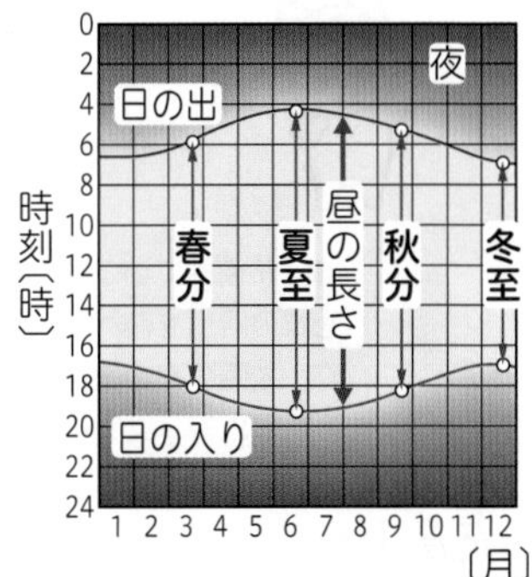

小学校の復習

● 地面は太陽によってあたためられ，日なたと日陰では，地面のあたたかさに違いがある。

(2) 太陽の光が当たる角度と気温

朝や夕方の気温と昼の気温を比べると，ふつう昼の気温のほうが高い。これは，**図9**のように，太陽の高度が高いほうが，同じ面積の地面が受ける光の量（太陽からのエネルギーの量）が多くなり，地面があたためられやすくなるからである。地面の温度が上がると，それによって空気があたためられ，気温が上がる。

▼図9 太陽の光が当たる角度と光の量

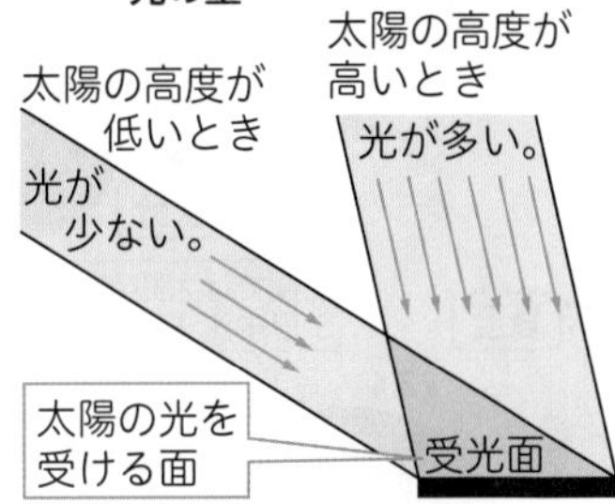

(3) 季節による気温の変化

季節による気温の変化（**図10**）には，太陽の南中高度や昼の長さの変化が関係している。日本付近では，夏は太陽の南中高度が高くなり，さらに昼の長さが長くなって，地面に当たる太陽の光の量が多くなるため，気温が上がりやすい。冬はその逆で，太陽の南中高度が低くなり，さらに昼の長さが短くなるため，気温が上がりにくい。

このように，日本付近では，1年の間に太陽の南中高度や昼の長さが大きく変化し，太陽から受けるエネルギーの量が変化するため，季節によって気温が変化する。

▼図10 太陽の南中高度と気温の変化（東京都）

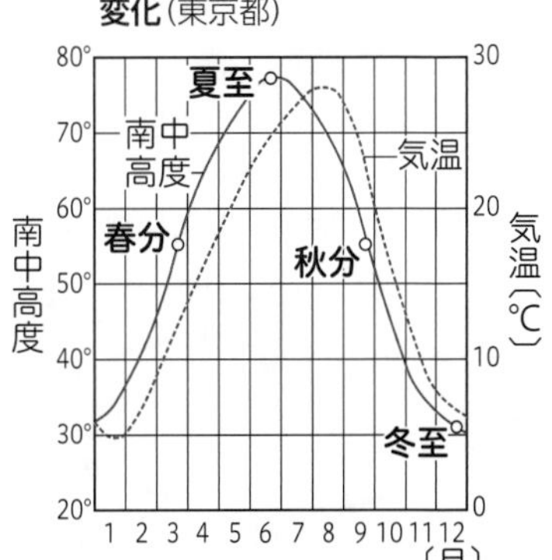

❺白夜と極夜
夏に太陽が１日中沈まないことを白夜といい，冬に太陽が１日中のぼらないことを極夜という。

② 季節が変化する理由

(1) 地軸の傾きと南中高度や昼の長さ

太陽の南中高度や昼の長さが季節によって変化するのは，**地球が地軸を傾けたまま公転しているから**である。地球の地軸は，公転面に立てた垂線に対して約23.4°傾いている（**図11**）。

北半球では，夏は北極側が太陽の方向に傾くため，太陽の南中高度が高くなり，昼の長さが長くなる。冬は逆に，北極側が太陽と反対の方向に傾くため，太陽の南中高度が低くなり，昼の長さが短くなる。

▼図11 地軸の傾きと季節の変化

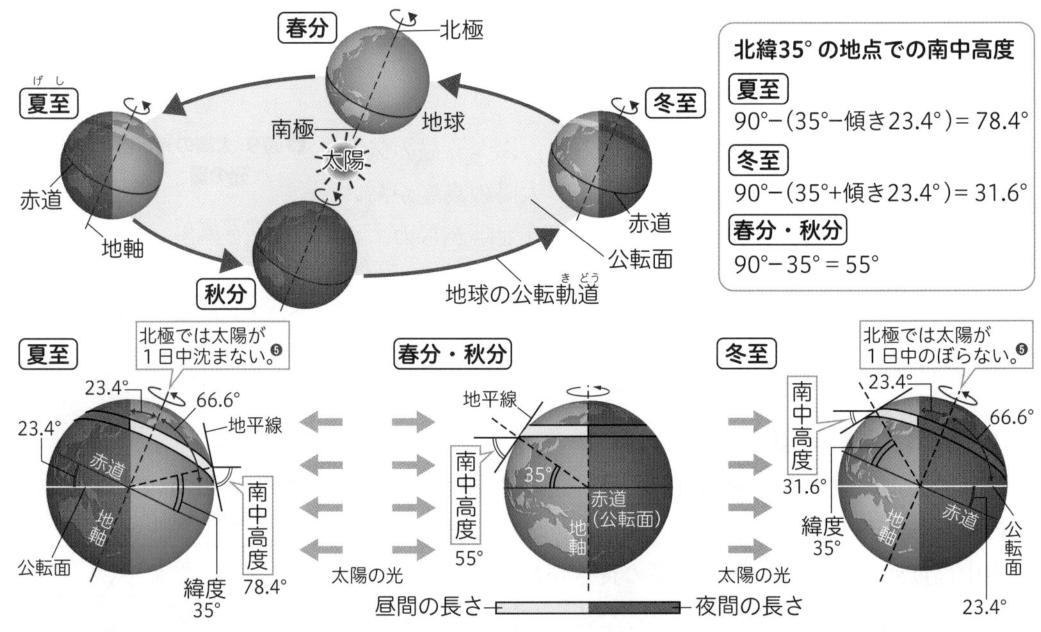

▼図12 地軸が傾いていない場合

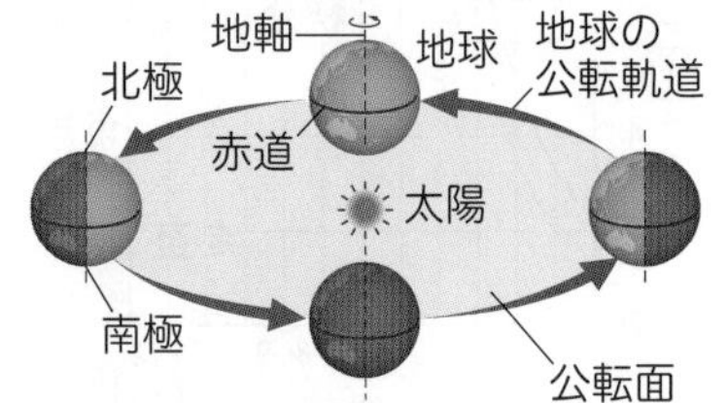

(2) もし地軸が傾いていなかったとしたら

もし，**図12**のように，地球の地軸が公転面に対していつも垂直だとしたら，太陽の南中高度や昼の長さは１年を通して変化せず，季節の変化は生じない。

要点チェック

1 天体の1年の動き

	解答
□ (1) 地球が太陽のまわりを1年かけて1周する運動を，地球の何というか。>>p.129	(1) (地球の)公転
□ (2) 地球の公転の向きは，地球の自転の向きと同じか，反対か。>>p.129	(2) 同じ
□ (3) 毎月同じ時刻に同じ星座を観察したとき，星座が移動して見える向きは，東から西，西から東のどちらか。>>p.130	(3) 東から西
□ (4) 地球の公転によって起こる，星座の星の見かけの動きを，星の何というか。>>p.130	(4) (星の)年周運動
□ (5) 天球上での太陽の通り道を何というか。>>p.132	(5) 黄道

2 季節の変化

	解答
□ (6) 1年のうちで，太陽の南中高度が最も高くなるのは，夏至の日か，冬至の日か。>>p.133	(6) 夏至の日
□ (7) 1年のうちで，①日の出の位置が最も南寄りになるのは，夏至の日か，冬至の日か。また，②日の入りの位置が最も北寄りになるのは，夏至の日か，冬至の日か。>>p.133	(7) ① 冬至の日 ② 夏至の日
□ (8) 1年のうちで，昼の長さが最も短くなるのは，夏至の日か，冬至の日か。>>p.133	(8) 冬至の日
□ (9) 地面の温度が上がりやすいのは，太陽の高度が高いときか，低いときか。>>p.133	(9) 高いとき
□ (10) 太陽の南中高度や昼の長さが季節によって変化するのは，地球が何を傾けたまま公転しているからか。>>p.134	(10) 地軸
□ (11) 地球の北極側が太陽の方向に傾いているのは，夏か，冬か。>>p.134	(11) 夏
□ (12) もし，地球の地軸が公転面に対していつも垂直だとしたら，季節の変化は生じるか，生じないか。>>p.134	(12) 生じない。

定期試験対策問題 （解答➡p.212）

1 四季の星座の移り変わり >>p.129，131

図は，四季による星座の見え方を調べるために，教室を暗くして行った次の実験のようすを表したものである。あとの問いに答えなさい。

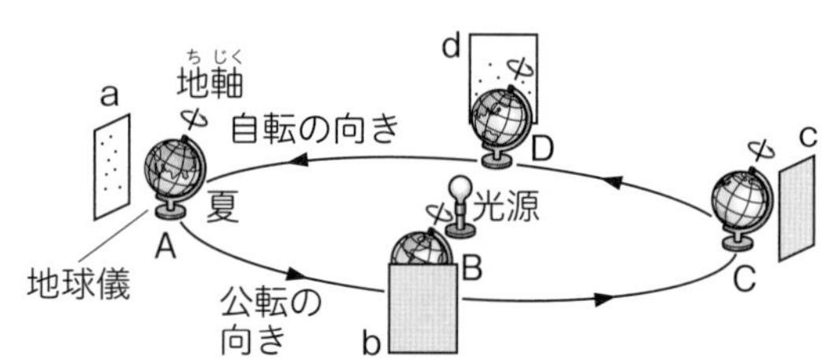

〔実験〕

① 日本の四季の代表的な星座を画用紙ａ～ｄに写し取り，教室の四方に置いた。

② 地球儀(ちきゅうぎ)(地球)を自転の向きに回しながら，光源(太陽)のまわりを公転の向きに移動させ，星座の見え方を調べた。

⑴ 画用紙ａ，ｃにかかれた星座は，それぞれ次の**ア**～**エ**のどれか。

ア さそり座　**イ** オリオン座　**ウ** しし座　**エ** ペガスス座

⑵ ｃの星座が一晩中見える地球の位置は，図のＡ～Ｄのどれか。

⑶ 明け方にｂの星座が南中する地球の位置は，図のＡ～Ｄのどれか。

⑷ 地球がＤの位置にあるとき，観察できない星座は，図のａ～ｄのどれか。

2 星の年周運動 >>p.130，131

図１は，12月のある日，オリオン座を午後６時から午前０時までの間，３時間おきに観察し，その位置をスケッチしたものである。**図２**は，地球の北極のはるか上方から見た模式図で，太陽のまわりを公転する地球と，いくつかの星座の方向を矢印で示したものである。次の問いに答えなさい。

図１

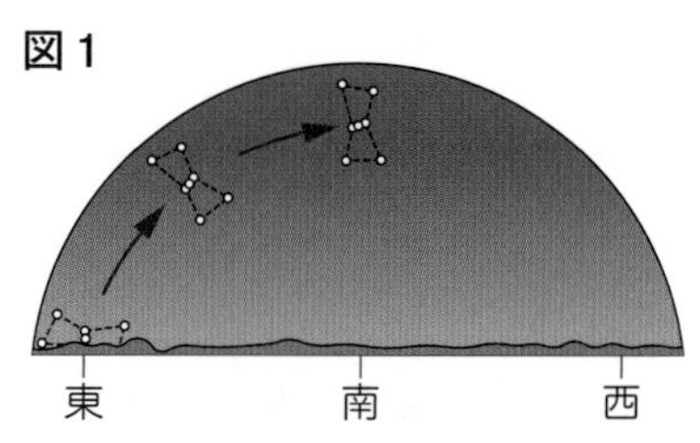

⑴ **図１**の観察をした日の地球の位置は，**図２**の**ア**～**エ**のどれか。

⑵ **図１**の観察をした日のオリオン座が南中した時刻に，東の地平線付近に見える星座は，**図２**のどれか。

(3) 毎日，同じ時刻に同じ場所で観察した場合，1か月でオリオン座は何度移動したように見えるか。

(4) **図1**の観察をした日から2か月後に，同じ場所でオリオン座が南中する時刻は何時ごろか。

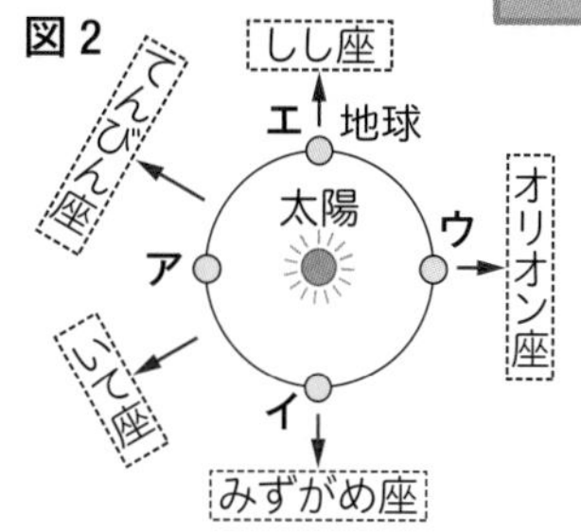

3 太陽の1年の動き >>p.131，132

図は，太陽のまわりをA→Bの向きに公転する地球と，天球上の星座の位置を表したものである。次の問いに答えなさい。

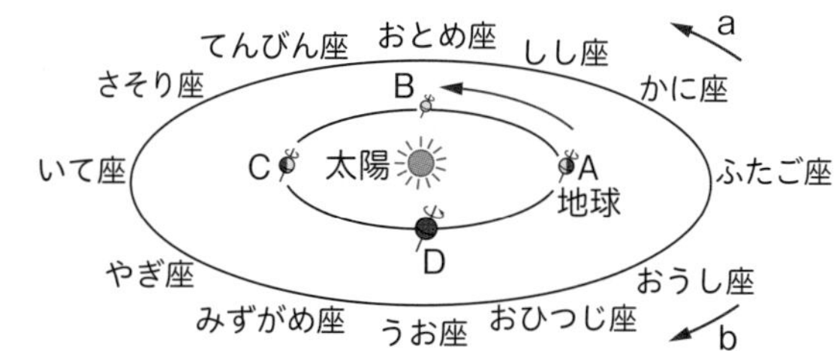

(1) 地球がAの位置にあるとき，太陽は図のどの星座の方向に見えるか。

(2) 地球の公転によって，太陽は天球上の星座の間を動いているように見える。

① この天球上での太陽の通り道を何というか。

② 太陽は天球上を，図のa，bのどちらの向きに動いているように見えるか。

4 季節の変化 >>p.132〜134

図は，地球が太陽のまわりを公転しているようすを表したものである。次の問いに答えなさい。

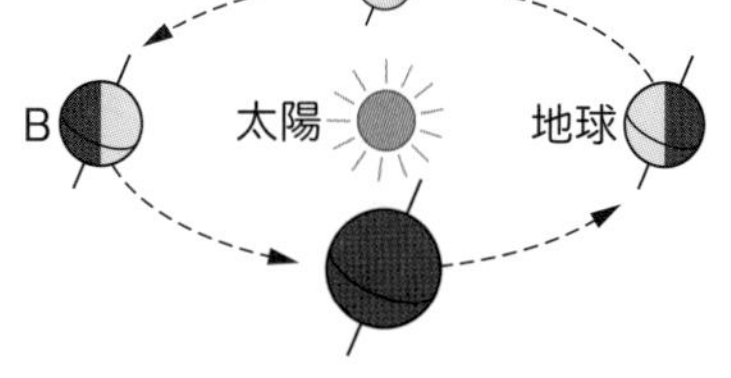

(1) 地球がAの位置にあるとき，日本では，次の**ア**〜**エ**のどの日か。

ア 夏至（げし）　**イ** 冬至（とうじ）

ウ 春分　**エ** 秋分

(2) (1)の日，日本のある場所で，次の①，②を観察した。この日から1か月間，同じ場所で観察を続けると，①，②はどのようになるか。それぞれあとの**ア**〜**ウ**から選びなさい。

① 日の出のときの太陽の位置　② 日の入りのときの太陽の位置

ア 北へ移動する。　**イ** 南へ移動する。　**ウ** 移動しない。

(3) 地球がAの位置からBの位置まで動く間に，太陽の南中高度と昼の長さはどのように変化するか。簡単に答えなさい。

第11章 月と金星の動きと見え方

要点のまとめ

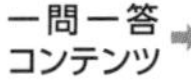

1 月の動きと見え方 >>p.139

□ **月の満ち欠け**：月が地球のまわりを公転することによって，太陽・月・地球の位置関係が変わり，月の見かけの形が変わること。

□ **日食**：太陽，月，地球の順に一直線上に並んだとき，**太陽が月に隠**(かく)**される**現象。

□ **月食**：太陽，地球，月の順に一直線上に並んだとき，**月が地球の影**(かげ)**に入る**現象。

▼月の公転と満ち欠け

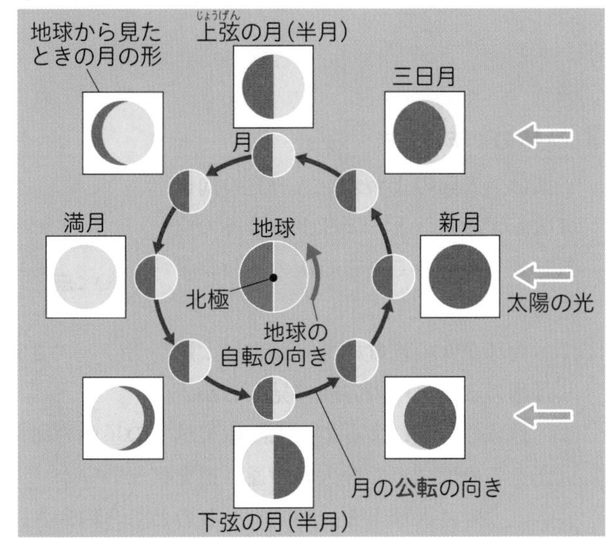

2 金星の動きと見え方 >>p.142

□ **金星の見え方**：金星は地球より内側を公転しているため，**夕方の西の空**か，**明け方の東の空**にしか見えない。また，金星と地球の公転の周期が違(ちが)うため，地球から見た金星は大きさが変化し，満ち欠けする。

□ **惑星**(わくせい)：太陽のまわりを公転し，みずから光を出さず，太陽の光を反射して輝(かがや)いている天体。地球，金星など。

▼金星の公転と見え方

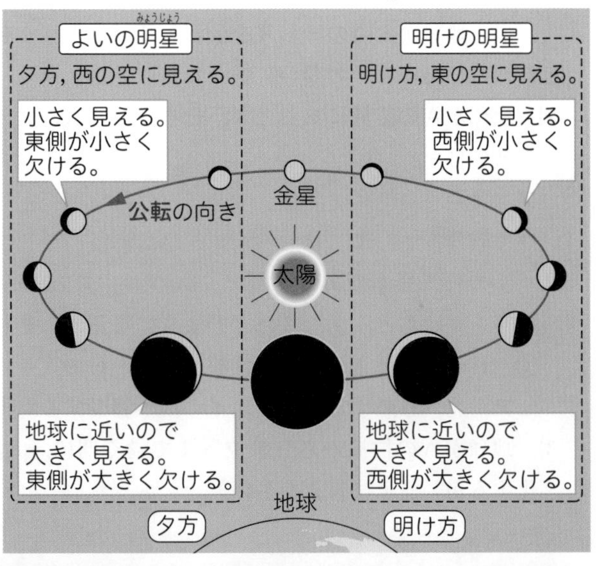

1 月の動きと見え方

① 月の形と位置の変化

(1) 月(図1)

月は，地球から最も近くにある球形の天体で，**地球のまわりを約1か月かけて公転**している。また，みずから光を出さず，太陽の光を反射して輝いている。

月には，地球のような大気や水がほとんどなく，地表の温度は場所による差が大きく，−170～110℃である。表面には隕石(いんせき)の衝突(しょうとつ)でできた**クレーター**がたくさんある。

△図1 地球から見た月(満月)

(2) 月の形と位置の変化

月は，日によって見え方が変化する。**図2**のようにして，同じ時刻に月を観察すると，月の形と位置が変化するようすがわかる。

▽図2 月の形と位置の変化を調べる観察

❶ 日の入り直後に見られる三日月の形と位置を記録する。

❷ その後2日おきに約2週間，同じ時刻に観察して記録する。

結果

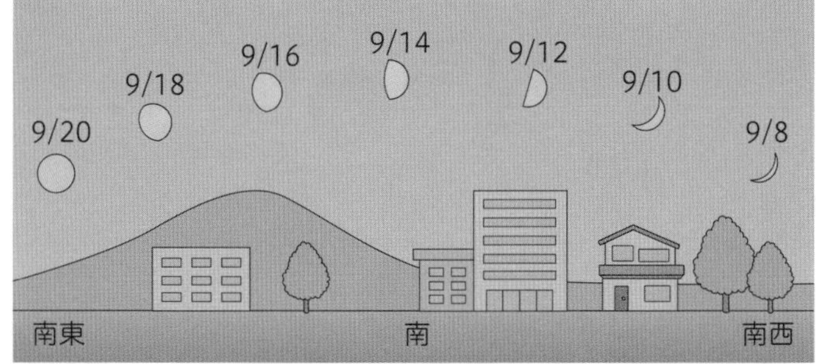

夕方の同じ時刻に見える月は，形がしだいに丸くなり，位置が東へ移動していく。

図2の観察からわかるように，同じ時刻に見える月は，少しずつ形を変えていく。このような**月の見かけの形の変化**を，**月の満ち欠け**という。また，同じ時刻に見える月は，満ち欠けしながら**西から東へ移動**していく。

小学校の復習

- 月は，時刻によって見える位置が変わり，太陽と同じように東から南を通って，西へ動く。
- 月は，太陽の光が当たっているところが明るく見える。
- 月は球形だが，日によって形が変わって見える。これは，月と太陽の位置関係が変わるからである。三日月は，夕方，西の空に見える。
- 月の表面にはクレーターがある。

(3) 月の満ち欠けのしくみ

図3のように，月の表面の半分は，常に太陽の光が当たって光っている。しかし，月の公転によって太陽・月・地球の位置関係が変わるため，地球からは，月の光っている面の見え方が変わっていく。

図3の**新月**のとき，地球から見た月は太陽と同じ方向にあり，太陽の光が当たっている面が地球から見えないため，月のすがたは見えない。

月が新月の位置から動くにつれて，**三日月**，**上弦の月**(半月)へと月の光って見える部分が広くなっていき，地球から見て月が太陽と反対側にきたとき，**満月**となる。

満月になった後は，月の光って見える部分が狭くなっていき，**下弦の月**(半月)を経て，新月にもどる。❶❷

❶新月から次の新月まで
新月になってから次の新月にもどるまでには，約29.5日かかる。

❷月の裏側は見えない
月はいつも同じ面を地球に向けていて，地球からは月の裏側を見ることができない。

発展 月がいつも同じ面を地球に向けているのは，月が１回公転する間に，月自身も公転と同じ向きに１回自転しているからである。

▼図３ 月の公転と満ち欠け

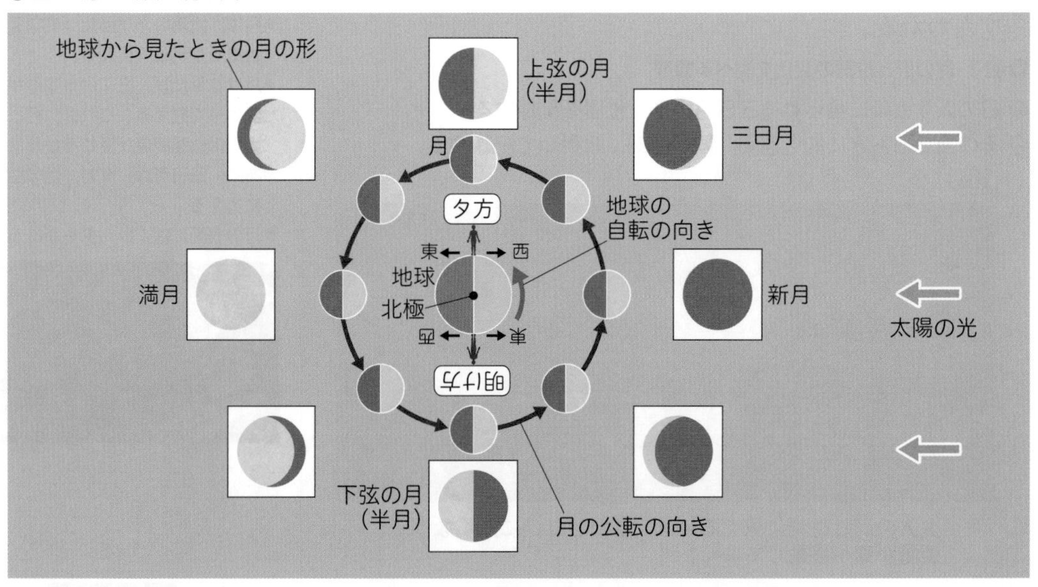

(4) 月が西から東へ移動して見えるわけ

北極側から見ると，月は地球のまわりを反時計回りに公転している(**図３**)。このため，同じ時刻に観察すると，月は東へ移動して見える。❸

❸月が１日に動いて見える角度
地球から見た月は，29.5日の間に地球のまわりを１周(360°回転)するため，１日に約12°ずつ移動して見える。

② 日食と月食

(1) 太陽と月の大きさ

図4のように，太陽の直径は，月の直径の約400倍もあり，地球から太陽までの距離も，地球から月までの距離の約400倍である。そのため，地球から見た太陽と月は，ほぼ同じ大きさに見える。

▼図4 太陽・月の大きさと地球からの距離

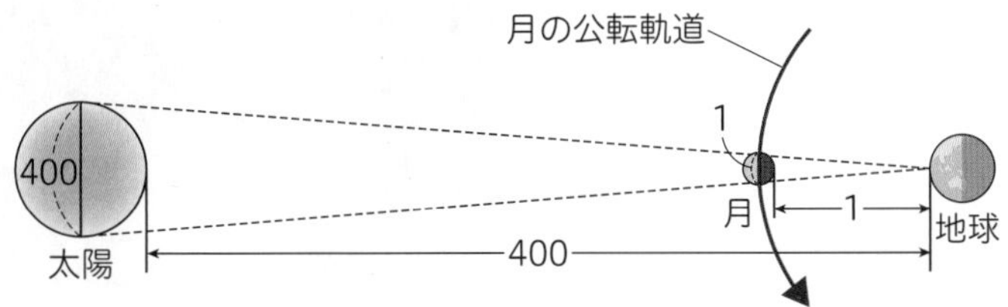

(2) 日食

月の公転によって，**図5**のように，太陽，月，地球の順に一直線上に並ぶことがある。このとき，**太陽の全体，または一部が月に隠れて見えなくなる現象**が起こる。これを**日食**という。[4]

日食が起こるのは，地球から見て月が太陽と同じ方向にある，新月のときである。ただし，新月のときにいつも日食が起こるわけではない。[5]

❹食
天体が他の天体に隠される現象を，一般に食という。

発展 ❺日食や月食が起こりにくいわけ
月の公転面は，地球の公転面に対して約5°傾いている。そのため，地球と月と太陽が一直線上に並んで日食や月食が起こるのは，年に数回あるかどうかである。

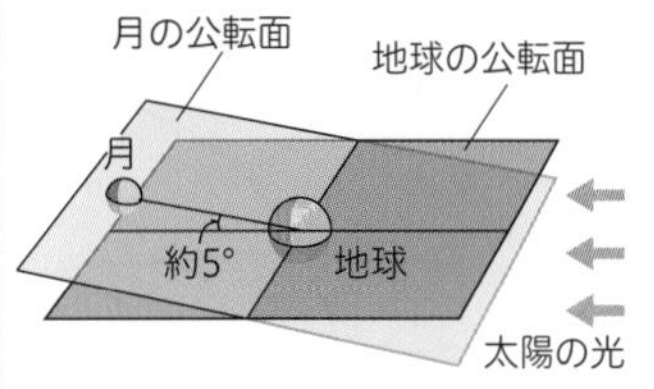

❻金環日食になるとき
月の公転軌道はだ円で，地球から月までの距離は周期的に変わるため，月の見かけの大きさはわずかに変化する。月が地球から遠く，太陽を隠しきれない場合に，太陽のふちが残る金環日食になる。

▼図5 日食が起こるしくみ

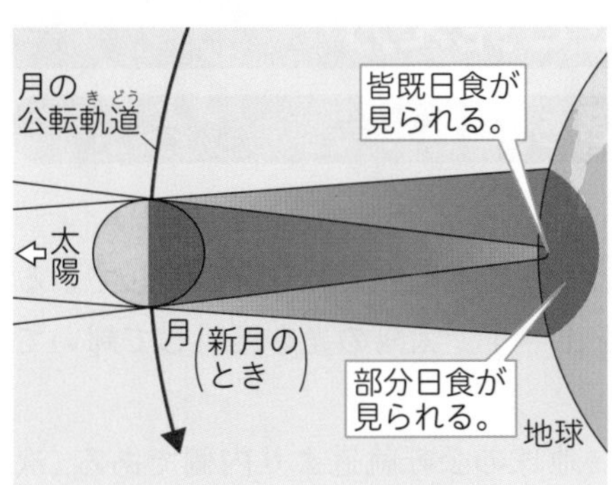

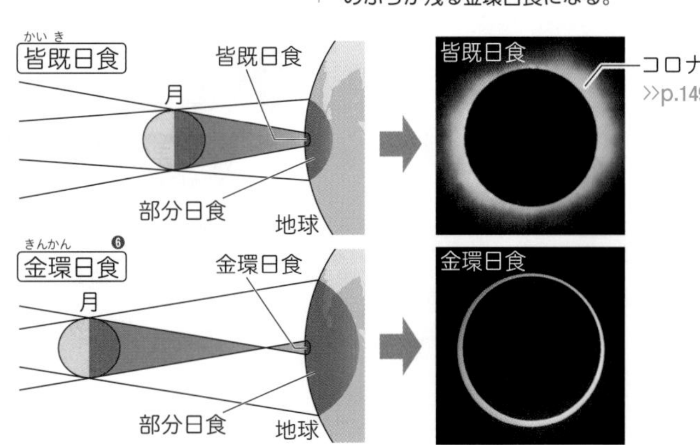

第11章 月と金星の動きと見え方

❼皆既月食の満月は赤い
皆既月食のとき，満月が完全に地球の影に入ると，地球の大気で屈折した太陽の赤い光が月を照らすため，暗い赤褐色に見える。

(3) 月食

月の公転によって，**図6**のように，太陽，地球，月の順に一直線上に並ぶことがある。このとき，**月の全体，または一部が地球の影に入る現象**が起こる。これを**月食**という。

月食が起こるのは，地球から見て月が太陽と反対の方向にある，満月のときである。ただし，満月のときにいつも月食が起こるわけではない。❺

▼図6 月食が起こるしくみ

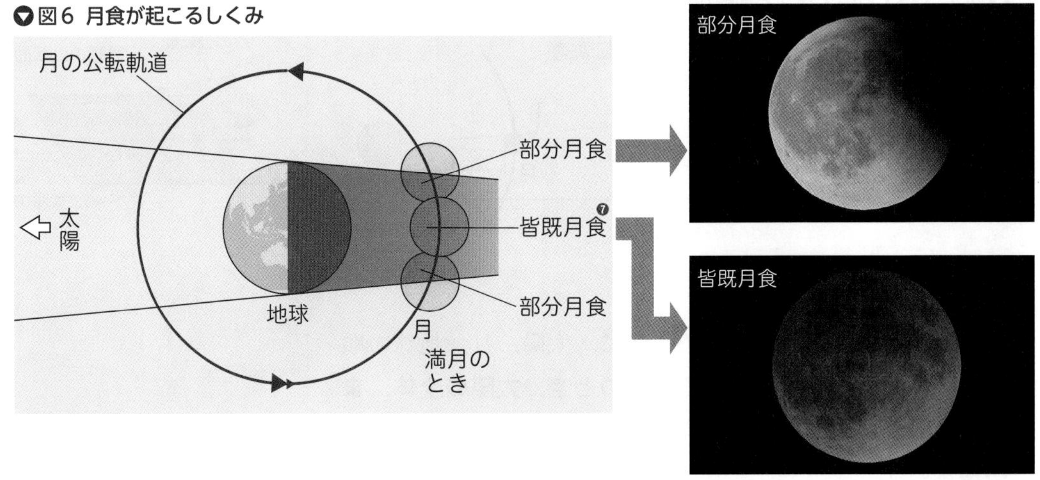

2 金星の動きと見え方

① 金星の動きと満ち欠け

(1) 金星

金星は，地球と同じように太陽のまわりを公転している天体で，みずから光を出さず，太陽の光を反射して輝いている。

金星の公転軌道は，地球の公転軌道より内側である(次ページの**図7**)。

(2) 金星の公転と見え方

図7のように，金星は地球より内側を公転しているため，地球から見て太陽と反対の方向に位置することがなく，真夜中には見えない。そして，常に太陽に近い方向にあるので，**夕方の西の空**か，**明け方の東の空**にしか見られない。[8] また，地球と金星では，太陽のまわりを1周する時間(**公転周期**)が異なる[9]ため，地球と金星の距離が変化し，地球から見た金星の大きさが変化する。そして，金星は太陽の光を反射して光って見えるので，満ち欠けする。

❽よいの明星と明けの明星
夕方に西の空に見える金星をよいの明星，明け方に東の空に見える金星を明けの明星という。

❾金星の公転周期
地球が1年で1回公転しているのに対して，金星は約0.62年で1回公転している。

▼図7 金星の公転と見え方

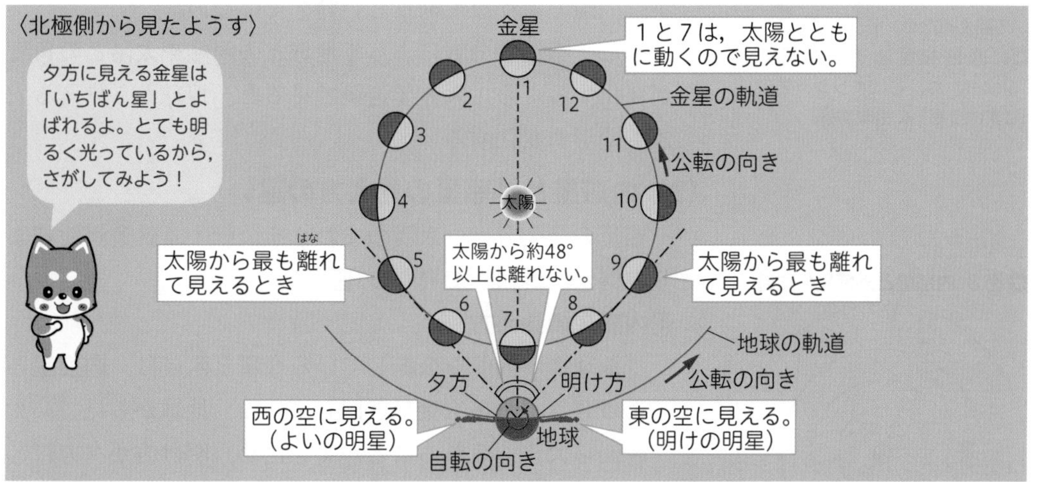

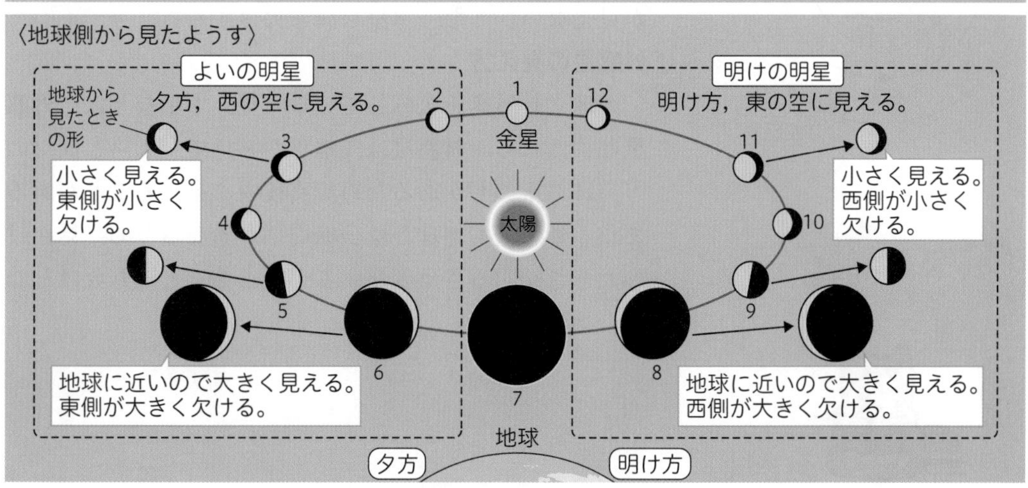

② 惑星の動きと見え方

(1) 惑星

太陽のまわりを公転し，みずから光を出さず，太陽の光を反射して輝いている天体を**惑星**という。地球も金星も惑星で，ほかに水星，火星，木星，土星，天王星，海王星がある。≫p.151

(2) 惑星の動きと見え方

惑星は太陽と同じように，星座の星の間を動いて見えるが，太陽のような規則正しい動きではない。[10]

また，惑星の公転によって地球との距離や太陽との角度が変化するため，天体望遠鏡で見ると，地球から見える大きさや形が変化する。

⑩星座の中を惑う星
惑星は，星座の中を惑うように動いて見えるため，そう名づけられた。惑星を意味する英語の「planet」は，古代ギリシャ語の「さまよう星」に由来する。

(3) 内惑星と外惑星の見え方の違い

惑星の見え方は，太陽のまわりを公転する軌道が地球より内側か，外側かで異なる（**図8**）。

①内惑星の見え方

地球より内側を公転している金星と水星は，**内惑星**とよばれる。水星も金星と同じように，地球から見て，太陽から大きく離れることがないため，明け方か夕方にしか見えない。また，水星も満ち欠けする。

②外惑星の見え方

地球より外側を公転している火星，木星などは，**外惑星**とよばれる。外惑星は，地球から見て，太陽と反対の方向にくることがあるため，真夜中に見えることがある。また，外惑星も地球とは公転周期が異なるため，見かけの大きさや明るさは変化するが，ほとんど満ち欠けしない。

▼図8 内惑星と外惑星の軌道

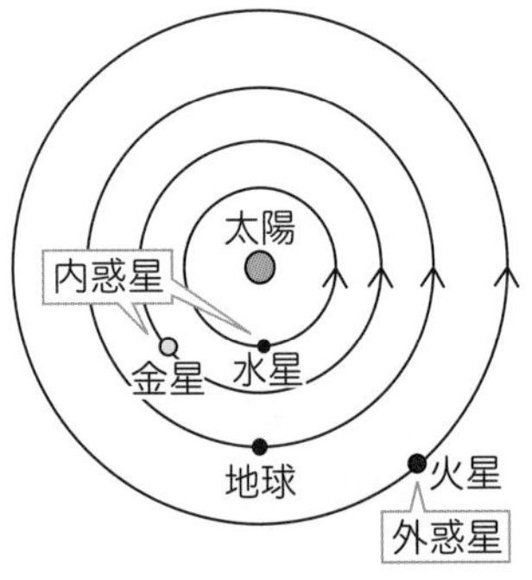

次の第12章では，惑星のほか，いろいろな天体について学習するよ。

☑ 要点チェック

1 月の動きと見え方

□ (1) 地球から最も近くにある球形の天体を何というか。>>p.139

□ (2) 月が地球のまわりを約1か月かけて1周する運動を，月の何というか。>>p.139

□ (3) 月は，何という天体からの光を反射して輝いているか。>>p.139

□ (4) 月の見かけの形が変化することを，月の何というか。>>p.139

□ (5) 同じ時刻に見える月が移動していく向きは，東から西，西から東のどちらか。>>p.139

□ (6) 太陽と同じ方向にあるため，地球からは光っている部分が見えない月を何というか。>>p.140

□ (7) 太陽，月，地球の順に一直線上に並んだとき，太陽が月に隠(かく)される現象を何というか。>>p.141

□ (8) 太陽，地球，月の順に一直線上に並んだとき，月が地球の影(かげ)に入る現象を何というか。>>p.142

□ (9) 月食が起こることがあるのは，新月，満月のどちらのときか。>>p.142

2 金星の動きと見え方

□ (10) 金星の公転軌道は，地球の公転軌道の内側か，外側か。>>p.142

□ (11) 金星は，地球から真夜中に見えることがあるか，ないか。>>p.143

□ (12) 金星が西の空に見えるのは，夕方か，明け方か。>>p.143

□ (13) 地球や金星のように，太陽のまわりを公転し，みずから光を出さず，太陽からの光を反射して輝いている天体を何というか。>>p.144

解答

(1) 月
(2) (月の)公転
(3) 太陽
(4) (月の)満ち欠け
(5) 西から東
(6) 新月
(7) 日食
(8) 月食
(9) 満月
(10) 内側
(11) ない。
(12) 夕方
(13) 惑星

定期試験対策問題

解答➡p.214

1 月の公転と満ち欠け ≫p.139，140

図 1 は，地球のまわりを公転する月と，太陽の方向を表したものである。次の問いに答えなさい。

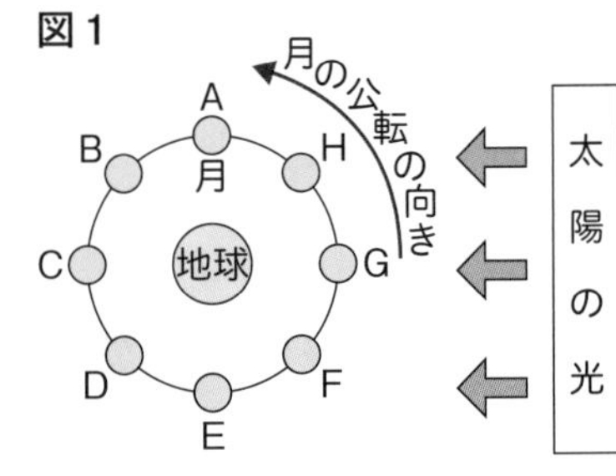

(1) 満月に見えるときの月の位置は，**図 1** のＡ～Ｈのどれか。

(2) ある日の夜，**図 2** のような半月が見えた。

① この半月を何というか。

② この半月が見えるときの月の位置は，**図 1** のＡ～Ｈのどれか。

③ この半月の見え方として正しいものは，次の**ア**～**エ**のどれか。

ア 真夜中に東の空に見える。

イ 日の出直前に南の空に見える。

ウ 日の入り直後に南の空に見える。

エ 日の入り直後に西の空に見える。

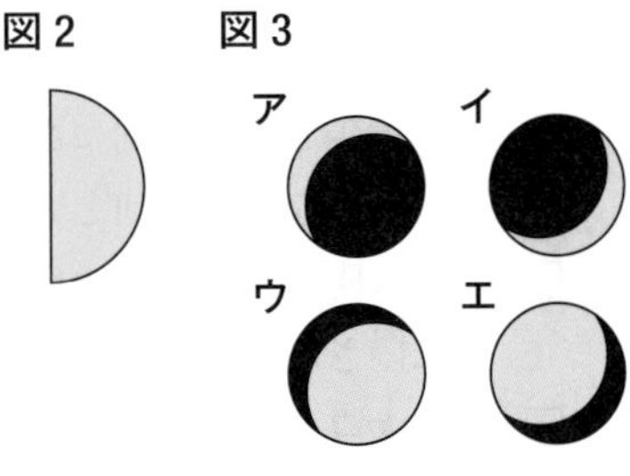

(3) ある日，日の出直前に，南西の空に月が見えた。

① このときの月の位置は，**図 1** のＡ～Ｈのどれか。

② このとき見えた月の形として最も近いものは，**図 3** の**ア**～**エ**のどれか。ただし，黒い部分は，月の欠けた部分である。

2 日食と月食 ≫p.141，142

図は，地球のまわりを公転する月と太陽の位置関係を表したものである。次の問いに答えなさい。

太陽

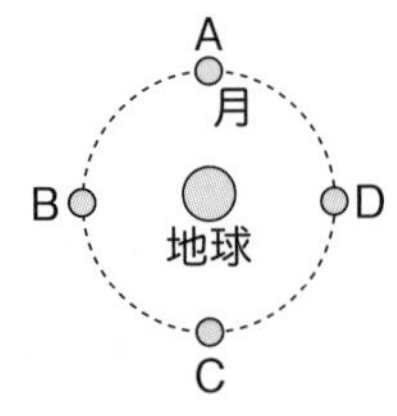

(1) 日食，月食が起こることがある月の位置は，それぞれ図のＡ～Ｄのどれか。

(2) 日食，月食が起こるときの月を，それぞれ何というか。

ヒント

(1) 日食は太陽が隠(かく)される現象，月食は月が隠される現象である。

3 金星の公転と見え方 »p.143

図は，太陽，金星，地球の位置関係を表したものである。次の問いに答えなさい。

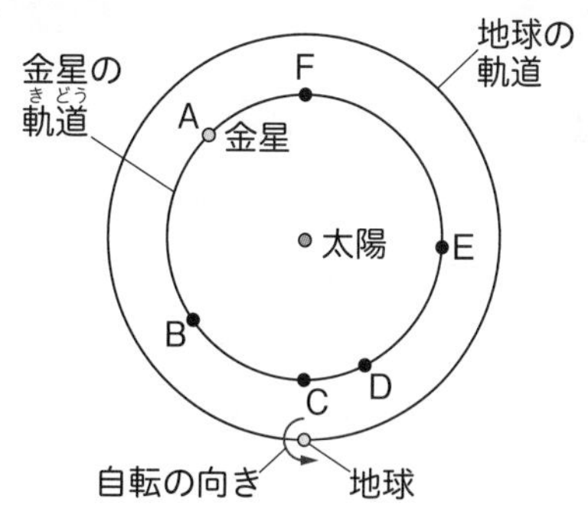

(1) 地球から金星を見ることができるのは，いつごろ，どの方位の空か。次の**ア**～**エ**から２つ選びなさい。

ア 明け方，東の空。　**イ** 明け方，西の空。

ウ 夕方，東の空。　**エ** 夕方，西の空。

(2) 地球から見て，金星が次の①～③のように見えるのは，それぞれ図のＡ～Ｆのどの位置にあるときか。

① 明け方に見える。(すべて)

② 最も小さく見える。

③ 最も大きく欠けて見える。

(3) Ａ，Ｂ，Ｄの位置にある金星を天体望遠鏡で観察したとき，見える金星の形に最も近いものは，それぞれ次の**ア**～**カ**のどれか。ただし，**ア**～**カ**は望遠鏡の倍率は一定ではなく，肉眼で見た向きに直してある。

ア
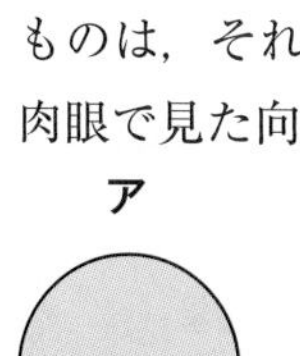
イ
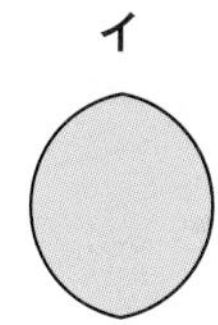
ウ
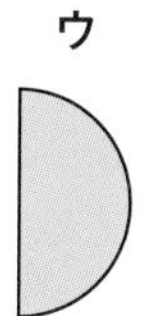
エ
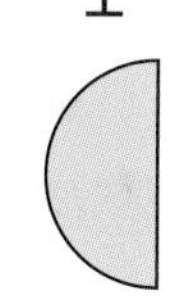
オ
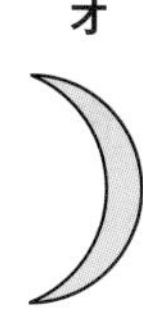
カ

4 惑星の動きと見え方 »p.144

惑星の見え方は，内惑星か外惑星かで異なる。次の**ア**～**カ**のうち，内惑星に当てはまるもの，外惑星に当てはまるものはどれか。それぞれすべて選びなさい。

ア 地球から見て，太陽と反対の方向にくることがある。

イ 地球から見て，太陽から大きく離れることがない。

ウ 真夜中に見えることがある。

エ 真夜中に見えることがない。

オ 満ち欠けする。

カ ほとんど満ち欠けしない。

第12章 太陽系と宇宙の広がり

要点のまとめ

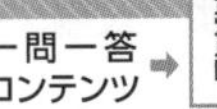

1 太陽と太陽系 >>p.149

□ **恒星**（こうせい）：太陽や星座の星のように，みずから光を出して輝（かがや）いている天体。

□ **太陽**：高温の気体でできている。表面には，まわりより温度が低い黒い斑点（はんてん）（**黒点**）や，炎（ほのお）のようなガスの動きである**プロミネンス**（**紅炎**（こうえん）），太陽を取り巻く高温のガスの層である**コロナ**が見られる。

□ **太陽系**：太陽とそのまわりを公転する天体の集まり。

□ **惑星**（わくせい）：恒星のまわりを公転し，みずから光を出さず，恒星の光を反射して輝いている天体。太陽系の惑星は，小型で密度が大きい**地球型惑星**と，大型で密度が小さい**木星型惑星**に分けられる。

□ **太陽系のその他の天体**：惑星のまわりを公転する**衛星**，火星と木星の軌道（きどう）の間で太陽のまわりを公転する**小惑星**，海王星より外側を公転する**太陽系外縁天体**など。

▼太陽のようす

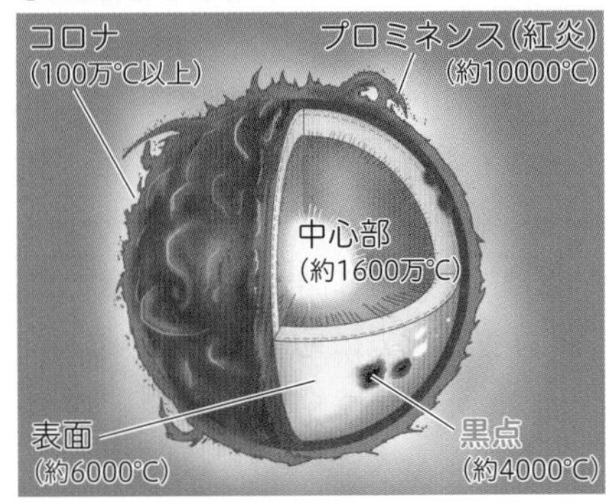

▼太陽系の天体の軌道

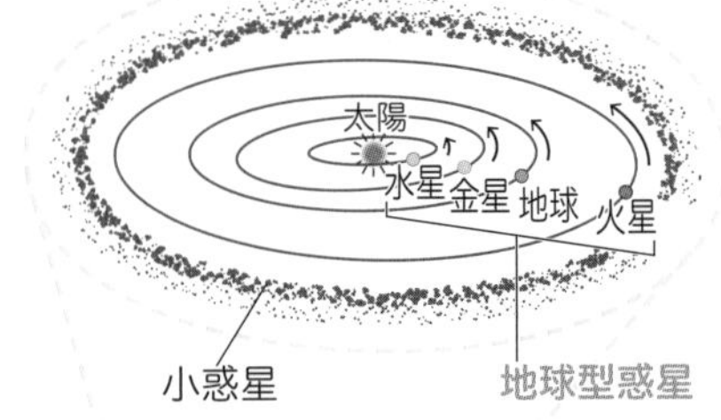

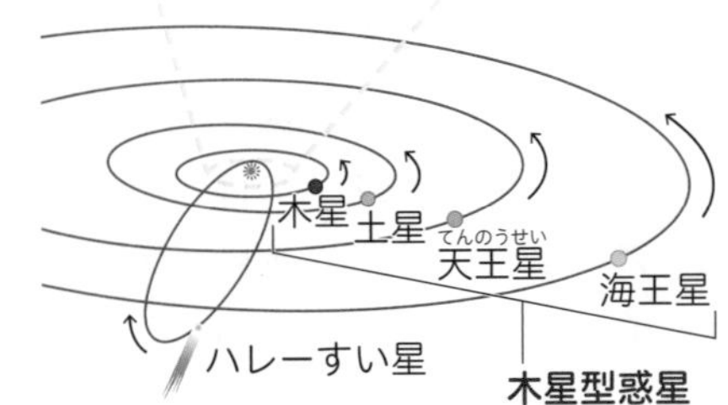

2 銀河系と宇宙の広がり >>p.153

□ **恒星までの距離**（きょり）：光が1年間に進む距離を単位とした**光年**で表す。

□ **銀河系**（天の川銀河）：太陽系や星座の星が所属する恒星の集団。地球からは天の川として見える。

□ **銀河**：銀河系の外にある，銀河系と同じような恒星の集団。

1 太陽と太陽系

① 太陽

(1) 恒星

太陽や星座の星は，**みずから光を出して輝いている天体**である。このような天体を**恒星**という。

(2) 太陽

太陽は，おもに水素からなる高温の気体(ガス)でできた球形の天体で，**太陽系**(>>p.151)**で唯一(ゆいいつ)の恒星**である。太陽から地球に届く光は，植物の光合成などに役立ち，地球の環境(かんきょう)を支える貴重なエネルギー源となっている。

(3) 太陽の表面のようすと温度

太陽は，表面のようすを観察することができる唯一の恒星で，天体望遠鏡で調べると，**黒点**とよばれる黒い斑点があることがわかる(**図1**)。❶ >>p.150 重要観察❾

太陽の表面の温度は約6000℃で，黒点の部分はそれより**温度が低い**(約4000℃)ため，黒く見えている(**図2**)。

太陽の表面には黒点のほか，**プロミネンス(紅炎)**とよばれる**炎のようなガスの動き**や，**コロナ**とよばれる**太陽を取り巻く高温のガスの層**があり，皆既日食(かいきにっしょく)(>>p.141)のときに見られる。

▼図2 太陽の表面のようすと内部の想像図

黒点

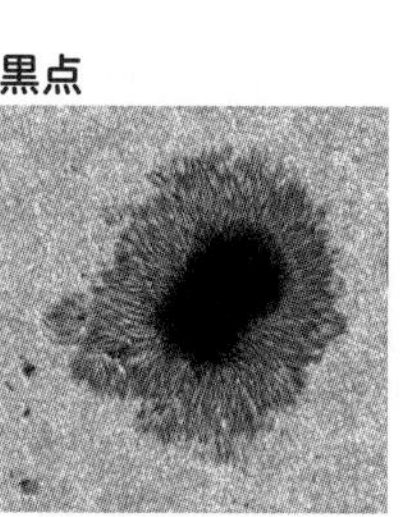

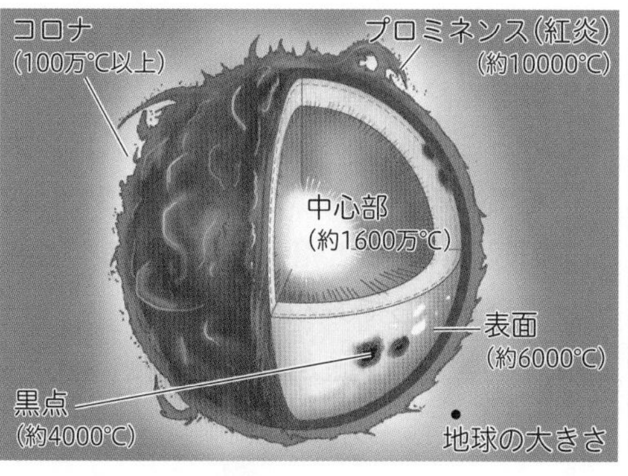

△図1 太陽

- 太陽も，月と同じように球形である。月は太陽の光を反射しているが，太陽はみずから強い光を出している。

❶黒点の数

黒点の数は，太陽の活動のようすを知る手がかりとなる。黒点の数が多いほど太陽の活動は活発で，地球では電波障害が起こったり，大規模なオーロラが見られたりする。逆に，太陽の活動が弱まると黒点の数は減少し，地球の寒冷化につながるとも考えられている。

プロミネンス

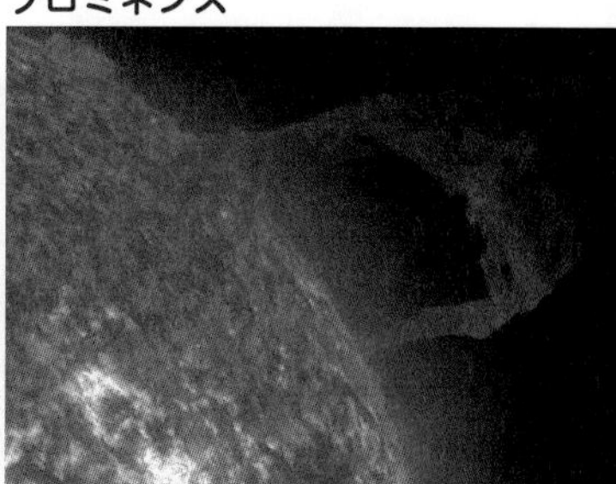

重要観察⑨ 太陽の表面の観察

❶ 天体望遠鏡の接眼レンズと太陽投影板(とうえいばん)との距離(きょり)を調節し，太陽の像と記録用紙の円の大きさを合わせ，ピントを合わせる。

❷ 黒点の位置，形を記録用紙にスケッチする。また，数分後，太陽の像が記録用紙の円からずれ動いていく方向を確認(かくにん)し，その方向を西として，方位を記入する。

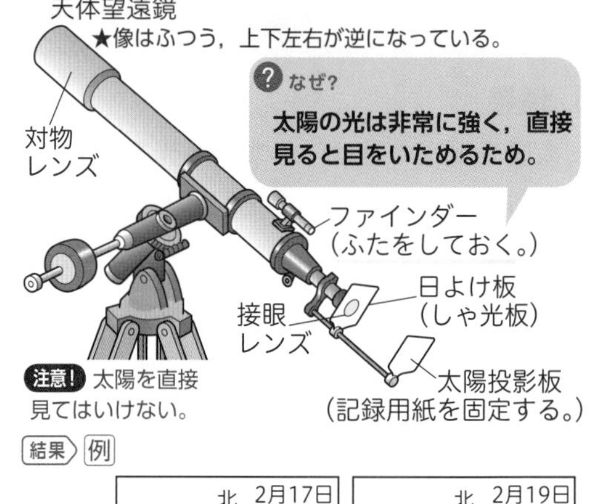

注意！ 太陽を直接見てはいけない。

ポイント 太陽の像がずれていくのは，地球が自転しているからである。地球の自転によって，太陽は東から西へ動いて見える。

❸ 1週間くらい，同じ時刻に観察する。

結果

- 黒点の位置が変化した。
  ➡ 太陽は**自転**している。
- 黒点が端(はし)のほうにいくとつぶれた。
  ➡ 太陽は**球形**である。

結果 例

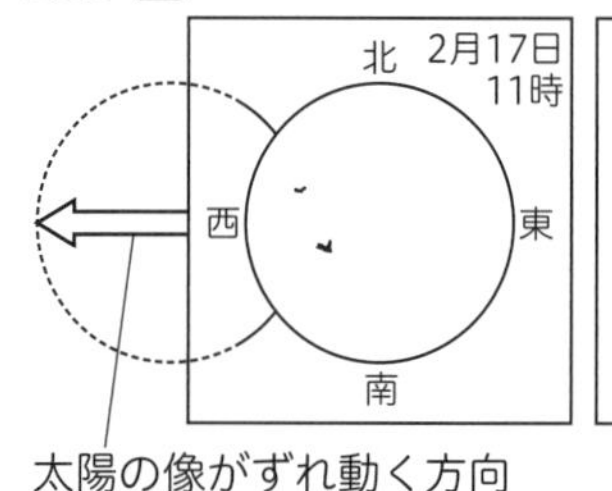

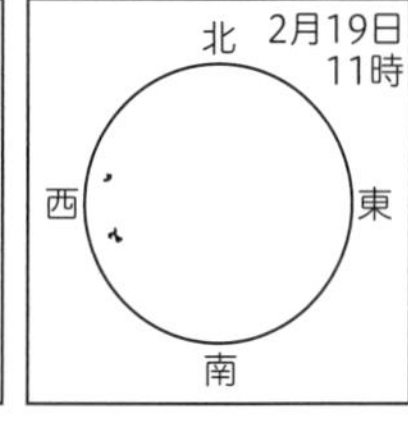

結果のまとめ

- 黒点の位置が変 ➡ **太陽は 自転 している。**
- 黒点の形が中央部と周辺部で変化 ➡ **太陽は 球形 である。**

(4) 太陽の黒点のようす

重要観察⑨のように，黒点のようすを継続(けいぞく)して観察すると，黒点の位置が少しずつ移動し，約27～30日で1周していることがわかる(**図3**)。これは，**太陽が自転しているから**である。また，太陽の中央部では円形に見えた黒点が，周辺部にくるとだ円形に見える。これは，**太陽が球形をしているから**である。

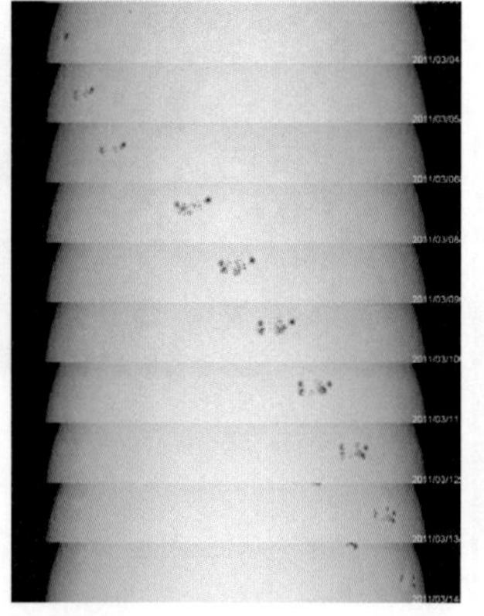

◀**図3 黒点の移動(肉眼で見たときの向きに直したもの)**
黒点は東から西へ動いている。重要観察⑨の結果の例では，天体望遠鏡による像をスケッチしているため，東西が逆になっている。

② 太陽系

(1) 太陽系

太陽は，**惑星**やその他の小天体を伴っている。太陽とそのまわりを公転する天体をまとめて，**太陽系**という。

(2) 惑星

太陽などの**恒星のまわりを公転し，みずから光を出さず，恒星の光を反射して輝いている天体**を**惑星**という。太陽系には，水星，金星，地球，火星，木星，土星，天王星，海王星の８つの惑星があり，ほぼ同じ平面(公転面)上で，同じ向きに太陽のまわりを公転している(**図４**)。**小型**でおもに岩石と金属でできているため**密度が大きい地球型惑星**と，**大型**でおもに気体でできているため**密度が小さい木星型惑星**に分けられる(**図５**，**表１**，次ページの**表２**)。

▼図４ 太陽系の天体の軌道

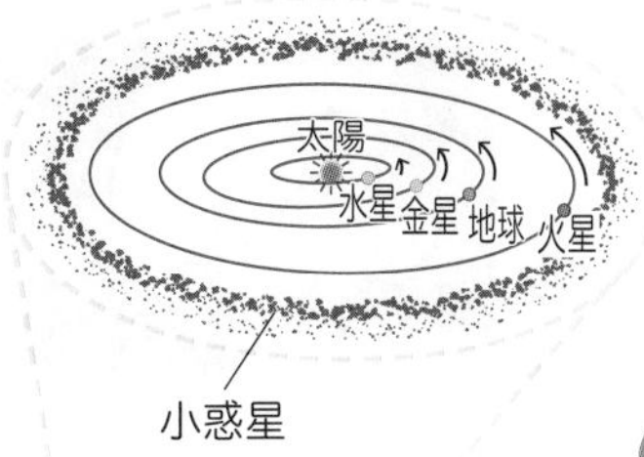

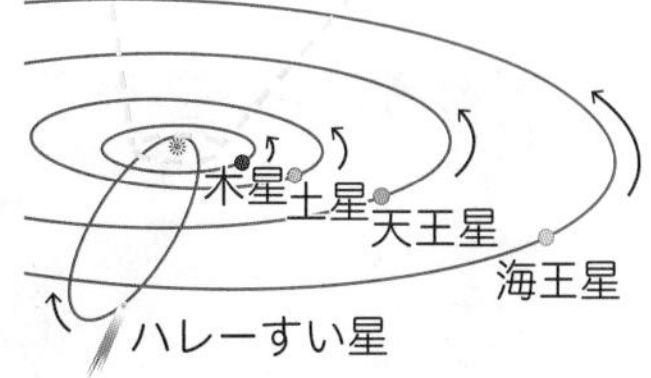

▼図５ 太陽系の惑星の大きさの比較

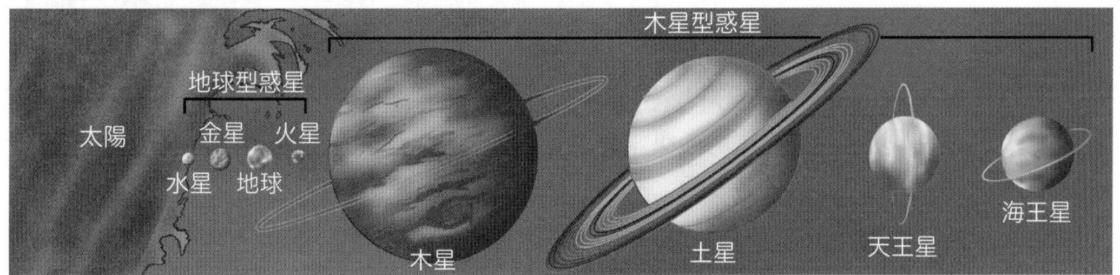

▼表１ 太陽系の惑星と太陽・月の特徴

		距離★1〔億km〕	公転周期〔年〕(太陽から遠いほど長い。)	自転周期〔日〕	半径★2〔地球＝1〕	質量★2〔地球＝1〕	密度〔g/cm³〕	大気のおもな成分	表面の平均温度〔℃〕	衛星の数(2019年現在)
地球型惑星	水星	0.58	0.24	58.65	0.38	0.06	5.43	ほとんどない	約　170	0
	金星	1.08	0.62	243.02	0.95	0.82	5.24	二酸化炭素	約　460	0
	地球	1.50	1.00	1.00	1.00	1.00	5.51	窒素・酸素	約　15	1(月)
	火星	2.28	1.88	1.03	0.53	0.11	3.93	二酸化炭素	約 －60	2
木星型惑星	木星	7.78	11.86	0.41	11.21	317.83	1.33	水素・ヘリウム	約－150	79
	土星	14.29	29.46	0.44	9.45	95.16	0.69	水素・ヘリウム	約－180	82
	天王星	28.75	84.02	0.72	4.01	14.54	1.27	水素・ヘリウム	約－215	27
	海王星	45.04	164.77	0.67	3.88	17.15	1.64	水素・ヘリウム	約－215	14
恒星	太陽	—	—	25.38	109	332946	1.41	水素・ヘリウム	約 6000	—
衛星	月	0.0038★3	0.075★3	27.32	0.27	0.012	3.34	ほとんどない	約 －15	—

★1 太陽からの平均距離　★2 地球の赤道半径6378km，質量6×10^{24}kg　★3 地球に対する値

表2 太陽系の惑星の特徴 木星型惑星には，氷や岩石の粒子でできた環(リング)がある。

	水星	金星	地球	火星
地球型惑星	太陽系の惑星で最も太陽に近く，最小。表面に多数のクレーターがある。	厚い硫酸の雲におおわれている。二酸化炭素の温室効果(>>p.171)により表面温度が高い。	太陽系の惑星で唯一，表面に液体の水があり，生命が生存している。	酸化鉄を含んだ赤褐色の砂や岩石でおおわれている。
	木星	**土星**	**天王星**	**海王星**
木星型惑星	太陽系で最大の惑星。しま模様や巨大な渦が見られる。	太陽系で2番目に大きい惑星。明るい環が見られる。	淡い青緑色に見える。自転軸が公転面にほぼ一致する。	青色に見える。太陽から最も遠くにあり，表面温度が低い。

(3) 惑星以外の天体

太陽系には，惑星以外にも多くの小天体が太陽のまわりを回っている。

- 惑星のまわりを公転する天体を**衛星**という。月は地球の衛星である(>>p.139，151の**表1**)。
- 火星と木星の軌道の間に，岩石でできた多くの**小惑星**がある[2](>>p.151の**図4**)。軌道はさまざまで，不規則な形をしたものが多い。例 ケレス，イトカワ
- 海王星より外側の軌道を公転する，氷でおおわれた天体を**太陽系外縁天体**という。例 冥王星[3]，エリス
- 氷やちり(小さな石の粒)が集まってできた天体を**すい星**という。細長いだ円軌道をもつものが多い(>>p.151の**図4**)。太陽に近づくと温度が上がって氷がとけ，蒸発した気体やちりの尾をつくることがあり，ほうき星ともよばれる。[4]
例 ヘール・ボップすい星(**図6**)，マックノートすい星

❷小惑星と隕石
小惑星の中には，地球の軌道と交差する軌道をもち，隕石となって地球に落下するものもある。

❸冥王星
冥王星は，以前は惑星に分類されていたが，海王星より外側の研究が進んだことで，新しいグループの太陽系外縁天体に分類された。

❹すい星と流星
おもにすい星から放出されたちりが，地球の大気とぶつかって光る現象が流星(流れ星)である。

図6 ヘール・ボップすい星

2 銀河系と宇宙の広がり

1 銀河系と銀河

(1) 恒星の明るさと恒星までの距離

星座をつくる星(恒星)は，太陽系の外にあり，さまざまな明るさや色[5]をもつ。地球から見た恒星の明るさは，恒星が出す光の量と恒星までの距離で決まる。

恒星の明るさは1等級，2等級のように**等級**で表され，その明るさの恒星は1等星，2等星のようによばれる。[6]

地球から恒星までの距離は非常に遠いため，光が1年間に進む距離を単位とした**光年**で表す。≫p.117

発展 5恒星の色
恒星の色の違いは，表面温度による。温度が高いと青色で，低くなるにつれて黄色，赤色へと変化する。

6等級
等級は，数値が小さいほど明るい。肉眼で見える最も暗い恒星の明るさを6等級として，それより100倍明るい恒星の明るさを1等級と決めている。したがって，等級が1小さくなると，明るさは約2.5倍になる。

(2) 銀河系

地球から見える太陽や星座の星の大部分は，**銀河系**(天の川銀河)とよばれる恒星の集団に所属している。銀河系には，数千億個の恒星があり，横から見るとレンズ状，上から見るとうず巻き状の形をしている(**図7**)。地球から見ると，銀河系の恒星は川のように見える。これが天の川である(**図8**)。

▼図7 銀河系

▼図8 夏の天の川[7]

7夏の天の川と冬の天の川
夏に見える天の川は太くて明るく，秋から冬に見える天の川は細くて淡い。これは，夏に見えるいて座の方向に，星が密集した銀河系の中心があることを示す。

銀河系には，**星団**とよばれる恒星の集団や，**星雲**とよばれる雲のようなガスの集まりもある。

(3) 銀河系の外の宇宙

銀河系のさらに外にも，銀河系のような恒星の集団が無数に存在し，これらは**銀河**とよばれる(**図9**)。さまざまな形をした銀河の多くが集団をつくっており，この銀河の集団があちこちに散らばって，宇宙を形づくっている。

▼図9 アンドロメダ銀河

要点チェック

1 太陽と太陽系

□ (1) 太陽や星座の星のように，みずから光を出して輝いている天体を何というか。>>p.149

□ (2) 太陽の表面にある，まわりより温度が低い黒い斑点を何というか。>>p.149

□ (3) 太陽とそのまわりを公転する天体の集まりを何というか。>>p.151

□ (4) 恒星のまわりを公転し，みずから光を出さず，恒星の光を反射して輝いている天体を何というか。>>p.151

□ (5) 太陽系の８つの惑星のうち，①小型で密度が大きい４つの惑星を何というか。また，②大型で密度が小さい４つの惑星を何というか。>>p.151

□ (6) 惑星のまわりを公転する天体を何というか。>>p.152

□ (7) 火星と木星の軌道の間で太陽のまわりを公転する天体を何というか。>>p.152

□ (8) 海王星より外側の軌道を公転する天体を何というか。>>p.152

□ (9) 細長いだ円軌道をもつものが多く，太陽に近づくと気体とちりの尾をつくることがある天体を何というか。>>p.152

2 銀河系と宇宙の広がり

□ (10) 恒星の明るさは，何で表されるか。>>p.153

□ (11) 光が１年間に進む距離を何というか。>>p.153

□ (12) 太陽系や星座の星が所属する恒星の集団を何というか。>>p.153

□ (13) 銀河系にある，雲のようなガスの集まりを何というか。>>p.153

□ (14) 銀河系の外にある，銀河系と同じような恒星の集団を何というか。>>p.153

解答

(1) 恒星
(2) 黒点
(3) 太陽系
(4) 惑星
(5) ① 地球型惑星
② 木星型惑星
(6) 衛星
(7) 小惑星
(8) 太陽系外縁天体
(9) すい星
(10) 等級
(11) １光年
(12) 銀河系（天の川銀河）
(13) 星雲
(14) 銀河

定期試験対策問題 解答➡p.215

1 太陽 ≫p.149

図は，太陽のようすを表したものである。次の問いに答えなさい。

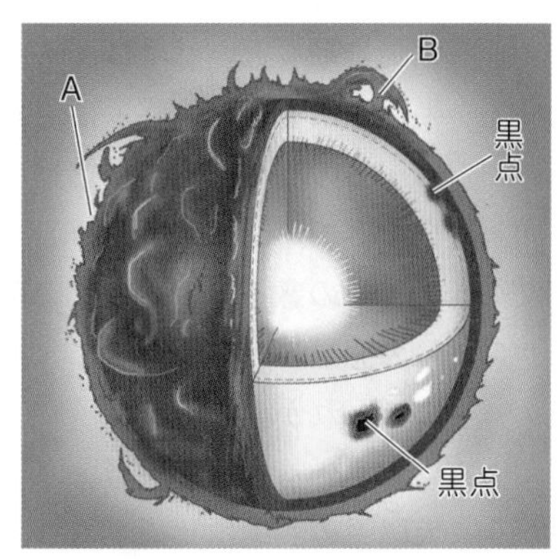

(1) 太陽について説明した次の文の(　　)の**ア**，**イ**から，正しいものをそれぞれ選びなさい。

太陽は高温の①(**ア**　気体　　**イ**　岩石)からできており，みずから光を出して輝(かがや)いている②(**ア**　恒星(こうせい)　**イ**　惑星)である。

(2) 図のAは，太陽を取り巻く高温のガスの層である。この層を何というか。

(3) 図のBは，炎(ほのお)のようなガスの動きを表している。この部分を何というか。

(4) 図の黒点が黒く見える理由を，簡単に答えなさい。

2 太陽の表面の観察 ≫p.150

図1は，太陽を観察する装置を表したもので，**図2**は，毎日同じ時刻に太陽を観察したときの初日と6日目のスケッチである。次の問いに答えなさい。

図1

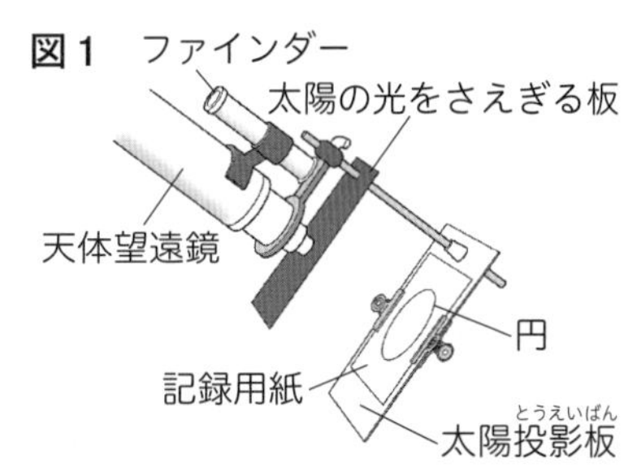

(1) この観察の際，天体望遠鏡を常に太陽の方向へ向けるように操作しないと，太陽の像は記録用紙の円からずれてしまう。このように太陽の像が動く理由を，簡単に答えなさい。

(2) この観察の際，ファインダーにはふたをしておく。この理由を，簡単に答えなさい。

(3) **図2**のように，太陽の中央部にあった黒点の形は，周辺部ではつぶれて見えた。このことからわかることを，簡単に答えなさい。

(4) **図2**のように，黒点の位置は変化した。このことからわかることを，簡単に答えなさい。

図2

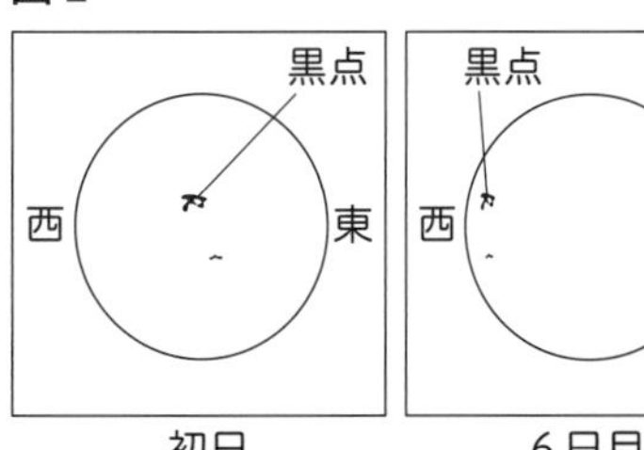

3 太陽系の天体 >>p.151，152

表は，太陽系の惑星のうち，地球とA～Eの惑星について，その特徴をまとめたものである。次の問いに答えなさい。

惑星	公転周期（年）	質量（地球＝1）	密度（g/cm^3）
地球	1.00	1.00	5.5
A	11.9	318	1.3
B	29.5	95	0.7
C	0.62	0.82	5.2
D	1.88	0.107	3.9
E	0.24	0.055	5.4

(1) 太陽に最も近い惑星は，A～Eのどれか。

(2) 半径が最も小さい惑星は，A～Eのどれか。

(3) A～Eのうち，木星型惑星に分類される惑星をすべて選びなさい。

(4) AとDの惑星の軌道の間には，多数の天体がある。これを何というか。

(5) Cの惑星の大気に大量に含まれ，表面温度を上昇させる原因となっている気体は，次の**ア**～**エ**のどれか。

ア 水素　**イ** 酸素　**ウ** 窒素　**エ** 二酸化炭素

(6) 太陽系の惑星に共通することについて述べたものとして誤っているものは，次の**ア**～**エ**のどれか。

ア みずから光を出さず，太陽の光を反射して輝いている。

イ 太陽のまわりをほぼ同じ平面上で公転している。

ウ 公転の向きは同じである。

エ 岩石や金属からできている。

(7) 太陽系には多くの天体が存在するが，恒星は1つしか存在しない。太陽系で唯一の恒星は何か。

4 銀河系 >>p.153

図は，横から見た銀河系のようすを表したもので，Aは銀河系の中心から太陽系までの距離，Bは銀河系の直径を表している。次の問いに答えなさい。

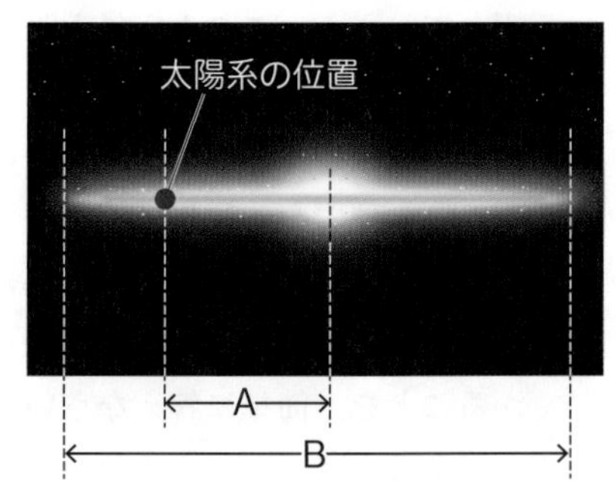

(1) 図のA，Bに当てはまる距離は，それぞれ**ア**～**エ**のどれか。

ア 1万光年　**イ** 3万光年

ウ 5万光年　**エ** 10万光年

(2) 地球から見ると，銀河系の恒星は川のように見える。これを何というか。

自然・科学技術と人間

第13章 自然界のつりあい

要点のまとめ

1 生物どうしのつながり >>p.159

□ **生態系**：ある地域に生息する生物と，それを取り巻く環境（かんきょう）を1つのまとまりとしてとらえたもの。

□ **食物連鎖**（しょくもつれんさ）：生物どうしの「食べる・食べられる」という関係の鎖（くさり）のようなつながり。

□ **食物網**（しょくもつもう）：生態系の生物全体で，食物連鎖の関係が網（あみ）の目のようになっているつながり。

□ **生産者**：無機物から有機物をつくり出す植物や植物プランクトン。

□ **消費者**：他の生物を食べることで，有機物を得る動物。

□ **生物濃縮**（のうしゅく）：ある物質が，生物を取り巻く環境より高い濃度で体内に蓄積（ちくせき）されること。

▼食物連鎖

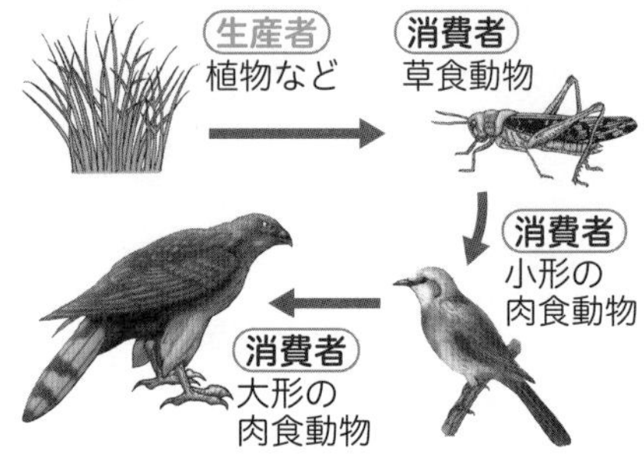

▼生物の数量的な関係

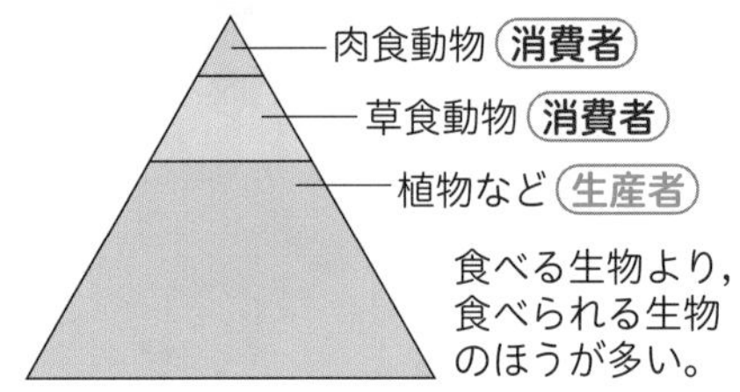

2 物質の循環（じゅんかん） >>p.162

□ **分解者**：消費者のうち，生物の遺骸（いがい）や排出物（はいしゅつぶつ）などの有機物を無機物にまで分解するはたらきにかかわる，土の中の小動物や**微生物**（びせいぶつ）など。

□ **微生物**：カビやキノコなどのなかまの**菌類**（きんるい）や，乳酸菌や大腸菌などのなかまの**細菌類**。

▼炭素の循環

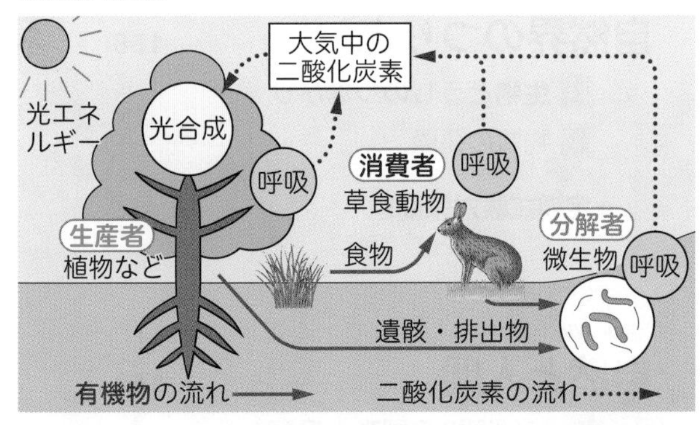

□ **物質の循環**：炭素や酸素などは，食物連鎖や呼吸，光合成などのはたらきで生物のからだとまわりの環境との間を循環している。

1 生物どうしのつながり

1 食物による生物のつながり

(1) 生態系

生物は，まわりの水や空気，土，光などの**環境**や，自分以外の生物との間に，さまざまな関連をもって生きている。ある地域に生息する生物と，それを取り巻く環境を1つのまとまりとしてとらえたものを**生態系**という❶。

(2) 食物連鎖

生態系の中の生物は，**「食べる・食べられる」という関係で鎖のようにつながっている**。このつながりを**食物連鎖**という。食物連鎖は，陸上，水中，土中など，すべての生態系で見られる。

(3) 食物網

多くの動物は，複数の種類の生物を食べている。このように，生物は何種類もの生物との間に食物連鎖の関係があり，生態系の生物全体では，その**食物連鎖の関係は網の目のようにつながっている**。このつながりを**食物網**という（図1）。

小学校の復習

- 生物は，水および空気を通して周囲の環境とかかわって生きている。
- 生物どうしは，食べる・食べられるという関係でつながっている。

❶いろいろな生態系
地球全体も，海洋，湖沼（こしょう），河川（かせん），森林，草原なども，それぞれ1つの生態系ととらえることができる。また，1つの水槽（すいそう）やため池も，生態系ととらえることができる。

第13章 自然界のつりあい

図1 食物網の例

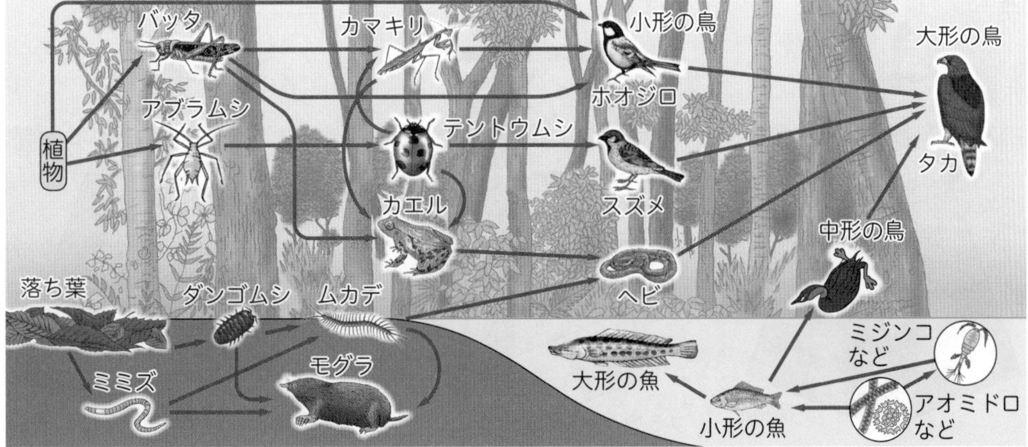

② 生態系における生物の役割と数量的な関係

(1) 生態系における生物の役割

生態系の中で，生物にはさまざまな役割がある。

①生産者

植物は，太陽の光のエネルギーを使って**光合成**を行い，無機物である二酸化炭素と水から有機物をつくり出している。多くの場合，食物連鎖(しょくもつれんさ)は光合成を行う植物から始まる。❷ 生態系において，植物などの，**無機物から有機物をつくり出す生物**を**生産者**という。

②消費者

生産者を食べることで，生産者がつくり出した有機物を直接消費する**草食動物**や，草食動物を食べることで，生産者がつくり出した有機物を間接的に消費する**肉食動物**を**消費者**という。

(2) 生物の数量的な関係

ある生態系に着目したとき，生物の数量はふつう，食べる生物よりも食べられる生物のほうが多い。この数量的な関係は，植物などの生産者を底面としたピラミッドの形で表すことができる(図2)。

中2の復習

● 生物のからだをつくる炭水化物やタンパク質，脂肪(しぼう)などのような，炭素を含(ふく)む物質を有機物という。

中1の復習

● おもに植物を食べる動物を草食動物，おもに他の動物を食べる動物を肉食動物という。

❷土の中の食物連鎖の出発点
土の中の食物連鎖は，落ち葉やくさった植物，動物の遺骸(いがい)や排出物(はいしゅつぶつ)などの，生物から出された有機物から始まる。

❸プランクトン
水中に漂(ただよ)って生活している生物をプランクトンという。植物プランクトンは光合成を行う。動物プランクトンは光合成を行うことができず，植物プランクトンなどを食べている。

▼図2 生物の数量的な関係

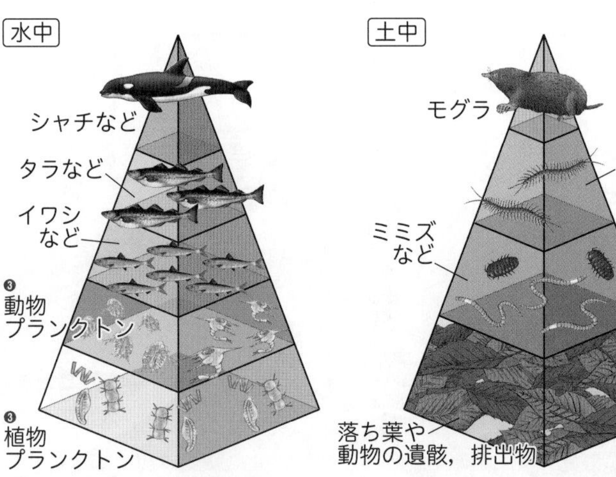

(3) 生物の数量的なつりあいの変化

ある生態系における食べる生物と食べられる生物の数量の割合は，一時的な増減はあっても，長期的にみれば，ほぼ一定に保たれ，つりあっている(**図3**)。

しかし，人間の活動や自然災害などによって，その生態系に本来いなかった生物が入りこんだり，もともといた生物がすべて死んだり，環境(かんきょう)が大きく変わったりすると，もとの状態にもどらないことがある。

図3の②で逆にBが減ったら，Aはふえて，Cは減るんだね。

▼図3 生物の数量変化の例

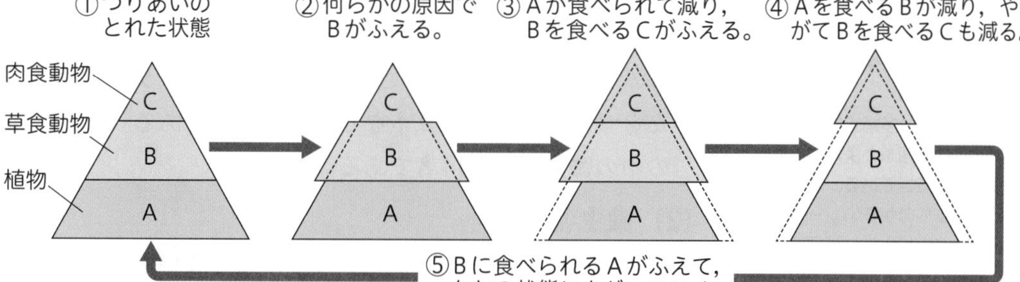

(4) 生物濃縮(のうしゅく)

ある物質が，生物を取り巻く環境より高い濃度で体内に蓄積(ちくせき)されることを，**生物濃縮**という。分解できない，あるいは分解しにくい物質を体内にためた生物が，食物連鎖の中で次々に食べられていくと，生物濃縮が進行し，生物に悪影響(あくえいきょう)を及(およ)ぼすことがある。例えば，DDTやPCB❹などの有害な物質の生物濃縮が知られている(**図4**)。

❹DDTとPCB
DDTは殺虫剤(さっちゅうざい)として使われていた物質で，PCBはコンデンサーの絶縁体(ぜつえんたい)などに利用されていた物質である。どちらも日本では製造が禁止されている。

▼図4 生物濃縮(DDTの例)

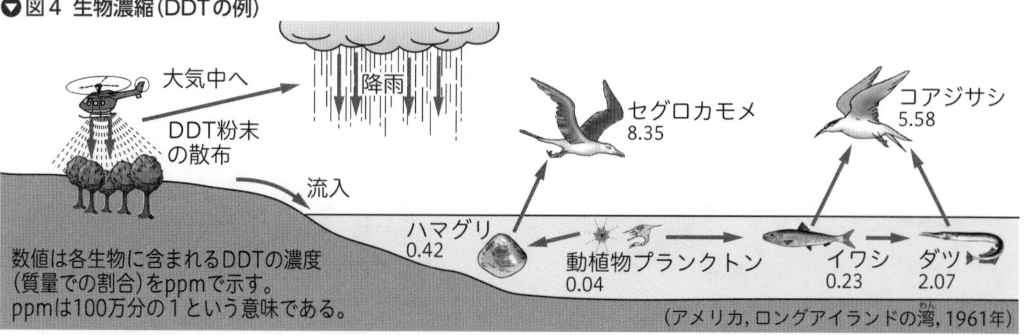

2 物質の循環

① 生物の遺骸のゆくえ

(1) 分解者

森林では，植物からは毎年多くの落ち葉が降り積もり，動物は生活する中でふんなどを排出し，やがて死んで遺骸となる。土の中には，このような**生物の遺骸や排出物などの有機物を無機物にまで分解するはたらきにかかわる消費者**がおり，これを特に**分解者**という。

土の中の小動物で，落ち葉やくさった植物を食べるダンゴムシやミミズ，動物の遺骸を食べるシデムシ，動物のふんを食べるセンチコガネなどは，分解者である。また，土の中の**微生物**も分解者である。

(2) 微生物

土の中には，肉眼では見ることができない微小な生物がたくさんいる。このような生物を**微生物**という。[5] 微生物には，カビやキノコなどのなかまの**菌類**や，乳酸菌や大腸菌などのなかまの**細菌類**がいる（**図5**）。土の中の微生物は，土の中の小動物が食べ残した有機物を，無機物にまで分解するはたらきをしている。>>p.163 重要実験⑩

小学校の復習

- ダンゴムシを落ち葉の入ったペトリ皿に入れ，約1週間後に観察すると，落ち葉が食べられ，たくさんのふんが残っているようすが確認できる。

⑤微生物の生活場所
微生物は，土の中だけでなく，空気や水の中，植物や動物のからだの中など，私たちの身のまわりのあらゆるところで生活している。

⑥菌類と細菌類
菌類は，多くは多細胞生物で，からだはふつう菌糸とよばれる糸状の細胞からできている。また，胞子でふえるものが多い。一方，細菌類は，非常に小さな単細胞生物で，分裂によってふえるものが多い。

⑦微生物と発酵食品
私たちは，微生物がつくり出す物質のうち，人間に有用なものを生活の中で使っている。例えば，酵母やコウジカビ，乳酸菌などを利用して発酵食品をつくっている。

図5 菌類と細菌類[6,7]

菌類

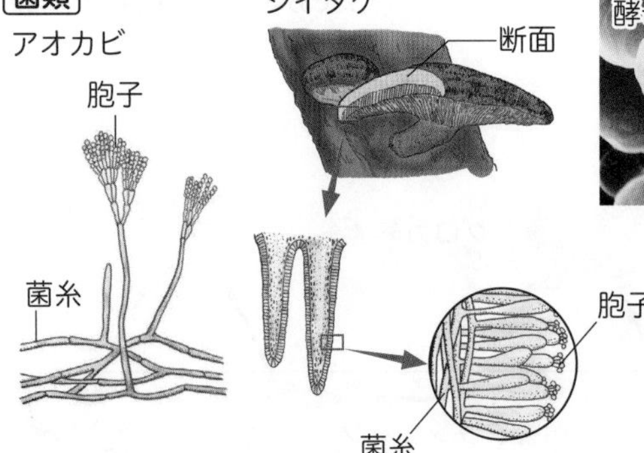

細菌類

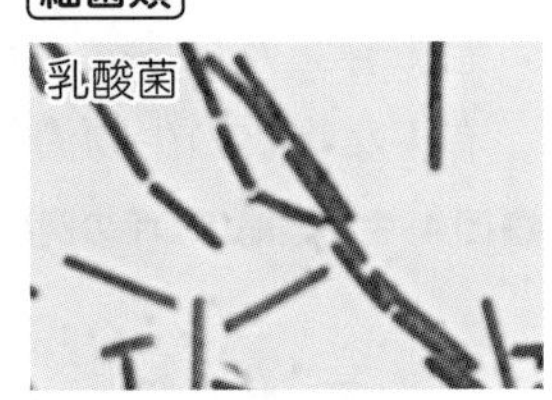

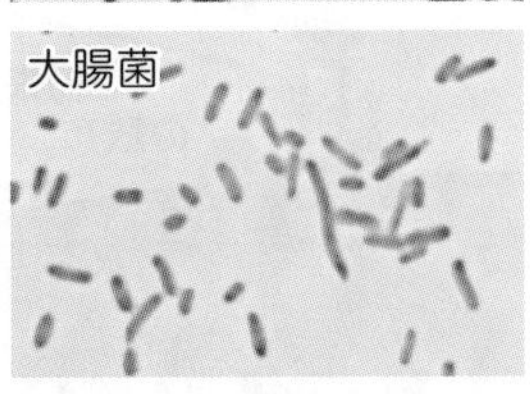

細菌類には，ほかに納豆菌，結核菌などがある。

重要実験⑩ 土の中の微生物のはたらき

❶ ビーカーの中で布を広げ，落ち葉や土と水を入れてよくかき回し，布でこす。

❷ 別のビーカーA，Bを用意し，Aには❶のろ液を半分入れ，Bには❶のろ液の残りを沸騰させたものを入れる。さらにAとBに同量のデンプン溶液を加える。

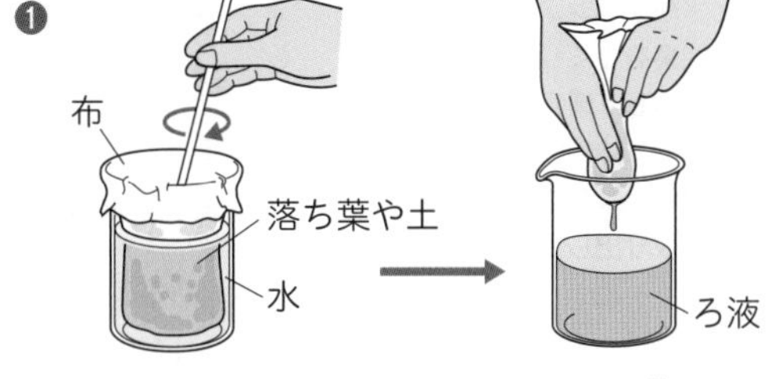

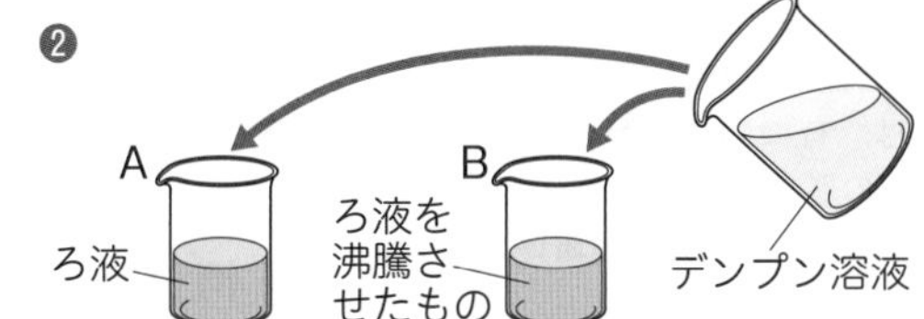

> **? なぜ？**
> **微生物を死滅させるため。**
> くわしく ろ液を沸騰させて微生物を死滅させたBは，Aで起こる変化が微生物によるものであることを確かめるための対照実験である。

1 有機物の分解を調べる実験

❸ ❷のビーカーAとBにふたをする。

> **? なぜ？**
> **空気中の微生物が入らないようにするため。**

❹ 2～3日後，AとBの液を試験管にとり，ヨウ素液を加えて，液の色の変化を調べる。

❹ ヨウ素液
A B

結果 A：液の色は変化しなかった。
➡ デンプンが微生物によって分解された。
B：液の色は青紫色に変化した。
➡ デンプンが残っている。

2 呼吸を調べる実験

❺ ❷のビーカーAとBの液を袋A，Bに入れて密閉する。

❻ 2～3日後，袋の中の気体を石灰水に通す。

結果 A：石灰水が白くにごった。
➡ 微生物が呼吸を行った。
B：石灰水は変化しなかった。
➡ 二酸化炭素はできていない。

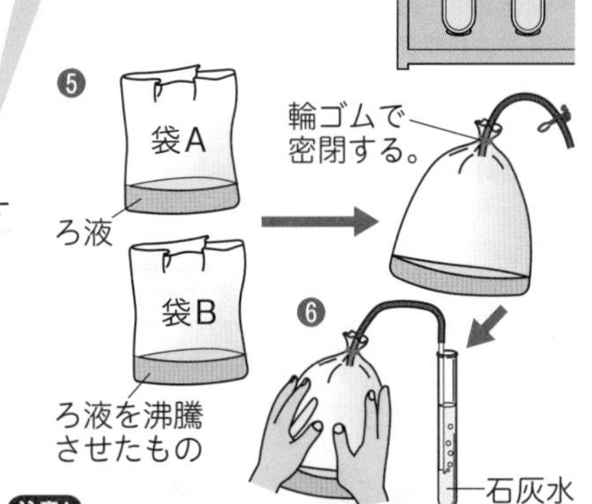

注意！ 実験に使用した土や液などは，環境に影響を及ぼすおそれがあるため，必ず加熱殺菌してから捨てる。

結果のまとめ

1と2の結果 ➡ 土の中の微生物は，**呼吸**を行い，**デンプンを分解**した。

中2の復習

- 植物は光合成によって，二酸化炭素と水からデンプンなどの有機物と酸素をつくり出す。
- 植物も動物も，呼吸によって酸素を吸収し，体内の養分を分解して二酸化炭素を放出し，エネルギーを取り出している。

❽炭素と酸素の循環

炭素は，有機物や二酸化炭素（CO_2）の形で，酸素は，有機物や酸素（O_2），水の形で循環している。

発展 ❾窒素の循環

タンパク質の成分である窒素も，生態系を循環している。植物は，根から吸収した窒素を含む無機物と，光合成でつくった有機物からタンパク質を合成し，それを動物が食物として取り入れる。生物の遺骸や排出物は，微生物などによって窒素を含む無機物に分解され，再び植物に吸収される。

2 炭素と酸素の循環

(1) 食物連鎖と物質の移動

炭素や酸素は，有機物や無機物に形を変えながら，生態系を循環している（図6）。

①有機物の流れ

炭素は，有機物を構成する重要な物質で，生物の活動を通じて循環している。

- 生産者である植物は，無機物である二酸化炭素と水を吸収し，**光合成**によってデンプンなどの有機物をつくる。
- 消費者である動物は，生産者がつくった有機物を直接，または間接的に食べることで取り入れる。
- 分解者である微生物などは，生物の遺骸や排出物に含まれる有機物を取り入れる。

②無機物の流れ

植物や動物，微生物などの体内では，光合成で放出された酸素を使った**呼吸**によって，有機物を二酸化炭素と水に分解し，生活に必要なエネルギーを取り出している。呼吸によって放出された二酸化炭素と水は，再び植物などに吸収され，光合成に使われて有機物となる。

▼図6 物質の循環 ❽❾

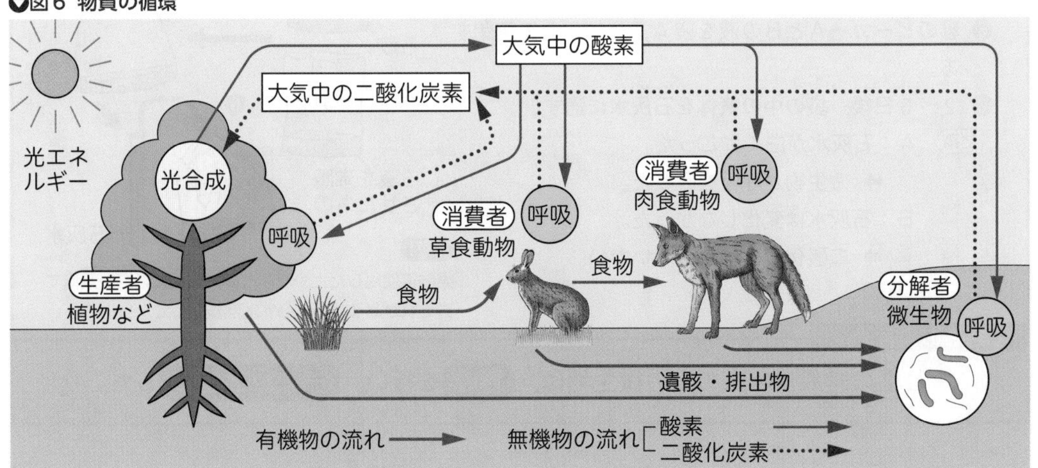

☑ 要点チェック

1 生物どうしのつながり

- □ (1) ある地域に生息する生物と，それを取り巻く環境を1つのまとまりとしてとらえたものを何というか。>>p.159
- □ (2) 生物どうしの「食べる・食べられる」という関係の鎖のようなつながりを何というか。>>p.159
- □ (3) 生態系の生物全体で，食物連鎖の関係が網の目のようになっているつながりを何というか。>>p.159
- □ (4) 生態系における役割から，①無機物から有機物をつくり出す植物や植物プランクトンは何とよばれるか。また，②他の生物を食べることで有機物を得る動物は何とよばれるか。>>p.160
- □ (5) ある生態系に着目したとき，ふつう生物の数量が多いのは，食べる生物か，食べられる生物か。>>p.160
- □ (6) つりあいが保たれている生態系において，植物，草食動物，肉食動物のうち，数量が最も少ないのはどれか。>>p.161
- □ (7) ある物質が，生物を取り巻く環境より高い濃度で体内に蓄積されることを何というか。>>p.161

2 物質の循環

- □ (8) 消費者のうち，生物の遺骸や排出物などの有機物を無機物にまで分解するはたらきにかかわる生物は，特に何とよばれるか。>>p.162
- □ (9) 微生物のうち，①カビやキノコなどのなかまを何というか。また，②乳酸菌や大腸菌などのなかまを何というか。>>p.162
- □ (10) 有機物に含まれている炭素は，生物が行う何というはたらきによって，無機物の形で大気中に放出されるか。>>p.164

解答

(1) 生態系
(2) 食物連鎖
(3) 食物網
(4) ① 生産者
② 消費者
(5) 食べられる生物
(6) 肉食動物
(7) 生物濃縮
(8) 分解者
(9) ① 菌類
② 細菌類
(10) 呼吸

定期試験対策問題 解答➡p.216

1 生物どうしのつながり >>p.159

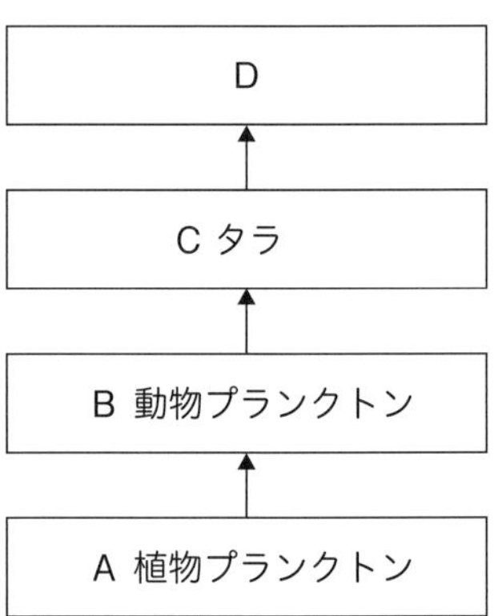

図は，水中の生物の食べる・食べられるという関係を表したものである。次の問いに答えなさい。

(1) 図のDに当てはまる生物は，次の**ア**～**エ**のどれか。

ア サメ　　**イ** オキアミ
ウ イワシ　　**エ** ケイソウ

(2) 図のAに当たる生物は生産者とよばれている。この理由を説明した次の文の㋐，㋑に当てはまることばを，それぞれ答えなさい。

生産者は［　㋐　］から［　㋑　］をつくり出すことができるため。

(3) 陸上の場合，図のAと同じ役割をする生物は，次の**ア**～**エ**のどれか。

ア ヘビ　　**イ** ライオン　　**ウ** タンポポ　　**エ** ウサギ

2 生物の数量的な関係 >>p.160，161

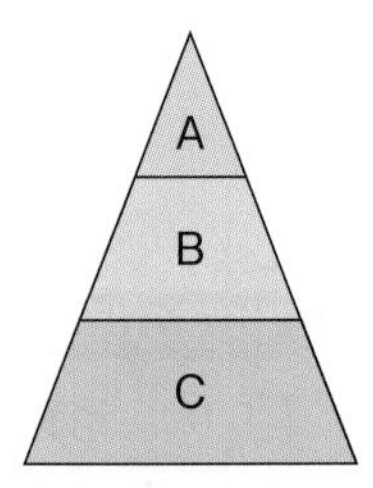

図は，ある草原における植物，草食動物，肉食動物の数量の関係を表したものである。次の問いに答えなさい。

(1) 図のBに当てはまるのは，次の**ア**～**ウ**のどれか。

ア 植物　　**イ** 草食動物　　**ウ** 肉食動物

(2) 環境の変化から，Aの数量が急に減少した場合，その後一時的にそれぞれの生物の数量も変化するが，長い時間がたつと，数量はもとにもどる。このときの生物の数量の変化の順に，次の**ア**～**オ**を並べかえなさい。ただし，**ア**から始まり，**オ**で終わるものとする。

> 💡ヒント
> (2) ある生物が減ると，それに食べられる生物はふえ，それを食べる生物は減る。

ア

A
B
C

イ

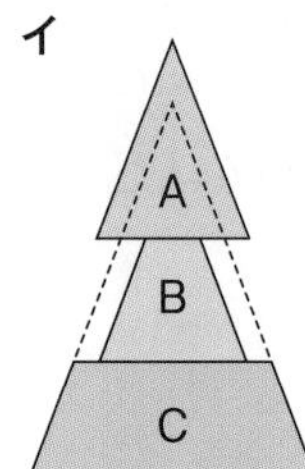

ウ

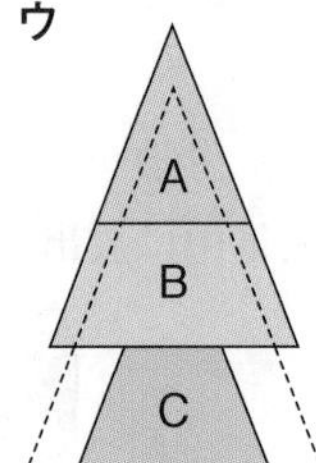

エ

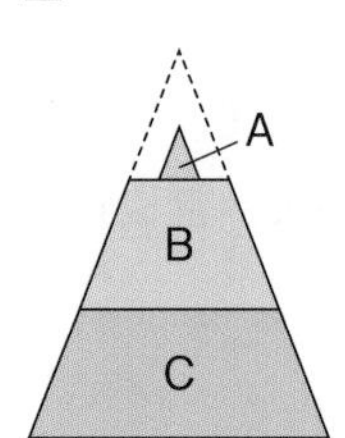

オ

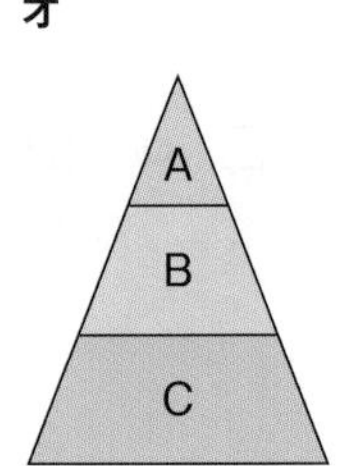

(3) DDTのような，生物の体内で分解されにくい物質が環境中に散布された場合，これらの物質を体内に最も高濃度で蓄積していると考えられる生物は，図のA～Cのどれか。

3 微生物のはたらき >>p.162，163

土の中の微生物のはたらきについて調べるために，次の手順で実験を行った。図は，実験のようすの一部を表している。次の問いに答えなさい。

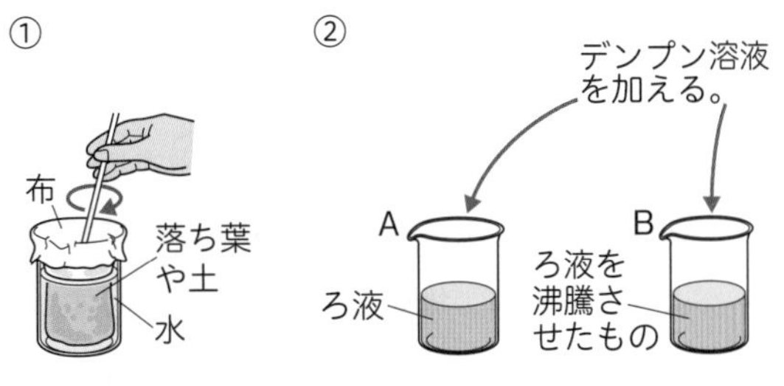

〔手順〕 ① ビーカーの中で布を広げ，落ち葉や土と水を入れてよくかき回し，布でこした。

② 別のビーカーA，Bを用意し，Aには①のろ液の半分を入れ，Bには残りのろ液を沸騰させたものを入れた。さらに，AとBに同量のデンプン溶液を加えた。

③ ②のビーカーA，Bにふたをして数日おいた後，AとBの液体を別々の試験管にとってヨウ素液を加えた。

(1) 手順②の下線部について，ろ液を沸騰させた理由を，簡単に答えなさい。

(2) 手順③の結果，ビーカーA，Bの液体ではそれぞれどのようになるか。

(3) (2)から，土の中の微生物のはたらきについてわかることを，簡単に答えなさい。

4 物質の循環 >>p.164

図は，自然界の物質の循環を表したもので，AとBは気体を，CとDは生物のはたらきを表している。次の問いに答えなさい。

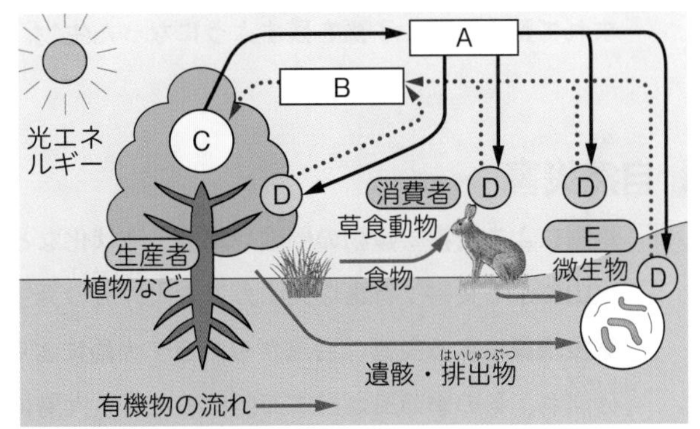

(1) A，Bの気体は何か。それぞれ化学式で答えなさい。

(2) C，Dの生物のはたらきをそれぞれ何というか。

(3) 微生物は，自然界でのはたらきから何とよばれるか。Eに当てはまることばを答えなさい。

第14章 自然と人間

要点のまとめ

1 自然環境の調査と保全 ≫p.169

- □ **大気汚染**：石油や石炭などの**化石燃料**を燃焼させると，窒素酸化物や硫黄酸化物が大気中に排出される。これらの物質によって，雨が強い酸性を示す**酸性雨**や，化学変化でできた有害な物質が目やのどを強く刺激する**光化学スモッグ**が発生することがある。
- □ **地球温暖化**：**化石燃料**の大量消費や森林の伐採によって，近年，地球の平均気温が少しずつ上昇していること。二酸化炭素などの気体の**温室効果**が原因と考えられている。

▼温室効果

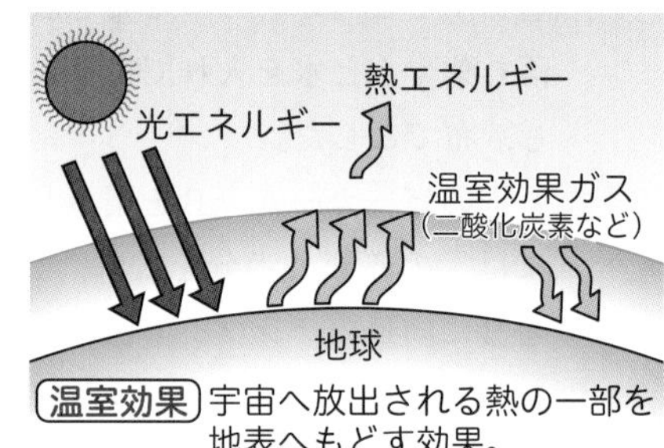

温室効果 宇宙へ放出される熱の一部を地表へもどす効果。

- □ **温室効果**：地球から宇宙空間に放出される熱の流れを妨げるはたらき。
- □ **オゾン層の破壊**：冷蔵庫などに使われていた**フロンガス**が分解されてできた塩素が，生物に有害な紫外線を吸収する**オゾン層**のオゾンの量を減少させている。
- □ **水質汚濁**：窒素化合物などを多く含む生活排水が大量に海や湖沼に流れこむと，植物プランクトンが大発生し，**赤潮**や**アオコ**が発生することがある。
- □ **外来種(外来生物)**：本来その地域には生息せず，人間の活動によって他の地域から持ちこまれて野生化し，子孫を残すようになった生物。

2 自然災害 ≫p.173

- □ **地震による災害**：建物の倒壊や津波，液状化など。
- □ **火山による災害**：有毒な火山ガスや火砕流の発生など。
- □ **気象現象による災害**：台風がもたらす大雨による洪水，停滞前線がもたらす長雨による土砂崩れ，冬の季節風が日本海側にもたらす大雪による建物の倒壊など。

1・2年生で学習したことを思い出そう！

1 自然環境の調査と保全

① 身近な自然環境の調査

(1) 川の水質の調査

図1のようにして，川にすむ水生生物の種類(**表1**)と数を調べることで，水の汚れの程度を知ることができる。

小学校の復習
- 人のくらしは，地球の環境にさまざまな影響を及ぼしている。

▼図1 川の水質の調査
❶ 水生生物を採集する。
❷ 採集した生物の種類と数を調べ，水質を判定する。

水質階級の判定のしかた

1. 見つかった指標生物のうち，数の多かった上位から2種類を2点とする(3種類の指標生物がほとんど同じくらいの数だった場合，3種類を2点とする)。それ以外の指標生物は1点とする。
2. 水質階級ごとに点数を合計し，最も点数の高い階級をその地点の水質階級とする。

▼表1 水質を知る手がかりになる生物(指標生物)　◆：幼虫

きれいな水	少し汚い水 (ややきれいな水)	汚い水	たいへん汚い水
ヘビトンボ◆ カワゲラ類◆ ヒラタカゲロウ類◆ ナガレトビケラ類◆ ヤマトビケラ類 ナミウズムシ ブユ類◆ アミカ類 ヨコエビ類 サワガニ	コオニヤンマ ヒラタドロムシ類◆ ゲンジボタル◆ オオシマトビケラ コガタシマトビケラ類◆ カワニナ類 ヤマトシジミ イシマキガイ スジエビ	ミズカマキリ タニシ類 ニホンドロソコエビ ミズムシ イソコツブムシ類 シマイシビル タイコウチ	アメリカザリガニ ユスリカ類◆ サカマキガイ チョウバエ類◆ エラミミズ

図1のような調査を行うと，家庭などからの排水が多いところほど，川の水が汚れていることがわかる。

第14章 自然と人間

(2) 大気の汚れの調査

図2のようにして，マツの葉の気孔の汚れている数の割合を調べることで，大気の汚れの程度を知ることができる。

▼図2 大気の汚れの調査

❶ 交通量が異なるいろいろな場所でマツの葉を採集し，スライドガラスに固定する。

❷ 顕微鏡で，反射光を利用して葉の気孔を観察する。

❸ あらかじめ決めた数の気孔のうち，何個が汚れでつまっているかを調べ，その割合を求める。

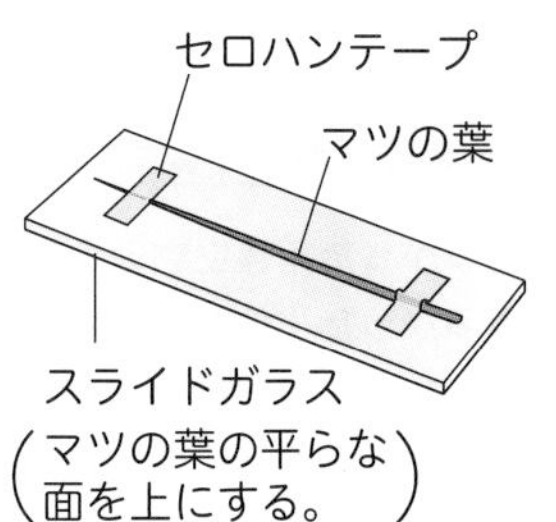

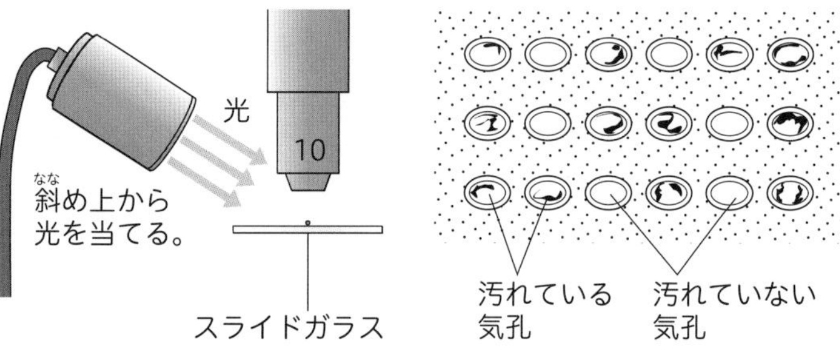

図2のような調査を行うと，交通量の多い場所ほど，気孔が汚れている，つまり大気が汚れていることがわかる。この大気の汚れの原因は，自動車の排出ガスと考えられる。

② 人間の活動と自然環境への影響

図1や図2の調査などから，人間の活動が，さまざまな自然環境に影響を与えていることがわかる。

(1) 大気汚染

石油や石炭などの**化石燃料**(>>p.178)を燃焼させると，窒素酸化物や硫黄酸化物，粉じん❶などが排出される。これらが大気中に大量に排出されると，大気汚染が起こる。

①酸性雨

大気中の窒素酸化物や硫黄酸化物が硝酸や硫酸になり，大量に雨に溶けこむと，強い酸性を示す**酸性雨**となる。酸性雨は，建造物の腐食や湖沼の生物の死滅などを引き起こすこともある。

❶粉じん
粉じんとは，粉のように細かくなって大気中に浮遊している固体の粒子の総称である。粉じんは，生物の呼吸系に健康被害を与えるおそれがある。

②**光化学スモッグ**

大気中の窒素酸化物は，太陽光の紫外線(しがいせん)の影響で化学変化を起こし，有害な物質に変化する。これが，目やのどを強く刺激(しげき)する**光化学スモッグ**の原因になる。

(2) 地球温暖化

産業革命以降，人口が増加して化石燃料が大量に消費されると，二酸化炭素が多く排出されるようになった。また，開発などによって，二酸化炭素を吸収する森林が伐採(ばっさい)されたり，燃やされたりするようになった。その結果，大気中の二酸化炭素の割合が増加し，**温室効果**(**図3**)により，地球の平均気温が上昇(じょうしょう)する**地球温暖化**が起こっていると考えられている(**図4**)。

地球温暖化が進むと，氷河や極地の氷がとけるなどして海水面が上昇して低地が水没(すいぼつ)したり，洪水(こうずい)や干ばつが増加したり，寒い地域に生息する生物の生息場所が狭(せば)まったりなど，人間の生活や生態系にさまざまな影響を及(およ)ぼすおそれがある。

❷**温室効果ガス**
おもな温室効果ガスには，二酸化炭素やメタンなどがある。

▼図3 温室効果

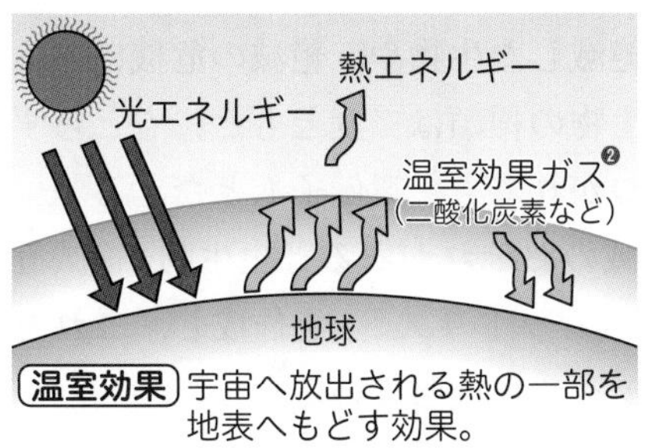

▼**図4 北半球の平均気温の変化** 1981～2010年の30年間の平均値を基準にして，それからの差を気温平年差としている。

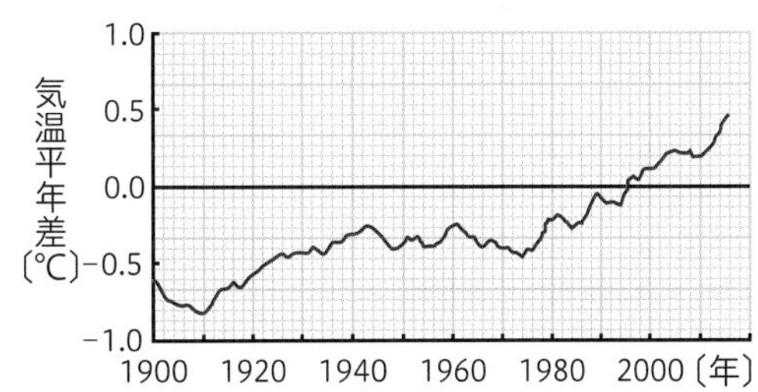

(3) オゾン層の破壊(はかい)❸

冷蔵庫やエアコンなどに使われていた**フロンガス**は，大気の上空で紫外線によって分解され，塩素を生じる。その塩素は，生物に有害な紫外線を吸収する**オゾン層**のオゾンの量を減少させる。その結果，地表に届く紫外線の量が増加し，皮膚(ひふ)がんがふえるなど，生物に悪影響を及ぼす。

❸**オゾンホール**
1980年代はじめから，南極では毎年9～10月ごろにオゾンの量が極端(きょくたん)に少なくなるオゾンホールが出現している。現在では，フロンガスの生産は国際的に規制・禁止されているが，過去に生産されたものがまだ大量に残っている。

第14章 自然と人間

(4) 水質汚濁

海や湖沼の水に含まれる有機物は，植物プランクトンなどの養分として吸収され，ふつうはその量がほぼ一定に保たれている。しかし，窒素化合物などを多く含む生活排水や工場排水が大量に海や湖沼に流れこむと，植物プランクトンなどが大発生し，海では**赤潮**，湖沼では**アオコ**という現象が起こることがある。[4]

赤潮やアオコが発生すると，植物プランクトンなどを食物とする消費者の大量発生や，水中の酸素濃度の低下などが原因で，魚などが大量に死滅し，漁業に大きな被害を及ぼす。

(5) 外来種

本来その地域には生息せず，人間の活動によって他の地域から持ちこまれて野生化し，子孫を残すようになった生物を**外来種**(**外来生物**)という。[5,6] 外来種が大量にふえると，昔からその地域に生息していた**在来種**(**在来生物**)を減少させるなど，生態系のつりあいに大きな影響を及ぼす。[7]

(6) 生物の絶滅

人間の活動の影響で絶滅した生物や，絶滅の危機にある生物がいる。絶滅した生物の種類は二度ともとにもどらず，親から子，孫へと受けつがれてきた遺伝子もとだえる。

環境省は，日本で絶滅のおそれがある野生生物(絶滅危惧種)についてのリスト(レッドリスト)を作成し，これをもとにレッドデータブックを作成している。[8]

(7) 自然環境の保全・再生

一度失われた自然環境をもとの状態にもどすのは難しい。自然環境がもたらす恵みを遠い将来にまで受け渡すために，自然環境を保全・再生する取り組みが全国各地で行われている。例 里山(人里の近くにある雑木林や田畑，小川，ため池などがまとまった地域一体)の保全，魚道(水田と水路をゆるい傾斜でつなぐ構造物)の設置，植林など。

❹赤潮とアオコ
赤潮は，ケイソウ類などが大発生し，海水が赤褐色になる現象である。アオコは，ランソウという生物のなかまが大発生し，湖沼などの水が青緑色になる現象である。

❺身のまわりの外来種
(　　)内は原産地(もともと生息していた地域)を示す。
- シロツメクサ(ヨーロッパ)
- セイタカアワダチソウ(北アメリカ)
- ホテイアオイ(南アメリカ)
- カダヤシ(北アメリカ)
- ブルーギル(北アメリカ)
- オオクチバス(北アメリカ)
- ウシガエル(北アメリカ)
- ミシシッピアカミミガメ(北アメリカ)
- アライグマ(北アメリカ)

❻日本から海外に渡った外来種
クズやワカメのように，日本から海外に渡り，外来種となっている生物もある。

❼外来種の影響の例
東京都の小笠原諸島では，ペットとして持ちこまれた外来種のグリーンアノールというトカゲ(原産地：北アメリカ)によって，オガサワラシジミやオガサワラゼミなどの昆虫が食べられて生息数が激減している。また，これらの昆虫を食べる在来種のオガサワラトカゲの生息数にも影響が出ている。

❽絶滅のおそれがある種類の数
2013年のレッドリストによると，日本で約3500種の生物が，絶滅のおそれがあるとされている。

2 自然災害

① 地震・火山・気象現象による災害

(1) 日本の自然

日本付近には4枚の**プレート**の境界があるため，地震が頻繁に発生し，火山活動が活発である。また，大陸性と海洋性の気団の影響を受けて，気象が大きく変化する。

(2) 地震による災害

地震が発生すると，ゆれによる建物の倒壊や土砂崩れ，**津波**，**液状化**などの災害が起こる。また，火災や，水道・電気・ガスの供給路の寸断などの二次的な災害も起こる。

対策 建物の耐震補強，津波避難ビルの建造，**緊急地震速報**や津波警報・注意報の発表，ハザードマップの作成。

(3) 火山による災害

溶岩流や火砕流，有毒な火山ガス，火山灰などが発生する。大量の火山灰は，農作物に被害をもたらし，土石流(火山泥流)の発生の原因となる。対策 砂防ダムの設置，ハザードマップの作成，噴火警報の発表。

(4) 気象現象による災害

①台風に伴う豪雨・暴風，停滞前線による長雨

台風に伴って短時間に大雨が降ると，河川が氾濫して洪水が起こる。強風は建物を破壊し，農作物に被害を与える。高潮が発生することもある。また，**停滞前線**によって長時間雨が降り続くと，土砂崩れや土石流が起こる。

②大雪・暴風雪

冬には北西の**季節風**が吹き，日本海側に大雪が降る。雪の重さで建物が倒壊したり，雪崩が起こったり，春の融雪で洪水が起こったりする。

対策 堤防やダムの設置，ハザードマップの作成，特別警報・警報，注意報の発表。

中1の復習

- 地震や火山活動は，プレートの境界付近で多く起こっている。
- 津波は，地震によって海底が大きく変動すると発生する。
- 液状化とは，海岸の埋め立て地や河川ぞいのやわらかい砂地において，地震のゆれで土地が急に軟弱になったり，地面から土砂や水がふき出したりする現象で，地面が沈下することもある。
- 緊急地震速報とは，地震が発生したときに，P波とS波の速さの違いを利用して，大きいゆれがくることを事前に知らせる予報・警報である。
- 火砕流とは，高温の溶岩，火山灰，火山ガスが一体となって，山の斜面を高速で流れ下る現象である。
- 火山ガスは，マグマから出てきた気体である。その部分は水蒸気で，二酸化炭素や二酸化硫黄なども含まれる。
- 土石流は，火山灰が厚く降り積もった斜面に雨が降ると，起こることがある。
- ハザードマップ(災害予測図)は，過去の地震や噴火の記録をもとに災害の予測を立て，災害が起こるおそれのある危険な範囲を地図上にまとめたものである。

中2の復習

- 日本では，季節風や偏西風，シベリア高気圧や太平洋高気圧などの影響を受け，それぞれの季節に特徴的な天気がある。
- 台風の中心付近では，気圧が低いために海面が上昇して高潮が発生することがある。

要点チェック

1 自然環境の調査と保全

□ (1) 大気の汚れの程度は，マツの葉の何という部分の汚れている数の割合を調べることで，知ることができるか。 >>p.170

□ (2) 化石燃料の燃焼によって排出された窒素酸化物や硫黄酸化物が硝酸や硫酸になり，大量に雨に溶けこむと，何とよばれる雨になるか。 >>p.170

□ (3) 化石燃料の大量消費や森林の伐採によって，近年，地球の平均気温が少しずつ上昇していることを何というか。 >>p.171

□ (4) 大気中の二酸化炭素などによる，地球から宇宙空間に放出される熱の流れを妨げるはたらきを何というか。 >>p.171

□ (5) オゾン層のオゾンを減少させる原因となっている，冷蔵庫などに使われていたガスを何というか。 >>p.171

□ (6) 窒素化合物などを多く含む生活排水が大量に海や湖沼に流れこんだときに，植物プランクトンが大発生する現象は，赤潮のほかに何があるか。 >>p.172

□ (7) 本来その地域には生息せず，人間の活動によって他の地域から持ちこまれて野生化し，子孫を残すようになった生物を何というか。 >>p.172

2 自然災害

□ (8) 地震によって発生することがあるのは，高潮か，津波か。 >>p.173

□ (9) 火山の噴火によって発生することがあるのは，火砕流か，液状化か。 >>p.173

□ (10) 冬に大雪が降って，建物の倒壊や雪崩が発生しやすいのは，日本海側か，太平洋側か。 >>p.173

解答

(1) 気孔
(2) 酸性雨
(3) 地球温暖化
(4) 温室効果
(5) フロンガス
(6) アオコ
(7) 外来種（外来生物）
(8) 津波
(9) 火砕流
(10) 日本海側

定期試験対策問題 解答➡p.217

1 川の水質の調査 >>p.169

表は，ある川のA～Cの地点で採取した水生生物の種類と数をまとめたものである。あとの問いに答えなさい。

A地点		B地点		C地点	
種類	数	種類	数	種類	数
アメリカザリガニ	3	スジエビ	5	サワガニ	7
タニシ	5	ヤマトシジミ	10	カワゲラの幼虫	10
ユスリカの幼虫	15	ミズカマキリ	3	スジエビ	3

(1) 水質が最もよいと考えられる地点は，A～Cのどれか。

(2) 水質が最もよくないと考えられる地点は，A～Cのどれか。

(3) (2)の地点の近くに，住宅が密集している地域があるとすると，その地点は(2)の地点の上流側，下流側のどちらにあると考えられるか。

ヒント
(3) 住宅からの排水(はいすい)が大量に川に流れこむと，川の水が汚(よご)れてしまう。

2 人間の活動と自然環境(かんきょう)への影響(えいきょう) >>p.170，171

次の文を読んで，あとの問いに答えなさい。

大気中の窒素(ちっそ)酸化物や[①]が硝酸(しょうさん)や[②]になり，雨に溶(と)けこむと，[③]となる。[③]は，建造物の腐食(ふしょく)や湖沼(こしょう)の生物を死滅(しめつ)させることがある。

化石燃料を燃焼(ねんしょう)させるときに出る二酸化炭素は，[④]の原因となり，冷蔵庫やエアコンに使われる[⑤]は，オゾン層のオゾンを減少させる。

(1) 文中の①～⑤に当てはまることばは，それぞれ次の**ア**～**オ**のどれか。

ア フロンガス　　**イ** 地球温暖化　　**ウ** 硫黄(いおう)酸化物
エ 硫酸(りゅうさん)　　**オ** 酸性雨

(2) 文中の下線部の結果，どのような問題が発生するか。「地表に届く」の書き出しに続けて，簡単に答えなさい。

第14章 自然と人間

第15章 科学技術と人間

要点のまとめ

1 物質とエネルギー資源の利用 >>p.177

□ **天然繊維**（せんい）：天然素材でつくられた繊維。毛，絹などの**動物繊維**と，麻（あさ），綿などの**植物繊維**がある。

□ **化学繊維**：化学的に合成，加工してつくられた繊維。

□ **プラスチック**（**合成樹脂**（じゅし））：石油などを原料として人工的に合成された物質。

□ **化石燃料**：大昔に生きていた動植物の遺骸（いがい）などの有機物が長い年月を経て変化した，**石油**，**石炭**，**天然ガス**など。

▼おもな発電方法

発電方法	エネルギー資源	特徴（とくちょう）
水力発電	ダムの水 （位置エネルギー）	二酸化炭素や汚染（おせん）物質を排出（はいしゅつ）しない。 ダムを建設すると自然環境（かんきょう）が変わる。
火力発電	化石燃料 （化学エネルギー）	化石燃料の埋蔵（まいぞう）量に限りがある。 二酸化炭素や汚染物質を排出する。
原子力発電	ウラン （核（かく）エネルギー）	二酸化炭素は排出しない。 核燃料や使用済みの核燃料から 放射線 が出る。

□ **放射線**：X（エックス）線，α（アルファ）線，β（ベータ）線，γ（ガンマ）線，**中性子線**など。

□ **再生可能エネルギー**：いつまでも利用でき，発電時に二酸化炭素や汚染物質を排出せず，環境を汚（よご）すおそれがないエネルギー。

□ **再生可能エネルギーを利用した発電**：太陽光を利用する**太陽光発電**，風を利用する**風力発電**，地下の熱を利用する**地熱発電**，木片（もくへん）や落ち葉などの生物資源を利用する**バイオマス発電**，水素と酸素が結びつく反応を利用した**燃料電池**など。

2 科学技術の発展 >>p.183

□ **持続可能な社会**：環境の保全と開発のバランスがとれ，将来の世代が持続的に環境を利用する余地を残している社会。

□ **循環（じゅんかん）型社会**：社会に必要なさまざまな天然資源の循環を可能にし，再利用の割合をより高めた社会。

1 物質とエネルギー資源の利用

① さまざまな物質とその利用

狩猟(しゅりょう)採集時代には，衣服の素材はおもに動物の皮であったが，その後，天然素材を加工した繊維や，天然素材や石油などを原料に化学変化を利用した繊維が発明されてきた。また，石油は，繊維だけでなく，プラスチックの合成にも欠かせない資源である。

(1) 天然繊維

天然素材でつくられた繊維を**天然繊維**という。天然繊維には，**動物繊維**と**植物繊維**がある。

①動物繊維

毛(ウール)，絹(シルク)などを**動物繊維**という。保温性に優(すぐ)れているが，劣化(れっか)しやすく，虫害にあいやすい。

②植物繊維

麻，綿(コットン)などを**植物繊維**という。熱や摩擦(まさつ)に強く，洗濯(せんたく)に強いが乾(かわ)きにくい。

(2) 化学繊維

化学的に合成，加工してつくられた繊維を**化学繊維**という。**再生繊維**，**合成繊維**，**半合成繊維**，**無機繊維**の４つに分けられ(**表１**)，素材によって，さまざまな性質をもつ。

❶セルロース
セルロースは，植物の細胞壁(さいぼうへき)や植物繊維の主成分である。

❷高分子
数千個以上の原子からできている分子を高分子という。

❸ポリエステル
ポリエステルは，絹や綿に比べて，水にぬれても乾きやすく，インクなどのしみも落ちやすい。そのため，かさの生地(きじ)や，ワイシャツなどに用いられる。

▼表１ 化学繊維

	特徴	おもな素材
再生繊維	木材のくず(パルプ)や綿花のくずなどの天然素材のセルロース❶を，溶(と)かして繊維に再生したもの。	レーヨン，キュプラ，ポリノジック
合成繊維	化学的に合成された高分子❷からつくられた繊維。石油を原料としているものが多い。	アクリル，ポリエステル❸，ナイロン，ポリウレタン
半合成繊維	再生繊維と合成繊維の中間的なもの。セルロースなどの天然高分子を化学的に処理し，その構造の一部を変えたもの。	アセテート，プロミックス，トリアセテート
無機繊維	ガラス，炭素，金属，岩石などのような無機物を，人工的に繊維にしたもの。	ガラス繊維，炭素繊維，スチール繊維，ロックウール

(3) プラスチック

石油などを原料として人工的に合成された物質を**プラスチック**(**合成樹脂**)という。プラスチックは，一般に軽く，熱や力を加えると加工しやすい，電気を通さない，さびない，腐らないなどの性質をもっている。また，プラスチックにはさまざまな種類があり，その性質に応じていろいろな製品に利用されている(**表2**)。❹❺

❹高分子化合物
プラスチックは，多くの炭素原子Cがつながった長い分子でできている。例えばポリエチレンの分子は，炭素原子と水素原子がいくつもつながり合ってできている。このように，とても多くの原子がつながった分子(高分子)からなる化合物を，高分子化合物という。

▼表2 プラスチックの種類と性質

種類	密度〔g/cm^3〕	性質	身近な用途例
ポリエチレン(PE)	0.92～0.97	水や油，薬品に強い。軽い。	レジ袋，バケツ
ポリエチレンテレフタラート(PET)	1.38～1.40	薬品に強い。透明で，丈夫。	ペットボトル(本体)
ポリプロピレン(PP)	0.90～0.91	割れにくく，熱に強い。軽い。	食品容器，DVDケース
ポリスチレン(PS)	1.05～1.07	軽い発泡ポリスチレンにもなる。	カップ麺容器
ポリ塩化ビニル(PVC)	1.20～1.60	薬品に強い。燃えにくい。	消しゴム

2 おもなエネルギー資源とその利用

(1) おもなエネルギー資源

私たちのエネルギー使用量は，18世紀の産業革命のころから急増し始めた。このエネルギーは，**石油**や**石炭**，**天然ガス**などのエネルギー資源の大量消費によってまかなわれている。これらのエネルギー資源は，**大昔に生きていた動植物の遺骸などの有機物が，数百万年から数億年の長い年月を経て変化したもので**，**化石燃料**ともよばれる。

また，**ウラン**などの**放射性物質**(放射線を出す物質)も，エネルギー資源として利用されている。

(2) エネルギー資源の電気エネルギーへの変換

エネルギー資源の多くは，発電所などで電気エネルギーに変換されている。これは，電気が電線を通して簡単に輸送でき，他のエネルギーに変換しやすく，使用する場所で廃棄物がほとんど出ないなど，利用しやすいからである。

❺プラスチックの問題点
プラスチックは，自然界の菌類や細菌類には分解されにくいため，自然界に放置されると長い間残ることにもつながる。例えば，砂浜にプラスチック製品が散乱していることがあるが，これらの多くは，人間が廃棄したごみが海を漂流してきたものである。また，水中を漂ううち，少しずつ細かくなった「マイクロプラスチック」は，魚や水鳥が食物といっしょに飲みこむと体内にたまるため，健康への影響も心配されている。

(3) 発電方法

発電所では，磁界の中でコイルを回転させると電流が流れる(発電する)原理を利用して，電気エネルギーを得ている。おもな発電方法には，**火力発電**，**原子力発電**，**水力発電**がある(**図1**)。

中2の復習

- コイルの中の磁界が変化すると，コイルに電圧が生じて，コイルに電流が流れる現象を電磁誘導といい，電磁誘導によって流れる電流を誘導電流という。
- 電磁誘導を利用して，電流を連続的に発生させる装置が発電機である。

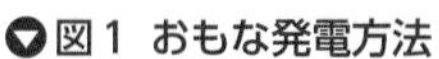
図1 おもな発電方法

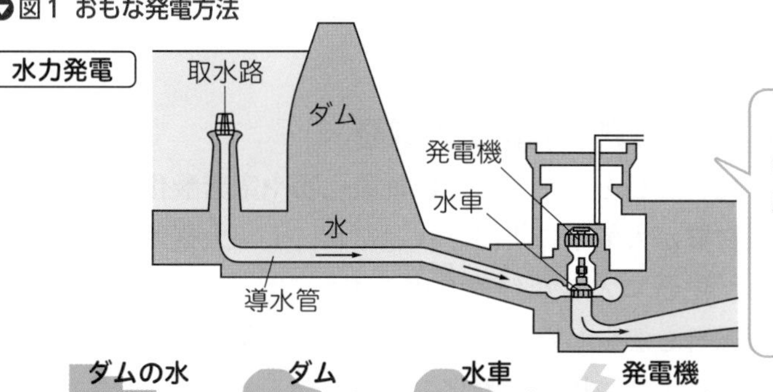

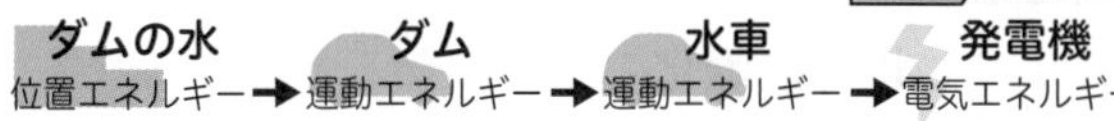

水力発電

ダムにためた水の位置エネルギーを利用して，水車を回す。

- 二酸化炭素や汚染物質は出ない。
- ダムの建設場所が限られ，ダムを建設すると自然環境が変わる。

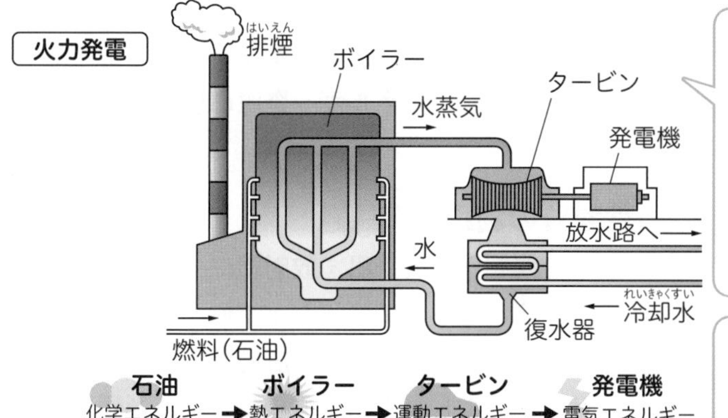

火力発電

化石燃料を燃焼させ，水を高温・高圧の水蒸気に変えて，発電機のタービンを回す。

- 発電の効率がよい。
- 大量の化石燃料を必要とする。
- 二酸化炭素や汚染物質が出る。

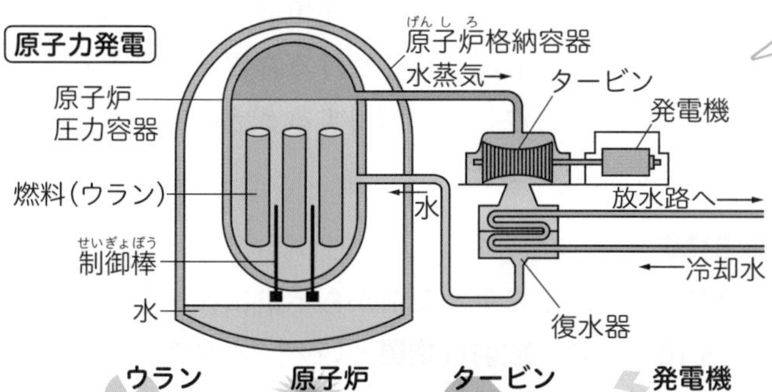

原子力発電

ウランなどが核分裂(原子核が 2 つ以上に分かれること)をするときのエネルギー(核エネルギー)で水を高温・高圧の水蒸気に変えて，発電機のタービンを回す。

- 少量の核燃料から大量の電気エネルギーが得られる。
- 二酸化炭素は出ない。
- 核燃料や使用済み核燃料(放射性廃棄物)から放射線が出る。
- 放射線の厳しい管理が必要で，放射性廃棄物の処理が難しい。

▼図2 エネルギー資源の可採年数(2017年)

現在の技術で使用可能な資源の確認された埋蔵量を，1年間の消費量で割った値を可採年数という。

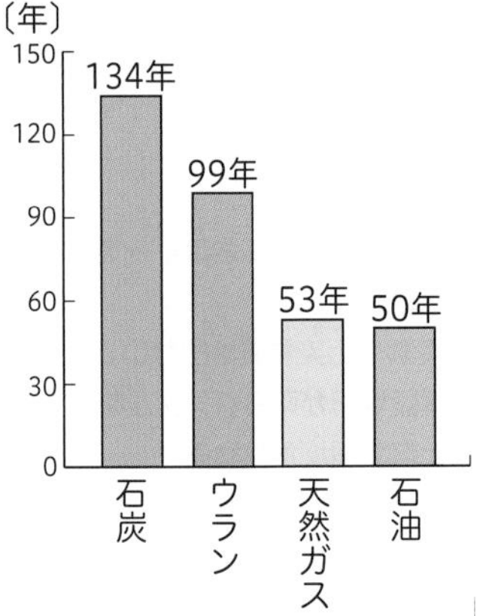

(4) 限りあるエネルギー資源

火力発電に使われる石油，石炭，天然ガスなどの化石燃料や，原子力発電に使われるウランは，有限な地下資源であり，いつまでも使い続けられるわけではない(**図2**)。そのため，化石燃料にかわる新しいエネルギー源の開発や，いつまでも使い続けられるエネルギーの利用が推進されている。>>p.182

(5) 化石燃料の利用上の課題

化石燃料を燃やすと，硫黄酸化物や窒素酸化物などの汚染物質が大気中に排出され，これにより**大気汚染**が起こると，生物に大きな健康被害をもたらす(>>p.170)。また，化石燃料を燃やしたときに発生する二酸化炭素は，その**温室効果**により，**地球温暖化**の原因になると考えられている。

>>p.171

これらの悪影響を防ぐには，エネルギーの使用量を減らしたり，大気を汚さないエネルギー資源に切りかえたりする必要がある。

(6) 放射性物質の利用上の課題

ウランなどの放射性物質が出す**放射線**は，生物や環境に影響を及ぼすおそれがある。事故などで原子力発電所から外部に放射性物質が放出されると，広範囲に長期間にわたって強い放射線が発生し，生物や環境に大きな影響を与える。また，原子炉から取り出した使用済み核燃料の中には，1000年以上も強い放射線を出し続ける物質が含まれる。

このように，放射性物質を利用するときには，安全に十分注意する必要がある。

(7) 放射線

放射線は，地球が誕生する前から宇宙に存在していた。❻放射線を出す物質を**放射性物質**といい，放射性物質が放射線を出す性質(能力)を**放射能**という。

❻放射線の発見

1895年に，ドイツのレントゲンは，クルックス管から出た「未知のもの」が写真フィルムを感光させることに気づき，これをX線と名づけた。続いて1896年には，フランスのベクレルが，ウランから，写真フィルムを感光させる「何か」が出ていることを発見し，これを放射線と名づけた。

レントゲン以後，フランスのキュリー夫妻など多くの科学者の研究により，放射線には＋の電気をもったα波，－の電気をもったβ波，電気をもたないγ波があることや，ウラン以外にも放射線を出す物質があることがわかった。

①放射線の種類

放射線とは，**原子から出る高速の粒子の流れ**や，**X（エックス）線**や**γ（ガンマ）線**などの**電磁波**の総称である。高速の粒子が**ヘリウムの原子核**なら**α（アルファ）線**，**電子**なら**β（ベータ）線**，**中性子**（>>p.40）なら**中性子線**とよばれる（**図3**）。放射性物質の原子核は不安定で，自然に別の原子核に変わっていく。これを原子の壊変（崩壊）といい，このときに放射線が出る。

また，放射線には，自然界に存在する自然放射線と，人工的につくられる人工放射線がある。自然放射線は，身のまわりの食物や岩石，温泉などから出ており，人間自身も出しており，宇宙からも降り注いでいる。[7][8] 人工放射線は，農業や医療，工業などで利用されている。[9]

②放射線の性質とその利用

放射線には共通して，目に見えない性質，物質を通り抜ける性質（透過性），原子から電子を奪ってイオンにする性質（電離作用）などがある。

放射線の透過性は，レントゲン検査，CTなどに利用されている。また，電離作用は，農作物の品種改良や工業製品の改良などに利用されている。

③放射線の単位

放射線の単位としては，**ベクレル**（記号**Bq**），**シーベルト**（記号**Sv**），**グレイ**（記号**Gy**）がよく使われる（**表3**）。

▼図3 放射線の種類

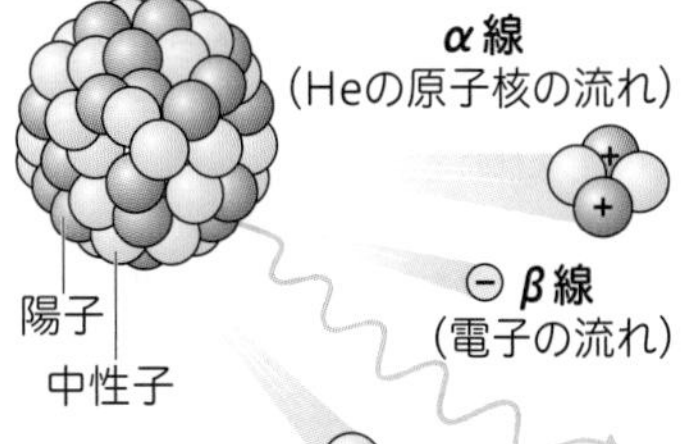

❼自然放射線のおもな原因
自然放射線のおもな原因は，地下の岩石などに微量に含まれるウランや，動植物の中などに微量に含まれる放射性カリウム，大気中に微量に含まれるラドンなどである。私たちは，年間に2.1ミリシーベルト程度の自然放射線を受けている（日本の平均の値で，地域によって異なる）。

❽被ばく
放射線を受けることを被ばくという。被ばくには，体外から受ける外部被ばくと，呼吸や食事などで体内に取り入れた放射性物質から受ける内部被ばくがある。

❾人工放射線
クルックス管で発生させるX線は人工放射線である。

▼表3 放射線の単位

単位	表すもの
ベクレル（Bq）	放射性物質がどれだけ放射線を出す能力があるかを表す。1秒間に1個の原子核が壊変した場合が1Bqである。
グレイ（Gy）	物質や人体が受けた放射線のエネルギーの大きさを表す。放射線を受けた物質1kgが1Jのエネルギーを得たときの放射線の強さを1Gyという。
シーベルト（Sv）	放射線によって，人体にどれだけ影響があるかを表す。1ミリシーベルト（mSv）は1000分の1シーベルトで，胸のX線（レントゲン）撮影1回の放射線量は，約0.1ミリシーベルトである。

③ 再生可能エネルギー

(1) 再生可能エネルギー

太陽光や太陽熱，風力，地熱，生物体の有機物など，いつまでも利用でき，発電時に二酸化炭素や汚染物質を排出せず，環境を汚すおそれがないエネルギーを，**再生可能エネルギー**という。立地条件や発電効率などの課題も多いが，研究・開発が進められ，利用が進んでいる(**表４**)。

⑩枯渇性エネルギー
再生可能エネルギーに対して，有限な化石燃料やウランがうみ出すエネルギーは枯渇性エネルギーともよばれる。

⑪水力発電は再生可能？
水力発電を再生可能エネルギーに含める場合もあるが，ダム建設の際に自然環境に悪影響を与えることがあるため，ここでは含めない。

▼表４ 再生可能エネルギーを利用した発電

発電方法	発電のしくみ
太陽光発電	光電池(太陽電池)で太陽光を受けて，光エネルギーを直接電気エネルギーに変える。発電量は天候や昼夜に左右され，発電の効率が低い。広大な設置場所が必要である。
風力発電	自然の風を受けて発電機につけた風車を回し，発電する。発電量は風に左右される。風車の回転による騒音が発生し，設置場所が限られる。
地熱発電	地下のマグマだまりの熱で熱くなった水から水蒸気を取り出し，発電機を回転させる。設置場所が限られる。
バイオマス発電	バイオマス(生物体)の化学エネルギーを利用する。農林業から出る作物の残りかすや家畜のふん尿，間伐材などを活用し，そのまま燃焼させたり，微生物を使って発生させたアルコールやメタンを燃焼させたりして発電する。
燃料電池	水素と酸素が結びつく反応から電気を取り出すしくみで，化学エネルギーを電気エネルギーに変換する装置。燃料電池自体はエネルギー資源ではないが，騒音や温室効果ガスの発生がない発電のしくみである。

(2) カーボンニュートラル

バイオマス(木片や落ち葉などの生物資源)はもともと植物が光合成によって大気中の二酸化炭素を取りこんでできたものである。そのため，バイオマスを燃料として使用した場合は，大気中の二酸化炭素の増加の原因とはならない。この性質は**カーボンニュートラル**とよばれている。

(3) エネルギー資源の有効利用

エネルギー資源を有効に利用するしくみの例として，**コージェネレーションシステム**がある。これは，施設で燃料による発電をするときに出る熱エネルギーを，暖房や給湯などに再利用するものである[12]。

⑫トリジェネレーションシステム
コージェネレーションシステムに加えて，発電するときに出る二酸化炭素を植物の成長に活用したものを，トリジェネレーションシステムという。

2 科学技術の発展

① 科学技術の発展

(1) 産業革命と動力源の変化

18世紀後半に，大きな動力をうみ出す蒸気機関が発明され，産業革命が起こった。その後，エンジンやモーターが発明された。これらの発展に伴(ともな)って，速く大量に輸送できるようになり，エネルギーの消費量が急増した。

(2) 情報・通信技術の進歩

印刷技術の発明，ラジオやテレビの発明を経て，その後，エレクトロニクス(電子工学)とそれを活用するコンピュータの発達によって，大量の情報を正確かつ瞬時(しゅんじ)に処理できるようになり，通信網(つうしんもう)が広がった。現在では，機器の小型化やソフトウェア技術の発達により，どこにいてもインターネットを通じた情報の入手や伝達が容易である。

(3) 最新の科学技術

最新の技術には，**表5**のようなものがある。

⑬ナノ
ナノテクノロジーのナノは，10億分の1という意味で，長さの単位に使われる。1ナノメートルは，10億分の1メートルを表す。

⑭カーボンナノチューブ
カーボンナノチューブは，炭素原子が結びついた筒状(つつじょう)の構造物である。熱や電気を通しやすく，軽いという特徴がある。

▼表5 最新の科学技術

科学技術	特徴(とくちょう)
ナノテクノロジー⑬	原子や分子の大きさの物体を制御(せいぎょ)する技術。従来の技術では実現できなかった小型の装置の開発が可能となり，**カーボンナノチューブ⑭**などが実用化されている。
人工知能(エーアイ)(AI)	蓄積したデータをもとに，問題の解決や推論などの知的な作業を，人工的な知能によって行わせる技術。独自に判断や行動をすることができるので，自動運転車，医療診断(いりょうしんだん)などへの活用が期待されている。
仮想現実(ブイアール)(VR)	コンピュータがつくり出した人工的な環境を，現実として認識(にんしき)させる技術。電車の運転士の訓練装置などに応用されている。
ロボット	コンピュータ制御によって，人のかわりに作業を行う機械。人では難しい精密な作業，危険な場所での作業，海底や宇宙空間での作業などを行う。
宇宙開発	人工衛星には，気象衛星，放送衛星，通信衛星，地球観測衛星などがあり，くらしを便利にしたり，地球環境の保全や防災に役立ったりする。また，国際宇宙ステーション(ISS)の実験棟(じっけんとう)「きぼう」では，無重力を利用した実験が行われている。
深海探査	無人探査機によって，海底の地形や深海生物などの調査が行われている。

② 科学技術の利用

(1) 持続可能な社会

豊かなくらしのために，資源を使い捨てたり環境に負担をかけたりしているような社会は長続きしない。環境の保全と開発のバランスがとれ，将来の世代が持続的に環境を利用する余地を残している社会を，**持続可能な社会**という[15]。

(2) 循環型社会

科学技術によって新たな資源が開発されたとしても，鉱物資源などには限りがある。そのため，資源の消費量を減らして再利用を進め，資源を循環させる必要がある。このような社会を**循環型社会**という。その実現には，**表6**のような取り組みが有効である。

表6 循環型社会を実現するための取り組み（3 R[16]）

取り組み	特徴
リデュース Reduce	廃棄物の発生を抑制する。 例 容器を小型化・軽量化する。過剰包装を廃止する。
リユース Reuse	製品などを再使用する。 例 容器をくり返し使う。
リサイクル Recycle	廃棄物を再資源化する。 例 紙やガラス，鉄，[17]アルミニウムなどを再生資源として利用する（図4）。

⑮SDGs（持続可能な開発目標）
「SDGs（エスディージーズ）」とは，「**S**ustainable **D**evelopment **G**oals（持続可能な開発目標）」の略称であり，2015年９月に国連で開かれたサミットの中で世界のリーダーによって決められた，国際社会共通の目標である。17の大きな目標と，それらを達成するための具体的な169のターゲットで構成されている。

⑯3 R
３Rにさらに，過剰な包装や割りばし，レジ袋を断るなどの活動（リフューズ　**R**efuse）を加えて４R，修理して使い続ける活動（リペア　**R**epair）を加えて５Rということもある。

図4 リサイクル

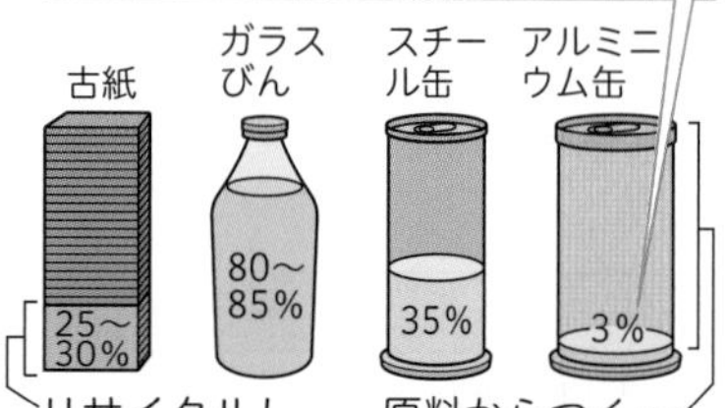

(3) ライフサイクルアセスメント（LCA）

原料の入手から廃棄までの全過程において，環境への影響を考慮して製品を評価する方法を**ライフサイクルアセスメント（LCA）**という。例 バイオエタノールを燃料として使用した場合，カーボンニュートラルの考え方から，大気中の二酸化炭素の増加の原因にならないといえる。しかしバイオエタノールの原料を育てるときや，輸送するときには燃料を使用しているため，二酸化炭素が発生している。よって，すべての段階について考慮しないと判断できない。

⑰レアメタル
リチウムやチタン，マンガン，白金など，世界的に生産量が少なく，希少な金属をレアメタルという。不要な携帯電話やパソコンなどから取り出し，リサイクルが行われている。

☑ 要点チェック

1 物質とエネルギー資源の利用

□ (1) 天然素材でつくられた繊維を何というか。>>p.177

□ (2) 天然素材でつくられた繊維のうち，①毛，絹などを何というか。また，②麻，綿などを何というか。>>p.177

□ (3) 化学的に合成，加工してつくられた繊維を何というか。>>p.177

□ (4) プラスチックのおもな原料は何か。>>p.178

□ (5) 大昔に生きていた動植物の遺骸などの有機物が長い年月を経て変化した，石油，石炭，天然ガスなどをまとめて何というか。>>p.178

□ (6) 水力発電は，ダムにためた水がもっている何エネルギーを利用する発電方法か。>>p.179

□ (7) 石油や石炭などを燃焼させて得られる熱エネルギーを利用する発電方法を何というか。>>p.179

□ (8) 核燃料を核分裂させて得られる熱エネルギーを利用する発電方法を何というか。>>p.179

□ (9) 原子から出る高速の粒子の流れである α 線，β 線，中性子線や，電磁波であるX線，γ 線などをまとめて何というか。>>p.181

□ (10) いつまでも利用でき，発電時に二酸化炭素や汚染物質を排出せず，環境を汚すおそれがないエネルギーを何というか。>>p.182

2 科学技術の発展

□ (11) 環境の保全と開発のバランスがとれ，将来の世代が持続的に環境を利用する余地を残している社会を何というか。>>p.184

□ (12) 資源の消費量を減らして再利用を進め，資源を循環させている社会を何というか。>>p.184

解答

(1) 天然繊維
(2) ① 動物繊維
② 植物繊維
(3) 化学繊維
(4) 石油
(5) 化石燃料
(6) 位置エネルギー
(7) 火力発電
(8) 原子力発電
(9) 放射線
(10) 再生可能エネルギー
(11) 持続可能な社会
(12) 循環型社会

定期試験対策問題 解答➡p.217

1 おもな発電方法 >>p.178〜181

次の文を読んで，あとの問いに答えなさい。

おもな発電方法には，火力発電，原子力発電，水力発電がある。これらには，①化石燃料の枯渇(こかつ)や，燃料から出る②放射線などのさまざまな問題がある。

(1) 下線部①に当てはまらないものは，次の**ア**〜**エ**のどれか。

ア 石油　**イ** ウラン　**ウ** 石炭　**エ** 天然ガス

(2) 下線部②について，誤って述べているものは，次の**ア**〜**ウ**のどれか。

ア 放射線にはX線，α線，β線などがある。

イ 放射線は目に見え，物質を通過するという性質がある。

ウ 放射線はレントゲン検査やCTなどに利用されている。

(3) 火力発電について述べているものは，次の**ア**〜**ウ**のどれか。

ア 発電効率はよいが，二酸化炭素や汚染(おせん)物質を大量に排出(はいしゅつ)するという問題がある。

イ 発電にダムを必要とし，ダム建設のために自然が破壊(はかい)されるという問題がある。

ウ 放射性廃棄物(はいきぶつ)が出るため，その処分方法が問題となる。

2 再生可能エネルギー >>p.182

次のA〜Cの文は，いろいろな再生可能エネルギーを利用した発電について説明したものである。あとの問いに答えなさい。

A　光エネルギーを直接電気エネルギーに変える。発電効率があまりよくなく，発電量が安定しないという問題点がある。

B　地下のマグマだまりの熱で熱くなった水から水蒸気を取り出し，発電機を回転させる。条件に合う場所が少なく，設置場所が限られるという問題点がある。

C　発電機につけた風車を回すことで発電する。風車の回転によって騒音(そうおん)が発生するという問題点がある。

(1) A〜Cの発電方法をそれぞれ何というか。

(2) 木片(もくへん)や落ち葉など，植物が光合成によって大気中の二酸化炭素を取りこんでできた生物資源も，発電に利用されている。このような生物資源を何というか。カタカナ5文字で答えなさい。

入試対策編

時間をおいて，
二度は挑戦しよう！

入試では，長文を読ませたり，
複数の資料や知識を活用して考えさせたりする問題も
出題されますので，
そのような問題に慣れておくことも重要です。
ここでは，実際の入試問題を取り上げました。
最初は解けなくても心配ありません。
解き方のヒントを参考にしながら，まずは挑戦してみましょう。

入試対策問題 解答➡p.218～224

1 塩化銅水溶液の電気分解 >>p.38

化学変化とイオンに関する(1)，(2)の問いに答えなさい。〔静岡・改〕

図1のように，塩化銅水溶液80 gが入ったビーカーに，陽極と陰極を入れて電流を流した。このとき，陽極の表面からは塩素が発生し，陰極には赤色の銅が付着した。

図1

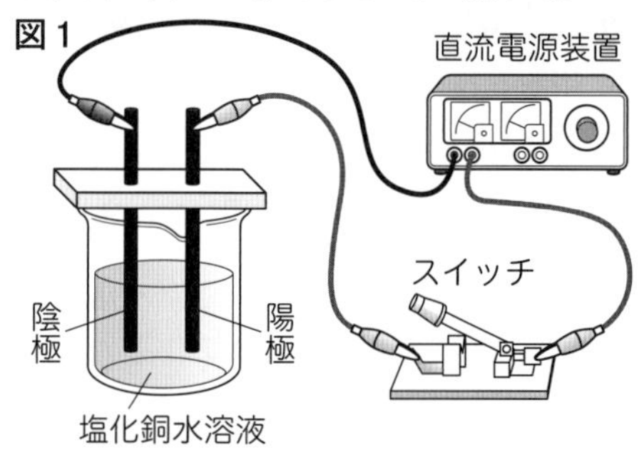

(1) 塩化銅水溶液の質量パーセント濃度を10%，流す電流を2 Aにして電気分解を行い，5分ごとに陰極を取り出して，陰極に付着した銅の質量を記録したところ，表のような結果になった。

電流を流した時間(分)	5	10	15
陰極に付着した銅の質量(g)	0.2	0.4	0.6

塩化銅水溶液の電気分解において，陰極に1 gの銅が付着したときの，塩化銅水溶液の質量パーセント濃度は何%か。小数第2位を四捨五入して，小数第1位まで書きなさい。ただし，塩化銅を電気分解したときに生じる銅と塩素の質量比を10：11とし，陽極で発生した塩素は，塩化銅水溶液にとけないものとする。

(2) Sさんは，塩化銅水溶液の電気分解について，塩化銅水溶液の質量と電流を流す時間を一定にしたとき，陰極に付着する銅の質量が，「電極に流す電流の大きさに関係があるのか」，「塩化銅水溶液の質量パーセント濃度に関係があるのか」を確かめたいと考え，T先生にアドバイスをもらって実験を計画することにした。次の□の中に示したSさんとT先生の会話を読み，①，②の問いに答えなさい。ただし，電流を流す時間は5分とする。

解き方のヒント

●化学の入試問題では

化学の入試問題では，ある化学変化を題材にして，1～3年の内容を総合的に問うものがよく見られる。この問題の(1)では，2・3年の電気分解を題材に，1年の質量パーセント濃度，2年の化学変化と質量の内容の理解が問われている。

また，この問題の(2)は，生徒が自分で実験の計画を立てる設定である。入試ではこのほか，生徒がある仮説を立て，それを確かめるための実験を考えて行い，仮説が正しかったのかどうかを考察する設定も見られるので，このような設定にも慣れておこう。

考え方

(1)電気分解前の溶質の質量を，質量パーセント濃度から求める。

→電気分解によって生じた塩素の質量を，生じた銅の質量と，生じる銅と塩素の質量比から求める。

→電気分解後の水溶液の質量と，その溶質の質量を求める。

→電気分解後の水溶液の質量パーセント濃度を求める。

T先生：どのような実験を計画していますか。

Sさん：質量パーセント濃度が10％と20％の塩化銅水溶液を用意し，それぞれに1Aと2Aの電流を流すという，4種類の実験を計画しています。

T先生：では，その4種類の実験をする前に，陰極付近の銅イオンと電子のようすを表した模式図をかいて，考えてみましょう(**図2**)。

図2

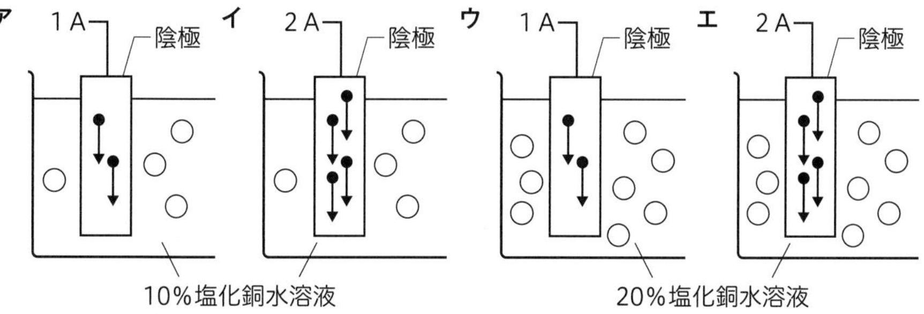

(注) ○は銅イオン，●は電源から移動してくる電子のそれぞれ1個を示している。

T先生：**図2**の模式図から考えると，**ア**～**エ**の実験のうち，陰極に付着する銅の質量が最も大きくなるのはどれでしょうか。

Sさん：(　あ　)です。

T先生：その通りです。では，そのことから，電極に流す電流の大きさと塩化銅水溶液の質量パーセント濃度は，陰極に付着する銅の質量と，それぞれどのような関係にあるでしょうか。

Sさん：塩化銅水溶液を電気分解したとき，陰極に付着する銅の質量は，(　　　い　　　)。

T先生：そうですね。ところで，Sさんは**ア**～**エ**の4種類の実験を考えましたが，<u>**ア**～**エ**の実験のうち，**ア**～**ウ**の3種類の実験を行うだけでも，陰極に付着する銅の質量を大きくするための条件を確認することができますね</u>。さあ，実験してみましょう。

① 陰極に付着する銅の質量についてa，bの問いに答えなさい。

a (　あ　)に補う記号を，**図2**の**ア**～**エ**の中から2つ選び，記号で答えなさい。

b (　い　)に適切な言葉を補いなさい。

② 下線部のように，陰極に付着する銅の質量を大きくするための条件は，**図2**の**ア**～**エ**の実験のうち，**ア**～**ウ**の3種類の実験を行うだけで確認することができる。その理由を，簡単に書きなさい。

考え方

(2)図2の模式図から，電流の大きさと電子の数の関係，質量パーセント濃度と銅イオンの数の関係を読み取る。

入試対策編

入試対策問題

2 イオンと中和 >>p.43，66〜68

太郎さんと花子さんは，塩酸に亜鉛を入れると水素が発生することに興味をもち，実験を行いました。後の(1)から(3)までの各問いに答えなさい。〔滋賀〕

花子さん：試験管の中の塩酸に亜鉛を入れると，水素が発生し，亜鉛はとけていくよね。あの水素はどこからきたのかな。

太郎さん：塩酸の中の水素イオンが変化して，水素が発生したと思うよ。それを確かめるいい方法はないかな。

花子さん：水素イオンについて調べることができるといいよね。中和の反応を利用できないかな。中和の実験を振り返ってみよう。

(1) 下線部について，亜鉛は塩酸にとけると亜鉛イオンになります。亜鉛イオンについて，正しく説明しているものはどれですか。下の**ア**から**エ**までの中から１つ選びなさい。

ア 亜鉛原子が，電子を２個受けとって，＋の電気を帯びた陽イオンになったもの。
イ 亜鉛原子が，電子を２個受けとって，－の電気を帯びた陰イオンになったもの。
ウ 亜鉛原子が，電子を２個失って，＋の電気を帯びた陽イオンになったもの。
エ 亜鉛原子が，電子を２個失って，－の電気を帯びた陰イオンになったもの。

太郎さんと花子さんは，中和の実験を振り返りました。次は，そのレポートの一部です。

【レポート】

<方法>

① うすい塩酸をメスシリンダーで10.0cm³はかりとり，ビーカーに入れる。

② 緑色のBTB溶液を数滴加え，水酸化ナトリウム水溶液をこまごめピペットで3.0cm³ずつ加えていき，ビーカーの中の溶液の色の変化を調べる。

<結果>

表は結果をまとめたものである。

表

水酸化ナトリウム水溶液の体積〔cm³〕	0	3.0	6.0	9.0	12.0	15.0
溶液の色	黄	黄	黄	黄	緑	青

解き方のヒント

●中和の入試問題では
中和の実験の入試問題では，混ぜ合わせる２つの水溶液(すいようえき)の体積とBTB溶液の色の変化の関係が示されていることがある。その関係からは，その２つの水溶液が完全に中和する体積の比がわかる。その体積の比を利用して，ある体積の一方の水溶液を完全に中和するのに必要な，もう一方の水溶液の体積が問われることもある。

(2) **レポート**で使ったものと同じうすい塩酸 10.0cm³に水酸化ナトリウム水溶液12.0cm³を加えた溶液を，スライドガラスに１滴とり，水を蒸発させるとスライドガラスに残る結晶は何ですか。化学式を書きなさい。

【話し合い】

花子さん：塩酸に水酸化ナトリウム水溶液を加えていったときのようすをモデルで表してみよう。
太郎さん：塩酸10.0cm³中のイオンを模式的に表したものを**図１**とすると，水酸化ナトリウム水溶液6.0cm³を加えたときは**図２**のようになって，12.0cm³を加えたときは**図３**となると思うよ。
花子さん：**図１**から**図３**をみると，水素イオンの数が減っていくようすがわかるね。

●水溶液の体積とイオンの個数の関係
実験の結果をイオンのモデルで表した問題はよく見られる。混ぜ合わせた２つの水溶液の体積が示されている場合は，一定の体積当たり何個のイオンが含(ふく)まれているかを読み取ることが大事である。

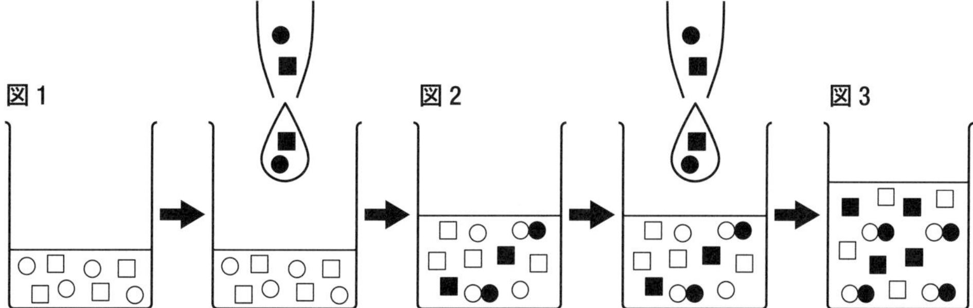

ただし，○は水素イオン，□は塩化物イオン，■はナトリウムイオン，●は水酸化物イオン，○●は中和によって生じた水分子を表している。

(3) **レポート**で，水酸化ナトリウム水溶液15.0cm³を加えたときのようすは，モデルでどのように表すことができますか。**レポート**と**話し合い**の内容から考えて，右図にかきなさい。

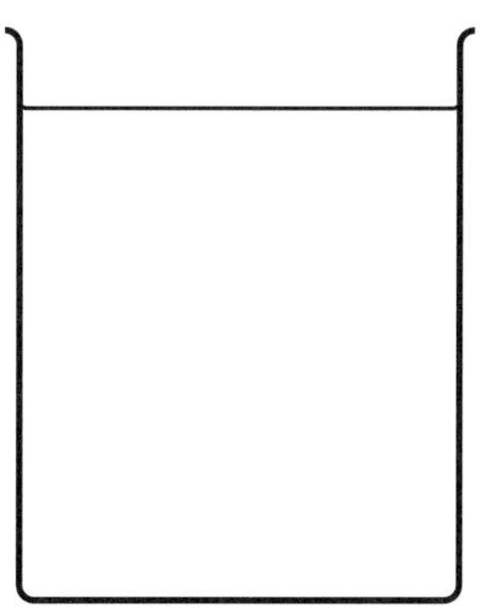

考え方
(3)図３の状態から，水酸化ナトリウム水溶液をさらに何cm³加えたかを考える。
→その体積中に含まれるイオンの種類と数を考える。
→そのイオンが図３に加わったときのようすを図に表す。

3 斜面(しゃめん)を下る運動と力学的エネルギー >>p.88, 91, 92, 107, 108

次の問いに答えなさい。〔北海道・改〕

斜面上の台車の運動を調べるため，次の実験を行った。

実験1［1］ **図1**のように，斜面上のS点に台車の先端をあわせ，手でささえ，台車に記録タイマーを通した紙テープをつけた。

図1

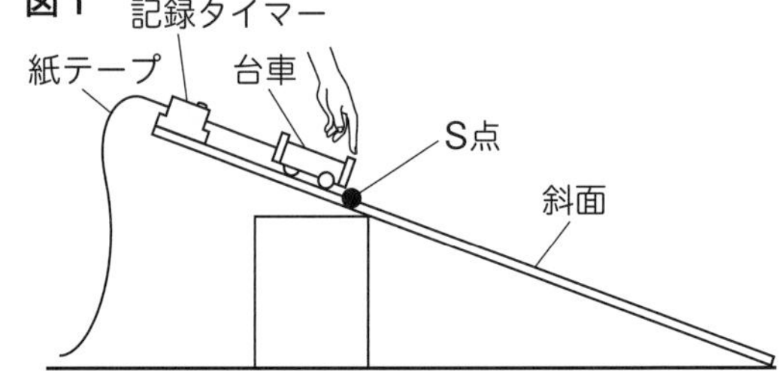

［2］ 台車から手をはなすと，台車は斜面を下った。このときの斜面上の台車の運動を，1秒間に50回打点する記録タイマーを用いて紙テープに記録した。

［3］ **図2**のように，打点が重なり合わず，はっきり区別できる最初の打点を0打点目とし，その打点から5打点ごとに印をつけた。印は35打点目までつけて，0打点目からの距離をそれぞれ調べた。**表**は，そのときの30打点目までの結果をまとめたものである。

図2

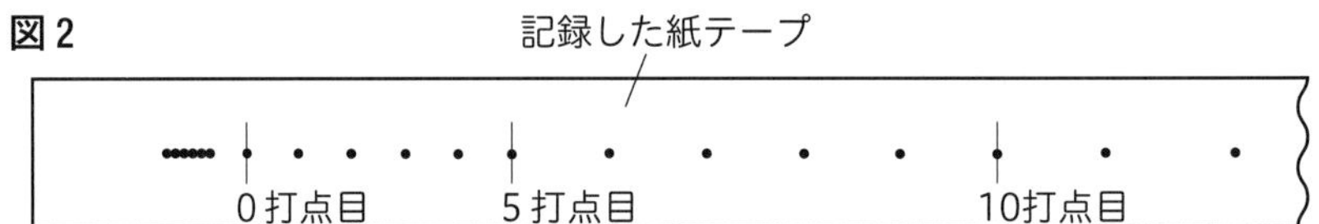

表

印をつけた打点〔打点目〕	5	10	15	20	25	30
0打点目からの距離〔cm〕	3.5	9.7	18.6	30.2	44.5	61.5

実験2 **図3**のように，水平な台の上に傾きの異なる斜面X，Yをつくり，質量が等しい台車Ⅰ，Ⅱの先端を，X上のA点，Y上のP点にそれぞれあわせて手でささえた。A点とP点，X上のD点とY上のR点は，それぞれ水平な台から同じ高さにあり，A点からD点までの距離を三等分するX上の地点をB点，C点とし，P点からR点までの距離を二等分するY上の地点をQ点とした。次に，手を台車Ⅰ，Ⅱから同時にはなすと，台車は斜面を下り，台車の先端がそれぞれD点，R点に達した。

ただし，実験1，2において，台車や紙テープにはたらくまさつや空気の抵抗は無視できるものとする。

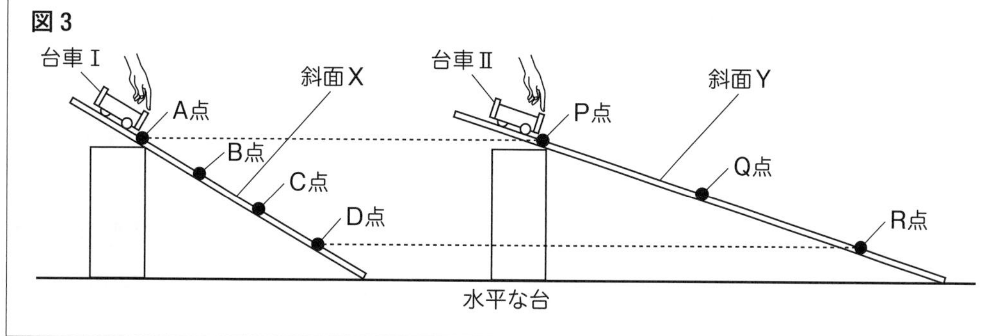

問1　実験1について，次の(1)，(2)に答えなさい。

(1)　0打点目から5打点目までの間の，台車の平均の速さとして，最も適当なものを，**ア**～**エ**から選びなさい。

ア　0.07cm/s　　**イ**　0.35cm/s　　**ウ**　3.5cm/s　　**エ**　35cm/s

(2)　0打点目から35打点目までの距離は何cmと考えられるか，最も適当なものを，**ア**～**エ**から選びなさい。

ア　65.0cm　　**イ**　75.8cm　　**ウ**　78.5cm　　**エ**　81.2cm

問2　実験2について，次の(1)～(3)に答えなさい。

(1)　次の文の①，②の｛　　｝に当てはまるものを，それぞれ**ア**，**イ**から選びなさい。

台車が斜面を下っているときの速さのふえ方を比べると，①｛**ア**　台車Ⅰ　**イ**　台車Ⅱ｝の方がふえ方が大きい。また，台車ⅠがD点に達するまでの時間と台車ⅡがR点に達するまでの時間を比べると，②｛**ア**　台車Ⅰ　**イ**　台車Ⅱ｝の方が時間がかかる。

(2)　台車がA点，D点，P点にあるときの，台車にはたらく重力の斜面に平行な分力を，それぞれ F_A，F_D，F_P とするとき，F_A，F_D，F_P の関係を表したものとして，最も適当なものを，**ア**～**エ**から選びなさい。

ア　$F_A = F_D$，$F_D > F_P$　　**イ**　$F_A = F_P$，$F_P > F_D$

ウ　$F_A > F_D$，$F_D > F_P$　　**エ**　$F_A > F_P$，$F_P > F_D$

(3)　**図4**は，台車ⅠがA点からD点まで下っているときの，台車Ⅰの位置エネルギーの変化を表したものである。Q点での台車Ⅱの運動エネルギーは，B点での台車Ⅰの運動エネルギーの何倍か，書きなさい。

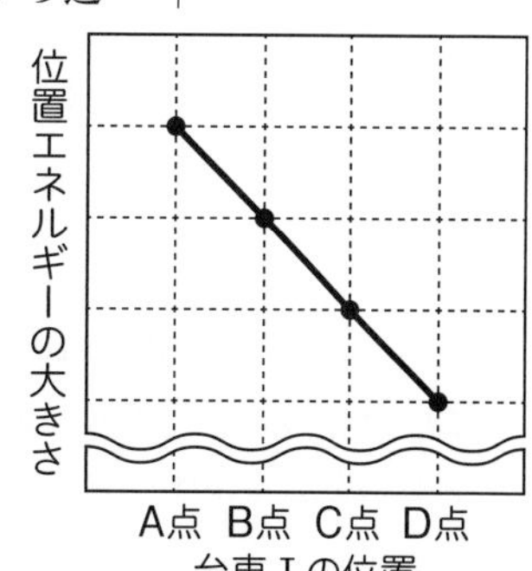

解き方のヒント

●運動の入試問題では

斜面を下る台車の運動の入試問題では，斜面の傾きによる，台車にはたらく力の大きさや速さのふえ方の違いのほか，位置エネルギーと運動エネルギーの移り変わりについてもよく問われる。

考え方

問1(2)表をもとに，5打点ごとの距離を求める。
→5打点ごとにふえている距離を求める。
→30～35打点目の距離を求める。

4 仕事と力学的エネルギー >>p.101, 103, 107

物体を引き上げるときの仕事について調べるために，滑車とばねばかり，質量200 gの物体を用いて，下の実験Ⅰ～Ⅲを行った。表は，この実験の結果をまとめたものである。このことについて，下の(1)～(5)の問いに答えなさい。ただし，質量100 gの物体にはたらく重力の大きさを1 Nとし，糸と滑車の質量，糸の伸び，糸と滑車の摩擦は考えないものとする。〔高知〕

実験Ⅰ　**図1**のように，糸の一方の端に物体を付け，糸のもう一方の端にばねばかりを取り付けた。物体をゆっくりと一定の速さで10cmの高さまで引き上げ，このときの糸を引く力の大きさと糸を引く距離を調べた。

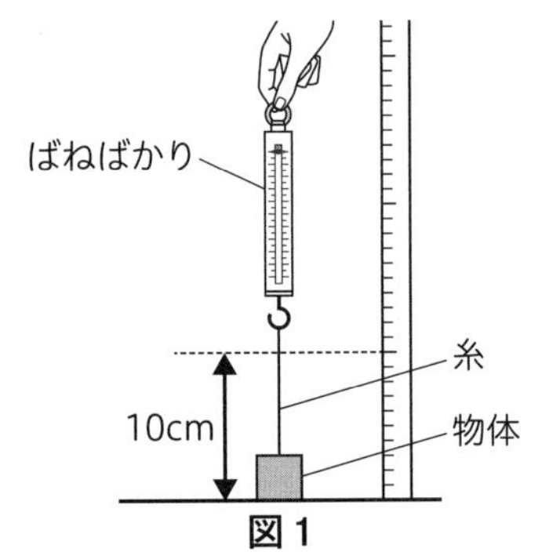

図1

実験Ⅱ　**図2**のように，糸の一方の端に物体を付け，その糸をスタンドに固定した定滑車にかけ，糸のもう一方の端にばねばかりを取り付けた。物体をゆっくりと一定の速さで10cmの高さまで引き上げ，このときの糸を引く力の大きさと糸を引く距離を調べた。

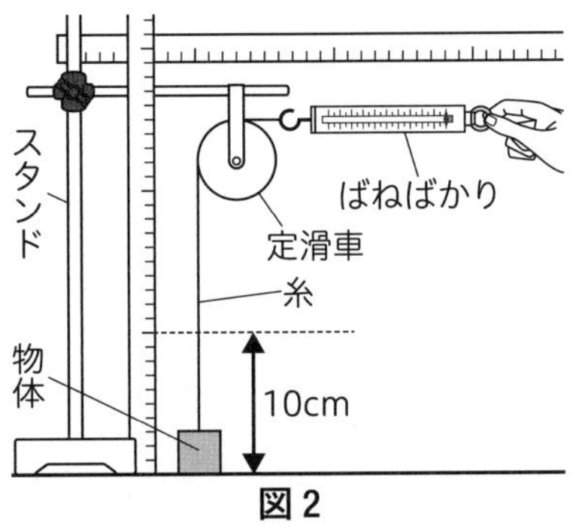

図2

実験Ⅲ　**図3**のように，糸の一方の端をスタンドに固定し，その糸を物体を付けた動滑車にかけ，糸のもう一方の端にばねばかりを取り付けた。物体をゆっくりと一定の速さで10cmの高さまで引き上げ，このときの糸を引く力の大きさと糸を引く距離を調べた。

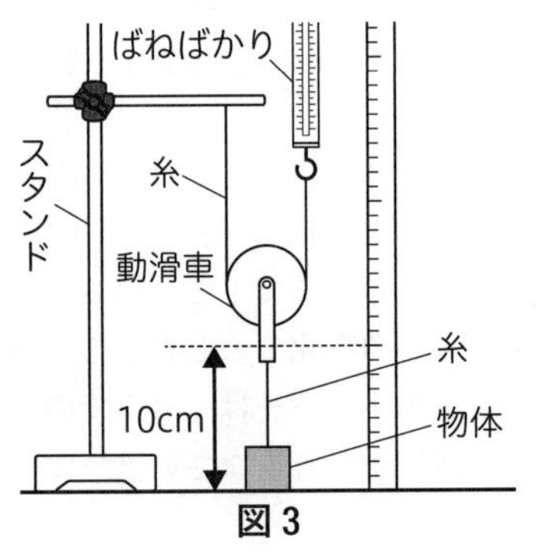

図3

解き方のヒント

●物理の実験の入試問題では
物理の実験文とその結果がある入試問題では，実験文をじっくり読まなくても，結果に着目すれば問題が解けることも多い。実験文を読む前に，各設問で問われていることを確認して，解ける場合はそのまま解き進めよう。

●道具を使った仕事
この入試問題では，定滑車と動滑車を使った仕事を扱っているが，このほか，斜面を使った仕事や，仕事の原理を利用した計算問題もよく見られる。

(3)のように文章で答える場合は，使う語句を指定されていたり，「○字以内で」のように文字数を指定されていたりすることがあるので，問題をよく読み，指示通りに答えよう。

	糸を引く力の大きさ〔N〕	糸を引く距離〔cm〕
実験Ⅰ	2	10
実験Ⅱ	2	10
実験Ⅲ	1	20

考え方

(4)糸を引き上げた速さをもとに，物体を引き上げるのにかかった時間を求める。
→仕事率を求める。

(5)荷物を 6 本のワイヤーで支えていると考える。また，動滑車を 3 m引き上げるには，動滑車の左右のワイヤーが何mずつ短くなればよいかを考える。

(1) 糸を引く力がした仕事について，実験Ⅰの仕事の大きさをA，実験Ⅱの仕事の大きさをB，実験Ⅲの仕事の大きさをCとするとき，A，B，Cの大小関係として正しいものを，次の**ア**～**エ**から一つ選び，その記号を書け。

ア $A>B>C$　　**イ** $A=B>C$

ウ $A=B<C$　　**エ** $A=B=C$

(2) 実験Ⅰにおいて，物体が引き上げられ動いている間の，物体のもつ運動エネルギーの大きさと力学的エネルギーの大きさについて述べた文として正しいものを，次の**ア**～**エ**から一つ選び，その記号を書け。

ア 運動エネルギーはしだいに小さくなるが，力学的エネルギーはしだいに大きくなる。

イ 運動エネルギーはしだいに小さくなるが，力学的エネルギーは一定である。

ウ 運動エネルギーは一定であるが，力学的エネルギーはしだいに大きくなる。

エ 運動エネルギーも力学的エネルギーも，一定である。

(3) 実験Ⅰ，Ⅱの結果から，定滑車にはどのようなはたらきがあるとわかるか，「糸を引く力の大きさ」,「糸を引く距離」,「力の向き」の三つの語を使って，書け。

(4) 実験Ⅲにおいて，ばねばかりが糸を引き上げた速さは5 cm/sであった。このときの仕事率は何Wか。

(5) 建設現場などで使われるクレーンでは，定滑車と動滑車を用いて，小さい力で重いものを持ち上げる工夫がされている。右の図は，あるクレーンの内部を模式的に表したものである。このクレーンは，三つの定滑車と三つの動滑車が一本のワイヤーでつながれ，三つの動滑車は棒で連結されていて，棒はワイヤーを引くと水平面と平行な状態のまま上昇する。このクレーンで，質量120kgの荷物を水平面から 3 mの高さまでゆっくりと一定の速さで引き上げるときの，ワイヤーを引く力の大きさは何Nか。また，ワイヤーを引く距離は何mか。ただし，ワイヤーと滑車と棒の質量，ワイヤーの伸び，ワイヤーと滑車の摩擦は考えないものとする。

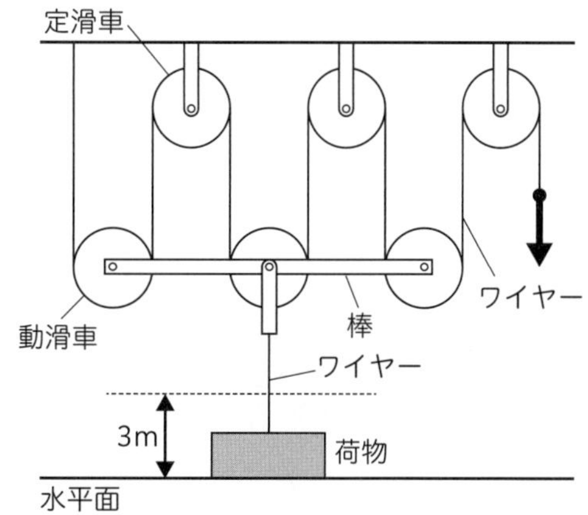

入試対策編　入試対策問題

5 地球の運動と星座・太陽の動き >>p.119, 120, 131, 134

地球の運動と天体の動きについて，あとの問いに答えなさい。〔富山〕

Ⅰ **図1**は，公転軌道上の地球と太陽および星座の位置関係を模式的に示したものである。A～Dは，日本における春分，夏至，秋分，冬至のいずれかの日の地球の位置を表している。

図1

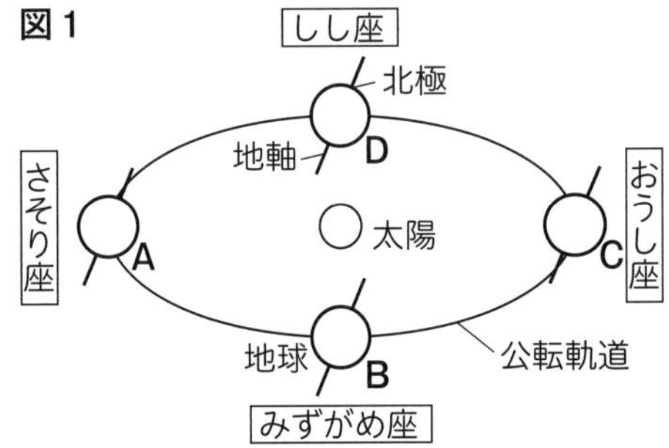

(1) 地球がAの位置にあるとき，日本において日没後，さそり座が見え始めるのはどの方位か。次の**ア**～**エ**から1つ選び，記号で答えなさい。

ア 東　**イ** 西　**ウ** 南　**エ** 北

(2) 地球がBの位置にあるとき，地球から，しし座を見ることができない。この理由を「方向」ということばを使って簡単に書きなさい。

(3) **図2**は，地球が**図1**のAの位置にあるとき，富山県の北緯36.4°の地点Pにおける太陽光のようすを表したものである。この日の太陽の南中高度は何度か，求めなさい。ただし，地球の地軸は地球が公転している平面(公転面)に対して垂直な方向から23.4°傾いているものとする。

図2

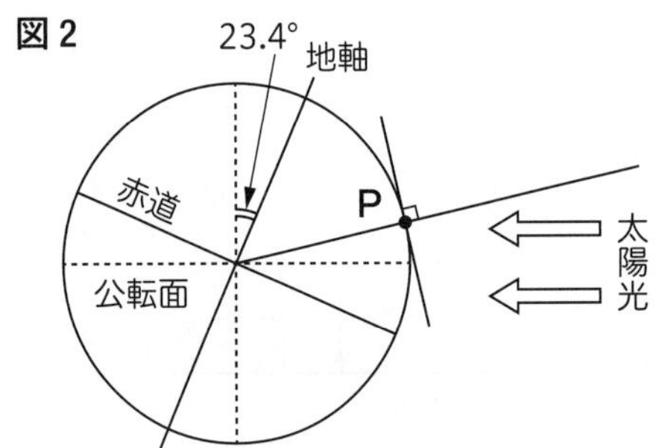

解き方のヒント

●地軸の傾きと季節

太陽のまわりを地球が公転するようすを表した図では，季節が示されていないことも多い。その場合はまず，地球の北極側が太陽のほうに傾いているときが夏(逆に，地球の北極側が太陽と反対のほうに傾いているときが冬)であることから，各位置にある地球の季節を確認しておくとよい。

考え方

(1)Aの位置にある地球において，日本で日没をむかえる位置を考える。
→その位置での方位(南，東，西)を考える。

(3)図2に，地点Pにおける南中高度を示す。
→図2に，わかっている角度を書きこむ。
→南中高度とわかっている角度との関係を考える。

大きさが同じ角に印をつけてみるとわかりやすいかも！

Ⅱ　富山県で，(3)と同じ日に太陽の１日の動きを観察し，太陽の動きを調べた。

<観察>

㋐　**図３**のように，厚紙の上に透明半球を固定し，サインペンの先のかげが，円の中心にくるようにして，９時から15時までの間，１時間ごとに太陽の位置を透明半球に記録し，その時刻を記入した。

㋑　印をつけた点をなめらかな線で結び，太陽の軌跡をかいた。

㋒　太陽の軌跡が透明半球のふちと交わる点をそれぞれ，X，Yとした。

㋓　軌跡に紙テープを当て，印と時刻を写しとり，定規で印と印の間隔をはかった。

図３

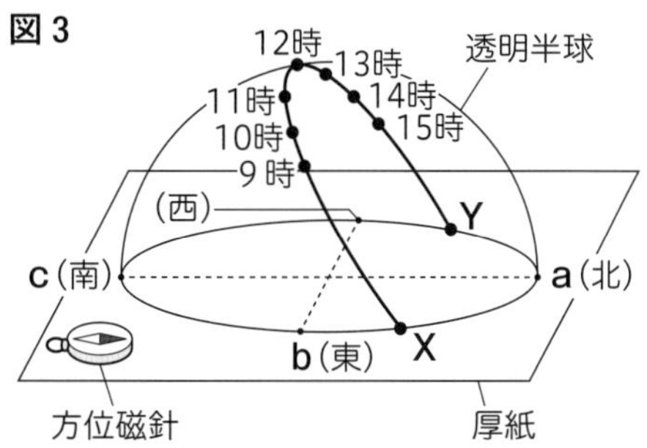

(4)　Xから９時の印までの間隔は９cmで，XからYまでの間隔は29.5cmであった。この日の日の出の時刻が４時30分であったとすると，日の入りの時刻は何時何分になるか，求めなさい。

(5)　(3)から３か月後，富山県で同じように太陽の軌跡をかき，透明半球を東側の真横から見ると，軌跡が**図４**のような線になった。この日に赤道上の場所で太陽の１日の動きを記録すると，軌跡はどのようになるか。東側の真横から見たようすを線でかき入れなさい。

図４

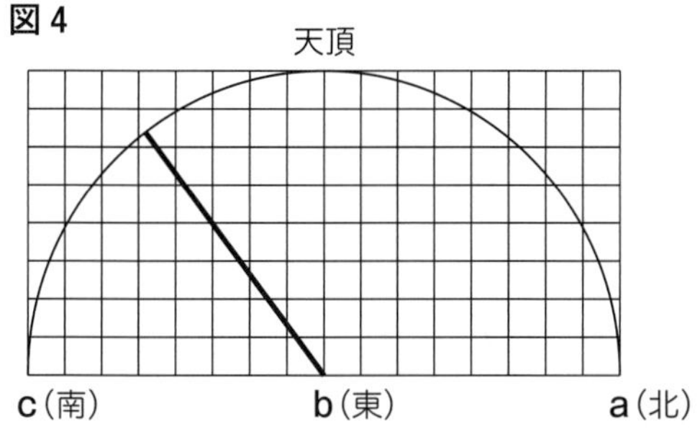

考え方

(4)Xから９時までの間隔と，日の出の時刻から，１時間当たりのテープの長さを求める。
→XからYまでの時間を求める。
→日の入りの時刻を求める。

春分・秋分の日の太陽は，緯度に関係なく，真東からのぼる。また，太陽の１日の動きを記録した透明半球を，真東(または真西)から見ると，太陽の道すじは図４のように直線になる。

6 惑星の見え方と天体観測 >>p.131，133，143，144，152

Wさんは2018年２月ごろ，夕方の西の空に一つの星を見つけた。その星は太陽系の惑星の一つである金星と分かったので，太陽系の惑星について調べるとともに，天体の動きについて観測することにした。太陽系の八つの惑星は，同じ平面上で太陽を中心とした円軌道上を，それぞれ一定の速さで同じ向きに公転しており，また，地球は一定の速さで自転しているとして，あとの問いに答えなさい。〔大阪〕

【Wさんが金星および他の太陽系の惑星について調べたこと】

・金星の大きさや平均密度は地球とほぼ同じである。

・太陽系の八つの惑星のうち，地球，金星，火星，水星は地球型惑星であり，木星，土星，天王星，海王星は木星型惑星である。

・金星の表面は昼夜を問わず高温になっている。

・**図Ⅰ**は，地球と金星の公転軌道および2018年の地球の位置を表した模式図である。惑星の公転周期は，公転軌道が外側になるほど長くなる。

・太陽と地球と金星の位置関係を調べると，2018年１月９日と2018年10月25日は，地球から見て，太陽と金星は同じ方向にある。

図Ⅰ

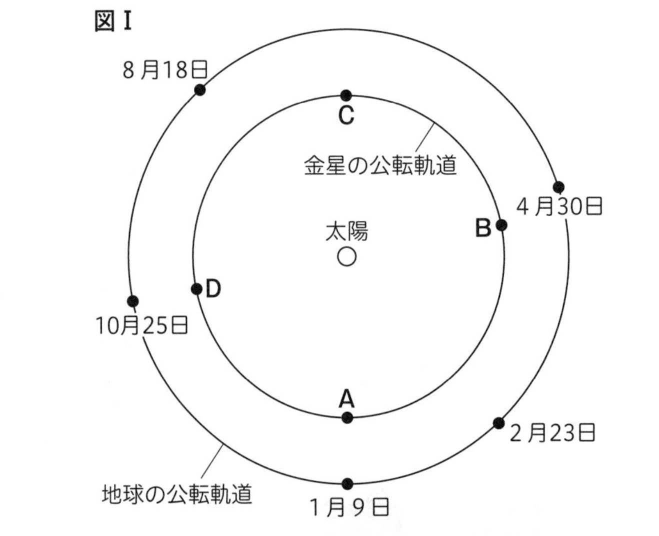

(1) 金星の表面が昼夜を問わず高温になっているのは，金星が厚い大気におおわれていることや，大気の主な成分がもっている性質などが影響していると考えられる。金星の大気の主な成分は何か，書きなさい。

解き方のヒント

●天体の入試問題では

天体の入試問題では，この問題のように，惑星，太陽の動き，星座の動きなどを総合的に問われることも少なくない。

また，金星の見え方についての問題では，金星と地球の公転軌道の図をもとに，太陽と金星，地球の位置関係から，金星の見える方位・時刻や，金星が光って見える形などが問われることが多い。

考え方

(1)大気に含まれている気体で，金星の表面温度を上げる原因になっているものが何かを考える。地球の大気にも含まれている気体である。

【Wさんの天体観測のまとめ】

・2018年の２月，３月ごろは，日の入り後すぐに金星もオリオン座も観測できた。
・オリオン座の観測をしていると，オリオン座のデルタ星は常に真西の地平線に沈むことが分かった。
・日の入りの時刻における，地球から見た太陽の方向と金星の方向との間の角度は，2018年２月に観測を始めて以降次第に大きくなっていき，2018年８月18日ごろが約45度で最も大きくなった。その後次第に角度は小さくなっていった。
・2018年の夏ごろになると，日の入り後すぐに金星は観測できたが，同じ時刻にオリオン座は観測できなかった。また，真夜中になると金星も観測できなかったが，同じ太陽系の惑星である火星は南の空で観測できていた。
・金星は2018年２月に観測を始めて以降，10月ごろまでは夕方の西の空で観測できていたが，11月ごろからは明け方の東の空で観測できるようになった。
・**図Ⅱ**は，オリオン座のスケッチの一部である。

図Ⅱ

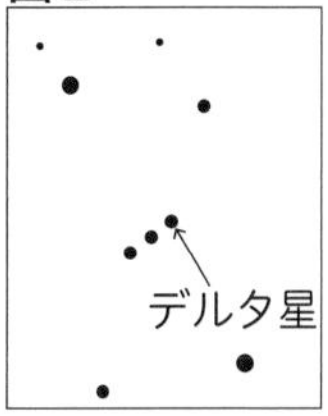

デルタ星

(2)　Wさんが天体観測をした場所における，2018年２月23日の日の入りの時刻は午後５時48分であった。同じ場所における，2018年４月30日の日の入りの時刻と位置は，2018年２月23日と比べてどのように変化したか。次の**ア**～**エ**から正しいものを一つ選び，記号で答えなさい。

ア　日の入りの時刻は早くなり，位置は北寄りになった。
イ　日の入りの時刻は早くなり，位置は南寄りになった。
ウ　日の入りの時刻は遅くなり，位置は北寄りになった。
エ　日の入りの時刻は遅くなり，位置は南寄りになった。

(3)　地球と金星の公転軌道上の位置関係を考えたとき，**図Ⅰ**において，2018年１月９日の金星の位置および2018年10月25日の金星の位置はどこか。それぞれ**図Ⅰ**中のA～Dのうち，最も適しているものを一つずつ選び，記号で答えなさい。

(4)　2018年４月30日のオリオン座のデルタ星は，午後９時に真西の地平線に沈むことが分かった。同じ場所で観測したとき，オリオン座のデルタ星が午前２時に真西の地平線に沈むと考えられるのは何月か，求めなさい。

(5)　金星は真夜中になると観測できないが，2018年の夏には，地球へ大接近した火星が真夜中になっても観測できていた。火星が真夜中であっても観測できることがある理由を，公転軌道に注目して簡潔に書きなさい。

考え方

(2)この期間の間に，昼間の長さがどのように変化するかを考えるとよい。

(3)どちらの場合も，金星の位置の候補が２つあるので，どちらのときに【調べたこと】や【まとめ】に示されている条件に当てはまるかを考える。

(4)星座の星の日周運動と年周運動の両方を考える必要がある。

(5)のように，文章を記述させる問題文中に「～に注目して」のような条件がある場合は，「～」のことばを用いて記述してみよう。

7 生態系 ≫p 159〜162，164

Ｓさんと Ｔさんは，自然界のつながりについて調べて発表しました。これに関する先生との会話文を読んで，あとの(1)〜(4)の問いに答えなさい。〔千葉〕

Ｓさん：私は，**図１**のように生態系における炭素の循環（じゅんかん）についてまとめました。無機物に含（ふく）まれる炭素は，大気中では二酸化炭素として存在し，生産者に取り込（こ）まれ，生物どうしの食べる・食べられるの関係によって，有機物に含まれる炭素として生物の中を巡（めぐ）っていきます。

図１

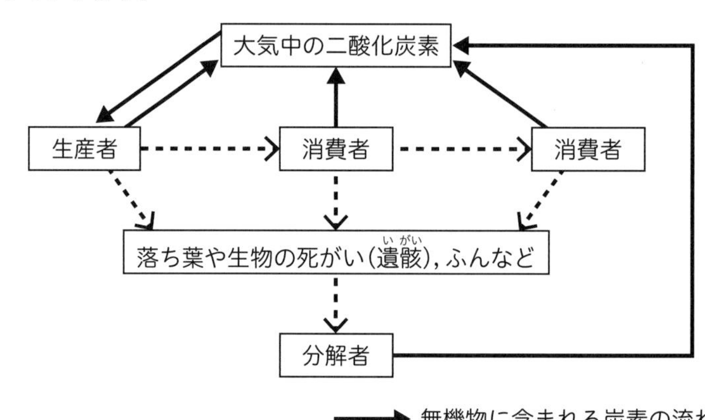

Ｔさん：大気中の二酸化炭素は，生産者に取り込まれたあとどうなるのですか。

Ｓさん：ａ光合成により有機物になります。

Ｔさん：それでは，**図１**の一番下にあるｂ分解者はどのような役割を果たしているのですか。

Ｓさん：落ち葉や生物の死がい，ふんなどの有機物を分解して，無機物にします。

先　生：その通りです。生物のはたらきで作られた有機物が，生物のはたらきで無機物に戻（もど）っていくことがよくわかる発表でした。

Ｔさん：私は，生態系における生物どうしのつながりについてまとめました。**図２**を見てください。

先　生：**図２**は，生態系における生物の数量の関係を表す図ですね。生物の数量のつり合いが保たれている状態ではピラミッドのような形をしています。

図２

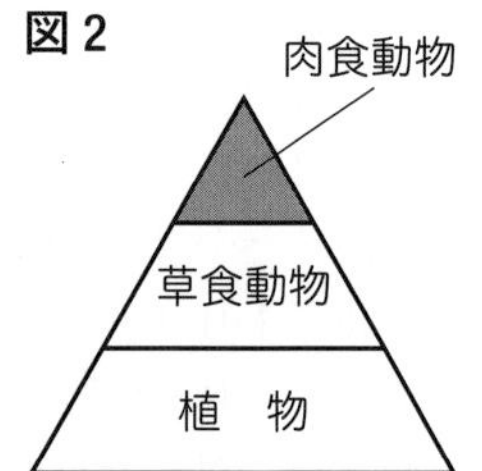

図３

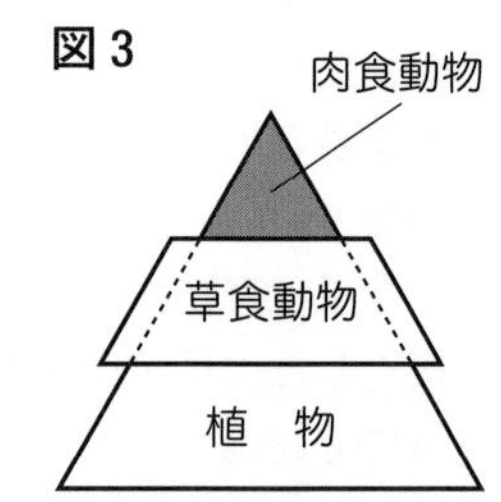

Tさん：**図2**のような生態系において，生物の数量のつり合いが崩れたらどうなるかについて説明します。まず，**図3**のように何らかの理由で草食動物が増えたとします。

Sさん：図の点線は何を表しているのですか。

Tさん：この生態系で，生物の数量のつり合いが保たれている状態です。次に**図4**を見てください。何らかの理由で草食動物が増えたので，①のように［　x　］ことになります。すると，②のように草食動物が減ります。草食動物が減ったので，③のように草食動物を食べる肉食動物が減り，草食動物に食べられる植物が増えます。結果として，生物の数量のつり合いが保たれているもとの状態に戻ります。

図4

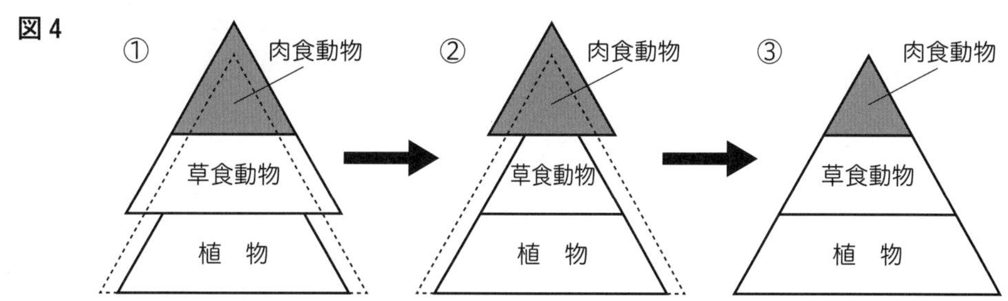

先　生：そのとおりです。生態系において，生物の数量に一時的に変化が起きてつり合いが崩れても，再びもとに戻りつり合いは保たれるということがよくわかる発表でした。ところで，実際の自然界における生物どうしの関係は，食べる・食べられるという1対1の食物連鎖というつながりではなく，c複数対複数の複雑なつながりになっています。自然界のつながりについて，もっと調べてみましょう。

(1)　会話文中の下線部aについて，光合成によりできる有機物として最も適当なものを，次の**ア**～**エ**のうちから一つ選び，その符号を書きなさい。

ア　アンモニア　　**イ**　デンプン　　**ウ**　タンパク質　　**エ**　脂肪

(2)　会話文中の下線部bの具体例として最も適当なものを，次の**ア**～**エ**のうちから一つ選び，その符号を書きなさい。

ア　シデムシ，アオカビ，乳酸菌

イ　モグラ，ミミズ，ダンゴムシ

ウ　モグラ，トカゲ，シデムシ

エ　トカゲ，アオカビ，乳酸菌

(3)　会話文中の［　x　］にあてはまる最も適当な説明を，草食動物が増えたときの肉食動物と植物の数量の変化について，食べる・食べられるの関係にふれながら，**35字以内**(読点を含む。)で書きなさい。

(4)　会話文中の下線部cについて，このつながりを何というか。その名称を書きなさい。

解き方のヒント

●長文を読む前に

この問題のように，会話文などが問題文の半分以上を占めるような場合は，それを最初から読まずに，まず問題で何が問われているかを確認しよう。

(3)のように，文章を記述させる問題文中にいくつかの条件がある場合は，すべてを満たすように気をつけて記述しよう。

定期試験対策問題　解答と解説

第1編 生命の連続性

第1章 生物の成長とふえ方 p.20, 21

1 (1) C　(2) 染色体
(3) 細胞分裂で細胞の数がふえ，それぞれの細胞の大きさが大きくなることで成長する。

〈解説〉
(1) 細胞分裂は，根では先端付近で最も盛んに行われている。
(2) 染色体は，細胞分裂が始まると見られるようになり，ふだんは見ることができない。
(3) 多細胞生物は，細胞分裂によって細胞の数をふやすとともに，1つ1つの細胞の体積が大きくなることで成長していく。

2 (1) 1つ1つの細胞を離れやすくするため。
(2) 細胞の重なりをなくすため。
(3) (A,)D，B，C，E

〈解説〉
(1) うすい塩酸に入れると，細胞分裂が止まり，細胞壁どうしを結びつけている物質がとけるので，細胞どうしが離れやすくなる。
(2) 上から垂直に押しつぶすことで，細胞がばらばらになり，細胞の核や染色体のようすが観察しやすくなる。
(3) 細胞分裂が始まると，ふだんは観察できない染色体が現れる(D)。→染色体が中央に集まる(B)。→染色体が2つに分かれて両端に移動する(C)。→細胞の両端に核が，中央に仕切りができ始め，やがて2つの細胞になる(E)。

3 (1) ア　(2) ウ　(3) イ

〈解説〉
(1) ミカヅキモのような単細胞生物では，からだが2つに分裂して新しい個体ができる。
(2) このようなふえ方を出芽といい，ヒドラのほか，酵母も出芽でふえる。
(3) 植物がからだの一部から新しい個体をつくる無性生殖を栄養生殖という。栄養生殖は農業や園芸などで広く利用されている。

4 (1)親のからだの細胞　$2n$
受精卵　$2n$
(2) C，A，B
(3)細胞の数　ふえる。
1つ1つの細胞の大きさ　(しだいに)小さくなる。

〈解説〉
(1) 卵や精子ができるときは，減数分裂が行われ，染色体の数が半分になる。よって，もとの親のからだの細胞に含まれる染色体の数は，卵や精子のもつ染色体の数の2倍である。受精卵は卵と精子が合体したものなので，その染色体の数は，$n+n=2n$
(2) 受精卵の細胞分裂では，細胞数が1回の分裂で2つ→4つ→8つ→…と2倍にふえる。
(3) 受精卵の発生初期の細胞分裂では，細胞数はふえるが全体の大きさは変わらない。そのため，細胞1つ1つの大きさは小さくなっていく。

5 (1)A　花粉管　B　精細胞　(2) C
(3) 花粉やショ糖水溶液が乾燥するのを防ぐため。

〈解説〉
(1)・(2) 花粉がめしべの柱頭につくと，花粉から柱頭の内部に花粉管が伸びる。花粉管の中を精細胞が移動し，胚珠(E)の中にある卵細胞(C)が精細胞と合体(受精)して受精卵となる。
(3) ふたをせずに放置すると，ショ糖水溶液が蒸発したり，花粉が乾燥したりして，花粉管が伸びるようすを観察できなくなってしまう。

第2章 遺伝と進化 p.33, 34

1 (1) 丸　(2) ＡＡ　(3) エ

〈解説〉

(1) 対立形質(この場合は丸としわ)をもつ純系どうしをかけ合わせたとき，子に現れる形質を顕性形質という。できた種子がすべて丸かったことから，丸が顕性形質である。

(2) (1)より，親は純系であるから，親の丸い種子の遺伝子の組み合わせはＡＡ，しわのある種子の遺伝子の組み合わせはａａである。なお，このとき，子の遺伝子の組み合わせはすべてＡａとなるため，子はすべて丸い種子になる。

(3) 遺伝子の組み合わせがＡａの子どうしを受粉させると，孫の遺伝子の組み合わせの割合は，
ＡＡ：Ａａ：ａａ＝１：２：１　になる。ＡＡとＡａは丸い種子，ａａはしわの種子になるので，
丸い種子：しわの種子＝３：１　になる。よって，種子が400個あれば，丸い種子が300個，しわの種子が100個となる。

2 (1) 減数分裂　(2) 分離の法則
(3) 下図

〈解説〉

(1) 生殖細胞ができるときに起こる，染色体の数が半分になる細胞分裂を減数分裂という。

(2) 分離の法則によって，子の遺伝子Ａとａは分かれて別々の生殖細胞に入る。

(3) 孫の代の遺伝子の組み合わせとその割合は，
ＡＡ：Ａａ：ａａ＝１：２：１ となる。

3 (1) Ｒｒ　(2) ＲＲ，Ｒｒ，ｒｒ

〈解説〉

(1) 赤花しかさかせない親の遺伝子の組み合わせはＲＲ，白花しかさかせない親の遺伝子の組み合わせはｒｒなので，子の代の遺伝子の組み合わせはＲｒとなる。子はすべて赤花なので，赤花が顕性形質である。

(2) 子の代の遺伝子の組み合わせはＲｒなので，孫の代の遺伝子の組み合わせは，ＲＲ，Ｒｒ，ｒｒの３通りになる。

4 (1) ハチュウ(類)　(2) ウ，エ

〈解説〉

(1) シソチョウはハチュウ類と鳥類の特徴を合わせもっており，ハチュウ類と鳥類の中間の生物であると考えられている。

(2) アとイはハチュウ類の特徴である。

5 (1) 共通の祖先から進化してきた。
(2) ア，イ，オ

〈解説〉

(1) セキツイ動物の前あしのように，外見やはたらきは異なるのに骨格の基本的なつくりがよく似ており，もともとの起源は同じものであったと考えられる器官を相同器官という。相同器官は，共通の祖先から進化してきたことを示す証拠と考えられている。

(2) クジラの胸びれ，コウモリの翼は，前あしが変化してできたものである。

第2編 化学変化とイオン

第3章 水溶液とイオン p.46, 47

1 (1) (前に調べた)水溶液が混ざらないようにするため。
(2) ア，エ，オ　(3) 大量の水で洗い流す。

〈解説〉

(1) ステンレス電極を洗わないで次の水溶液に入れると，前の水溶液が電極に残っているため，正しい結果が得られない。

(2) 果物の汁は，電解質を含んでいるため電流が流れる。

(3) 水溶液には，皮膚をいためる原因となるものもあるので，水溶液が皮膚についた場合には，すぐに大量の水で洗い流す必要がある。

2 (1)① Cl_2
②㋐ 赤　㋑ 金属　㋒ 銅
(2)① H_2
② (発生した塩素は)水に溶けやすいから。

〈解説〉

(1) 塩化銅の化学式は$CuCl_2$で，電気分解したときの化学反応式は，$CuCl_2 \longrightarrow Cu + Cl_2$ である。陽極からは塩素が，陰極には銅が付着する。銅は赤色をした金属であり，金属光沢がある。

(2) 塩酸は塩化水素(HCl)の水溶液である。電気分解したときの化学反応式は，$2HCl \longrightarrow H_2 + Cl_2$ であり，陽極からは塩素，陰極からは水素が発生する。塩素は水に溶けやすいため，水素と比べると集まりにくい。

3 (1)A 陽子　B 電子
(2) イ　(3) ア

〈解説〉

(1)・(2) 原子の中心には原子核があり，原子核は＋の電気をもった原子や電気をもたない中性子からできている。原子核のまわりには電子があり，電子は－の電気をもっている。

4 (1) 陽イオン
(2)① マグネシウムイオン
② 亜鉛イオン　③ 硫酸イオン
④ アンモニウムイオン
(3)① K^+　② Ba^{2+}　③ OH^-

〈解説〉

(1) 原子から2つの電子が出ることで原子自体は＋の電気を帯びているので，陽イオンである。

5 (1)㋐ H^+　㋑ Na^+
(2) $CuCl_2 \longrightarrow Cu^{2+} + 2Cl^-$
(3) $CuSO_4 \longrightarrow Cu^{2+} + SO_4^{2-}$

〈解説〉

(1) 塩化水素は水素イオンと塩化物イオンに電離する。塩化ナトリウムはナトリウムイオンと塩化物イオンに電離する。

(2) 塩化銅は銅イオンと塩化物イオンに電離し，銅イオンの化学式はCu^{2+}である。電離を表す式では，矢印の左右で＋の数と－の数を等しくするので，塩化物イオン(Cl^-)は2個必要である。

(3) 硫酸銅は銅イオンと硫酸イオンに電離する。

第4章 電池とイオン p.58，59

1 (1) 銅　(2) 亜鉛　(3) 電子

〈解説〉

(1) 実験で用いた水溶液は，いずれも電解質の水溶液である。硫酸マグネシウムは水溶液中で硫酸イオンとマグネシウムイオンに，硫酸亜鉛は水溶液中で硫酸イオンと亜鉛イオンに，硫酸銅は水溶液中で硫酸イオンと銅イオンに電離している。水溶液中の金属イオンよりも，水溶液に入れた金属板の金属のほうがイオンになりやすい場合には，金属が電子を失って陽イオンとなり，水溶液中の金属イオンがその電子を受け取って原子となる。実験で用いた金属のうち，最もイオンになりにくいのは，結果の表よりいずれの水溶液に入れても変化しない銅である。

(2) マグネシウムは亜鉛や銅よりもイオンになりやすいため，硫酸亜鉛水溶液の中ではマグネシウム板が溶けて亜鉛が付着し，硫酸銅水溶液の中ではマグネシウムが溶けて銅が付着する。

(3) 亜鉛は銅よりもイオンになりやすいため，硫酸銅水溶液の中では亜鉛板の亜鉛原子が電子を失って亜鉛イオンとなる。硫酸銅水溶液中の銅イオンは，亜鉛原子から出てきた電子を受け取って銅原子となり，亜鉛板に付着する。

2 (1) 鳴らない。
(2) 亜鉛原子は電子を失って亜鉛イオンになった。
(3) (硫酸銅水溶液の)青色がうすくなった。

〈解説〉

(1) 電子オルゴールは＋極と－極を正しくつないだときだけ音が鳴るため，＋と－を逆にすると鳴らなくなる。

(2) 銅より亜鉛のほうがイオンになりやすいので，亜鉛原子が電子を失って亜鉛イオンとなり，水溶液中に出ていく。

(3) 銅イオンを含む水溶液は青色をしている。ここでは，水溶液中の銅イオンが，亜鉛から放出された電子を受け取って銅原子となり銅板に付着する。水溶液中の銅イオンが減るので，水溶液の青色がうすくなる。

3 (1)A　ウ　B　イ　(2) 電子
(3)＋極　エ　－極　ア　(4) イ

〈解説〉

(1)・(2) Aは亜鉛板から出ていくイオンなので，亜鉛イオンである。亜鉛原子が亜鉛イオンになるとき，電子を放出し，この電子は導線を通って銅板に移動する。Bはこの電子を受け取るイオンなので，水溶液中の銅イオンである。

(3) 銅板では，導線の中を移動してきた電子を銅イオンが受け取って銅原子ができている。亜鉛板では，亜鉛原子が電子を放出して亜鉛イオンができている。

(4) ダニエル電池では，イオンになりやすいほうの亜鉛が電子を放出する。電子は－極から＋極へ流れるので，亜鉛板が－極になる。

4 (1)① イ，ウ
② 充電することでくり返し使える電池。
(2) 燃料電池
(3) 水だけが生じ，(有害な物資が出ないため，)環境にやさしい。

〈解説〉

(1) 充電できず，一度使い切ると使えなくなる電池を一次電池，充電して何度でも使える電池を二次電池という。一次電池にはマンガン乾電池，アルカリ乾電池，リチウム電池，酸化銀電池，空気電池などがある。二次電池には鉛蓄電池，ニッケル水素電池，リチウムイオン電池などがある。

(2) 水に電流を流すと，酸素と水素に分解できる。燃料電池はこの逆の反応を利用して，水素がもつ化学エネルギーを電気エネルギーとして取り出す装置である。

(3) 燃料電池では，水素と酸素が結びついて水だけが生じる。

第5章 酸・アルカリとイオン p.71, 72

1 (1) C，E　(2) H_2　(3) B，D
(4) 青色　(5) 中性　(6) F

〈解説〉

(1) BTB溶液を黄色に変化させるのは酸性の水溶液である。

(2) 酸性の水溶液に亜鉛などの金属を入れると，水素が発生する。水素の化学式はH_2である。

(3) フェノールフタレイン溶液を赤色に変化させるのはアルカリ性の水溶液である。

(4) BTB溶液は中性の水溶液で緑色，酸性の水溶液で黄色，アルカリ性の水溶液で青色に変化する。

(5) アルカリ性でも酸性でもないので，中性である。

(6) 酸性やアルカリ性の水溶液には電流が流れる。中性の水溶液には電流が流れるものと流れないものがある。

2 (1)溶質　塩化水素
式　$HCl \longrightarrow H^+ + Cl^-$
(2) 青色リトマス紙
(3) $NaOH \longrightarrow Na^+ + OH^-$
(4)名称　水酸化物イオン
色が変化した部分　エ

〈解説〉

(1) 塩酸には気体の塩化水素が溶けている。塩酸は水に溶けると，水素イオンと塩化物イオンに電離する。

(2) 塩酸は酸性の水溶液であるため，青色リトマス紙が赤色に変化する。

(3) 水酸化ナトリウムは水に溶けるとナトリウムイオンと水酸化物イオンに電離する。

(4) 水酸化ナトリウム水溶液はアルカリ性の水溶液で，アルカリ性を示すのは水酸化物イオン(OH^-)である。また，水酸化物イオンは陽極側に引かれて移動するので，陽極側の赤色リトマス紙が青色に変化する。

3 (1) H^+　(2) OH^-
(3)① $HNO_3 \longrightarrow H^+ + NO_3^-$
② $KOH \longrightarrow K^+ + OH^-$
③ $H_2SO_4 \longrightarrow 2H^+ + SO_4^{2-}$
④ $Ba(OH)_2 \longrightarrow Ba^{2+} + 2OH^-$

〈解説〉

(1) 水溶液にしたとき，電離して水素イオン(H^+)を生じる物質を酸という。

(2) アルカリ性を示すイオンは水酸化物イオン(OH^-)である。

(3)① 硝酸は水素イオン(H^+)と硝酸イオン(NO_3^-)に電離する。

② 水酸化カリウムはカリウムイオン(K^+)と水酸化物イオン(OH^-)に電離する。

③ 硫酸は水素イオン(H^+)と硫酸イオン(SO_4^{2-})に電離する。硫酸は水素原子を2つもっているので，電離すると水素イオンが2個できる。

④ 水酸化バリウムはバリウムイオン(Ba^{2+})と水酸化物イオン(OH^-)に電離する。

4 (1)　液体がゴム球に吸いこまれないようにするため。
(2)　ウ　(3)㋐　NaOH　㋑　NaCl

〈解説〉

(1)　ゴム球の中に液体が入るとゴム球がいたんでしまう可能性がある。安全球があると，ここに液体がたまることでゴム球に液体が入りにくくなる。なお，ゴム球に液体が入らないようにするために，こまごめピペットの先は上に向けないようにする。

(2)　BTB溶液を加えた水溶液が緑色になっているので，このとき中性になっていると考えられる。中性の水溶液中には，水素イオン(H^+)や水酸化物イオン(OH^-)は存在しない。ア，イは水素イオンが存在しているため酸性，エは水酸化物イオンが存在しているためアルカリ性である。

(3)　塩酸と水酸化ナトリウムを混ぜ合わせたので，㋐には水酸化ナトリウムの化学式が入る。塩酸が電離してできた水素イオン(H^+)と水酸化ナトリウムが電離してできた水酸化物イオン(OH^-)が結合して水(H_2O)となるので，㋑には塩酸が電離してできた塩化物イオン(Cl^-)と水酸化ナトリウムが電離してできたナトリウムイオン(Na^+)が結合した塩化ナトリウムの化学式が入る。中和では，酸の水溶液の水素イオンとアルカリの水溶液の水酸化物イオンが結合して水ができ，残りのイオンが結合して塩ができる。塩酸と水酸化ナトリウムの中和でできる塩は塩化ナトリウムである。

第3編　運動とエネルギー

第6章　力の合成と分解，水圧と浮力　p.84，85

1 (1)作図　下図1　大きさ　0.4N
(2)作図　下図2　大きさ　1.4N
(3)作図　下図3　大きさ　1.0N
(4)　大きくなる。

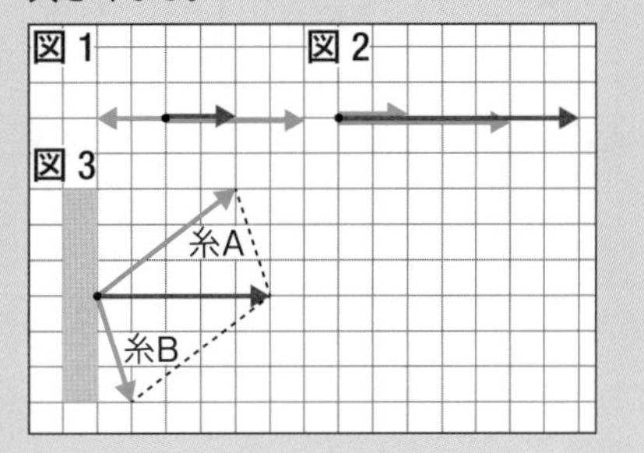

〈解説〉

(1)　図1の2力は一直線上にあり，反対向きであるから，合力の大きさは2力の大きさの差になり，合力の向きは大きいほうの力と同じ向きになる。合力の大きさは2目盛り分であるから，
0.2〔N〕×2＝0.4〔N〕

(2)　図2の2力は一直線上にあり，同じ向きの力であるから，合力の大きさは2力の大きさの和になり，合力の向きは2力と同じ向きになる。合力の大きさは7目盛り分であるから，
0.2〔N〕×7＝1.4〔N〕

(3)　一直線上にない2力の合力は，2力を表す矢印を2辺とする平行四辺形の対角線で表される。合力の大きさは5目盛り分であるから，
0.2〔N〕×5＝1.0〔N〕

(4)　2力の合力を作図すると，右図のようになる。このように，2力の大きさを変えずになす角度を小さくすると，合力は大きくなる。

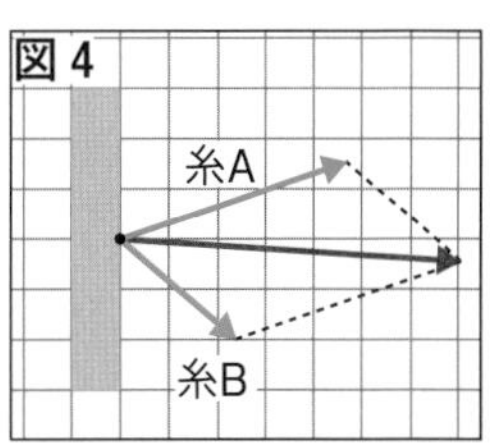

解答　定期試験対策問題

2 (1)作図　下図1　　大きさ　1.5N
(2)作図　下図2　　大きさ　2.0N
(3)作図　下図3（F_7～F_9のいずれか）
(4)　つりあっている。

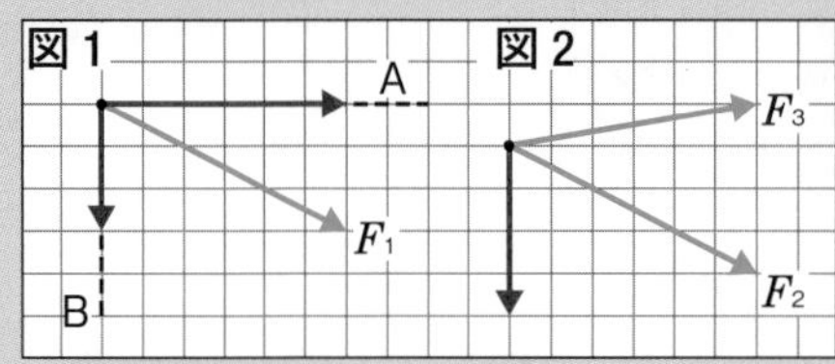

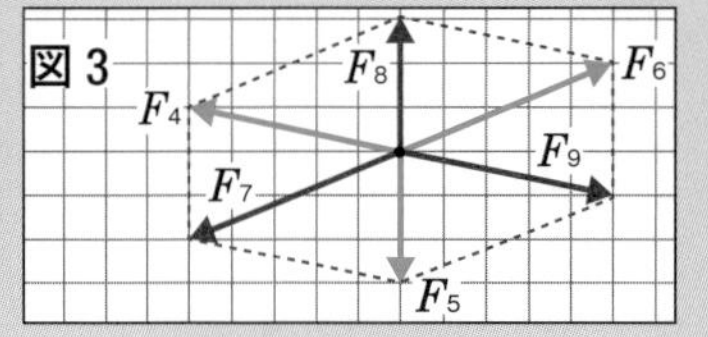

〈解説〉

(1)　AとBがF_1を対角線とする平行四辺形の隣りあう2辺となるように作図する。Bの方向の分力の大きさは3目盛り分なので，0.5〔N〕×3＝1.5〔N〕

(2)　F_2が対角線となる平行四辺形を作図する。求めた分力の大きさは4目盛り分なので，
0.5〔N〕×4＝2.0〔N〕

(3)・(4)　図3の3力のうち，どの2力を選んで合力を求めても，残りの1つの力とつりあうので，3力はつりあっていることがわかる。

3 (1)　水にはたらく重力
(2)　イ

〈解説〉

(1)　水中の物体には，まわりの水による圧力がはたらく。

(2)　水圧の大きさは深さによって決まるので，深さが同じであれば水圧の大きさも同じになり，同じ深さにあるゴム膜はへこみ方も同じになる。水圧はあらゆる方向から物体にはたらくので，片方のゴム膜が外にふくらんでいるイは誤っている。

4 (1)　エ　　(2)　0.3N
(3)　大きくなる。　　(4)　変わらない。

〈解説〉

(1)　水圧は，水の深さが深くなるほど大きくなる。

(2)　空気中では1.6Nであったばねばかりの目盛りが，物体を水中に入れると1.3Nになっているので，小さくなった0.3N（＝1.6〔N〕－1.3〔N〕）が浮力の大きさである。

(3)　浮力の大きさは，物体の水中にある部分の体積が大きいほど大きくなる。したがって，物体の半分が水中にあるときよりも，物体全体が水中にあるときのほうが浮力は大きくなる。浮力が大きいときのほうが，ばねばかりの目盛りは小さくなる。

(4)　物体の全体が水中にあるときは，浮力の大きさは深さによって変わることはない。

第7章 物体の運動 p.96, 97

1 (1) 0.1秒
(2)① 23cm/s　② 21cm/s
③ 22cm/s　④ 29cm/s
⑤ 23.75cm/s
(3) ア

〈解説〉

(1) この記録タイマーは1秒間に50打点するので，5打点にかかる時間は，$\frac{1}{50}$〔s〕×5=0.1〔s〕

(2)①～④ AB間，BC間，CD間，DE間はいずれも5打点分なので，0.1秒間に手が動いた距離である。したがって，AB間の平均の速さは
$\frac{2.3〔cm〕}{0.1〔s〕}$=23〔cm/s〕
BC間，CD間，DE間も同様にして求める。

⑤ AE間は4区間分なので，0.4秒間に手が動いた距離である。したがって，
$\frac{9.5〔cm〕}{0.4〔s〕}$=23.75〔cm/s〕

(3) テープの打点間隔が広いほど，一定の時間に長い距離を運動したことになるので，速く運動したといえる。

2 (1) 50cm/s　(2) 150cm
(3) 下図

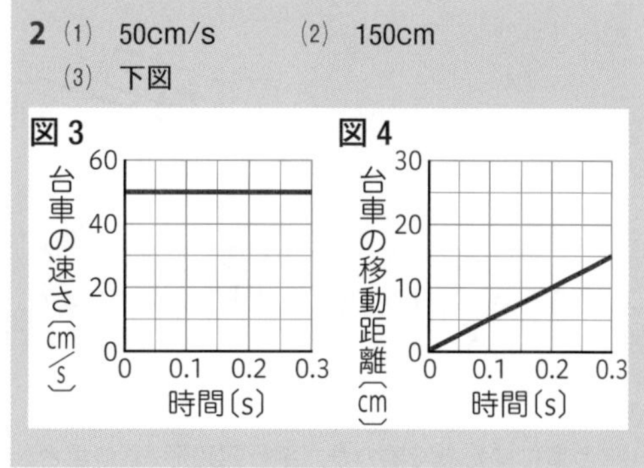

〈解説〉

(1) 図2のAのテープより，台車は0.1秒で5cm移動しているので，平均の速さは，
$\frac{5〔cm〕}{0.1〔s〕}$=50〔cm/s〕

(2) 台車は1秒間に50cm移動するので，3秒間に移動する距離は，50〔cm/s〕×3〔s〕=150〔cm〕

(3) 台車の速さは50cm/sでほぼ変化がないので，図3は横軸に平行なグラフになる。一方，台車の移動距離は0.1秒ごとに5cmずつ一定の割合で増えていくので，図4は原点を通る右上がりの直線になる。

3 (1) 右図
(2) 変わらない。
(3) ウ
(4) 小さくなる。

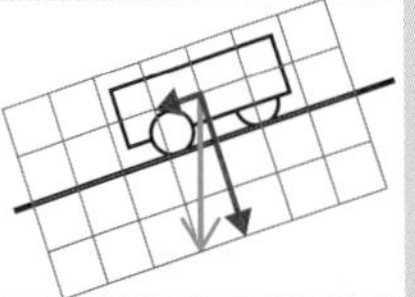

(5) 台車にはたらく重力の斜面に平行な方向の分力が，台車の運動の向きと反対向きにはたらくため。

〈解説〉

(1) 台車にはたらく重力が，平行四辺形（この場合は長方形）の対角線となるように作図する。

(2) 台車にはたらく重力の斜面に平行な方向の分力は，斜面の角度が大きいほど大きくなり，斜面の角度が一定であれば変化しない。

(3) 台車が斜面を下る間，台車にはたらく重力の斜面に平行な方向の分力が一定の大きさではたらき続ける。そのため，台車の速さは一定の割合で大きくなっていく。

(4) 斜面の角度を大きくすると，台車にはたらく重力の斜面に平行な方向の分力は大きくなり，斜面に垂直な方向の分力は小さくなる。

(5) 斜面の下から上に向かって手で押す場合には，運動と反対向きの一定の力がはたらき続けるため，台車の速さはしだいに小さくなる。

4 (1) 右図
(2) ウ

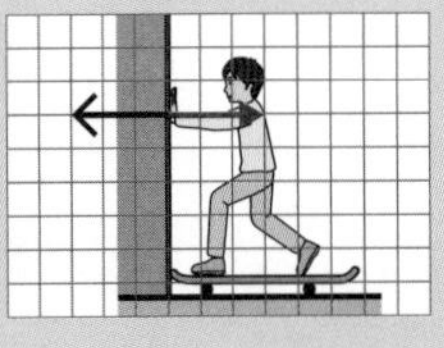

〈解説〉

(1) 人が壁を押す力を作用とすると，反作用は壁が人を押し返す力となる。

(2) 作用・反作用の関係にある2力は，つりあっている2力と異なり，それぞれ違う物体にはたらいている。

第8章 仕事とエネルギー p.113, 114

1 (1) 120 J　(2) 4 m　(3) 8 m
(4)だれ　Bさん　仕事率　20W

〈解説〉

(1) 6 kg(6000g)の物体にはたらく重力の大きさは，$1〔N〕\times\frac{6000〔g〕}{100〔g〕}=60〔N〕$ この重力と等しい力で2 mの高さまで引き上げているので，

仕事〔J〕＝力の大きさ〔N〕
×力の向きに動いた距離〔m〕より，

60〔N〕×2〔m〕＝120〔J〕

(2) 動滑車を1個使うと，引く力は$\frac{1}{2}$の30Nになるが，引く距離は2倍の4 mになる。

(3) 図1～図3はどれも，同じ質量の物体を同じ高さだけ引き上げている。道具を使っても使わなくても，同じ状態になるまでの仕事の大きさは変わらないこと（仕事の原理）より，図1～図3の仕事の大きさはどれも同じ（120 J）である。したがって，Cさんが引いた力は，Bさんが引いた力(30N)の半分(15N)になっているので，Cさんが引いた距離は，Bさんが引いた距離(4 m)の2倍になるはずである。

(4) (3)より，3人がした仕事の大きさは同じである。また，仕事率〔W〕＝$\frac{仕事〔J〕}{仕事にかかった時間〔s〕}$ より，仕事の大きさが同じとき，仕事率は仕事にかかった時間が大きいほど小さい。したがって，仕事率が最も小さかったのはBさんの仕事で，その仕事率の大きさは $\frac{120〔J〕}{6〔s〕}=20〔W〕$

なお，Aさんの仕事率は $\frac{120〔J〕}{4〔s〕}=30〔W〕$，

Cさんの仕事率は $\frac{120〔J〕}{5〔s〕}=24〔W〕$ である。

2 (1) A，E　(2) C　(3) 3倍
(4) ア　(5) イ

〈解説〉

(1)・(2) 物体の運動エネルギーは，速さが速いほど，質量が大きいほど大きい。図1の振り子ではおもりの質量が同じなので，おもりの速さが速くなるほど運動エネルギーは大きくなり，おもりの速さが0になると，運動エネルギーも0になる。図1では，点A，点Eにあるおもりの速さは0で，点Cにあるおもりの速さは最大である。

(3) 物体の位置エネルギーは，高さが高いほど，質量が大きいほど大きい。図1の点Bでのおもりの高さ(位置エネルギー)は，点Aでのおもりの高さ(位置エネルギー)の$\frac{1}{3}$であるから，点Aでの位置エネルギーは点Bでの位置エネルギーの3倍である。

(4) 力学的エネルギーの保存より，位置エネルギーと運動エネルギーの和は一定となることから考える。なお，位置エネルギーと運動エネルギーの和である力学的エネルギーの大きさは一定なので，ウのようになる。

(5) 力学的エネルギーの保存より，おもりは最初の点Aと同じ高さまで上がる。

3 (1)A ウ　B ア　C エ
D カ　E イ　(2) LED電球

〈解説〉

(1) Aのガソリンエンジンは，ガソリンを燃焼させたときに発生する熱で動く。Bのモーターは，電流を流すことで回転する。Cの発電機は，動かすことで電流が発生する。Dの乾電池は，内部で化学変化を起こして電流を発生させる。Eの光電池は，光が当たることで電流が発生する。

(2) 温度が高くなったということは，より多くの電気エネルギーが熱エネルギーに変換されたということである。熱エネルギーに変換された分だけ，光エネルギーは減ってしまうので，熱の発生が少ないLED電球のほうが，より効率よく電気エネルギーを光エネルギーに変換する(エネルギー交換効率が高い)といえる。

第4編 地球と宇宙

第9章 天体の1日の動き p.126，127

1 (1) 自転　(2) ウ
(3)位置 E　時刻 ア

〈解説〉

(1) 地球が地軸を中心に1日で1回転する運動を自転という。一方，地球が太陽のまわりを1年に1回転する運動を公転という。

(2) 日本がAの位置にあるとき，太陽は西に見えるので，時刻は日の入りのころと考えられる。

(3) 地球は1日(24時間)で1回自転しているので，Bの位置にあった日本は6時間後にはC，さらにその6時間後にはD，さらにその6時間後にはEの位置にある。このとき，太陽は東に見えるので，時刻は日の出のころと考えられる。

2 (1) O　(2) B
(3) ∠AOM(∠MOA)
(4) 地球が一定の速さで自転しているため。
(5) P

〈解説〉

(1) 透明半球に太陽の位置を記録するときには，透明半球上に置いたサインペンの先端の影が透明半球の中心(O)と重なるように印をつける。この印は，Oにいる観測者から太陽を見たときの位置に相当する。

(2) 北半球では，太陽は東のほうからのぼり，南の空を通って，西のほうに沈むので，Aは南である。よってCは北，Bは東，Dは西である。太陽は東からのぼることから，日の出の位置はBである。

(3) この日，太陽が南中したときの位置はMである。したがって，太陽の南中高度は∠AOM(または∠MOA)と表される。

(4) 地球から見て太陽が東から西へ一定の速さで動いているように見えるのは，地球が地軸を中心に，西から東へ一定の速さで自転しているからである。

(5) 赤道付近では，太陽は東からのぼり，真上(天頂)を通って，西に沈む。よって，太陽が南中したときの位置はPとなる。

3 (1)A　北　B　南　C　東　D　西
(2)A　イ　B　イ　C　ア　D　イ
(3)（約）2時間

〈解説〉

(1)　南の空の星は，東からのぼって西に沈む。北の空の星は，北極星付近を中心に，反時計回りに回転して見える。

(2)　Aは北の空なので，北極星を中心に反時計回りに動く。Bは南の空なので東から西の向き，Cは東の空なのでのぼっていく向き，Dは西の空なので沈んでいく向きに動く。

(3)　北の空の星は北極星を中心として1日（24時間）に1回転（360°）するので，1時間では360°÷24＝15°回転する。図のAでは30°回転しているので，シャッターを開放していた時間は2時間である。

4 (1)　3時間おき　(2)　E　(3)　エ
(4)（北極星は）地軸の延長線上にあるため。

〈解説〉

(1)　北の空の星は，北極星を中心として1時間に約15°回転するので，図の45°は3時間の星の動きを表している。

(2)　北の空の星は，北極星を中心に反時計回りに回転している。(1)より，図の記録は3時間ごとの記録であるから，午後9時の3時間前の午後6時にはEの位置にある。

(3)　BはDの6時間後の記録である。

(4)　北極星は自転の中心となる地軸の延長線上にあるので，地球から観察すると動いていないように見える。

第10章 天体の1年の動き p.136, 137

1 (1)a　ア　c　イ　(2)　C
(3)　A　(4)　b

〈解説〉

(1)　太陽と同じ方向にある星座は，太陽が明るすぎるため観察することができない。aの星座は，地球がAの位置にあるときに太陽と反対方向にあるので，地球がAの位置にあるとき真夜中に南中する星座である。地球がAの位置にあるときの季節は夏なので，夏の真夜中に南中するさそり座が当てはまる。同様に，cの星座は，地球がCの位置にあるときに真夜中に南中する。地球がCの位置にあるときの季節は冬なので，冬の真夜中に南中するオリオン座が当てはまる。

(2)　cの星座が一晩中見えるのは，地球がCの位置にあるときである。なお，地球がAの位置にあるときは，cの星座は太陽と同じ方向にあるため観察できず，Bの位置にあるときは真夜中から明け方に，Dの位置にあるときは夕方から真夜中に観察できる。

(3)　下図は，地球がAの位置にあるときのようすである。図より，地球の自転によって日本がPの位置にきたとき，東の空に太陽が見え始め，日の出となることがわかる。また，このとき，南の空にbの星座が南中している。

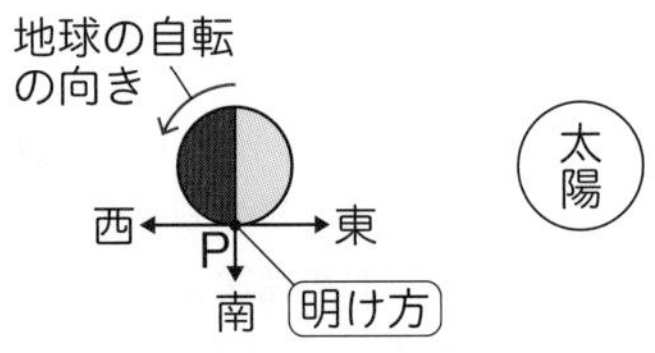

(4)　地球がDの位置にあるとき，太陽と同じ方向にあるbの星座は観察することができない。

2 (1) ウ　(2) しし座
(3) 30°　(4) 午後８時

〈解説〉

(1) 図１より，オリオン座は真夜中に南中しているので，地球から見てオリオン座は太陽と反対の方向にある。

(2) 下図は，地球が図２のウの位置にあるときのようすである。地球の自転によって日本がＰの位置にきたときが真夜中で，このときオリオン座が南中する。また，東の地平線近くにはしし座が，西の地平線近くにはみずがめ座が見える。

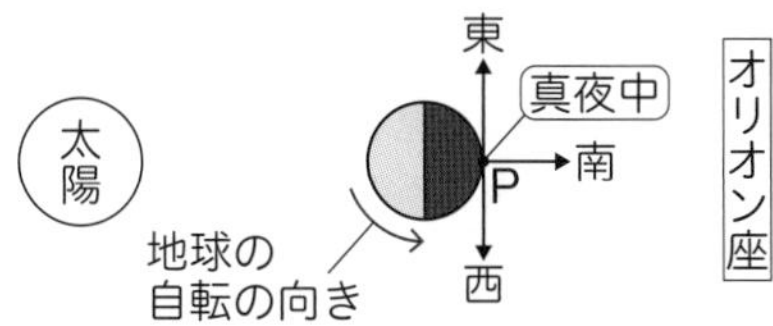

(3) 同じ時刻に見える星座は東から西へ移動し，１年(12か月)で１周してもとの位置にもどる。12か月で１回転(360°)するので，１か月では 360°÷12＝30° 移動する。

(4) １か月で30°東から西へ移動するので，２か月後の同じ時刻に観察すると60°西へ移動している。一方，日周運動では１時間に15°西へ移動する。２か月後の午前０時には，真南から60°西へ移動しているので，南中するのはこの時刻の，60°÷15°＝4より，４時間前である。

3 (1) いて座　(2)① 黄道　② a

〈解説〉

(1) 地球がＡの位置にあるとき，太陽はいて座の方向にある。このとき，太陽が明るいため，いて座を観察することはできない。

(2)① 地球が太陽のまわりを公転しているため，季節ごとに見える星座が変わる。この星座の位置を基準にして太陽の動きを見ると，太陽が星座の間を１年かけて，西から東へ動いていくように見える。この天球上での太陽の通り道を黄道という。太陽は黄道にそって，黄道付近の12個の星座の間を，およそ１か月に１個ずつ，順番にめぐっていくように見える。

② 地球がＡの位置からＢの位置に移動したとき，太陽が見える方向は，いて座→うお座と変化する。よって，ａの向きに動いて見える。

4 (1) ウ　(2)① ア　② ア
(3) 太陽の南中高度は高くなり，昼の長さは長くなる。

〈解説〉

(1) 地球がＢの位置にあるとき，北半球に太陽の光が多く当たっているので夏である。よって，Ａの位置にあるときは，これから夏に向かう時期なので春分である。

(2) 春分から夏至に向かうときなので，日の出の位置も日の入りの位置も，北のほうへ少しずつ移動する。

(3) 春分から夏至に向かうときなので，太陽の南中高度は高くなっていき，昼の長さも長くなっていく。

第11章 月と金星の動きと見え方 p.146, 147

1 (1) C
(2)① 上弦の月　② A　③ ウ
(3)① D　② エ

〈解説〉
(1) Cの位置に月があるとき，太陽の光の当たる部分がすべて地球上から観察できるため，満月となる。
(2)① 右半分が光って見える半月を上弦の月という。
②・③ 上弦の月は，Aの位置に月があるときに観察できる。このときの月は，日の入りの直後に南の空に見え，その後，真夜中近くになると西の空に沈むように見える。
(3)① 日の出の直前，観測者は下図のPの位置にいると考えられる。図に示した方位から，南西に見える月はDとわかる。

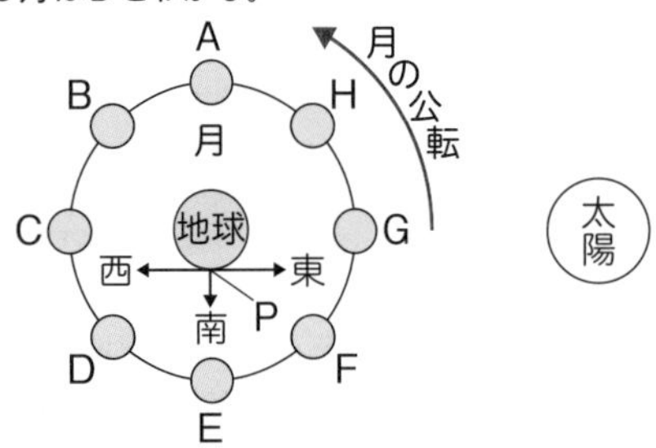

② Cの位置の月は満月，Eの位置の月は左半分が光って見える下弦の月なので，Dの位置の月は左側の半分以上が光って見える。

2 (1)日食　B　月食　D
(2)日食　新月　月食　満月

〈解説〉
(1) 日食は太陽が月に隠れて見えなくなる現象であるから，太陽，月，地球の順に一直線上に並んだときに起こることがある。月食は月が地球の影に入る現象であるから，太陽，地球，月の順に一直線上に並んだときに起こることがある。
(2) 日食が起こるとき(月がBの位置にあるとき)は新月で，太陽と同じ方向にあり，見ることができない。月食が起こるとき(月がDの位置にあるとき)は満月である。

3 (1) ア，エ
(2)① D，E　② A　③ D
(3)A イ　B ウ　D カ

〈解説〉
(1) 金星は内惑星(地球より内側を公転している惑星)であるため，地球から見て太陽から大きく離れることはない。太陽が見えている間は明るくて金星を見ることができないので，太陽がのぼるころの，太陽が見えてくる方位(東)の空か，太陽が沈むころの，太陽が沈んでいく方位(西)の空に見える。
(2)① 金星が明け方に見えるのは，D，Eの位置にあるとき，夕方に見えるのは，A，Bの位置にあるときである。なお，金星がFの位置にあるときには，太陽が明るいため金星を見ることができない。また，金星がCの位置にあるときには，地球から見て金星の裏側のみが太陽の光を反射しているため，地球から金星を見ることができない。
② 金星が小さく見えるのは，太陽の方向にあるときを除いて，地球から最も離れているときである。
③ 金星が最も欠けて見えるのは，太陽の方向にあるときを除いて，地球に最も近づいたときである。
(3) Aの位置にある金星は，左側が小さく欠けた円形に近い形に見える。
Bの位置にある金星は，右半分が光った半月のような形に見える。
Dの位置にある金星は，右側が大きく欠けた，細い月のような形に見える。

4 内惑星　イ，エ，オ
外惑星　ア，ウ，カ

〈解説〉
内惑星は常に太陽に近い方向にあるため，真夜中に見えることはない。日の出のころか，日没のころにだけ見える。また，内惑星である金星，水星はいずれも満ち欠けして見える。
外惑星は太陽と反対側に位置することがあるため，真夜中に見えることがある。また，外惑星は内惑星と違って，ほとんど満ち欠けしない。

第12章 太陽系と宇宙の広がり p.155, 156

1 (1)① ア　② ア　(2) コロナ
(3) プロミネンス(紅炎)
(4) まわりより温度が低いため。

〈解説〉
(1) 太陽は，おもに水素からなる高温の気体(ガス)でできた球形の天体である。みずから光を出して輝いており，太陽系では唯一の恒星である。
(2) コロナは太陽を取り巻く高温のガスの層であり，皆既日食のときに見られる。
(3) 太陽の表面にある炎のようなガスの動きをプロミネンス(紅炎)という。
(4) 太陽の表面温度は約6000℃であるが，黒点の温度は約4000℃と低いため黒く見える。

2 (1) 地球が自転しているから。
(2) 太陽の光は非常に強く，直接見ると目をいためてしまうから。
(3) 太陽が球形であること。
(4) 太陽が自転していること。

〈解説〉
(1) 地球は自転しているため，そのままでは太陽が東から西に動いて見える(日周運動)。そのため，常に太陽の方向に天体望遠鏡が向くように操作する必要がある。
(2) 太陽の光は非常に強い。ファインダーを通して直接太陽を観察してしまうと，目をいためる可能性があるため，絶対にしてはいけない。
(3) 太陽は球形をしているため，周辺部では黒点は細くつぶれて見える。
(4) 太陽は東から西へ自転しているため，黒点は移動して見える。

3 (1) E　(2) E　(3) A，B
(4) 小惑星　(5) エ　(6) エ
(7) 太陽

〈解説〉
(1) 公転周期は太陽から遠い惑星ほど長いので，A～Eと地球を太陽に近いものから並べると，E，C，地球，D，A，Bとなる。よって，Eは水星，Cは金星であることがわかる。太陽に最も近い惑星は，Eの水星である。
(2) 半径が最も小さい惑星は，水星である。
(3) 太陽系の惑星は，小型でおもに岩石や金属でできているため密度が大きい地球型惑星と，大型でおもに気体でできているため密度が小さい木星型惑星に分けられる。地球型惑星は水星，金星，地球，火星，木星型惑星は木星，土星，天王星，海王星である。表の密度より，C～Eは地球型惑星，AとBは木星型惑星と考えられる。
(4) (3)より，C～Eは地球型惑星で，Cは金星，Eは水星だから，Dは火星である。Aと火星の間に多数の天体(小惑星)があることから，Aは木星である。
(5) Cの金星は，二酸化炭素濃度の高い大気でおおわれている。二酸化炭素による温室効果によって，金星の表面温度は450℃以上と非常に高い。
(6) 太陽系の惑星は岩石や金属でできている地球型惑星と，おもに気体でできている木星型惑星に分けられることから，エは誤りである。
(7) 太陽は太陽系で唯一の恒星であり，みずから光を出して輝いている。他の天体はどれも太陽の光を反射して輝いている。

4 (1)A イ　B エ　(2) 天の川

〈解説〉
(1) 太陽系は銀河系にあり，銀河系の中心から約3万光年離れた位置にある。銀河系の直径は約10万光年である。1光年は光が1年間に進む距離で，約9兆5千億kmである。

第5編 自然・科学技術と人間

第13章 自然界のつりあい p.166, 167

1 (1) ア　(2)㋐ 無機物　㋑ 有機物
(3) ウ

〈解説〉

(1) Dは食物連鎖で最上位にくる生物である。ア～エの中ではサメがDに当てはまる。

(2) 生産者は無機物から有機物をつくり出すことができる。植物や植物プランクトンなどは，光合成によって無機物である二酸化炭素からデンプンなどの有機物をつくり出すことができる。

(3) 植物プランクトンは生産者で，生産者はおもに光合成を行う生物であるから，ア～エの中ではウが当てはまる。

2 (1) イ
(2) ア，ウ，イ，エ，オ
(3) A

〈解説〉

(1) Cは最も数量が多いので植物，Aは最も数量が少ないので肉食動物，残りのBが草食動物となる。

(2) 肉食動物が減少すると，肉食動物が食べていた草食動物が増える(ア)。草食動物が増えると，草食動物が食べていた植物が減り，また，草食動物を食べていた肉食動物は食物が増えるため数量が増える(ウ)。その後，植物が減ったため食物がなくなった草食動物も減る(イ)。草食動物が減ると，草食動物を食べていた肉食動物も減り，食べられていた草食動物の数量がもどる(エ)。草食動物の数量がもどったため，草食動物を食べていた肉食動物の数量ももどる(オ)。

(3) 生物の体内で分解できない，あるいは分解されにくい物質が散布されると，それを体内にためた生物が，食物連鎖の中で次々に食べられていくことで，生物濃縮が進行する。食物連鎖の上位の生物ほど，その物質を高濃度で体内にためてしまうことが知られている。

3 (1) ろ液中の微生物を死滅させるため。
(2)A 変化しない。
B 青紫色に変化する。
(3) デンプンを分解する。

〈解説〉

(1) ろ液を沸騰させることで，ろ液中の微生物を死滅させることができる。これによって，AとBのビーカーの結果の違いが，微生物の有無によるものであることが確認できる。

(2)・(3) ろ液内の微生物によって，加えたデンプンは分解される。よって，Aのビーカーではデンプンは分解されてなくなるので，ヨウ素液を加えても色の変化は見られない。また，Bのビーカーではろ液を沸騰させたことで微生物は死滅しているので，デンプンは分解されずに残っている。よって，ヨウ素液を加えると青紫色に変色する。

4 (1)A O_2　B CO_2
(2)C 光合成　D 呼吸
(3) 分解者

〈解説〉

(1) Aの気体は，植物が排出，吸収を行い，その他の生物が吸収のみを行っているものであるから，酸素である。Bの気体は，植物が吸収，排出を行い，その他の生物が排出のみを行っているものであるから，二酸化炭素である。

(2) Cは二酸化炭素を取り入れて酸素を出すはたらきである光合成，Dは酸素を取り入れて二酸化炭素を出すはたらきである呼吸である。

(3) 生物の遺骸や排出物などの有機物を無機物にまで分解するはたらきにかかわる消費者を，特に分解者という。土の中の小動物や微生物は，分解者である。

第14章 自然と人間 p.175

1 (1) C (2) A (3) 上流側

〈解説〉

(1)・(2) A地点にすんでいたアメリカザリガニやユスリカの幼虫は，たいへん汚い水にすむ生物である。反対にサワガニやカワゲラなどはきれいな水にすむ生物である。スジエビ，ヤマトシジミなどは，少し汚い水にすむ生物である。したがって，最も水質がよいと考えられるのはC地点，反対に最も水質が悪いと考えられるのはA地点となる。

(3) 住宅が密集している地域からの汚水が大量に川に流れこむと，その下流の水質は悪化してしまう。

2 (1)① ウ ② エ ③ オ ④ イ ⑤ ア

(2) （地表に届く）（生物に有害な）紫外線の量が増え，生物に悪影響を及ぼす。

〈解説〉

(1) 窒素酸化物や硫黄酸化物からできる硝酸や硫酸が大量に雨に溶けこむと，強い酸性を示す酸性雨が降る。酸性雨は建造物や湖沼の生物に悪影響を与える。

(2) フロンガスは，オゾン層のオゾンを分解して減少させることがわかっている。オゾン層は宇宙空間から地球に届く紫外線を吸収している。紫外線は生物にとって有害であるため，オゾン層のオゾンが減少すると，地表に届く紫外線の量が増えて，生物が悪影響を受ける。

第15章 科学技術と人間 p.186

1 (1) イ (2) イ (3) ア

〈解説〉

(1) 石油や石炭，天然ガスなどのように，大昔の動植物の遺骸などの有機物が長い年月を経て変化したものを化石燃料という。

(2) 放射線は目に見えない。

(3) イは水力発電，ウは原子力発電が当てはまる。

2 (1)A 太陽光発電 B 地熱発電 C 風力発電

(2) バイオマス

〈解説〉

(1) 太陽光発電は，天気によって発電量が一定にならず，不安定という欠点がある。地熱発電は，マグマだまりの熱で熱くなった水を得なければならないため，設置できる場所が限られる。風力発電は，風の強さによるので発電量が安定せず，また，風車が回るときの騒音が問題になることがある。

(2) バイオマスは，植物が光合成によって大気中の二酸化炭素を取りこんでできたものである。そのため，燃料として使っても大気中の二酸化炭素が増える原因とはならない。この性質は，カーボンニュートラルとよばれている。

入試対策問題　解答と解説

1 (1)　7.6%
(2)①a　イ，エ
b　電流が大きいほど大きくなり，質量パーセント濃度とは無関係です
②　アとイから電流との関係が分かり，アとウから質量パーセント濃度との関係が分かるから。

〈解説〉

(1)　電気分解前の塩化銅水溶液の質量は
80 g……Ⓐ であり，そのうち溶けている塩化銅の質量は，質量パーセント濃度が10%であることから，

$$80〔g〕\times\frac{10}{100}=8〔g〕$$……Ⓑ

また，電気分解によって，陰極に1gの銅が付着するのに対し，陽極からは塩素が発生する。問題文より，電気分解によって生じる銅と塩素の質量の比は10：11であるため，生じた塩素の質量を x〔g〕とすると，
10：11＝1〔g〕：x〔g〕となり，

$$x=1〔g〕\times\frac{11}{10}=1.1〔g〕$$

電気分解によって，銅1gと塩素1.1gが生じたことから，質量保存の法則より，反応したのは塩化銅水溶液中に溶けていた塩化銅のうちの2.1gであることがわかる。このこととⒶ，Ⓑから，電気分解後の塩化銅水溶液の質量と，それに溶けている塩化銅の質量は，
塩化銅水溶液の質量：80－2.1＝77.9〔g〕
塩化銅の質量：8－2.1＝5.9〔g〕
以上より，電気分解後の塩化銅水溶液の質量パーセント濃度は，

$$\frac{溶質の質量〔g〕}{水溶液の質量〔g〕}\times100$$

$$=\frac{5.9〔g〕}{77.9〔g〕}\times100=7.57\cdots≒7.6〔\%〕$$

(2)①a　図2を見ると，電流の大きさが2倍になると電子の数が2倍になり，質量パーセント濃度が2倍になると銅イオンの数が2倍になっている。陰極に銅が付着するときには，1個の銅イオンが2個の電子を受け取って，1個の銅原子ができる反応（$Cu^{2+}+2e^{-}\longrightarrow Cu$）が起こるので，アとウでは1個の銅原子が，イとエでは2個の銅原子ができることになる。
b　上記より，質量パーセント濃度が同じ（アとイ，またはウとエ）とき，電流の大きさが2倍になると，できる銅原子の数は2倍になることが分かる。また，電流の大きさが同じ（アとウ，またはイとエ）とき，質量パーセント濃度が2倍になっても，できる銅原子の数は変わらないことが分かる。つまり，陰極に付着する銅の質量は，電極に流す電流の大きさだけに関係する。

②　この実験の目的は，得られる銅の質量と「電流の大きさ」との関係，または「水溶液の質量パーセント濃度」との関係を調べることである。つまり，アとイのように質量パーセント濃度が同じで「電流の大きさ」のみが異なる場合の比較と，アとウのように電流の大きさが同じで「水溶液の質量パーセント濃度」のみが異なる場合の比較を行えばよい。

なお，同様の確認ができる3種類の実験の組み合わせはア～ウに限らず，ア，イ，エの組み合わせ，ア，ウ，エの組み合わせ，イ～エの組み合わせでもよい。

陰極に付着する銅の質量は，電流の大きさ，すなわち，供給される電子の数に比例することが分かるね。

2 (1) ウ　(2) NaCl

(3) 右図

〈解説〉

(1) 金属元素は安定した陽イオンとなるものが多く，亜鉛イオンはそのうちの１つである。また，原子が陽イオンとなるとき，原子から電子が失われる。よって，正しいのはウ。

(2) うすい塩酸は水溶液中で水素イオン(H^+)と塩化物イオン(Cl^-)に，水酸化ナトリウムはナトリウムイオン(Na^+)と水酸化物イオン(OH^-)に電離している。水酸化ナトリウム水溶液を12.0cm^{3}加えたとき，溶液の色は緑であるから，溶液は中性である。つまり，うすい塩酸と水酸化ナトリウムが過不足なく反応している。溶液中の水素イオンと水酸化物イオンは結合して水になるので，蒸発させた際になくなる。また，水を蒸発させることで，塩化物イオンとナトリウムイオンが結合した塩化ナトリウム(NaCl)が得られる。

　以上より，スライドガラスに残る結晶は塩化ナトリウムのみである。

(3) 図２，図３より，溶液中に加える水酸化ナトリウム水溶液が6.0cm^{3}増加すると，モデルで表されるナトリウムイオン(■)と水酸化物イオン(●)が２個ずつ増加する。この増加の際に，ナトリウムイオン(■)は塩化物イオン(□)と結合することなく，溶液中にイオンのまま存在しており，水酸化物イオン(●)は水素イオン(○)と結合していることがわかる。

　水酸化ナトリウム水溶液を15.0cm^{3}加えたとき，図３の状態からさらに水酸化ナトリウム水溶液を3.0cm^{3}加えたことになる。よって，6.0cm^{3}加えたときにモデルで２個ずつ増えたナトリウムイオン(■)と水酸化物イオン(●)は，加えた量に比例して，１個ずつ増える。

　ナトリウムイオンはそれまでと変わらず，結合せずにイオンのまま存在する。また，水酸化物イオンは，結合するはずの水素イオンが溶液中に残っていないため，ナトリウムイオンと同様に，溶液中にイオンのまま存在することになる。

水酸化ナトリウムなどのアルカリは，皮膚や粘膜のタンパク質を分解して，炎症を起こしてしまうんだって。取り扱いには注意しよう。

3 問1(1)　エ　(2)　エ
問2(1)①　ア　②　イ
(2)　ア　(3)　1.5倍

〈解説〉

問1(1)　1秒当たり50打点であるため，5打点の場合は，$1〔s〕\times\frac{5}{50}=0.1〔s〕$

この間に台車は3.5cm進んだので，この間における台車の平均の速さは，

$\frac{3.5〔cm〕}{0.1〔s〕}=35〔cm/s〕$

(2)　表をもとに，5打点ごとに台車が進んだ距離を求めると，次のようになる。

5～10打点目：9.7－3.5＝6.2〔cm〕
10～15打点目：18.6－9.7＝8.9〔cm〕
15～20打点目：30.2－18.6＝11.6〔cm〕
20～25打点目：44.5－30.2＝14.3〔cm〕
25～30打点目：61.5－44.5＝17.0〔cm〕

これをもとに，5打点ごとに切ったテープを時間の経過にそって並べたとすると，下図のようになる。

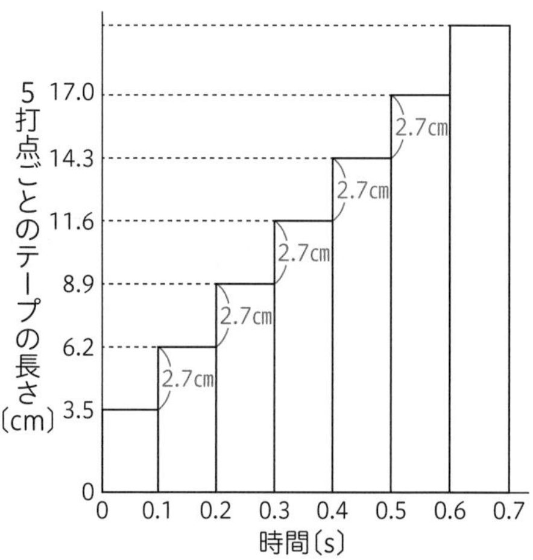

図を見てわかるように，台車が進んだ距離は，5打点増すごとに2.7cmずつ長くなっている。よって，30～35打点目のテープの長さは，

17.0＋2.7＝19.7〔cm〕

になると考えられる。

したがって，0打点目から35打点目までに台車が進んだ距離は，

61.5＋19.7＝81.2〔cm〕

問2(1)①　斜面の傾きが大きいほど，台車が斜面を下っているときの速さのふえ方は大きくなる。よって，正しいのはア。

②　力学的エネルギーの保存より，台車Ⅰ，Ⅱの同じ高さでの速さは等しくなる。ただし，傾きが小さい方が，台車の走行距離が長くなるので，台車ⅡがR点に達するまでの時間の方が長くなる。よって，正しいのはイ。

(2)　質量が等しいので，台車Ⅰ，Ⅱにはたらく重力の大きさは等しい。このため，重力の斜面に平行な分力は，右図のように，斜面の傾きが大きいほど大きくなる（$F_A > F_P$）。

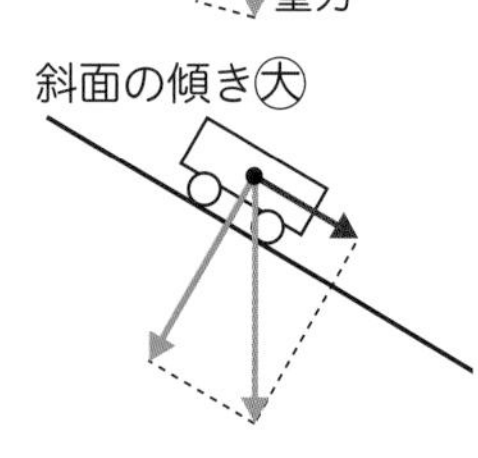

また，斜面に平行な分力の大きさは，斜面の傾きが一定であれば斜面のどこでも同じである（$F_A = F_D$）。よって，正しいのはア。

(3)　位置エネルギーの大きさは，高さに比例するので，A点とP点での位置エネルギーUは等しい。また，斜面を下って失われた位置エネルギーは，すべて運動エネルギーに変換されるため，B点での運動エネルギーの大きさK_BはA点での位置エネルギーの$\frac{1}{3}$，Q点での運動エネルギーK_QはP点での位置エネルギーの半分になる。よって，

$$\frac{K_Q}{K_B}=\frac{\frac{1}{2}U}{\frac{1}{3}U}=\frac{3U}{2U}=1.5〔倍〕$$

4 (1)　エ　(2)　ウ

(3)　糸を引く力の大きさと糸を引く距離を変えずに，力の向きを変えるはたらきがある。

(4)　0.05W

(5)ワイヤーを引く力の大きさ　200N
ワイヤーを引く距離　18m

〈解説〉

(1)　結果の表より，それぞれの仕事の大きさを求める。
仕事の大きさ〔J〕＝力の大きさ〔N〕×距離〔m〕より，

$A=2〔N〕\times 0.1〔m〕=0.2〔J〕$

$B=2〔N〕\times 0.1〔m〕=0.2〔J〕$

$C=1〔N〕\times 0.2〔m〕=0.2〔J〕$

よって，$A=B=C$

(2)　物体のもつ運動エネルギーの大きさは物体の速さによって決まり，ここでは一定の速さで引き上げているので，運動エネルギーの大きさは一定である。また，力学的エネルギーは位置エネルギーと運動エネルギーの和であり，位置エネルギーの大きさは物体の高さに比例する。したがって，力学的エネルギーはしだいに大きくなる。以上より，正しいのはウ。

(3)　結果の表を見ると，実験Ⅰと実験Ⅱでは，糸を引く力の大きさと，糸を引く距離は変わらない。一方で，糸を引く力の向きに着目すると，実験Ⅰでは鉛直上向きに引き上げているが，実験Ⅱでは定滑車を通すことで，水平な向きに引いている。以上より，定滑車は力の向きを変えるはたらきをもつことがわかる。

(4)　(1)より，実験Ⅲでの仕事の大きさは0.2J。
このとき，5cm/sの速さで糸を20cm引き上げたので，これにかかった時間は，

$$\frac{20〔cm〕}{5〔cm/s〕}=4〔s〕$$

よって，このときの仕事率は，

$$仕事率〔W〕=\frac{仕事〔J〕}{かかった時間〔s〕}$$ より，

$$\frac{0.2〔J〕}{4〔s〕}=0.05〔W〕$$

(5)　1kg＝1000gであり，100gの物体にはたらく重力の大きさが1Nであるから，120kgの荷物にはたらく重力の大きさは，

$$1〔N〕\times\frac{120\times 1000〔g〕}{100〔g〕}=1200〔N〕$$

ワイヤーを引く力の大きさをTとすると，下図のように，三つの動滑車の左右のワイヤーに加わる力の大きさもTとなる。
よって，$6T=1200〔N〕$より，$T=200〔N〕$

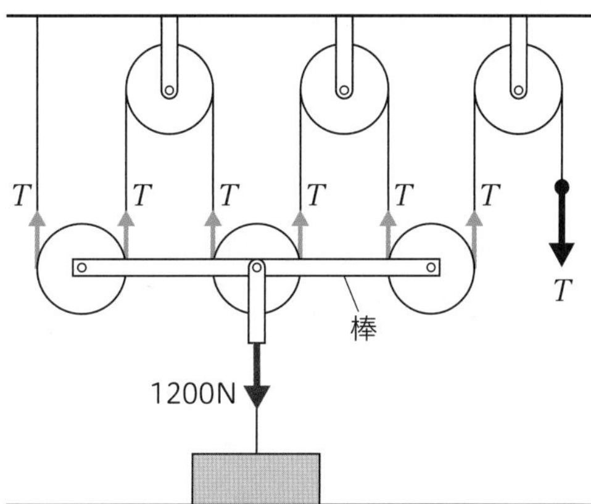

また，荷物が3m持ち上がるには，動滑車もすべて3mずつ上昇する必要がある。動滑車が3m上昇するには，動滑車を通るワイヤーが動滑車をはさんで左右で3mずつ短くなればよい。よって，動滑車は三つあるので，ワイヤーを引く距離は，

$3〔m〕\times 6=18〔m〕$

装置によって，直接持ち上げた場合と比べて小さな力で荷物が持ち上がるようになったけど，ワイヤーを引く距離が長くなったから，ワイヤーを通してした仕事に変わりはないんだね。

5 (1)　ア

(2)　太陽と同じ方向にあるから。

(3)　77度　　(4)　19時15分

(5)　下図

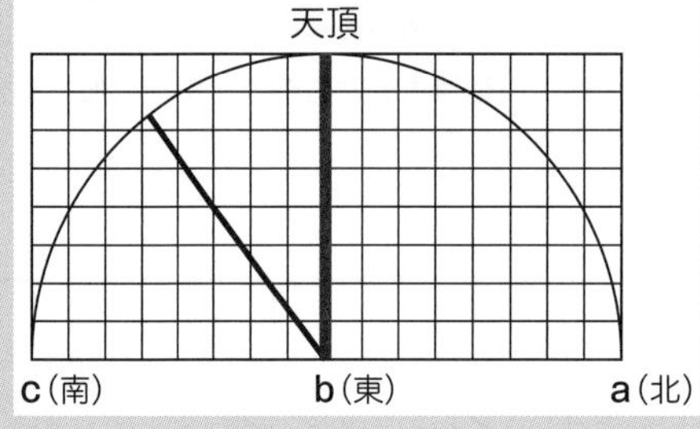

〈解説〉

(1)　Aの位置にある地球と太陽，さそり座の位置関係を，北極側から見て表すと，下図のようになる。地球の自転の向きは，北極側から見て反時計回りであるから，日本での日没(日の入り)は図の位置になる。このとき，太陽は西に，さそり座は東に見える。

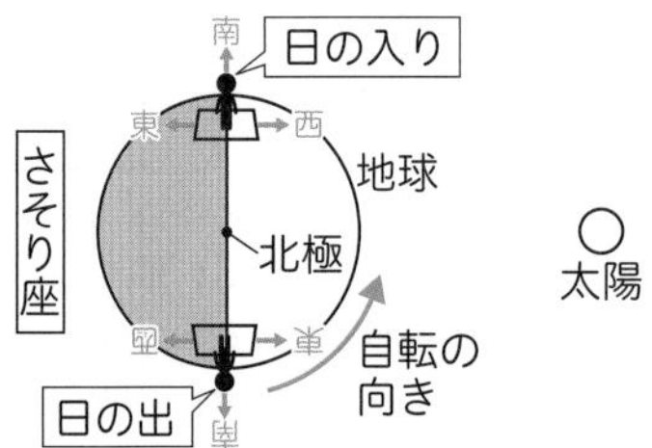

なお，Aは北極側が太陽のほうに傾いているので，夏至の日の地球の位置である。したがって，Bは秋分の日，Cは冬至の日，Dは春分の日の地球の位置である。

(2)　地球がBの位置にあるとき，しし座は太陽と同じ方向にある。よって，このときのしし座は，太陽と同じ動きをする，つまり太陽とともに東からのぼり，太陽とともに西に沈むので，地球から見ることはできない。

(3)　図2に太陽の南中高度を示すと，下図のようになる。

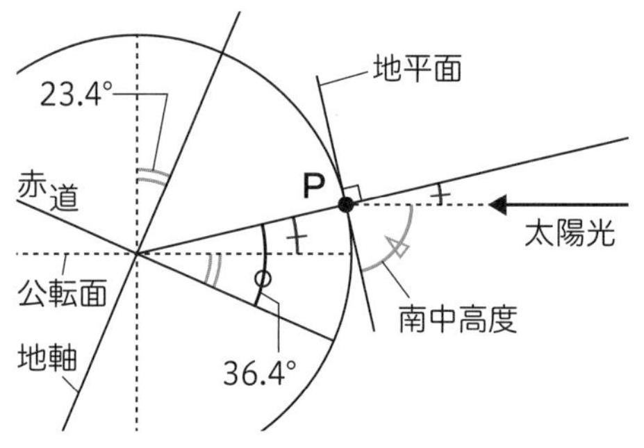

この図より，太陽の南中高度は，

90−(36.4−23.4)=77〔度〕

(4)　日の出が4時30分なので，日の出(X)から9時までは4.5時間(=4時間30分)。Xから9時までの間隔が9cmなので，1時間当たりのテープの長さは，

$\frac{9〔cm〕}{4.5}=2〔cm〕$

XからYまでの間隔は29.5cmなので，日の出から日の入りまでにかかる時間は，

$1〔時間〕\times\frac{29.5〔cm〕}{2〔cm〕}=14.75〔時間〕$

$=14\frac{75}{100}〔時間〕=14\frac{3}{4}〔時間〕$

つまり，14時間45分である。

以上より，日の入りの時刻は，日の出の時刻4時30分の14時間45分後なので，19時15分。

なお，1時間当たりのテープの長さがわかっているので，15時から日の入り(Y)までのテープの長さを求めてから解く方法もある。

(5)　(3)から3か月後，地球はB(秋分の日)の位置にある。このとき，日本では太陽が真東からのぼり，南の空を通って真西に沈む。一方，赤道上の場所では，太陽が真東からのぼり，天頂を通って真西に沈む。よって，この軌跡を東側の真横から見ると，bと天頂を結ぶ直線となる。

6 (1)　二酸化炭素　　(2)　ウ

(3) 1月9日　C　　10月25日　D

(4)　2月

(5)　火星は，地球の公転軌道の外側を公転しているから。

〈解説〉

(1)　金星は，大気に二酸化炭素が多く含まれるため，その温室効果により，表面が高温になっている。

(2)　日の入りの時刻は，冬(2018年2月23日)から春(2018年4月30日)にかけて徐々に遅くなる。また，日の入りの時刻が遅くなるにつれ，日の入りの位置は北寄りになっていく。

(3)　まず，2018年1月9日の金星の位置について考える。【Wさんが～調べたこと】の5つ目より，このときの金星は太陽と同じ方向にあるので，AまたはCにある。ここで，仮にAにあったとすると，【Wさんの～のまとめ】の5つ目より，2月23日の時点で金星は夕方に観測できなければならない。この条件を満たすためには，【Wさんが～調べたこと】の4つ目より，金星の公転周期は地球より短いので，金星は2月23日までのおよそ1か月半の間に半周以上公転しなければならない。さらに，およそ1か月半後の4月10日ごろまでに金星が同じだけ公転すると，明け方に観察されるようになり，【Wさんの～のまとめ】の5つ目の内容と合わなくなる。よって，適切なものはC。

次に，2018年10月25日の金星の位置について考える。このときの金星は，太陽と同じ方向にあるので，BまたはDにある。また，11月ごろからは，明け方の東の空で金星が観測できる。10月25日の時点で金星がBにあったとすると，11月の時点で夕方に観測されるので合わない。よって，適切なものはD。

(4)　まず，オリオン座のデルタ星について，日周運動を考えると，1時間経過するごとに，

$\frac{360〔度〕}{24}$＝15〔度〕ずつ西へ移動する。時刻に着目すると，午前2時は午後9時の5時間後になるので，日周運動にだけ着目すると，

西へ 15〔度〕×5＝75〔度〕移動していることになる。

次に，年周運動について考えると，オリオン座のデルタ星は，1か月経過するごとに，

$\frac{360〔度〕}{12}$＝30〔度〕ずつ西へ移動する。日周運動では75度だけ西に移動するので，4月30日の午後9時に観測したときと同じ位置で，午前2時にオリオン座を観測するには，年周運動でオリオン座が75度だけ東にあるときを考える必要がある。よって，

1〔か月〕×$\frac{75〔度〕}{30〔度〕}$＝2.5〔か月〕

以上より，4月30日の2か月半前は，2月半ばになる。

別解　星座の星が同じ位置に見える時刻は，1か月で2時間早くなることから，5時間遅くなるのは2.5か月前である。

(5)　地球から金星や火星を観測できるのは，金星や火星が太陽の光を反射して光っているからである。

金星は地球の内側を公転しているため，真夜中に金星で反射した光を観測することはできない。

一方，火星は地球の外側を公転しているため，真夜中でも火星の表面で反射した光が地球に届いて観察できることがある。

(5)は真夜中に観測できる・できないの違いについて，「公転軌道に注目して」理由を述べる問題だね。太陽を中心に公転する2つの惑星の公転軌道について，何が異なるかがカギとなるよ。

7 (1) イ　(2) ア
(3) 草食動物を食べる肉食動物が増え，草食動物に食べられる植物が減る
(4) 食物網

〈解説〉

(1) 光合成とは，植物などの生産者が葉緑体で，二酸化炭素と水から，酸素とデンプンなどの有機物をつくるはたらきのことである。

(2) 生物の遺骸や排出物などの有機物を，無機物にまで分解するはたらきにかかわる生物を分解者という。一連のはたらきにかかわる生物が対象となるので，生物の遺骸や排出物などの有機物を食べて，ふんを排出するシデムシ，ミミズ，ダンゴムシや，有機物を直接無機物に分解する微生物（アオカビなどの菌類，乳酸菌などの細菌類）がこれにあたる。

なお，モグラやトカゲは生きている虫などをえさとするため，分解者にはあたらない。

(3) ①は草食動物が増えたことによる影響を示した図であり，これについての説明が，解答を求められている空欄［ X ］にあたる。問題文でいう，食べる・食べられるの関係とは食物連鎖のことであり，これに着目して解答する必要がある。なお，食物連鎖ということばを使えばより短い文章にまとめられるかもしれないが，問題文であえて「食べる・食べられるの関係」としているので，なるべく問題文にそった表現を用いておくのがよい。

図4の①草食動物が増えたことによる影響
・影響その1
草食動物を食べる肉食動物が増える。
・影響その2
草食動物に食べられる植物が減る。

上記2点を1つの文章にまとめる。

なお，図4の②以降は，

図4の②肉食動物が増えたことによる影響
・影響その1
肉食動物に食べられる草食動物が減る。

図4の③草食動物が減ったことによる影響
・影響その1
草食動物を食べる肉食動物が減る。
・影響その2
草食動物に食べられる植物が増える。

以上のような過程を経た結果，どこかで生物の数量のバランスが少し崩れても，時間をかけてある程度のバランスが保たれるようになる。

(4) 例えば，小形の鳥は虫や穀物を食べ，大形の鳥やホニュウ類に食べられる。大形の鳥やホニュウ類は，他にも魚や植物を食べ，他のホニュウ類などに食べられる。

このように，ほとんどの生物において，食べる・食べられるの関係は，1対1ではなく，複数対複数の関係である。生態系で食べる・食べられるの関係を矢印などで示すと，網の目のようにつながる。このつながりを食物網という。

生産者・消費者の間で無数の食べる・食べられるの関係が成りたつね。このことから，関係を図示すると複雑な網目模様になるんだ。

第3編 運動とエネルギー

第6章 力の合成と分解，水圧と浮力 p.13～16

練習1-1　下図

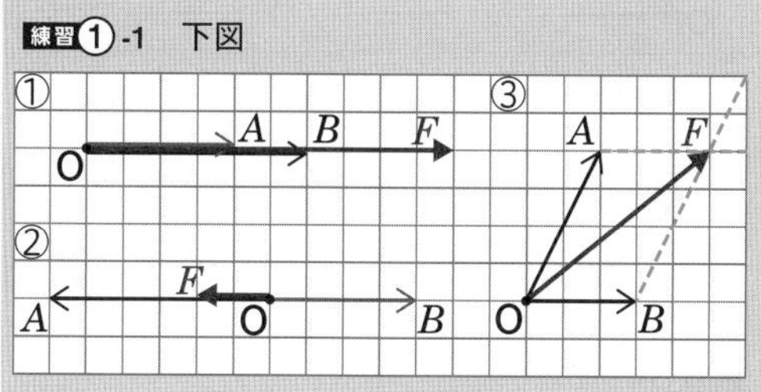

〈解説〉

③　力Aの矢印の先端を通り，力Bの矢印に平行な直線を引く。同じように，力Bの先端を通り，力Aの矢印に平行な直線を引く。これら2つの直線の交点を矢印の先端とし，始点を点Oにもつ矢印が合力Fを表す矢印となる。

なお，2つの力を表す矢印と，新たに引いた平行な2直線によって，平行四辺形ができる（2力が互いに垂直である場合は，長方形または正方形になる）。

練習1-2　下図

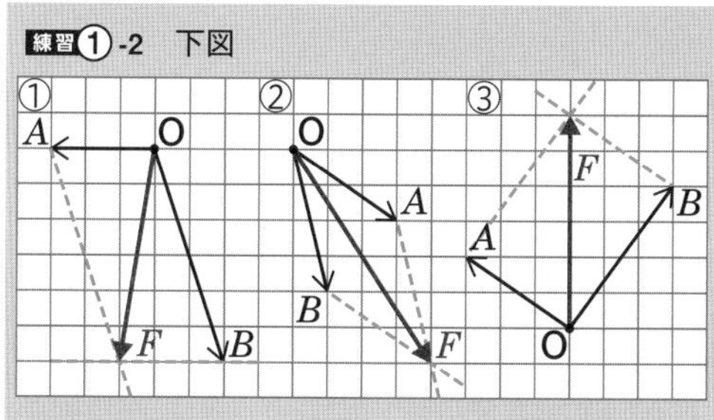

〈解説〉

練習1-1の③と同じように，力A，Bの矢印に平行な2直線を作図し，その交点から合力Fを作図する。

練習1-3　下図

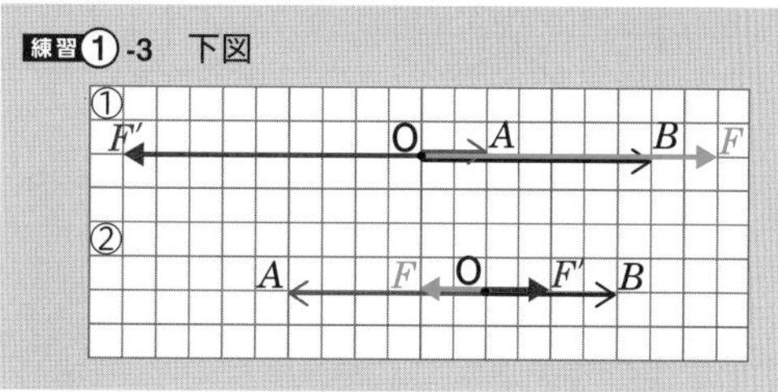

〈解説〉

練習1-1の①，②と同じように，まずは合力Fを作図する。この合力Fに対して，同じ長さで逆向きの矢印が，つりあう力F'となる。

練習1-4　下図

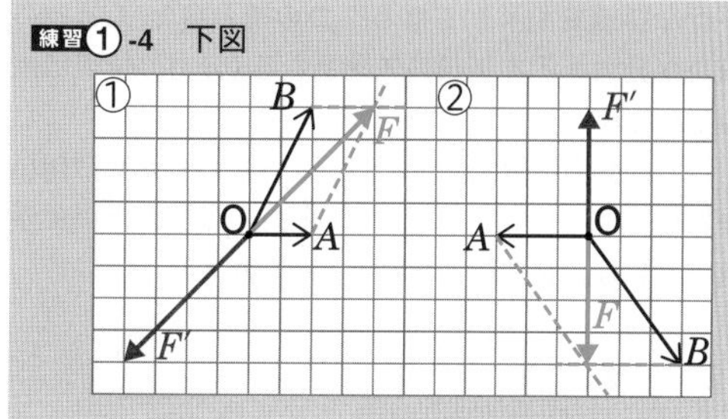

〈解説〉

練習1-1の③と同じように，合力Fを作図したのちに，これとつりあう力F'を作図する。

練習1-5　下図

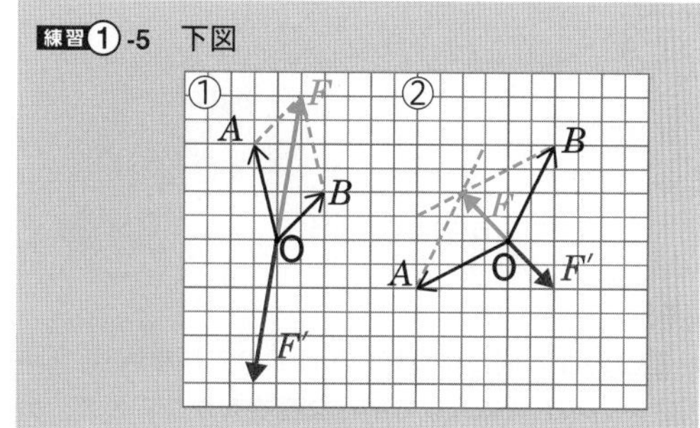

〈解説〉

練習1-4と同じように，合力Fを作図したのちに，これとつりあう力F'を作図する。

解答 別冊 練習問題

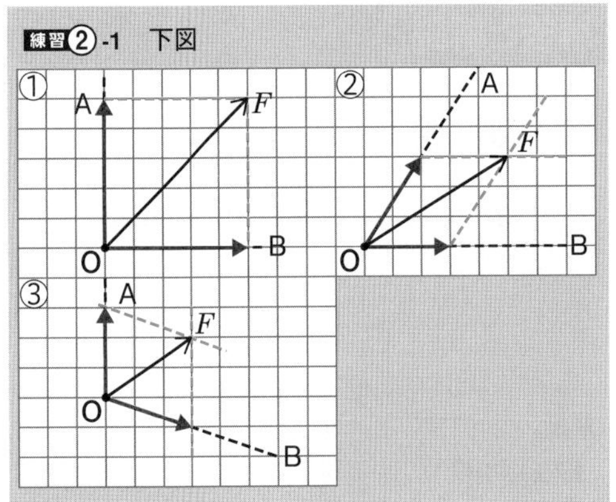

〈解説〉

矢印Fの先端を通り，OA，OBのそれぞれに対し，平行な直線を引く。これら2つの線とOA，OBとの交点が分力を示す矢印の先端となる（分力の始点は点Oである）。

なお，分力を表す矢印と，それらをかくために用いた補助線は平行四辺形をなす（分力どうしが互いに垂直であれば，長方形または正方形をなす）。

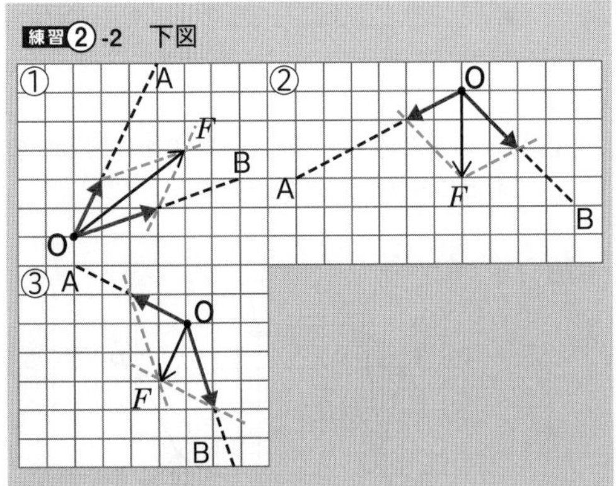

〈解説〉

練習②-1と同じように，矢印Fの先端を通り，OA，OBのそれぞれに対して平行な直線をかくことで，分力をかくことができる。

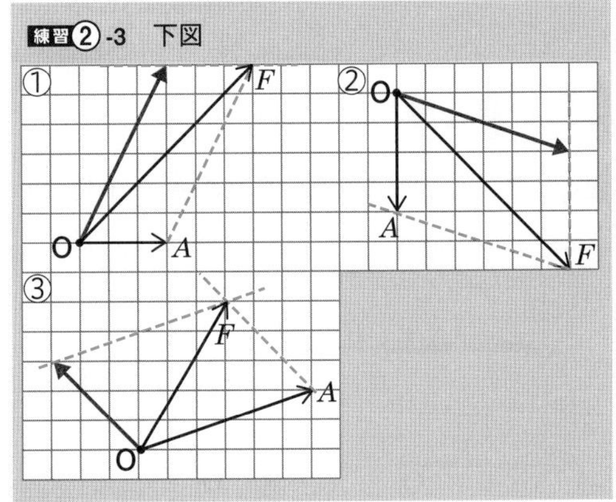

〈解説〉

矢印Fと矢印Aの両方の先端を通る直線を引く。この直線に平行であり，点Oを通る直線を引く。後者の直線と，矢印Fの先端を通り，力Aの矢印に対して平行な直線との交点が，もう1つの分力を表す矢印の先端となる（始点は点Oである）。

第7章 物体の運動 p.19～21

練習③-1　6.7m/s，24km/h

〈解説〉

速さを求める公式

$$速さ〔m/s〕=\frac{移動距離〔m〕}{移動にかかった時間〔s〕}$$

より，$\frac{50〔m〕}{7.5〔s〕}=\frac{20〔m〕}{3〔s〕}=6.66\cdots\cdots〔m/s〕$

小数第1位まで求めるので，小数第2位を四捨五入して，6.7m/s となる。

次に，四捨五入する前の正確な値を利用して，1時間当たりに進んだ距離を求める。

1 h＝(60×60)s＝3600s より，

$$\frac{\frac{20〔m〕}{3〔s〕}\times(60\times60)〔s〕}{1〔h〕}=24000〔m/h〕$$

1 km＝1000m なので，

24000m/h＝24km/h

練習③-2　3.75m/s，13.5km/h

〈解説〉

6分40秒は400秒なので，速さを求める公式

$$速さ〔m/s〕=\frac{移動距離〔m〕}{移動にかかった時間〔s〕}$$

より，$\frac{1500〔m〕}{400〔s〕}=3.75〔m/s〕$

また，1 h＝(60×60)s＝3600s より，

$$\frac{(3.75\times60\times60)〔m〕}{1〔h〕}=13500〔m/h〕$$

1 km＝1000m なので，

13500m/h＝13.5km/h

練習③-3　22.5km/h，6.25m/s

〈解説〉

速さを求める公式

$$速さ〔km/h〕=\frac{移動距離〔km〕}{移動にかかった時間〔h〕}$$

より，$\frac{45〔km〕}{2〔h〕}=22.5〔km/h〕$

また，1 km＝1000m，

1 h＝(60×60)s＝3600s より，

$$\frac{22.5\times1000〔m〕}{1\times3600〔s〕}=6.25〔m/s〕$$

練習③-4　12km/h，3.3m/s

〈解説〉

1時間40分は，$\frac{5}{3}$時間であり，速さを求める公式

$$速さ〔km/h〕=\frac{移動距離〔km〕}{移動にかかった時間〔h〕}$$

より，$\frac{20〔km〕}{\frac{5}{3}〔h〕}=12〔km/h〕$

また，1 km＝1000m，

1 h＝(60×60)s＝3600s より，

$$\frac{12\times1000〔m〕}{1\times3600〔s〕}=3.33\cdots\cdots〔m/s〕$$

小数第1位まで求めるので，小数第2位を四捨五入して，3.3m/s となる。

練習④-1　(1)　60cm/s　　(2)　56cm/s

〈解説〉

(1)　1秒の間に60打点するタイマーでは，6打点のうちに $\frac{1}{60}$〔s〕×6＝0.1〔s〕経過する。

Aのテープの長さは6cmなので，速さを求める公式

$$速さ〔cm/s〕=\frac{移動距離〔cm〕}{移動にかかった時間〔s〕}$$

より，$\frac{6〔cm〕}{0.1〔s〕}$＝60〔cm/s〕

(2)　1秒の間に60打点するタイマーでは，6打点のうちに $\frac{1}{60}$〔s〕×6＝0.1〔s〕経過する。

Bのテープの長さは5.6cmなので，速さを求める公式

$$速さ〔cm/s〕=\frac{移動距離〔cm〕}{移動にかかった時間〔s〕}$$

より，$\frac{5.6〔cm〕}{0.1〔s〕}$＝56〔cm/s〕

練習④-2　(1)　13cm/s
(2)物体が移動した距離　7.6cm
平均の速さ　38cm/s

〈解説〉

(1)　1秒の間に50打点するタイマーでは，5打点のうちに $\frac{1}{50}$〔s〕×5＝0.1〔s〕経過する。0.2秒間は，5打点のテープ2本分の時間なので，記録開始から2本分のテープの長さは，0.8＋1.8＝2.6〔cm〕である。よって，速さを求める公式

$$速さ〔cm/s〕=\frac{移動距離〔cm〕}{移動にかかった時間〔s〕}$$

より，$\frac{2.6〔cm〕}{0.2〔s〕}$＝13〔cm/s〕

(2)　記録開始から0.3秒経過したのちから0.2秒間が対象となるので，注目すべきは4本目と5本目のテープである。この2本分のテープの長さは，3.4＋4.2＝7.6〔cm〕なので，この間に物体が移動した距離は，7.6cmである。また，この間の平均の速さは，速さを求める公式

$$速さ〔cm/s〕=\frac{移動距離〔cm〕}{移動にかかった時間〔s〕}$$

より，$\frac{7.6〔cm〕}{0.2〔s〕}$＝38〔cm/s〕

練習④-3　150cm/s

〈解説〉

点aは7cm，点bは16cmの地点にあるので，点ab間の長さは，16−7＝9〔cm〕

また，この間にテープには3打点が記録されており，タイマーは1秒間に50打点を記録するものを用いているので，3打点の記録に要した時間は $\frac{3}{50}$ 秒である。

よって，速さを求める公式

$$速さ〔cm/s〕=\frac{移動距離〔cm〕}{移動にかかった時間〔s〕}$$

より，$\frac{9〔cm〕}{\frac{3}{50}〔s〕}$＝150〔cm/s〕

かけ算やわり算の計算では，分数を小数に変換するより，分数のままで計算したほうが，計算しやすくなることがあるよ。

第8章 仕事とエネルギー p.24～28

練習⑤-1 (1)① 80N　② 160 J
(2)① 40N　② 200 J

〈解説〉

(1)① 物体を持ち上げるのに必要な力の大きさは，物体にはたらく重力の大きさに等しい。

8 kg＝8000g より，この物体にはたらく重力の大きさは，

$$1〔N〕\times\frac{8000〔g〕}{100〔g〕}=80〔N〕$$

② 仕事〔J〕＝力の大きさ〔N〕
×力の向きに動いた距離〔m〕

より，80〔N〕× 2〔m〕＝160〔J〕

(2)① 物体を引くのに必要な力の大きさは，物体にはたらく摩擦力の大きさに等しい。

よって，40 N である。

② 仕事の大きさを求める公式より，

40〔N〕× 5〔m〕＝200〔J〕

練習⑤-2 (1)① 100N　② 150 J
(2)① 100N　② 500 J

〈解説〉

(1)① 物体を持ち上げるのに必要な力の大きさは，物体にはたらく重力の大きさに等しい。

10kg＝10000g より，この物体にはたらく重力の大きさは，

$$1〔N〕\times\frac{10000〔g〕}{100〔g〕}=100〔N〕$$

② 仕事〔J〕＝力の大きさ〔N〕
×力の向きに動いた距離〔m〕

より，100〔N〕×1.5〔m〕＝150〔J〕

(2)① 物体を引くのに必要な力の大きさは，物体にはたらく摩擦力の大きさに等しい。

よって，100 N である。

② 仕事の大きさを求める公式より，

100〔N〕× 5〔m〕＝500〔J〕

練習⑤-3 (1)① 25N　② 30 J
(2)① 35N　② 448 J

〈解説〉

(1)① 物体を持ち上げるのに必要な力の大きさは，物体にはたらく重力の大きさに等しい。

2.5kg＝2500g より，この物体にはたらく重力の大きさは，

$$1〔N〕\times\frac{2500〔g〕}{100〔g〕}=25〔N〕$$

② 仕事〔J〕＝力の大きさ〔N〕
×力の向きに動いた距離〔m〕

より，25〔N〕×1.2〔m〕＝30〔J〕

(2)① 物体を引くのに必要な力の大きさは，物体にはたらく摩擦力の大きさに等しい。

よって，35N である。

② 仕事の大きさを求める公式より，

35〔N〕×12.8〔m〕＝448〔J〕

練習⑥-1 (1)① 100 J　② 20N
(2) 10m

〈解説〉

(1)① 仕事の原理より，斜面を使ったときの仕事は，40 N の物体を直接2.5 m持ち上げるときの仕事に等しい。

仕事〔J〕＝力の大きさ〔N〕
×力の向きに動いた距離〔m〕

より，40〔N〕×2.5〔m〕＝100〔J〕

② 斜面にそって引いた力の大きさをFとすると，F〔N〕× 5〔m〕＝100〔J〕という式が成りたつ。

よって，

$$\frac{100〔J〕}{5〔m〕}=20〔N〕$$

(2) 仕事の原理より，斜面を使ったときの仕事は，24Nの物体を直接5m持ち上げるときの仕事に等しいので，

24〔N〕×5〔m〕=120〔J〕

ここで，斜面にそって引いた距離を a〔m〕とすると，12〔N〕×a〔m〕=120〔J〕という式が成りたつ。よって，

$$\frac{120〔J〕}{12〔N〕}=10〔m〕$$

練習⑦-1　27W

〈解説〉

このときの仕事は，

仕事〔J〕=力の大きさ〔N〕×力の向きに動いた距離〔m〕

より，45〔N〕×3〔m〕=135〔J〕

よって仕事率は，

$$仕事率〔W〕=\frac{仕事〔J〕}{仕事にかかった時間〔s〕}$$

より，$\frac{135〔J〕}{5〔s〕}=27〔W〕$

練習⑦-2　13W

〈解説〉

このときの仕事は，

仕事〔J〕=力の大きさ〔N〕×力の向きに動いた距離〔m〕

より，80〔N〕×15〔m〕=1200〔J〕

1分30秒は90秒であり，仕事率は，

$$仕事率〔W〕=\frac{仕事〔J〕}{仕事にかかった時間〔s〕}$$

より，$\frac{1200〔J〕}{90〔s〕}=13.3\cdots\cdots〔W〕$

整数で求めるので，小数第1位を四捨五入して，13Wとなる。

練習⑦-3　37.5W

〈解説〉

このときの仕事は，

仕事〔J〕=力の大きさ〔N〕×力の向きに動いた距離〔m〕

より，600〔N〕×(3800−2000)〔m〕=1080000〔J〕

1h=(60×60)s=3600s であり，仕事率は，

$$仕事率〔W〕=\frac{仕事〔J〕}{仕事にかかった時間〔s〕}$$

より，$\frac{1080000〔J〕}{8\times3600〔s〕}=37.5〔W〕$

練習⑦-4　120W

〈解説〉

このときの仕事は，

仕事〔J〕=力の大きさ〔N〕×力の向きに動いた距離〔m〕

より，45〔N〕×40〔m〕=1800〔J〕

よって仕事率は，

$$仕事率〔W〕=\frac{仕事〔J〕}{仕事にかかった時間〔s〕}$$

より，$\frac{1800〔J〕}{15〔s〕}=120〔W〕$

練習⑧-1　下図

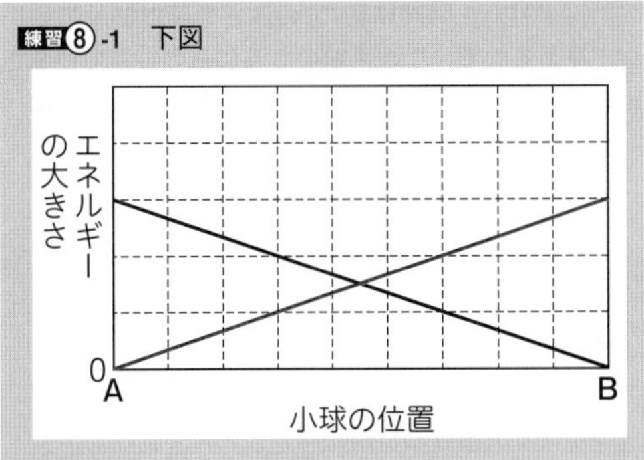

〈解説〉

力学的エネルギーは保存されるので，位置エネルギーと運動エネルギーの和はAB間で一定である。小球がAの位置で静止しているとき，位置エネルギーは最大で(これが力学的エネルギーに等しい)，運動エネルギーは0である。小球がBの位置(基準面)まで転がったとき，位置エネルギーは0なので運動エネルギーは最大である。

練習⑧-2　下図

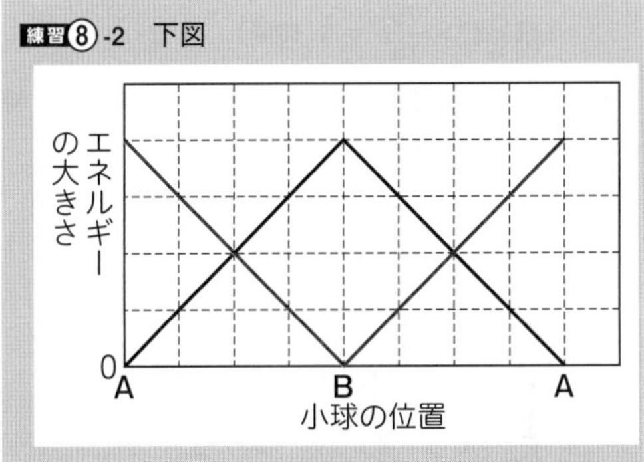

〈解説〉

練習⑧-1と同じように，力学的エネルギーは保存される。小球がBの位置で静止しているとき，位置エネルギーは最大で，運動エネルギーは0である。小球がAの位置(基準面)まで転がったとき，位置エネルギーは0なので運動エネルギーは最大である。

第4編　地球と宇宙

第9章　天体の1日の動き　p.31，32

練習⑨-1　(1)　11時30分　(2)　5時40分　(3)　17時15分

〈解説〉

(1)　図から，太陽は透明半球上を1時間(60分)当たり3.6cm移動したことになる。12時の太陽の位置から，南中の太陽の位置までの距離は1.8cmだから，太陽が1.8cm 動くのにかかった時間を x 分とすると，

3.6〔cm〕：1.8〔cm〕＝60〔分〕：x〔分〕

より，x ＝60〔分〕× $\dfrac{1.8〔cm〕}{3.6〔cm〕}$ ＝30〔分〕

よって，太陽の南中時刻は12時の30分前の11時30分である。

(2)　図から，透明半球上で7時の太陽の位置から日の出の位置までの長さは4.8cmだから，太陽が4.8cm移動するのにかかった時間を y 分とすると，

3.6〔cm〕：4.8〔cm〕＝60〔分〕：y〔分〕

より，y ＝60〔分〕× $\dfrac{4.8〔cm〕}{3.6〔cm〕}$ ＝80〔分〕

よって，日の出の時刻は7時の80分前の5時40分である。

(3)　図から，透明半球上で17時の太陽の位置から日の入りの位置までの長さは0.9cmだから，太陽が0.9cm移動するのにかかった時間を z 分とすると，

3.6〔cm〕：0.9〔cm〕＝60〔分〕：z〔分〕

より，z ＝60〔分〕× $\dfrac{0.9〔cm〕}{3.6〔cm〕}$ ＝15〔分〕

よって，日の入りの時刻は17時の15分後の17時15分である。

練習⑩-1　3時

〈解説〉

北の空の星は，北極星を中心に，1時間に約15°の速さで反時計回りに回転して見える。19時(午後7時)に見えた位置からAの位置までは120°だから，この間の時間は，

$$1〔時間〕\times\frac{120^\circ}{15^\circ}=8〔時間〕$$

よって，Aの位置に見えた時刻は19時から8時間後の3時となる。

練習⑩-2　21時

〈解説〉

南の空の星は，太陽と似たような軌道をたどり，東からのぼり西に沈む。南中してから沈むまで6時間かかるので，1時間に約15°の速さで時計回りに動いて見える。0時に見えた位置からAの位置までは45°だから，この間の時間は，

$$1〔時間〕\times\frac{45^\circ}{15^\circ}=3〔時間〕$$

よって，Aの位置に見えた時刻は0時から3時間前の21時となる。

第10章 天体の1年の動き p.35

練習⑪-1　(1)　B　(2)　2時

〈解説〉

(1)　南の空の星は1か月当たり約30°の速さで時計回りに動いて見える。
また，南の空の星は，1時間に約15°の速さで時計回りに動いて見える。図は2時間ごとに観測した星のようすなので，それぞれの星は約30°ずつ動いている。
以上より，1か月前の0時では，図よりも反時計回りに30°移動した星のようすが観測されるはずなので，適切なのはBである。

(2)　(1)より，1時間に約15°の速さで時計回りに動いて見えるので，1か月前の0時にBの位置で観測された星が，30°時計回りに移動し南中するまでに，2時間かかる。
よって，0時から2時間後の2時となる。

練習⑪-2　19時

〈解説〉

(1)　北の空の星は，北極星を中心に1か月当たり約30°の速さで反時計回りに回転して見える。
また，北の空の星は，北極星を中心に1時間に約15°の速さで反時計回りに回転して見える。図は2時間ごとに観測した星のようすなので，それぞれの星は約30°ずつ動いている。
以上より，3か月後の0時では，図よりも北極星を中心に反時計回りに90°回転した星のようすが観測されるはずである。
このときの北斗七星と点aは，北極星を中心に75°の角度をなしているので，この間の時間は，

$$1〔時間〕\times\frac{75^\circ}{15^\circ}=5〔時間〕$$

よって，点aの位置に見えた時刻は，0時から5時間前の19時である。

南の空と北の空では，星の動きが時計回り，反時計回りと逆になることに気をつけよう。

き

く

け

こ

さ

し

ひ

ふ

へ

ほ

ま

●写真提供
コーベットフォトエージェンシー
国立天文台
姫路市・星の子館
JAXA
NASA

初版
第1刷　1972年2月1日　発行
新指導要領準拠版
第1刷　2021年4月1日　発行
第2刷　2024年2月1日　発行

●カバー・本文デザイン
アーク・ビジュアル・ワークス（落合あや子）
デザイン・プラス・プロフ株式会社

編　者　数研出版編集部
発行者　星野 泰也
編集協力　有限会社マイプラン

ISBN978-4-410-15084-5

チャート式®シリーズ　中学理科　3年

発行所　**数研出版株式会社**
〒101-0052　東京都千代田区神田小川町2丁目3番地3
〔振替〕00140-4-118431
〒604-0861　京都市中京区烏丸通竹屋町上る大倉町205番地
〔電話〕代表（075）231-0161
ホームページ　https://www.chart.co.jp
印刷　株式会社太洋社

240102

原子の種類と周期表

元素記号

●元素記号の色は常温(20℃)での，単体の状態を表す。
赤色：気体　青色：液体　黒色：固体

原子番号 — 1
元素記号 — H
原子量※ — 1
元素名 — 水素

単体が非金属
単体が金属

周期＼族	1	2	3	4	5	6	7	8	9
1	1 H 1 水素								
2	3 Li 7 リチウム	4 Be 9 ベリリウム							
3	11 Na 23 ナトリウム	12 Mg 24 マグネシウム							
4	19 K 39 カリウム	20 Ca 40 カルシウム	21 Sc 45 スカンジウム	22 Ti 48 チタン	23 V 51 バナジウム	24 Cr 52 クロム	25 Mn 55 マンガン	26 Fe 56 鉄	27 Co 59 コバルト
5	37 Rb 85 ルビジウム	38 Sr 88 ストロンチウム	39 Y 89 イットリウム	40 Zr 91 ジルコニウム	41 Nb 93 ニオブ	42 Mo 96 モリブデン	43 Tc (99) テクネチウム	44 Ru 101 ルテニウム	45 Rh 103 ロジウム
6	55 Cs 133 セシウム	56 Ba 137 バリウム	57～71 ランタノイド	72 Hf 178 ハフニウム	73 Ta 181 タンタル	74 W 184 タングステン	75 Re 186 レニウム	76 Os 190 オスミウム	77 Ir 192 イリジウム
7	87 Fr (223) フランシウム	88 Ra (226) ラジウム	89～103 アクチノイド	104 Rf (267) ラザホージウム	105 Db (268) ドブニウム	106 Sg (271) シーボーギウム	107 Bh (272) ボーリウム	108 Hs (277) ハッシウム	109 Mt (276) マイトネリウム

57～71 ランタノイド	57 La 139 ランタン	58 Ce 140 セリウム	59 Pr 141 プラセオジム	60 Nd 144 ネオジム	61 Pm (145) プロメチウム	62 Sm 150 サマリウム	63 Eu 152 ユウロピウム	64 Gd 157 ガドリニウム

89～103 アクチノイド	89 Ac (227) アクチニウム	90 Th 232 トリウム	91 Pa 231 プロトアクチニウム	92 U 238 ウラン	93 Np (237) ネプツニウム	94 Pu (239) プルトニウム	95 Am (243) アメリシウム	96 Cm (247) キュリウム

※原子量　原子の質量の比を表す数値。原子の質量は非常に小さいため，炭素原子(C)1個の質量を12としたときの，各原子の質量の比で表す(四捨五入して整数で表している)。なお，安定していない原子は，(　)に代表的なものの数値を示している。

チャート式®
シリーズ

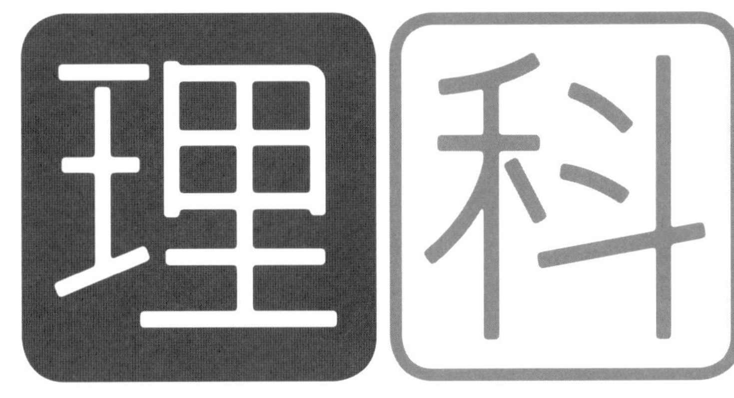

3年

Science

参考書らくらく活用ノート

https://www.chart.co.jp

チャート式シリーズ

中学 理科 3年

別冊 参考書らくらく活用ノート

もくじ

第1章　生物の成長とふえ方

要点のまとめ　わからないときは本冊のp.8を見よう！

学習日　　／

1 生物の成長と細胞の変化

- □〔　　　　　　　　〕：1つの細胞が2つの細胞に分かれること。
- □〔　　　　　　　〕：細胞分裂が始まると核のかわりに現れる，ひものようなもの。
- □〔　　　　　　　　　　〕：からだをつくる細胞（**体細胞**）で起こる細胞分裂。

▼体細胞分裂のようす

❶
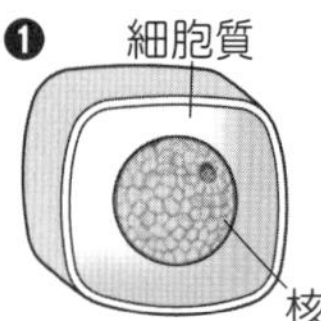

分裂前の細胞

❷

核の形が消え，**染色体**が現れる。

❸

染色体が中央に集まる。

❹

染色体が分かれて，両端に移動する。

❺
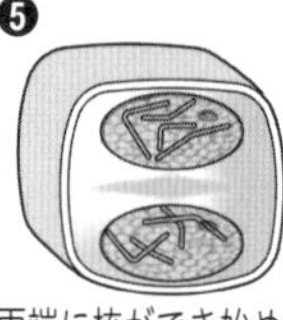
両端に核ができ始め，仕切りができる。

❻
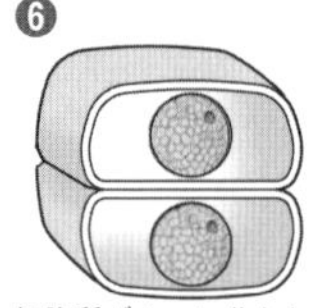
細胞質が2つに分かれ，2個の細胞ができる。

2 生物のふえ方

- □〔　　　　〕：生物が，自分と同じ種類の新しい個体をつくること。
- □〔　　　　　　　　〕：**体細胞分裂**によって新しい個体をつくる生殖。
- □〔　　　　　　　　〕：植物が，からだの一部から新しい個体をつくる無性生殖。
- □〔　　　　　　　　〕：**受精**によって新しい個体をつくる生殖。
- □〔　　　　　　　　〕：生殖のための特別な細胞。動物では雌の**卵巣**で**卵**が，雄の**精巣**で**精子**がつくられる。被子植物ではめしべの胚珠に**卵細胞**が，おしべの花粉に**精細胞**がある。
- □〔　　　　〕：2種類の生殖細胞が結合し，1つの細胞になること。これによってつくられる新しい細胞を〔　　　　　　〕という。
- □〔　　　　〕：**受精卵**が**胚**になり，からだのつくりが完成していく過程。
- □〔　　　　　　〕：生殖細胞がつくられるときの，**染色体**の数がもとの半分になる細胞分裂。

▼動物の有性生殖

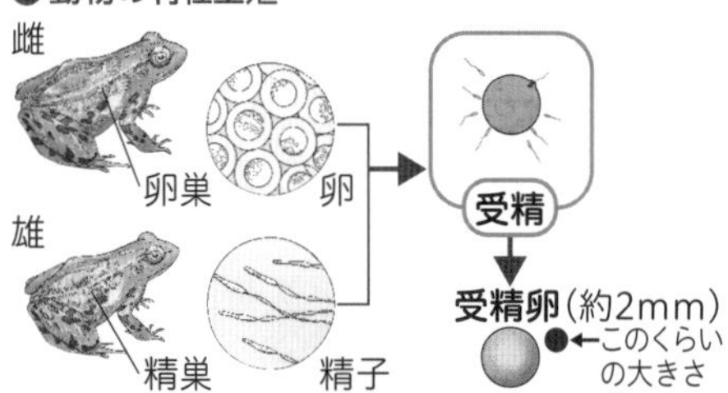

▼植物の有性生殖

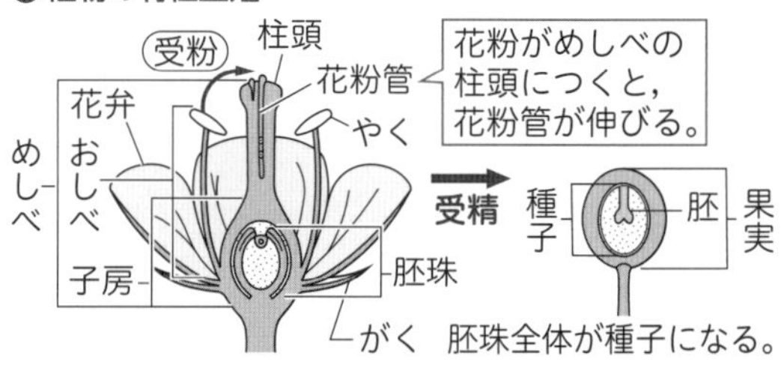

要点チェック

解答➡本冊 p.19

学習日　　／

1 生物の成長と細胞の変化

□ (1)　１つの細胞が２つの細胞に分かれることを何というか。

□ (2)　細胞分裂が始まると核（かく）のかわりに現れる，ひものようなものを何というか。

□ (3)　①からだをつくる細胞を何というか。また，②からだをつくる細胞で起こる細胞分裂を何というか。

2 生物のふえ方

□ (4)　生物が，自分と同じ種類の新しい個体をつくることを何というか。

□ (5)　体細胞分裂によって新しい個体をつくる生殖を何というか。

□ (6)　植物が，からだの一部から新しい個体をつくる無性生殖のことを何というか。

□ (7)　受精によって新しい個体をつくる生殖を何というか。

□ (8)　生殖のための特別な細胞を何というか。

□ (9)　動物で，①雌（めす）の卵巣（らんそう）でつくられる生殖細胞を何というか。また，②雄の精巣でつくられる生殖細胞を何というか。

□ (10)　被子植物（ひししょくぶつ）で，①めしべの胚珠（はいしゅ）でつくられる生殖細胞を何というか。また，②おしべの花粉でつくられる生殖細胞を何というか。

□ (11)　２種類の生殖細胞が結合し，１つの細胞になることを何というか。

□ (12)　動物で，受精卵が細胞分裂を始めてから，自分で食物をとり始める前までを何というか。

□ (13)　受精卵から，からだのつくりが完成していく過程を何というか。

□ (14)　染色体の数がもとの細胞の半分になる特別な細胞分裂を何というか。

(1) ＿＿＿＿

(2) ＿＿＿＿

(3) ① ＿＿＿＿
② ＿＿＿＿

(4) ＿＿＿＿

(5) ＿＿＿＿

(6) ＿＿＿＿

(7) ＿＿＿＿

(8) ＿＿＿＿

(9) ① ＿＿＿＿
② ＿＿＿＿

(10) ① ＿＿＿＿
② ＿＿＿＿

(11) ＿＿＿＿

(12) ＿＿＿＿

(13) ＿＿＿＿

(14) ＿＿＿＿

第2章　遺伝と進化

要点のまとめ　わからないときは本冊のp.22を見よう！

学習日　　／

1 遺伝の規則性と遺伝子

- □〔　　　　〕：生物のもつ形や性質などの特徴。
- □〔　　　　〕：親の形質が子や孫の世代に現れること。
- □〔　　　　　〕：生物の形質を決めるもの。細胞の核内の染色体にある。
- □〔　　　　〕：自家受粉によって代を重ねても，その形質がすべて親と同じであるもの。
- □〔　　　　　　〕：どちらか一方しか現れない形質どうし。
- □〔　　　　　　　　〕：対になっている親の遺伝子は，減数分裂によって，分かれて別々の生殖細胞に入ること。
- □**顕性形質と潜性形質**：**対立形質をもつ純系どうし**をかけ合わせたとき，**子に現れる形質**を〔　　　　　　〕，**子に現れない形質**を〔　　　　　　〕という。
- □〔　　　　　　　　　〕：遺伝子の本体である物質。

▼親から子，子から孫への遺伝子の伝わり方

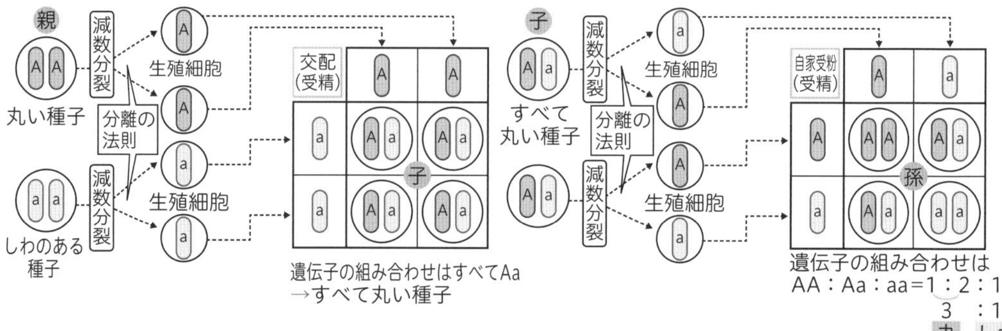

2 生物の種類の多様性と進化

- □〔　　　　〕：生物が，長い年月をかけて世代を重ねる間にしだいに変化すること。
- □〔　　　　　　〕：現在の形やはたらきは異なっていても，起源は同じと考えられる器官。進化の証拠の1つで，生活環境に合うように進化してきた。

▼相同器官（ホニュウ類の前あし）

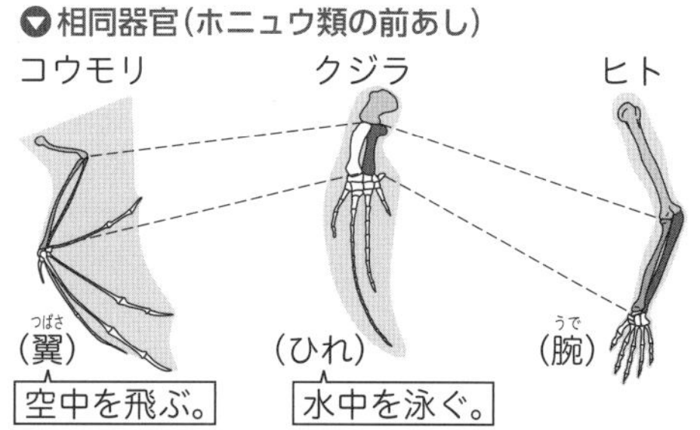

要点チェック

解答➡本冊 p.32

学習日　／

1 遺伝の規則性と遺伝子

□ (1) 生物のもつ形や性質などの特徴を何というか。

□ (2) 親の形質が子や孫の世代に現れることを何というか。

□ (3) 細胞の核内の染色体にある，生物の形質を決めるものを何というか。

□ (4) 体細胞分裂によって，子が親の遺伝子をそのまま受けつぐのは，無性生殖か，有性生殖か。

□ (5) 自家受粉によって親，子，孫と代を重ねても，その形質がすべて親と同じであるものを何というか。

□ (6) エンドウの種子の形の「丸」と「しわ」のように，どちらか一方しか現れない形質どうしを何というか。

□ (7) 対になっている親の遺伝子が，減数分裂によって，分かれて別々の生殖細胞に入ることを何というか。

□ (8) 対立形質をもつ純系どうしをかけ合わせたとき，①子に現れる形質を何というか。また，②子に現れない形質を何というか。

□ (9) 遺伝子の本体である物質を何というか。

(1)
(2)
(3)
(4)
(5)
(6)
(7)
(8) ①
②
(9)

2 生物の種類の多様性と進化

□ (10) セキツイ動物の5つのなかまのうち，地球上に最初に現れたのは何類と考えられているか。

□ (11) 生物が，長い年月をかけて世代を重ねる間にしだいに変化することを何というか。

□ (12) ドイツの1億5千万年前の地層から発見された，ハチュウ類と鳥類の特徴を合わせもつ動物は何とよばれているか。

□ (13) 現在の形やはたらきは異なっていても，基本的なつくりが同じで，起源は同じものであったと考えられる器官を何というか。

(10)
(11)
(12)
(13)

第3章 水溶液とイオン

要点のまとめ わからないときは本冊のp.36を見よう！

学習日　／

1 電流が流れる水溶液

2年生で学習した電気分解を思い出そう。

□〔　　　　　〕：水に溶かしたとき電流が流れる物質。

〔　　　　　〕：水に溶かしても電流が流れない物質。

□ **電解質の水溶液に電流を流したとき**：〔　　　　　〕が起こる。

例　塩化銅水溶液の電気分解　塩化銅 → 銅（陰極側）＋ 塩素（陽極側）

$CuCl_2$ →〔　　　〕＋〔　　　〕

塩酸の電気分解　塩化水素 → 水素（陰極側）＋ 塩素（陽極側）

2HCl →〔　　　〕＋〔　　　〕

2 原子とイオン

□ **原子の構造**：原子は，＋の電気をもつ**原子核**と，－の電気をもつ**電子**からなる。原子核は，＋の電気をもつ〔　　　〕と，電気をもたない〔　　　〕からなる。

▼原子の構造（ヘリウム原子の例）

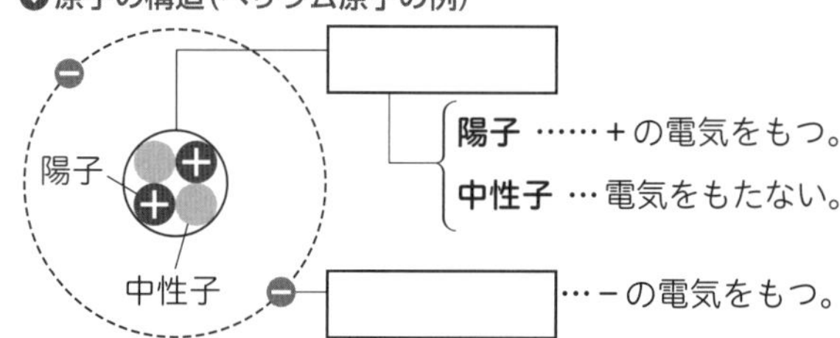

□〔　　　　　〕：同じ元素で，中性子の数が異なる原子。

□ **イオン**：原子が電気を帯びたもの。原子が**電子**を失って＋の電気を帯びたものを〔　　〕**イオン**，原子が**電子**を受け取って－の電気を帯びたものを〔　　〕**イオン**という。

▼イオンのでき方

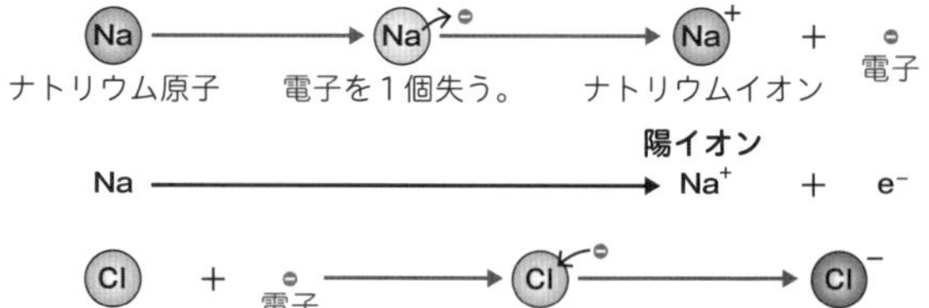

□〔　　　　〕：**電解質**が水に溶けると，**陽イオン**と**陰イオン**に分かれること。

例　塩化水素の電離　塩化水素 → 水素イオン ＋ 塩化物イオン

HCl →〔　　　〕＋〔　　　〕

塩化銅の電離　塩化銅 → 銅イオン ＋ 塩化物イオン

$CuCl_2$ →〔　　　〕＋〔　　　〕

☑ 要点チェック

解答 ➡ 本冊 p.45

学習日　　／

1 電流が流れる水溶液

- □ (1) ①水に溶かしたとき電流が流れる物質を何というか。また，②水に溶かしても電流が流れない物質を何というか。
- □ (2) 塩化銅水溶液に電流を流したとき，①陰極に付着した赤色の物質は何か。また，②陽極から発生した刺激臭(しげきしゅう)のある気体は何か。
- □ (3) うすい塩酸に電流を流したとき，①陰極から発生した燃える気体は何か。また，②陽極から発生した漂白(ひょうはく)作用のある気体は何か。

(1) ①＿＿＿＿　②＿＿＿＿
(2) ①＿＿＿＿　②＿＿＿＿
(3) ①＿＿＿＿　②＿＿＿＿

2 原子とイオン

- □ (4) 原子の中心に１個ある，＋の電気をもったものを何というか。
- □ (5) 原子をつくっている，－の電気をもったものを何というか。
- □ (6) 原子核(げんしかく)をつくっているもののうち，①＋の電気をもつものを何というか。また，②電気をもたないものを何というか。
- □ (7) 原子の中で，陽子の数と電子の数は等しいか，等しくないか。
- □ (8) 同じ元素で，中性子の数が異なる原子どうしを何というか。
- □ (9) 原子が電気を帯びたものを何というか。
- □ (10) ①原子が電子を失って，＋の電気を帯びたものを何というか。また，②原子が電子を受け取って，－の電気を帯びたものを何というか。
- □ (11) 電解質が水に溶けると，陽イオンと陰イオンに分かれることを何というか。

(4)＿＿＿＿
(5)＿＿＿＿
(6) ①＿＿＿＿　②＿＿＿＿
(7)＿＿＿＿
(8)＿＿＿＿
(9)＿＿＿＿
(10) ①＿＿＿＿　②＿＿＿＿
(11)＿＿＿＿

第4章 電池とイオン

要点のまとめ
わからないときは本冊のp.48を見よう！

学習日　／

1 金属のイオンへのなりやすさ

□ **イオンへのなりやすさ**：金属の〔　　　〕によって違(ちが)いがある。

▼マグネシウム・亜鉛・銅のイオン(陽イオン)へのなりやすさ

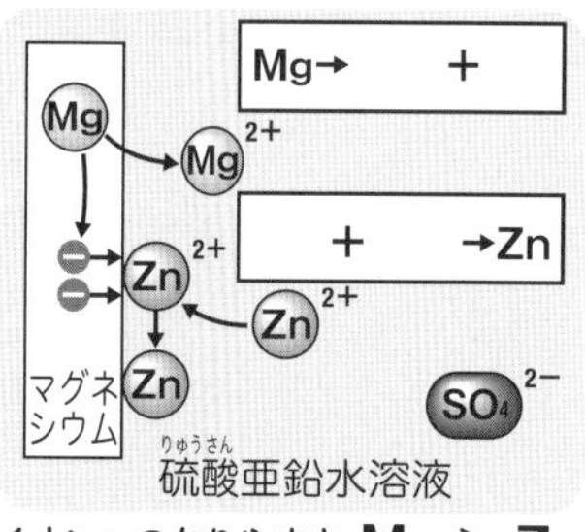

イオンへのなりやすさ Mg ＞ Zn

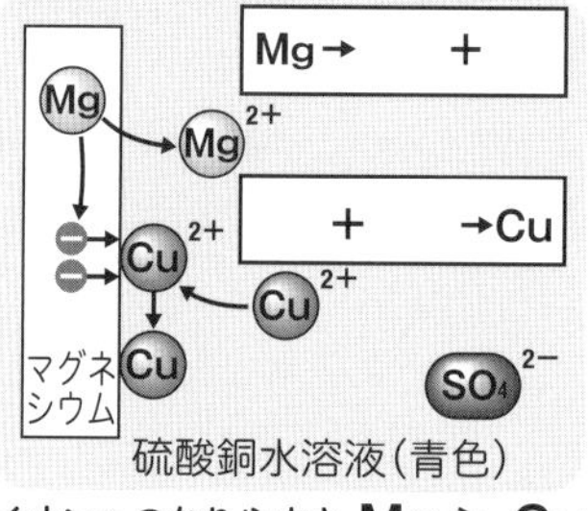

イオンへのなりやすさ Mg ＞ Cu

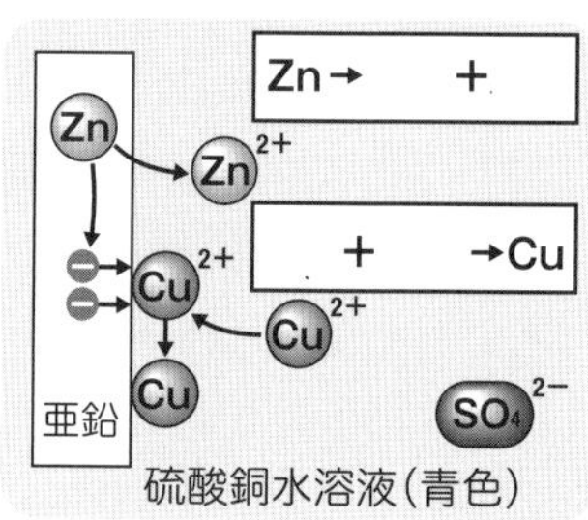

イオンへのなりやすさ Zn ＞ Cu

2 電池のしくみ

□〔　　　　　〕：化学変化を利用して，物質がもっている化学エネルギーを電気エネルギーに変える装置。

□〔　　　　　〕**電池**：亜鉛(あえん)板(ばん)で**電子**を放出する反応が起こり，亜鉛板が〔　　〕極になる。
➡放出された**電子**が導線を通って移動し，**電流**が流れる。➡銅板で**電子**を受け取る反応が起こり，銅板が〔　　〕極になる。

▼ダニエル電池のモデル

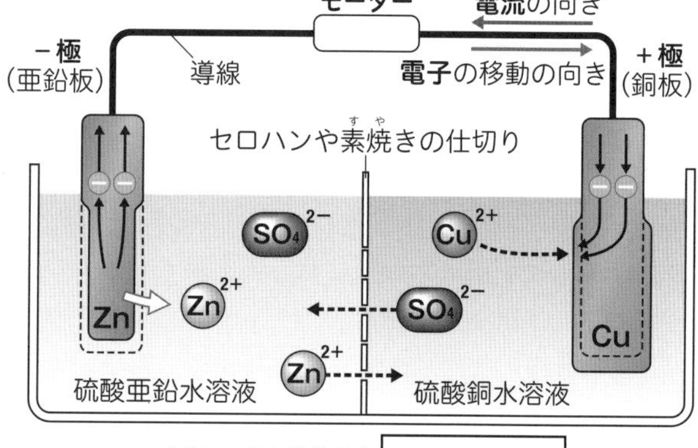

イオンへのなりやすさ　　＞

□ **一次電池と二次電池**：使い切りタイプの電池を〔　　　〕**電池**といい，充電(じゅうでん)することでくり返し使える電池を〔　　　〕**電池**という。

□ **燃料電池**：水の電気分解とは逆の化学変化を利用して，水素がもつ〔　　　　　〕を電気エネルギーとして取り出す装置。

☑ 要点チェック

解答➡本冊 p.57

学習日　／

1 金属のイオンへのなりやすさ

□ (1) マグネシウム板を硫酸亜鉛水溶液に入れると，マグネシウム原子がマグネシウムイオンとなって水溶液中に出ていく。①マグネシウムイオンの化学式はどのように表されるか。また，②マグネシウムと亜鉛では，どちらのほうが陽イオンになりやすいか。

□ (2) マグネシウム板を硫酸銅水溶液に入れると，マグネシウム原子がマグネシウムイオンとなって水溶液中に出ていく。①マグネシウムと銅では，どちらのほうが陽イオンになりやすいか。また，②このときマグネシウム板に付着する物質は何か。

□ (3) 亜鉛板を硫酸銅水溶液に入れると，亜鉛原子が亜鉛イオンとなって水溶液中に出ていく。①亜鉛と銅では，どちらのほうが陽イオンになりやすいか。また，②このとき硫酸銅水溶液の青色は，しだいに濃くなるか，うすくなるか。

(1) ①
②
(2) ①
②
(3) ①
②

2 電池のしくみ

□ (4) 化学変化を利用して，物質がもっている化学エネルギーを電気エネルギーに変える装置を何というか。

□ (5) 電池で，電子を放出する反応が起こっているのは，＋極と－極のどちらか。

□ (6) ダニエル電池で，イオンになりやすい金属が使われるのは，＋極と－極のどちらか。

□ (7) ①使い切りタイプの電池を何というか。また，②充電することでくり返し使える電池を何というか。

□ (8) 水の電気分解とは逆の化学変化を利用して，水素がもつ化学エネルギーを電気エネルギーとして取り出す装置を何というか。

(4)
(5)
(6)
(7) ①
②
(8)

第5章 酸・アルカリとイオン

要点のまとめ わからないときは本冊のp.60を見よう！

学習日　／

1 酸・アルカリ

□ **酸性・中性・アルカリ性の水溶液**(すいようえき)：それぞれ共通の性質をもつ。

▼酸性・中性・アルカリ性の水溶液の性質

	酸性	中性	アルカリ性
赤色リトマス紙			
青色リトマス紙			
緑色のBTB溶液			
マグネシウムを入れたとき			

□ **酸性の正体と酸**：水溶液の酸性を示すものの正体は〔　　　　　　　〕である。また，水溶液にしたとき，電離(でんり)して**水素イオンH^+**を生じる物質を〔　　〕という。

塩酸中の塩化水素の電離　HCl（塩化水素） → 〔　　　〕（水素イオン） ＋ 〔　　　〕（塩化物イオン）

□ **アルカリ性の正体と酸**：水溶液のアルカリ性を示すものの正体は〔　　　　　　　〕である。また，水溶液にしたとき，電離して**水酸化物イオンOH^-**を生じる物質を〔　　　　　〕という。

水酸化ナトリウムの電離　NaOH（水酸化ナトリウム） → 〔　　　〕（ナトリウムイオン） ＋ 〔　　　〕（水酸化物イオン）

□ pH(ピーエイチ)：**酸性やアルカリ性の強さを表す数値**。pHの値(あたい)が7のとき〔　　　〕性で，7より小さいほど〔　　　〕性が強く，7より大きいほど〔　　　〕性が強い。

2 中和と塩

□〔　　　〕：水素イオンと水酸化物イオンが結びついて水をつくり，互(たが)いの性質を打ち消しあう反応。

□〔　　〕：酸の陰(いん)イオンとアルカリの陽イオンが結びついてできた物質。

▼塩酸と水酸化ナトリウム水溶液の中和

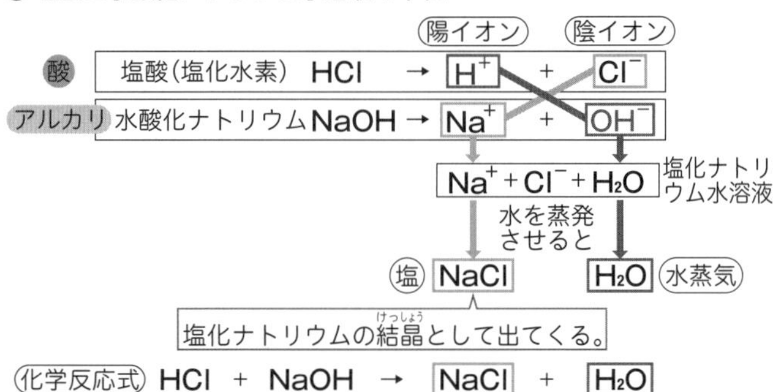

要点チェック

解答➡本冊 p.70

学習日　／

1 酸・アルカリ

□ (1) 赤色リトマス紙を青色に変える水溶液は，酸性か，アルカリ性か。

□ (2) 緑色のBTB溶液を黄色に変える水溶液は，酸性か，アルカリ性か。

□ (3) フェノールフタレイン溶液を赤色に変える水溶液は，酸性か，アルカリ性か。

□ (4) マグネシウムなどの金属を溶かし，水素を発生させる水溶液は，酸性か，アルカリ性か。

□ (5) ①酸性の水溶液に共通して含まれるイオンは，何イオンか。また，②アルカリ性の水溶液に共通して含まれるイオンは，何イオンか。

□ (6) 水溶液にしたとき，①電離して水素イオンを生じる物質を何というか。また，②電離して水酸化物イオンを生じる物質を何というか。

□ (7) ①酸性やアルカリ性の強さを表す数値を何というか。また，②酸性やアルカリ性の強さを表す数値が7のとき，水溶液は何性か。

2 中和と塩

□ (8) 酸の水溶液とアルカリの水溶液を混ぜ合わせたときに起こる，互いの性質を打ち消しあう反応を何というか。

□ (9) 酸の水溶液とアルカリの水溶液を混ぜ合わせたとき，水素イオンと水酸化物イオンが結びついて何ができるか。

□ (10) 酸の陰イオンとアルカリの陽イオンが結びついてできた物質を何というか。

□ (11) 塩酸と水酸化ナトリウム水溶液の中和によってできる塩を何というか。

(1)

(2)

(3)

(4)

(5) ①

②

(6) ①

②

(7) ①

②

(8)

(9)

(10)

(11)

第6章 力の合成と分解，水圧と浮力

要点のまとめ わからないときは本冊のp.74を見よう！

学習日　／

1 力の合成と分解

- □ **力の〔　　　　〕**：2つの力と同じはたらきをする1つの力を求めること。
- □〔　　　　〕：力の合成によってできた力。
- □ **力の〔　　　　〕**：1つの力を，これと同じはたらきをする複数の力に分けること。
- □〔　　　　〕：力の分解によってできた力。
- □ **力の平行四辺形の法則**：角度をもってはたらく2力の〔　　　　〕は，その2力を表す矢印を2辺とする**平行四辺形の対角線**で表される。〔　　　　〕は逆に，もとの力の矢印を対角線とする**平行四辺形の隣**(とな)**りあう2辺**で表される。

▼力の合成と分解

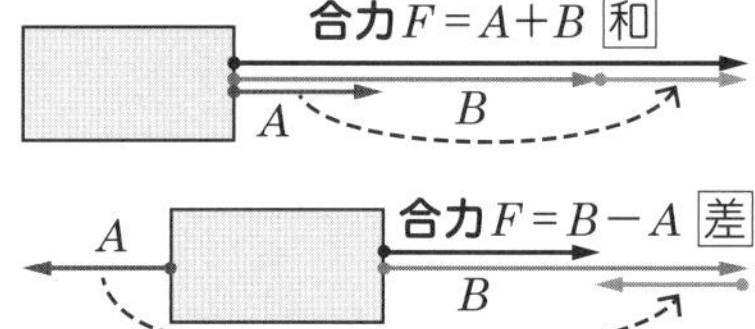

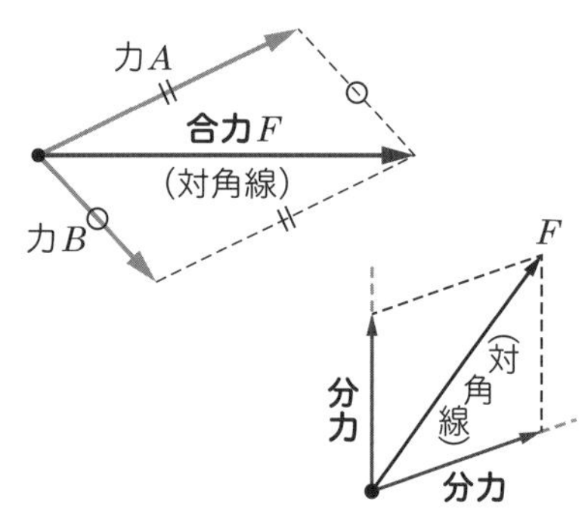

2 水中の物体にはたらく力

- □〔　　　　〕：水にはたらく重力によって生じる圧力。水面から深くなるほど大きく，あらゆる方向からはたらく。
- □〔　　　　〕：水中の物体にはたらく上向きの力。物体の水中にある部分の〔　　　　〕が大きいほど大きく，物体の全体が水中にあるときは深さによって変わらない。

▼水の深さと水圧

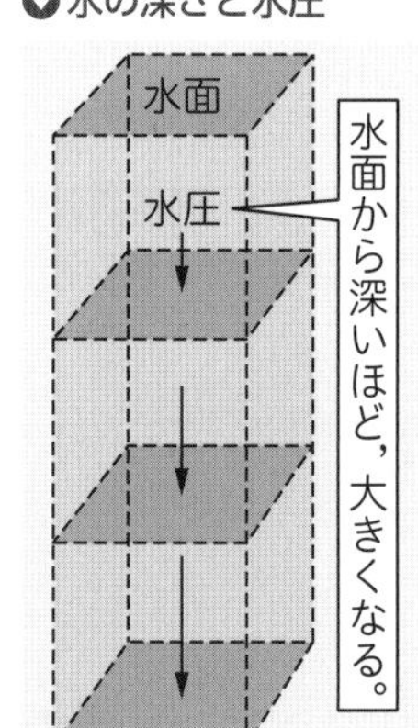

▼水圧と深さ

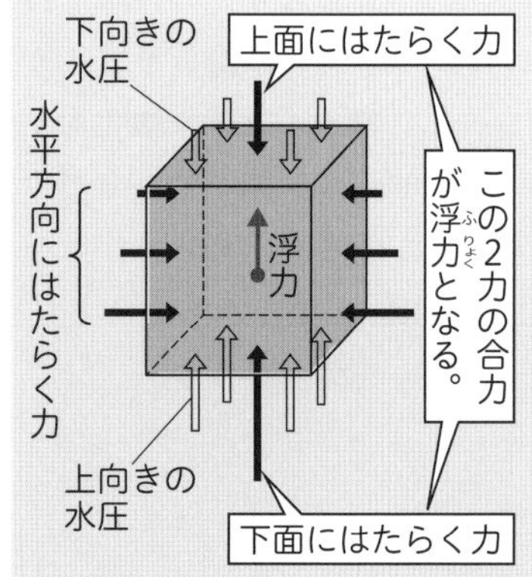

例題① 《作図》力の合成

図の①～③のように，点Oに力Aと力Bがはたらいているとき，この2力の合力Fを，それぞれ図に矢印で表しなさい。

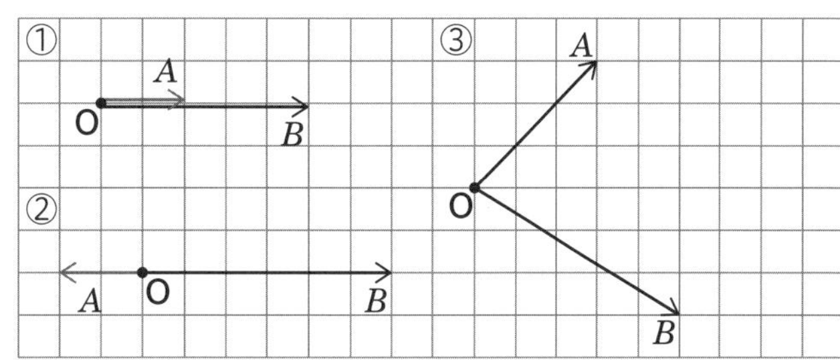

解答➡本冊 p.77

練習①-1 図の①～③のように，点Oに力Aと力Bがはたらいているとき，この2力の合力Fを，それぞれ図に矢印で表しなさい。

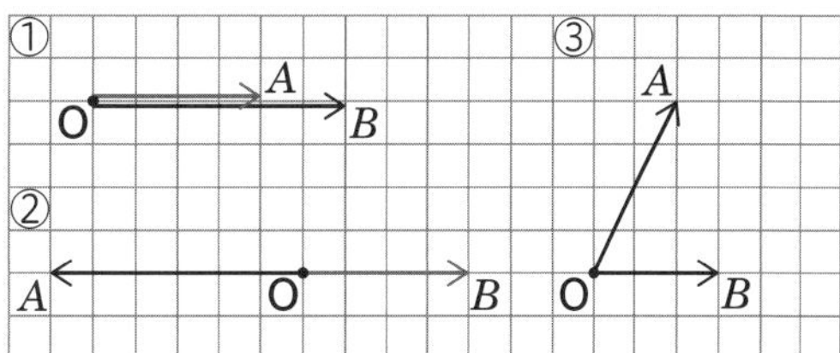

解答⇒本冊 p.225

練習①-2 図の①～③のように，点Oに力Aと力Bがはたらいているとき，この2力の合力Fを，それぞれ図に矢印で表しなさい。

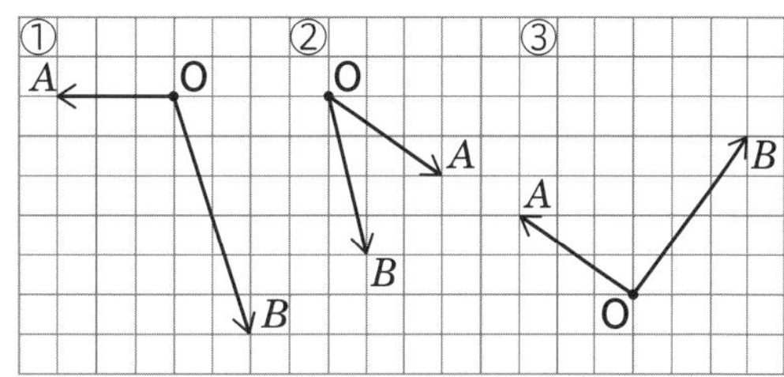

解答⇒本冊 p.225

練習 1-3 図の①，②のように，点Oに力Aと力Bがはたらいているとき，この2力の合力Fとつりあう力F'を，それぞれ図に矢印で表しなさい。

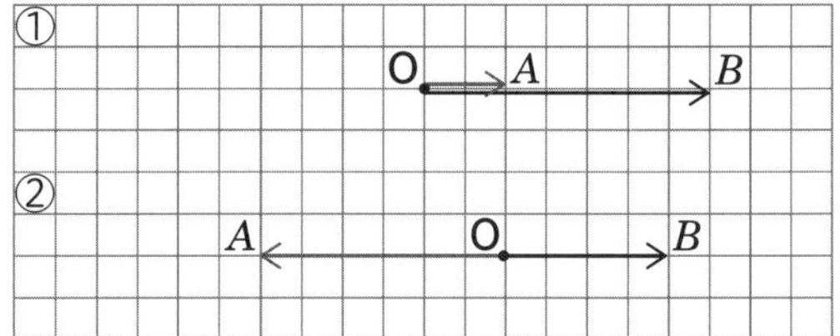

解答⇒本冊 p.225

練習 1-4 図の①，②のように，点Oに力Aと力Bがはたらいているとき，この2力の合力Fとつりあう力F'を，それぞれ図に矢印で表しなさい。

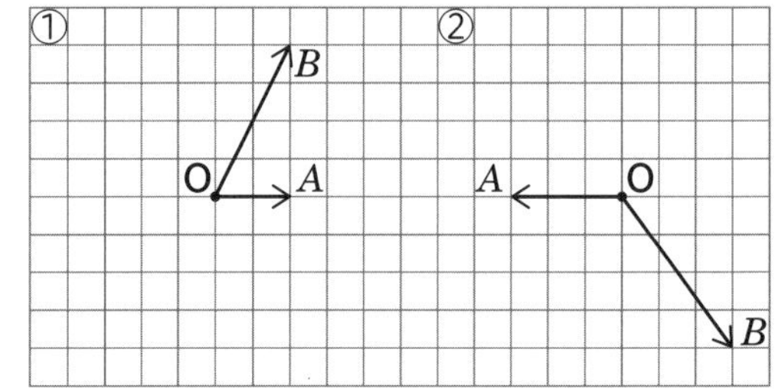

解答⇒本冊 p.225

練習 1-5 図の①，②のように，点Oに力Aと力Bがはたらいているとき，この2力の合力Fとつりあう力F'を，それぞれ図に矢印で表しなさい。

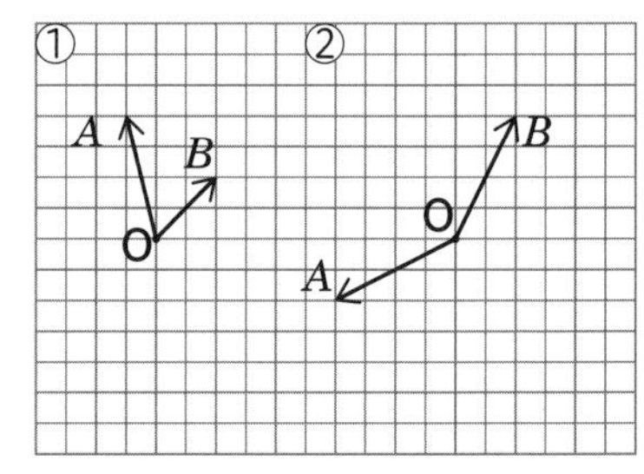

解答⇒本冊 p.225

例題❷ ◀作図▶ 力の分解

図の①～③の矢印は，同じ力 F を表している。

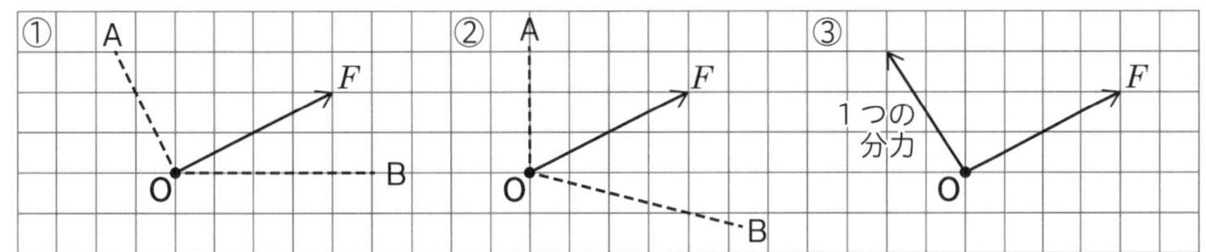

(1) 図の①，②の力 F を，それぞれ図のAとBの方向に分解し，2つの分力を矢印で表しなさい。

(2) 図の③で，力 F を2つの力に分解し，その分力の1つが図のように表されるとする。このとき，残りの分力を図に矢印で表しなさい。

解答➡本冊 p.79

練習②-1 図の①～③の力 F を，それぞれ図のAとBの方向に分解し，2つの分力を図に矢印で表しなさい。

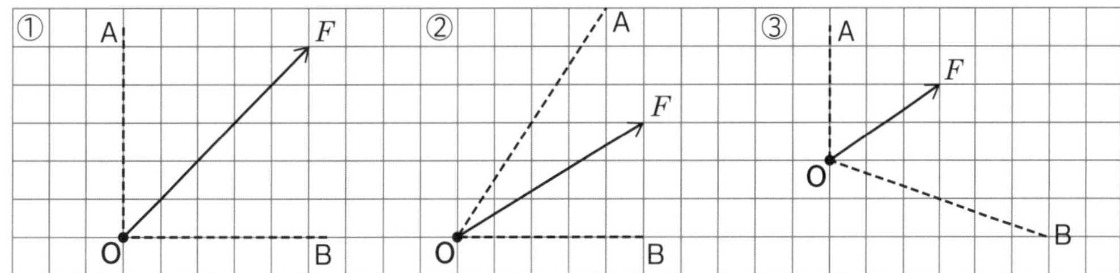

解答⇒本冊 p.226

学習日　　／

練習 2-2 図の①〜③の力 F を，それぞれ図のAとBの方向に分解し，2つの分力を図に矢印で表しなさい。

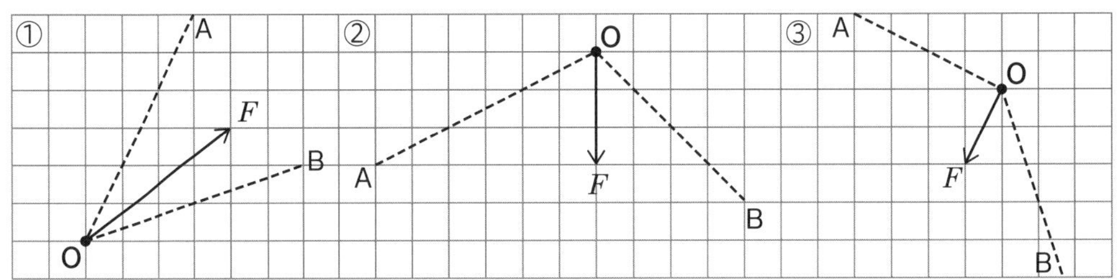

解答⇒本冊 p.226

練習 2-3 図の①〜③の力 F を2つの力に分解した。その分力のうちの一方がそれぞれ力 A で表されるとき，残りの分力を図に矢印で表しなさい。

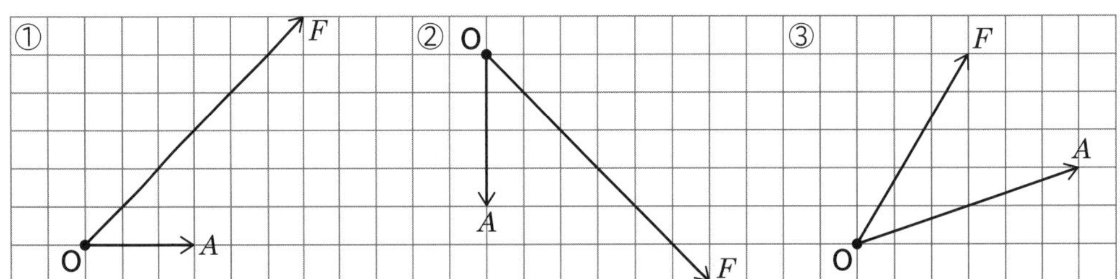

解答⇒本冊 p.226

要点チェック

解答➡本冊 p.83

学習日　　／

1 力の合成と分解

- □ (1)　2つの力と同じはたらきをする1つの力を求めることを何というか。
- □ (2)　力の合成によってできた力を何というか。
- □ (3)　一直線上で同じ向きにはたらく2力を合成すると，①合力の大きさは2力の大きさの和になるか，差になるか。また，②合力の向きは2力と同じ向きになるか，反対向きになるか。
- □ (4)　一直線上で反対向きにはたらく2力を合成すると，合力の大きさは2力の大きさの和になるか，差になるか。
- □ (5)　2力の合力が0になるのは，2力がどうなっているときか。
- □ (6)　角度をもってはたらく2力の合力は，その2力を表す矢印を2辺とする平行四辺形の何で表されるか。
- □ (7)　1つの力を，これと同じはたらきをする複数の力に分けることを何というか。
- □ (8)　力の分解によってできた力を何というか。

(1)
(2)
(3) ①
②
(4)
(5)
(6)
(7)
(8)

2 水中の物体にはたらく力

- □ (9)　水にはたらく重力によって生じる圧力を何というか。
- □ (10)　水にはたらく重力によって生じる圧力は，水面から深くなるほど，大きくなるか，小さくなるか。
- □ (11)　浮力の大きさは，物体の水中にある部分の体積が大きいほど，大きいか，小さいか。
- □ (12)　物体の全体が水中にあるとき，浮力の大きさは深さによって変わるか，変わらないか。
- □ (13)　水中の物体にはたらく重力より浮力のほうが大きいとき，2力の合力は上向きになるか，下向きになるか。

(9)
(10)
(11)
(12)
(13)

第7章 物体の運動

要点のまとめ

わからないときは本冊のp.86を見よう！

学習日　　／

1 物体の運動の記録

□〔　　　　　　　　〕：ある距離(きょり)を一定の速さで移動したと考えたときの速さ。

□〔　　　　　　　　〕：ごく短い時間に移動した距離をもとに求めた速さ。

▼速さを求める式

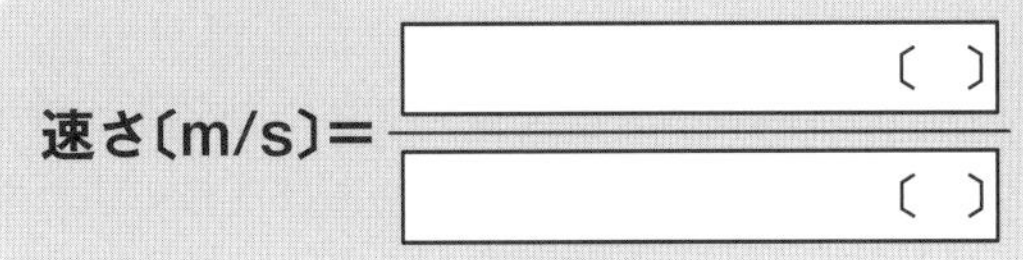

速さの単位：メートル毎秒（記号m/s），
センチメートル毎秒（記号cm/s），
キロメートル毎時（記号km/h）など。

2 力と運動

□〔　　　　　　〕**運動**：**一定の速さで一直線上を進む運動。** 運動の向きに力がはたらいていないときの運動で，**移動距離は運動した時間に比例**する。

▼等速直線運動の時間と速さ・移動距離の関係

時間と速さの関係

速さ〔cm/s〕　0　時間〔s〕

時間と移動距離の関係

移動距離〔cm〕　0　時間〔s〕

□**力がはたらくときの運動**：物体が斜面(しゃめん)を下るときのように，運動の向きに一定の力（重力の斜面に平行な分力）がはたらき続けると，速さは一定の割合で大きくなる。同じ物体では，はたらく力が大きいほど，速さの変化の割合は〔 **大きく　小さく** 〕なる。

▼斜面を下る運動の時間と速さの関係

斜面の角度 大　小　速さ〔m/s〕　0　時間〔s〕

□〔　　　　　　　　〕：物体が静止した状態から真下に落下するときの運動。

□〔　　　　〕**の法則**：物体に力がはたらいていないか，はたらいている力がつりあっているとき，静止している物体は静止し続け，動いている物体は〔　　　　　　　　〕運動を続ける。

□**慣性**：物体がもとの運動状態を保とうとする性質のこと。

□〔　　　　　　　　　　　〕**の法則**：ある物体に力を加えると，同時にその物体から，**大きさが等しく，同一直線上にあり，向きが反対の力**を受ける。この2力の一方を**作用**，もう一方を**反作用**という。

学習日　　／

例題③ 《計算》 平均の速さ

物体が80mを10秒で移動したとき，平均の速さは何m/sか。また，それは何km/hか。

解答　　m/s,　　km/h

解答➡本冊 p.87

練習③-1 物体が50mを7.5秒で移動したとき，平均の速さは何m/sか。また，それは何km/hか。わり切れない場合は，小数第1位まで求めなさい。

③-1
m/s
km/h

解答⇒本冊 p.227

練習③-2 物体が1500mを6分40秒で移動したとき，平均の速さは何m/sか。また，それは何km/hか。

③-2
m/s
km/h

解答⇒本冊 p.227

練習③-3 物体が45kmを2時間で移動したとき，平均の速さは何km/hか。また，それは何m/sか。

③-3
km/h
m/s

解答⇒本冊 p.227

練習③-4 物体が20kmを1時間40分で移動したとき，平均の速さは何km/hか。また，それは何m/sか。わり切れない場合は，小数第1位まで求めなさい。

③-4
km/h
m/s

解答⇒本冊 p.227

学習日　／

例題 ④ ◀計算▶ 記録テープをもとにした速さ

(1)　図1は，1秒間に50回打点する記録タイマーを使って物体の運動を調べ，テープを5打点ごとに切って並べたものである。Aのテープを記録している間の物体の平均の速さは何cm/sか。

図1

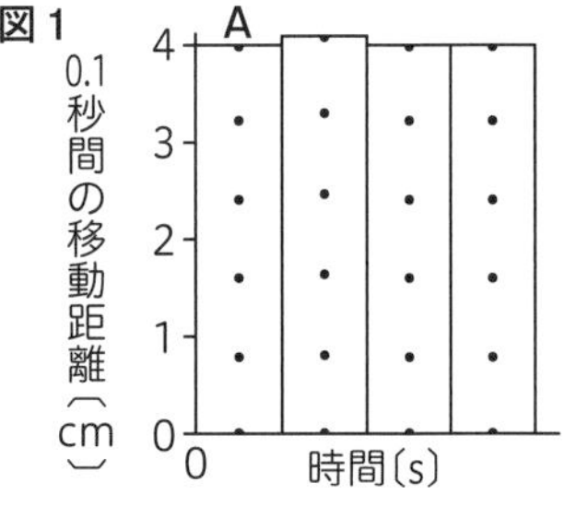

(2)　図2は，1秒間に60回打点する記録タイマーを使って物体の運動を調べ，テープを6打点ごとに切って並べたものである。Bのテープを記録している間の物体の平均の速さは何cm/sか。

図2

0.1秒間の移動距離〔cm〕
3.5
B
0
0
時間〔s〕

解答 (1)　　　　　(2)

解答➡本冊 p.89

練習 ④-1

(1)　図1は，1秒間に60回打点する記録タイマーを使って物体の運動を調べ，テープを6打点ごとに切って並べたものである。Aのテープを記録している間の物体の平均の速さは何cm/sか。

図1

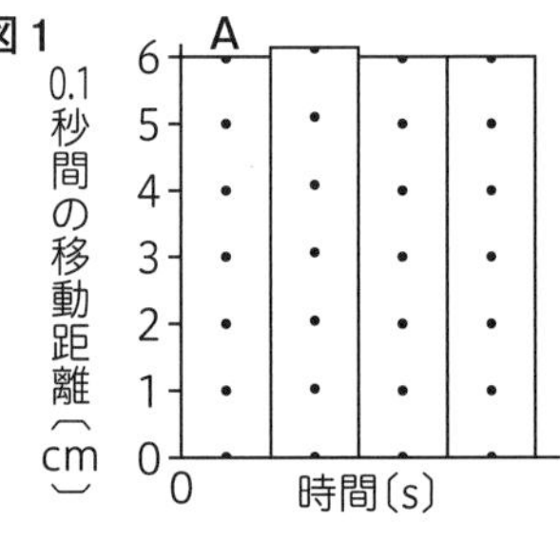

(2)　図2は，1秒間に60回打点する記録タイマーを使って物体の運動を調べ，テープを6打点ごとに切って並べたものである。Bのテープを記録している間の物体の平均の速さは何cm/sか。

図2

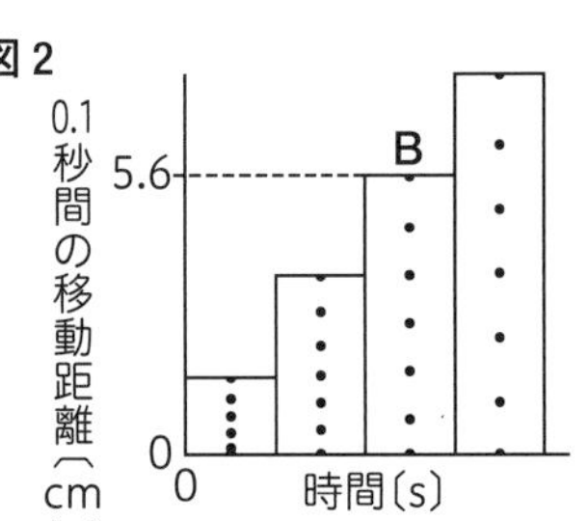

④-1

(1)

(2)

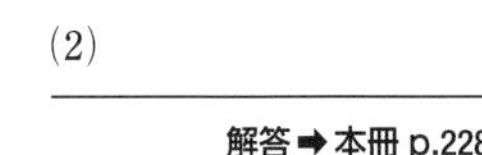

解答➡本冊 p.228

練習④-2 図は，１秒間に50回打点する記録タイマーを使って物体の運動を調べ，テープを５打点ごとに切って並べたものである。

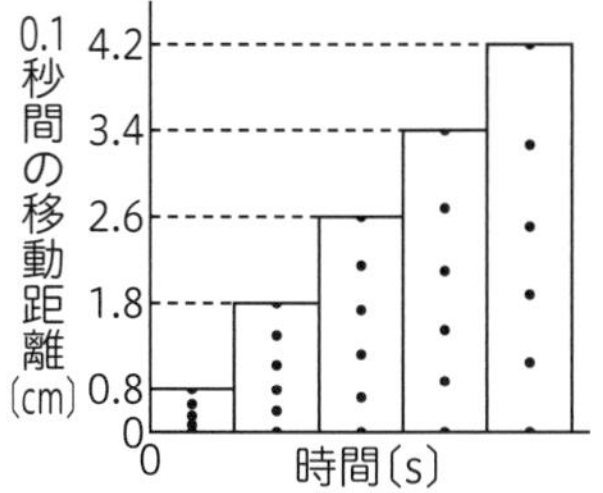

(1) 測定開始時を時間０秒としたとき，０秒から0.2秒の間の物体の平均の速さは何cm/sか。

(2) 測定開始から0.3秒が経過したのち，0.2秒の間に物体が移動した距離（きょり）は何cmか。また，この間の物体の平均の速さは何cm/sか。

④-2

(1) 　　　cm/s

(2) 　　　cm

　　　cm/s

解答➡本冊 p.228

練習④-3 図は，１秒間に50回打点する記録タイマーを使って物体の運動を調べたものである。このタイマーによって打点されたテープの点ａから点ｂまでにおける物体の平均の速さは何cm/sか。

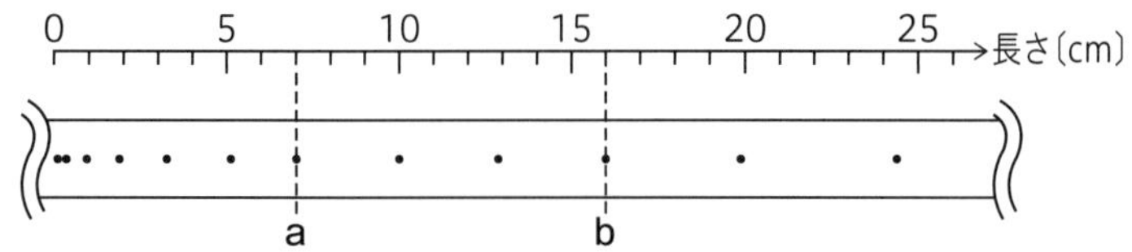

④-3

解答➡本冊 p.228

要点チェック

解答➡本冊 p.95

学習日　／

1 物体の運動の記録

□ (1) 次の式の①，②に当てはまることばは何か。

$$速さ〔m/s〕=\frac{〔\ ①\ 〕〔m〕}{移動にかかった〔\ ②\ 〕〔s〕}$$

□ (2) ある距離(きょり)を一定の速さで移動したと考えたときの速さを何というか。

□ (3) ごく短い時間に移動した距離をもとに求めた速さを何というか。

2 力と運動

□ (4) 一定の速さで一直線上を進む運動を何というか。

□ (5) 物体が斜面(しゃめん)を下るとき，運動の向きにはたらいているのは，重力の分力のうち，斜面に平行な分力か，斜面に垂直な分力か。

□ (6) 物体が静止した状態から真下に落下するときの運動を何というか。

□ (7) 物体に力がはたらいていないか，はたらいている力がつりあっているとき，静止している物体は静止し続け，動いている物体は等速直線運動を続ける，という法則を何というか。

□ (8) 物体がもとの運動状態を保とうとする性質のことを何というか。

□ (9) 2つの物体間で対になってはたらく2力のうちの，一方を作用というとき，もう一方を何というか。

□ (10) ある物体に力を加えると，同時にその物体から，大きさが等しく，同一直線上にあり，向きが反対の力を受ける，という法則を何というか。

(1) ①

②

(2)

(3)

(4)

(5)

(6)

(7)

(8)

(9)

(10)

第8章 仕事とエネルギー

要点のまとめ わからないときは本冊のp.98を見よう！

学習日　／

1 仕事

□ **仕事**：物体に力を加え，力の向きに物体を動かしたとき，力は物体に対して〔　　　　〕をしたという。

□ **仕事の〔　　　　〕**：道具を使っても使わなくても，同じ状態になるまでの仕事の大きさは変わらない。

□ 〔　　　　　　〕：一定時間（1秒間）当たりにする仕事の大きさ。

仕事の大きさを求める式

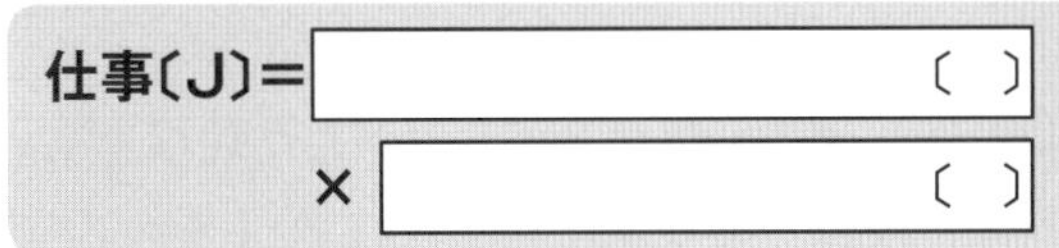

仕事率を求める式

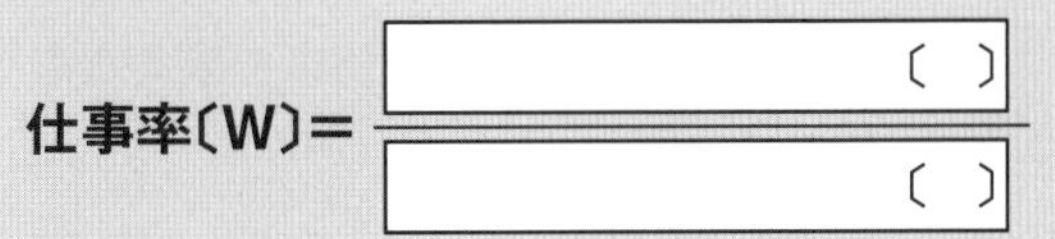

2 エネルギー

□ **エネルギー**：ある物体が他の物体に仕事をする能力のこと。単位は仕事と同じ〔　　　（記号：　　　）〕。仕事ができる状態にある物体は**エネルギーをもっている**という。

□ 〔　　　　　　　　　　　〕：**高いところにある物体がもっているエネルギー**。物体の位置が〔　　　　〕ほど，質量が大きいほど，大きい。

□ 〔　　　　　　　　　　　〕：**運動している物体がもっているエネルギー**。物体の速さが〔　　　　〕ほど，質量が大きいほど，大きい。

□ **力学的エネルギー**：位置エネルギーと運動エネルギーの和。

□ 〔　　　　　　　　　　　　　　　　〕：摩擦力（まさつりょく）や空気の抵抗（ていこう）がなければ，力学的エネルギーは一定に保たれる。

力学的エネルギーの保存

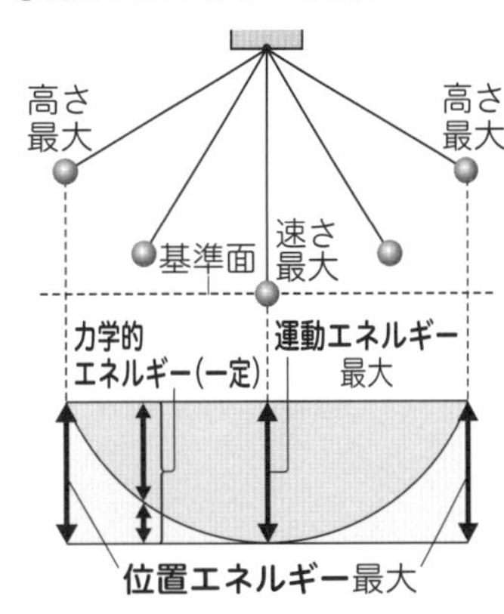

□ **エネルギー変換効率（へんかんこうりつ）**：消費したエネルギーに対する，利用できるエネルギーの割合。

□ **エネルギーの保存**：エネルギー変換の前後で，エネルギーの総量は〔　　　　　　　〕。

□ **熱の伝わり方**：物質の高温部分から低温部分に熱が移動して伝わる〔　　　　〕，液体や気体の物質が移動して熱が伝わる〔　　　　〕，物質の熱が光として放出される〔　　　　〕がある。

学習日　／

例題⑤ 計算 仕事

(1) 床の上に置いてある質量3kgの物体を，1mの高さまで持ち上げた。

① 物体を持ち上げるのに必要な力の大きさを求めなさい。ただし，質量100gの物体にはたらく重力の大きさを1Nとする。

② 物体を持ち上げる力がした仕事を求めなさい。

(2) 摩擦（まさつ）のある水平面上で，質量3kgの物体を水平に引いて，ゆっくりと一定の速さで2m動かした。このとき，物体にはたらく摩擦力の大きさは50Nであった。

① 物体を引くのに必要な力の大きさを求めなさい。

② 物体を引く力がした仕事を求めなさい。

解答 (1)①　　②　　(2)①　　②

解答➡本冊 p.100

練習⑤-1

(1) 床の上に置いてある質量8kgの物体を，2mの高さまで持ち上げた。

① 物体を持ち上げるのに必要な力の大きさを求めなさい。ただし，質量100gの物体にはたらく重力の大きさを1Nとする。

② 物体を持ち上げる力がした仕事を求めなさい。

(2) 摩擦のある水平面上で，質量2kgの物体を水平に引いて，ゆっくりと一定の速さで5m動かした。このとき，物体にはたらく摩擦力の大きさは40Nであった。

① 物体を引くのに必要な力の大きさを求めなさい。

② 物体を引く力がした仕事を求めなさい。

⑤-1

(1)①

②

(2)①

②

解答➡本冊 p.229

学習日　／

練習⑤-2

(1) 床の上に置いてある質量10kgの物体を，1.5mの高さまで持ち上げた。

① 物体を持ち上げるのに必要な力の大きさを求めなさい。ただし，質量100gの物体にはたらく重力の大きさを1Nとする。

② 物体を持ち上げる力がした仕事を求めなさい。

(2) 摩擦(まさつ)のある水平面上で，質量8kgの物体を水平に引いて，ゆっくりと一定の速さで5m動かした。このとき，物体にはたらく摩擦力の大きさは100Nであった。

① 物体を引くのに必要な力の大きさを求めなさい。

② 物体を引く力がした仕事を求めなさい。

⑤-2

(1)①

②

(2)①

②

解答➡本冊 p.229

練習⑤-3

(1) 床の上に置いてある質量2.5kgの物体を，1.2mの高さまで持ち上げた。

① 物体を持ち上げるのに必要な力の大きさを求めなさい。ただし，質量100gの物体にはたらく重力の大きさを1Nとする。

② 物体を持ち上げる力がした仕事を求めなさい。

(2) 摩擦のある水平面上で，質量4.8kgの物体を水平に引いて，ゆっくりと一定の速さで12.8m動かした。このとき，物体にはたらく摩擦力の大きさは35Nであった。

① 物体を引くのに必要な力の大きさを求めなさい。

② 物体を引く力がした仕事を求めなさい。

⑤-3

(1)①

②

(2)①

②

解答➡本冊 p.229

学習日　／

例題⑥ ◀計算▶ 仕事の原理の利用

(1) 図1のように，30Nの物体を，摩擦のない斜面にそって4m引いて，2mの高さまで持ち上げた。

① 物体にした仕事の大きさを求めなさい。

② 仕事の原理が成りたつとして，斜面にそって物体を引いた力の大きさを求めなさい。

(2) 図2のように，40Nの物体を，摩擦（まさつ）のない斜面にそって20Nの力で引いて，3mの高さまで持ち上げた。斜面にそって物体を引いた距離を求めなさい。

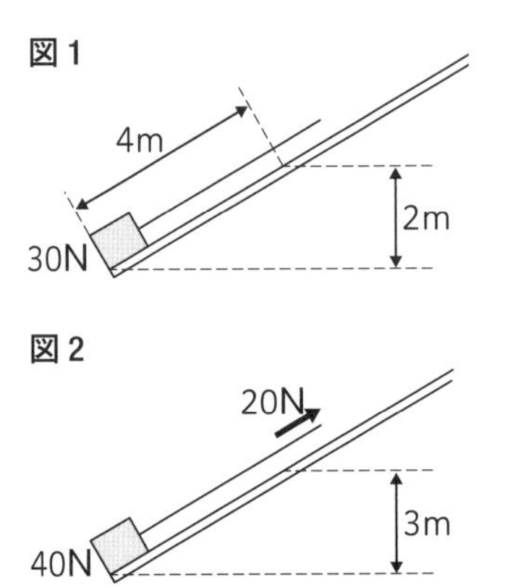

解答 (1)①　　②　　(2)

解答➡本冊 p.103

練習⑥-1

(1) 図1のように40Nの物体を，摩擦のない斜面にそって5m引いて，2.5mの高さまで持ち上げた。

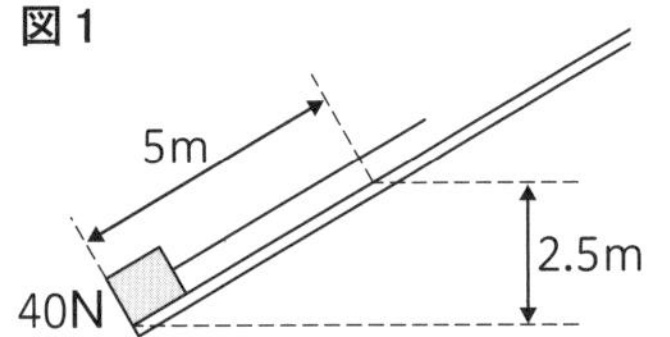

① 物体にした仕事の大きさを求めなさい。

② 仕事の原理が成りたつとして，斜面にそって物体を引いた力の大きさを求めなさい。

(2) 図2のように，24Nの物体を，摩擦のない斜面にそって12Nの力で引いて，5mの高さまで持ち上げた。斜面にそって物体を引いた距離を求めなさい。

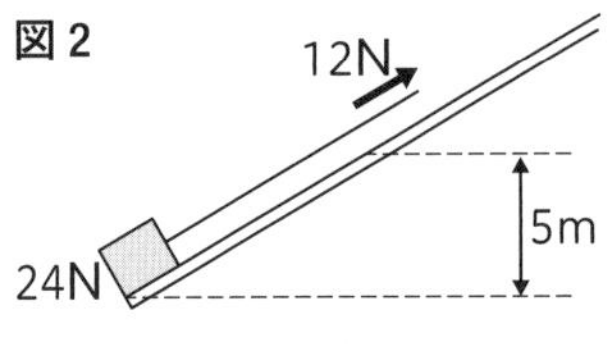

⑥-1

(1)①

②

(2)

解答➡本冊 p.229，230

学習日　　／

例題⑦ 《計算》仕事率

30Nの物体を1mの高さまで持ち上げるのに2秒かかった。このときの仕事率を求めなさい。

解答 ＿＿＿＿＿＿

解答➡本冊 p.104

練習⑦-1 45Nの物体を3mの高さまで持ち上げるのに5秒かかった。このときの仕事率を求めなさい。

⑦-1 ＿＿＿＿＿＿

解答⇒本冊 p.230

練習⑦-2 80Nの物体を15mの高さまでつり上げるのに1分30秒かかった。このときの仕事率を，整数で求めなさい。

⑦-2 ＿＿＿＿＿＿

解答⇒本冊 p.230

練習⑦-3 600Nの重さの人が地上 2000mの高さから3800mの高さまで登山をするのに8時間かかった。このときの仕事率を求めなさい。

⑦-3 ＿＿＿＿＿＿

解答⇒本冊 p.230

練習⑦-4 750Nの重さの人が風に逆らって，15秒の間に40m移動した場合を考える。風から受ける力は常に一定で，45Nであった。このときの仕事率を求めなさい。

⑦-4 ＿＿＿＿＿＿

解答⇒本冊 p.230

学習日　　／

例題 8 《作図》力学的エネルギーの保存

図は，小球を斜面のAの位置から転がし，Bの位置に達するまでの小球の位置エネルギーの変化を表したものである。このときの小球の運動エネルギーの変化を，図にかきなさい。ただし，摩擦や空気の抵抗はないものとする。

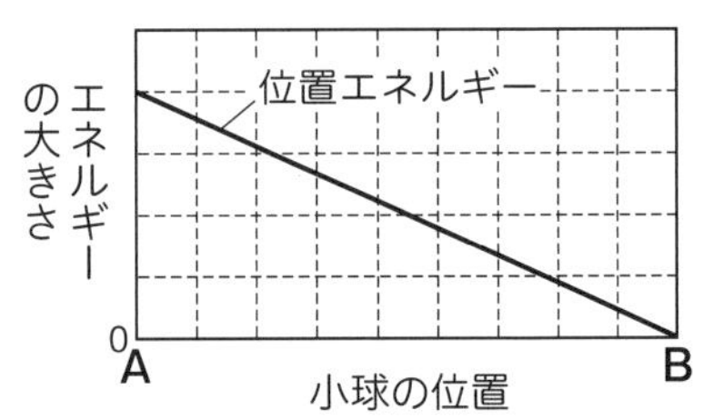

ヒント　位置エネルギーと運動エネルギーの和が一定であることを利用しよう。

解答➡本冊 p.108

練習 8-1 図は，小球を斜面のAの位置から転がし，Bの位置に達するまでの小球の位置エネルギーの変化を表したものである。このときの小球の運動エネルギーの変化を，図にかきなさい。ただし，摩擦や空気の抵抗はないものとする。

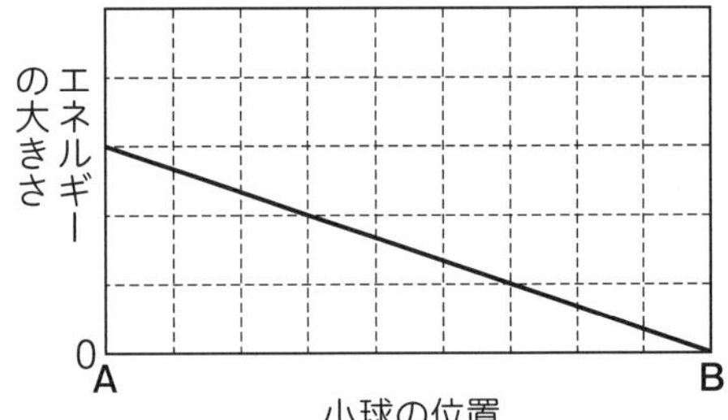

解答➡本冊 p.231

練習 8-2 図は，小球を斜面のAの位置から斜面にそって上向きに転がし，Bの位置に達した後，再びAにもどるまでの小球の位置エネルギーの変化を表したものである。このときの小球の運動エネルギーの変化を，図にかきなさい。ただし，摩擦や空気の抵抗はないものとする。

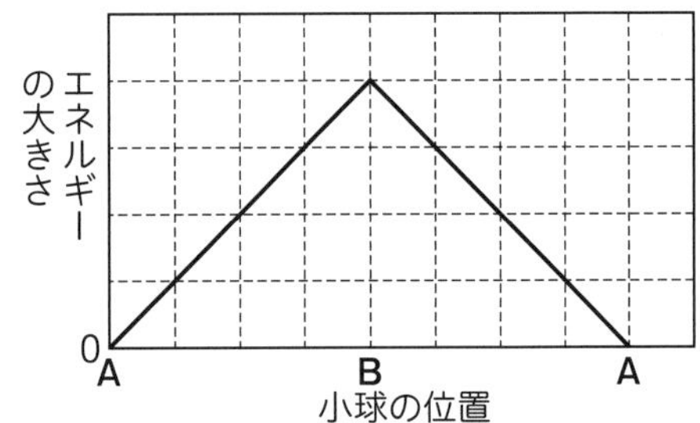

解答➡本冊 p.231

☑要点チェック

解答➡本冊 p.112

学習日　　／

1 仕事

□ (1) 物体に力を加え，力の向きに物体を動かしたとき，力は物体に対して何をしたというか。

□ (2) 次の式の①，②に当てはまる記号やことばは何か。

仕事〔 ① 〕= 物体に加えた力の大きさ〔N〕
×力の向きに動いた〔 ② 〕〔m〕

□ (3) 道具を使っても使わなくても，同じ状態になるまでの仕事の大きさは変わらないことを何というか。

□ (4) 次の式の①，②に当てはまることばは何か。

$$仕事率〔W〕= \frac{〔\ ①\ 〕〔J〕}{仕事にかかった〔\ ②\ 〕〔s〕}$$

2 エネルギー

□ (5) 仕事ができる状態にある物体は，何をもっているというか。

□ (6) 高いところにある物体がもっているエネルギーを何というか。

□ (7) 運動している物体がもっているエネルギーを何というか。

□ (8) 位置エネルギーと運動エネルギーの和を何というか。

□ (9) 摩擦力(まさつりょく)や空気の抵抗(ていこう)がなければ，力学的エネルギーは一定に保たれることを何というか。

□ (10) エネルギー変換(へんかん)の前後で，エネルギーの総量は変わらないことを何というか。

□ (11) 熱の伝わり方のうち，①物質の高温部分から低温部分に熱が移動して伝わる現象を何というか。また，②液体や気体の物質が移動して熱が伝わる現象を何というか。

(1)
(2) ①
②
(3)
(4) ①
②
(5)
(6)
(7)
(8)
(9)
(10)
(11) ①
②

第9章 天体の1日の動き

要点のまとめ わからないときは本冊のp.116を見よう！

学習日　／

1 天体の位置の表し方

- □〔　　　　〕：天体の位置や動きを表すのに使われる，見かけ上の球形の天井(てんじょう)。天球面上で，観測者の真上の点を〔　　　　〕という。
- □**方位の表し方**：〔　　　　　　　〕の方向が南北で，経線に垂直な〔　　　　〕の方向が東西である。
- □〔　　　　〕：地球の北極と南極を結ぶ軸。
- □**地球の**〔　　　　〕：地球が地軸(ちじく)を中心に，１日に１回転する運動。

▼地球の自転と日本の位置

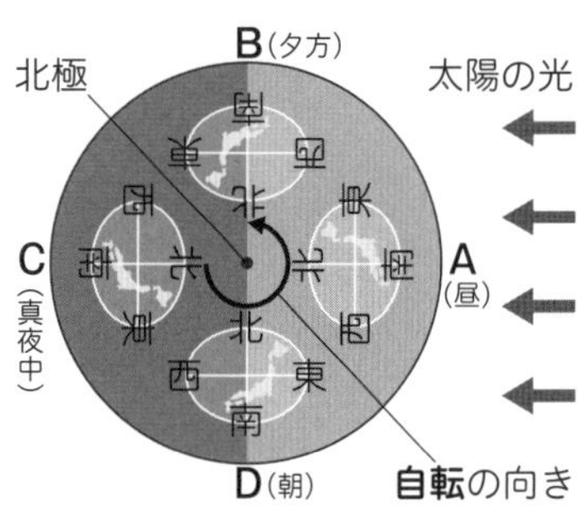

2 天体の１日の動き

- □〔　　　　〕：太陽や星などの天体が真南にきたときのこと。このときの天体の高度を〔　　　　　　　〕という。
- □**太陽の**〔　　　　　　　〕：太陽が朝，東の空からのぼり，昼ごろ南の空で最も高くなり，夕方西の空に沈(しず)んでいく動き。地球の〔　　　　〕によって起こる見かけの動きで，その動く速さは一定である。
- □**星の**〔　　　　　　　〕：北の空の星は，〔　　　　　〕**を中心に反時計回りに回転**して見え，東の空からのぼった星は，南の空に移動し，南の空に見えていた星は，西の空へと沈んでいく。地球の自転によって起こり，**1時間に約**〔　　　　〕**度の速さ**で動く。

▼天球上の太陽の動き

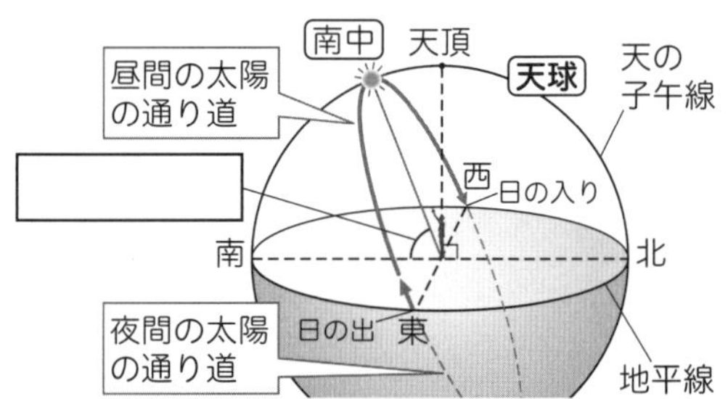

▼地球の自転と星の日周運動

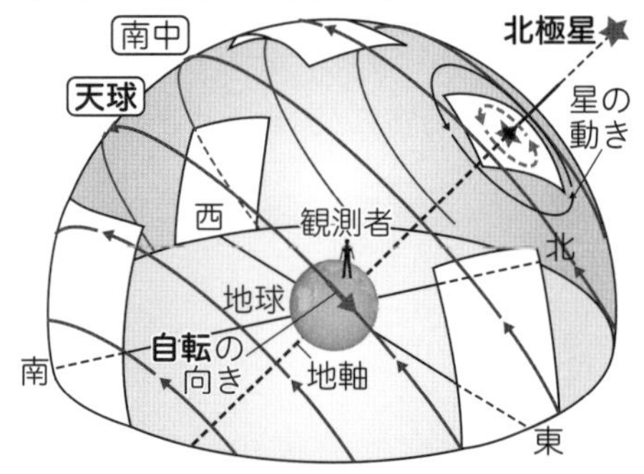

例題⑨ ◀計算▶ 太陽の南中や日の出の時刻の求め方

図は，透明半球上に記録したある日の１時間ごとの太陽の位置を，紙テープに写し取ったものである。

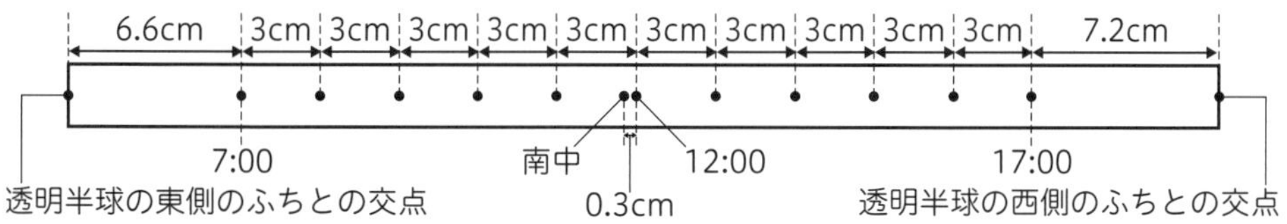

(1)　図から，太陽の南中時刻は何時何分か。

(2)　図から，日の出の時刻は何時何分か。

ヒント　太陽は天球上を，１時間（60分）に３cm動くことを利用する。太陽が12時の位置から南中の位置まで動くのにかかった時間を x 分として，比例式「△cm：□cm＝▲分：x 分」を立ててみよう。

解答　(1)　　　　　　(2)

解答➡本冊 p.121

練習⑨-1　図は，透明半球上に記録したある日の１時間ごとの太陽の位置を，紙テープに写し取ったものである。

4.8cm　3.6cm　3.6cm　3.6cm　3.6cm　3.6cm　3.6cm　3.6cm　3.6cm　3.6cm　3.6cm　0.9cm
7:00　南中　12:00　17:00
1.8cm
透明半球の東側のふちとの交点　透明半球の西側のふちとの交点

(1)　図から，太陽の南中時刻は何時何分か。

(2)　図から，日の出の時刻は何時何分か。

(3)　図から，日の入りの時刻は何時何分か。

⑨-1

(1)

(2)

(3)

解答➡本冊 p.231

学習日　　／

例題⑩ ◀計算▶ 星の日周運動と時刻

図は，北の空に見える星を，時間をおいて観察して位置を記録したものである。Aの位置に見えた時刻は何時か。

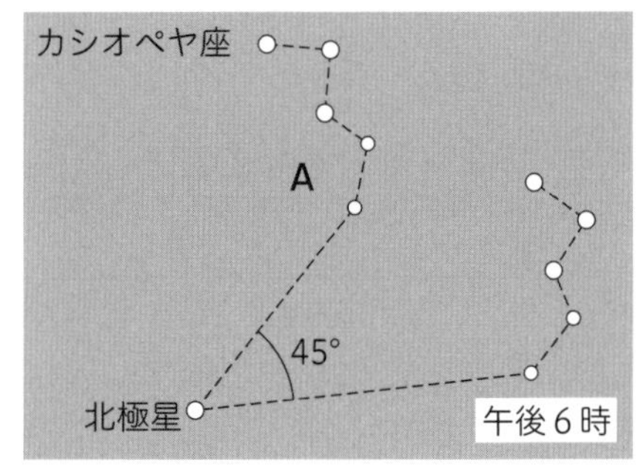

解答 ＿＿＿＿＿＿＿＿

解答➡本冊 p.124

練習⑩-1 図は，北の空に見える星を，時間をおいて観察して位置を記録したものである。Aの位置に見えた時刻は何時か。

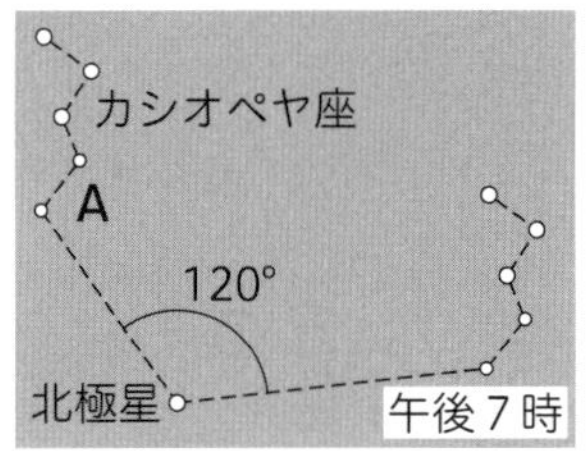

⑩-1

解答➡本冊 p.232

練習⑩-2 図は，南の空に見える星を，時間をおいて観察して位置を記録したものである。この星が南中してから沈むまで6時間かかるとき，Aの位置に見えた時刻は何時か。

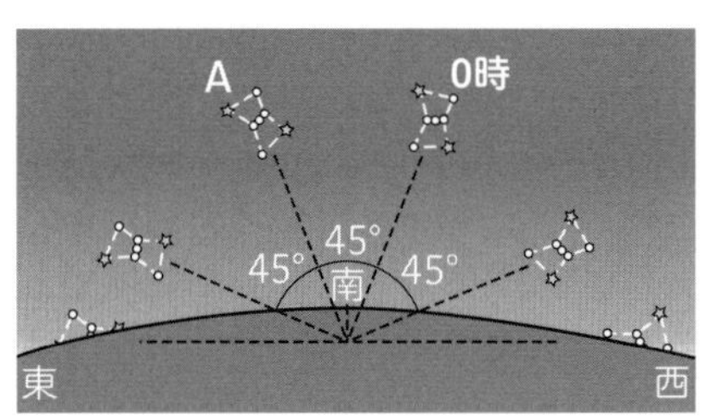

⑩-2

解答➡本冊 p.232

☑ 要点チェック

解答➡本冊 p.125

学習日　／

1 天体の位置の表し方

□ (1) 天体の位置や動きを表すのに使われる，見かけ上の球形の天井(てんじょう)を何というか。

□ (2) 天球面上で，観測者の真上の点を何というか。

□ (3) 地球上で南北の方位を表すのは，経線，緯線(いせん)のどちらの方向か。

□ (4) 地球の北極と南極を結ぶ軸(じく)を何というか。

□ (5) 地球が地軸を中心に，１日に１回転する運動を，地球の何というか。

□ (6) 太陽が西の空に見えるのは，朝か，夕方か。

(1)

(2)

(3)

(4)

(5)

(6)

2 天体の1日の動き

□ (7) １日のうちで，太陽の高度が最も高くなるのは，太陽がどの方位にきたときか。

□ (8) ①太陽や星などの天体が真南にきたときのことを何というか。また，②天体が真南にきたときの高度を何というか。

□ (9) 太陽が朝，東の空からのぼり，昼ごろ南の空で最も高くなり，夕方西の空に沈(しず)んでいく動きを，太陽の何というか。

□ (10) 太陽が１日のうちで，東から西へ動いているように見えるのは，地球の何という運動が原因か。

□ (11) 観測する場所(緯度)によって，太陽の１日の見かけの動き方は変わるか，変わらないか。

□ (12) 星の日周運動で，北の空の星は，何という星をほぼ中心に反時計回りに回転して見えるか。

(7)

(8) ①

②

(9)

(10)

(11)

(12)

第10章 天体の1年の動き

要点のまとめ わからないときは本冊のp.128を見よう！

学習日　／

1 天体の1年の動き

☐ **地球の〔　　　　〕**：地球が太陽のまわりを1年かけて1周する運動。

☐ **星の〔　　　　　　　〕**：地球の〔　　　　〕によって，同じ時刻に見える星座の星は，1か月に約30°東から西へと移動し，1年でもとの位置にもどる。

☐ 〔　　　　〕：天球上での太陽の通り道。地球の〔　　　　〕によって，太陽は星座の間を西から東へ動いていく。

▼地球の公転と季節による星座の移り変わり

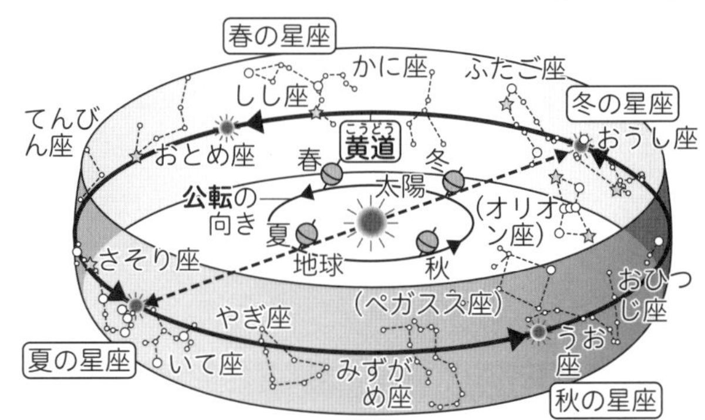

2 季節の変化

☐ **太陽の南中高度**：〔　　　　〕の日に最も高くなり，〔　　　　〕の日に最も低くなる。

☐ **日の出・日の入りの位置**：〔　　　　〕の日に最も北寄りになり，〔　　　　〕の日に最も南寄りになる。

☐ **昼の長さ**：〔　　　　〕の日に最も長くなり，〔　　　　〕の日に最も短くなる。

☐ **季節が変化する理由**：太陽の南中高度や昼の長さが季節によって変化するのは，**地球が〔　　　　〕を傾けたまま〔　　　　〕しているから**。地軸は，公転面に立てた垂線に対して約〔　　　　〕度傾いている。

▼季節による太陽の日周運動の変化（東京都）

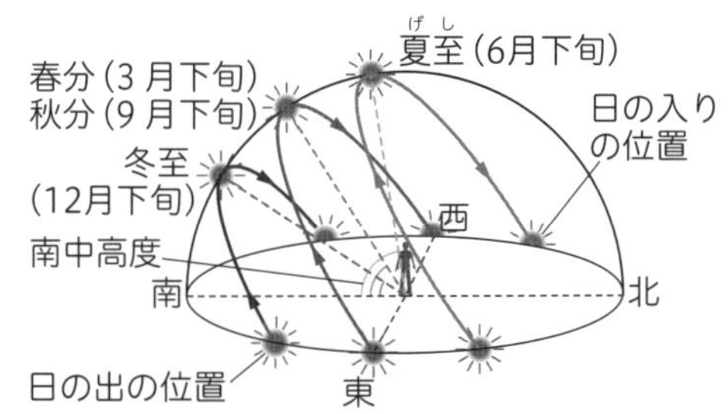

▼夏至・冬至の日の地球

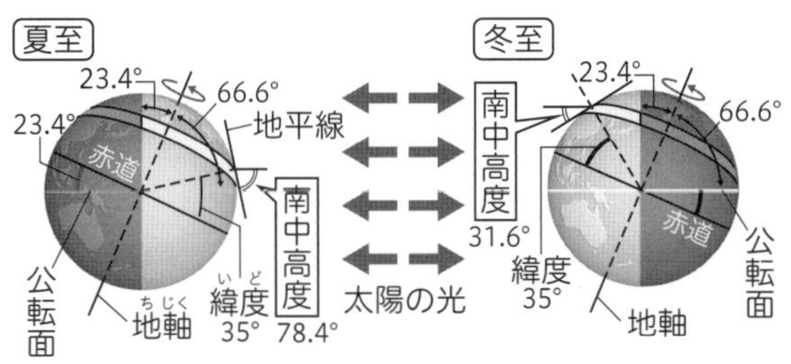

例題⑪ ◀計算▶ 星の年周運動と時刻

図は，12月のある日に，オリオン座を２時間おきに観察して位置を記録したものである。

(1)　２か月後の０時に，オリオン座はA～Dのどの位置に見えるか。

(2)　２か月後，オリオン座が南中するのは何時か。

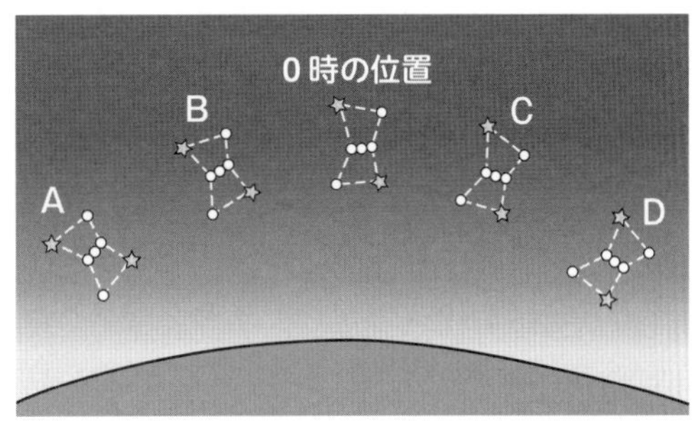

解答 (1)　　　　(2)

解答➡本冊 p.131

練習⑪-1 図は，ある日に，オリオン座を２時間おきに観察して位置を記録したものである。

(1)　１か月前の０時に，オリオン座はA～Dのどの位置に見えたか。

(2)　１か月前，オリオン座が南中したのは何時か。

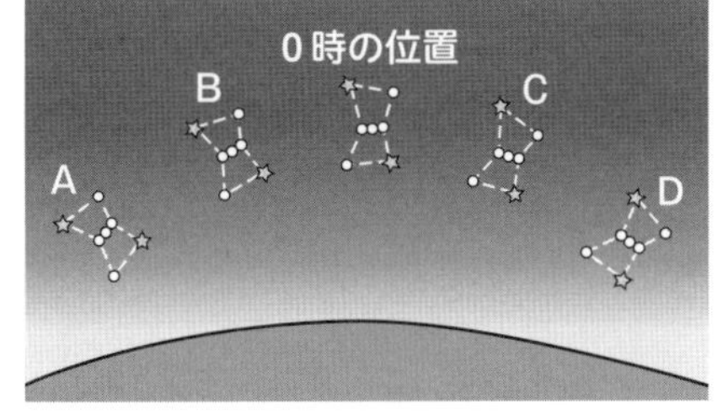

⑪-1

(1)

(2)

解答➡本冊 p.232

練習⑪-2 図は，ある日に，北斗七星を２時間おきに観察して位置を記録したものである。

３か月が経過すると，a点で北斗七星が観測される時刻は何時になるか。

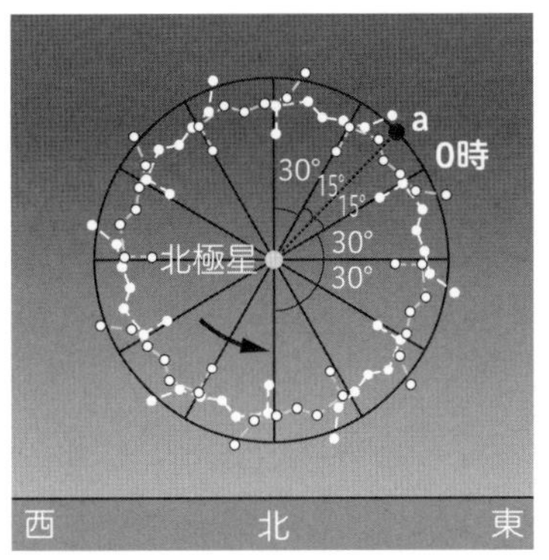

⑪-2

解答➡本冊 p.232

要点チェック

解答➡本冊 p.135

学習日　／

1 天体の1年の動き

☐ (1) 地球が太陽のまわりを1年かけて1周する運動を，地球の何というか。

☐ (2) 地球の公転の向きは，地球の自転の向きと同じか，反対か。

☐ (3) 毎月同じ時刻に同じ星座を観察したとき，星座が移動して見える向きは，東から西，西から東のどちらか。

☐ (4) 地球の公転によって起こる，星座の星の見かけの動きを，星の何というか。

☐ (5) 天球上での太陽の通り道を何というか。

(1)
(2)
(3)
(4)
(5)

2 季節の変化

☐ (6) 1年のうちで，太陽の南中高度が最も高くなるのは，夏至の日か，冬至の日か。

☐ (7) 1年のうちで，①日の出の位置が最も南寄りになるのは，夏至(げし)の日か，冬至の日か。また，②日の入りの位置が最も北寄りになるのは，夏至の日か，冬至の日か。

☐ (8) 1年のうちで，昼の長さが最も短くなるのは，夏至の日か，冬至の日か。

☐ (9) 地面の温度が上がりやすいのは，太陽の高度が高いときか，低いときか。

☐ (10) 太陽の南中高度や昼の長さが季節によって変化するのは，地球が何を傾けたまま公転しているからか。

☐ (11) 地球の北極側が太陽の方向に傾いているのは，夏か，冬か。

☐ (12) もし，地球の地軸が公転面に対していつも垂直だとしたら，季節の変化は生じるか，生じないか。

(6)
(7) ①
②
(8)
(9)
(10)
(11)
(12)

第11章 月と金星の動きと見え方

要点のまとめ わからないときは本冊のp.138を見よう！

学習日　／

1 月の動きと見え方

□ **月の満ち欠け**：月が地球のまわりを〔　　　　〕することによって，太陽・月・地球の位置関係が変わり，月の見かけの形が変わること。

□〔　　　　〕：太陽，月，地球の順に一直線上に並んだとき，**太陽が月に隠**(かく)**される**現象。

□〔　　　　〕：太陽，地球，月の順に一直線上に並んだとき，**月が地球の影**(かげ)**に入る**現象。

▼月の公転と満ち欠け

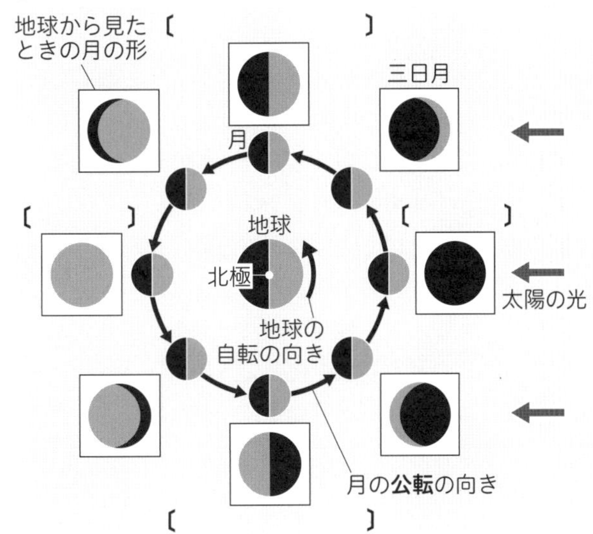

2 金星の動きと見え方

□ **金星の見え方**：金星は地球より内側を公転しているため，**夕方の〔　　　　〕の空**か，**明け方の〔　　　　〕の空**にしか見えない。また，金星と地球の〔　　　　〕の周期が違(ちが)うため，地球から見た金星は大きさが変化し，満ち欠けする。

□〔　　　　〕：太陽のまわりを公転し，みずから光を出さず，太陽の光を反射して輝(かがや)いている天体。地球，金星など。

▼金星の公転と見え方

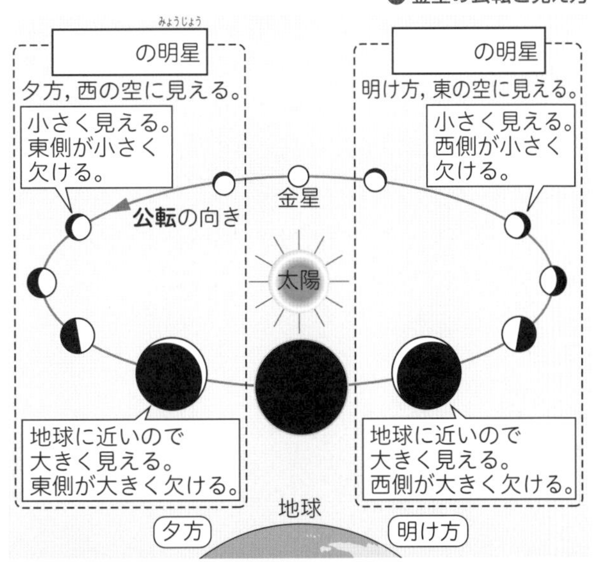

要点チェック

解答➡本冊 p.145

学習日　／

1 月の動きと見え方

- □ (1) 地球から最も近くにある球形の天体を何というか。
- □ (2) 月が地球のまわりを約1か月かけて1周する運動を，月の何というか。
- □ (3) 月は，何という天体からの光を反射して輝いているか。
- □ (4) 月の見かけの形が変化することを，月の何というか。
- □ (5) 同じ時刻に見える月が移動していく向きは，東から西，西から東のどちらか。
- □ (6) 太陽と同じ方向にあるため，地球からは光っている部分が見えない月を何というか。
- □ (7) 太陽，月，地球の順に一直線上に並んだとき，太陽が月に隠(かく)される現象を何というか。
- □ (8) 太陽，地球，月の順に一直線上に並んだとき，月が地球の影(かげ)に入る現象を何というか。
- □ (9) 月食が起こることがあるのは，新月，満月のどちらのときか。

(1)
(2)
(3)
(4)
(5)
(6)
(7)
(8)
(9)

2 金星の動きと見え方

- □ (10) 金星の公転軌道は，地球の公転軌道の内側か，外側か。
- □ (11) 金星は，地球から真夜中に見えることがあるか，ないか。
- □ (12) 金星が西の空に見えるのは，夕方か，明け方か。
- □ (13) 地球や金星のように，太陽のまわりを公転し，みずから光を出さず，太陽からの光を反射して輝いている天体を何というか。

(10)
(11)
(12)
(13)

第12章 太陽系と宇宙の広がり

要点のまとめ わからないときは本冊のp.148を見よう！

学習日　／

1 太陽と太陽系

□〔　　　　〕：太陽や星座の星のように，みずから光を出して輝(かがや)いている天体。

□**太陽**：高温の気体でできている。表面には，まわりより温度が低い黒い斑点(はんてん)(〔　　　　〕)や，炎(ほのお)のようなガスの動きである〔　　　　　　　　〕，太陽を取り巻く高温のガスの層である〔　　　　　〕が見られる。

□〔　　　　　〕：太陽とそのまわりを公転する天体の集まり。

□**惑星(わくせい)**：〔　　　　〕のまわりを公転し，みずから光を出さず，恒星(こうせい)の光を反射して輝いている天体。太陽系の惑星は，小型で密度が大きい〔　　　　　〕惑星と，大型で密度が小さい〔　　　　　〕惑星に分けられる。

□**太陽系のその他の天体**：惑星のまわりを公転する〔　　　　〕，火星と木星の軌道(きどう)の間で太陽のまわりを公転する〔　　　　　　〕，海王星より外側を公転する**太陽系外縁天体**など。

▼太陽のようす

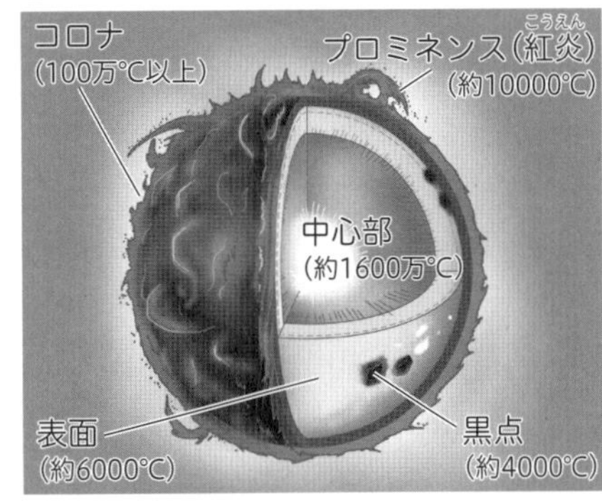

▼太陽系の天体の軌道

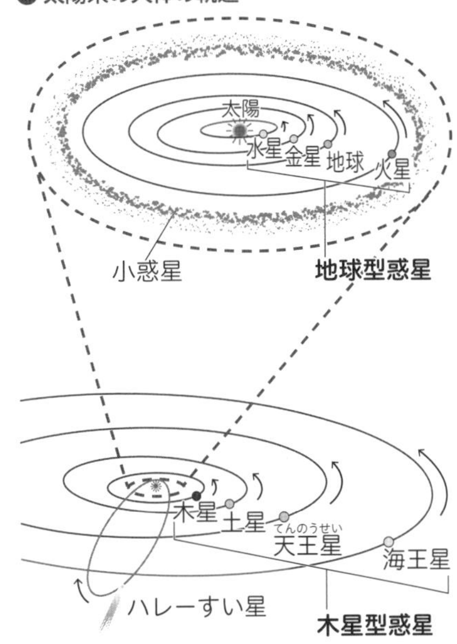

2 銀河系と宇宙の広がり

□**恒星までの距離(きょり)**：光が１年間に進む距離を単位とした〔　　　　〕で表す。

□〔　　　　　　　　〕：太陽系や星座の星が所属する恒星の集団。地球からは天の川として見える。

□〔　　　　〕：銀河系の外にある，銀河系と同じような恒星の集団。

要点チェック

解答➡本冊 p.154

学習日　／

1 太陽と太陽系

□ (1) 太陽や星座の星のように，みずから光を出して輝(かがや)いている天体を何というか。

□ (2) 太陽の表面にある，まわりより温度が低い黒い斑点(はんてん)を何というか。

□ (3) 太陽とそのまわりを公転する天体の集まりを何というか。

□ (4) 恒星(こうせい)のまわりを公転し，みずから光を出さず，恒星の光を反射して輝いている天体を何というか。

□ (5) 太陽系の８つの惑星(わくせい)のうち，①小型で密度が大きい４つの惑星を何というか。また，②大型で密度が小さい４つの惑星を何というか。

□ (6) 惑星のまわりを公転する天体を何というか。

□ (7) 火星と木星の軌道(きどう)の間で太陽のまわりを公転する天体を何というか。

□ (8) 海王星より外側の軌道を公転する天体を何というか。

□ (9) 細長いだ円軌道をもつものが多く，太陽に近づくと気体とちりの尾(お)をつくることがある天体を何というか。

(1)

(2)

(3)

(4)

(5) ①

②

(6)

(7)

(8)

(9)

2 銀河系と宇宙の広がり

□ (10) 恒星の明るさは，何で表されるか。

□ (11) 光が１年間に進む距離(きょり)を何というか。

□ (12) 太陽系や星座の星が所属する恒星の集団を何というか。

□ (13) 銀河系にある，雲のようなガスの集まりを何というか。

□ (14) 銀河系の外にある，銀河系と同じような恒星の集団を何というか。

(10)

(11)

(12)

(13)

(14)

第13章 自然界のつりあい

要点のまとめ わからないときは本冊のp.158を見よう！

学習日　　／

1 生物どうしのつながり

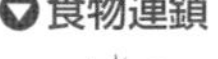

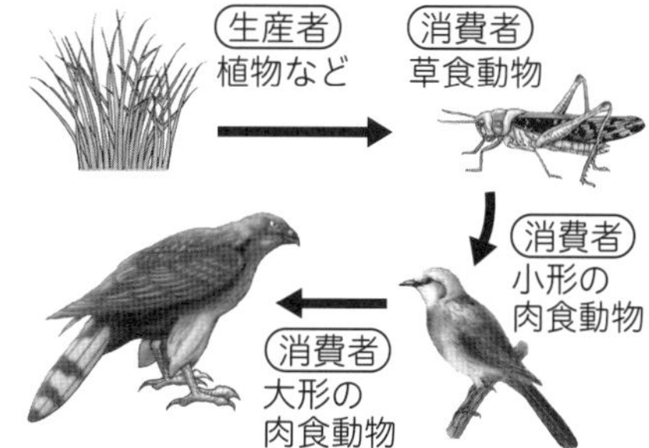

- □ **生態系**：ある地域に生息する生物と，それを取り巻く環境(かんきょう)を１つのまとまりとしてとらえたもの。
- □〔　　　　　　　〕：生物どうしの「食べる・食べられる」という関係の鎖(くさり)のようなつながり。
- □〔　　　　　　〕：生態系の生物全体で，食物連鎖(しょくもつれんさ)の関係が網(あみ)の目のようになっているつながり。
- □〔　　　　　　〕：無機物から有機物をつくり出す植物や植物プランクトン。
- □〔　　　　　　〕：他の生物を食べることで，有機物を得る動物。
- □〔　　　　　　　〕：ある物質が，生物を取り巻く環境より高い濃度で体内に蓄積(ちくせき)されること。

▼生物の数量的な関係

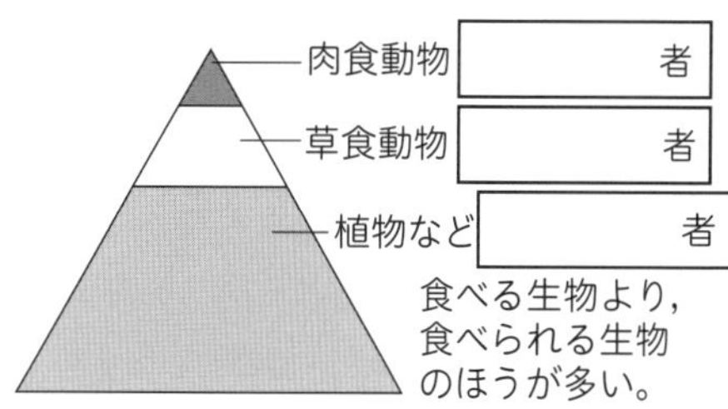

2 物質の循環(じゅんかん)

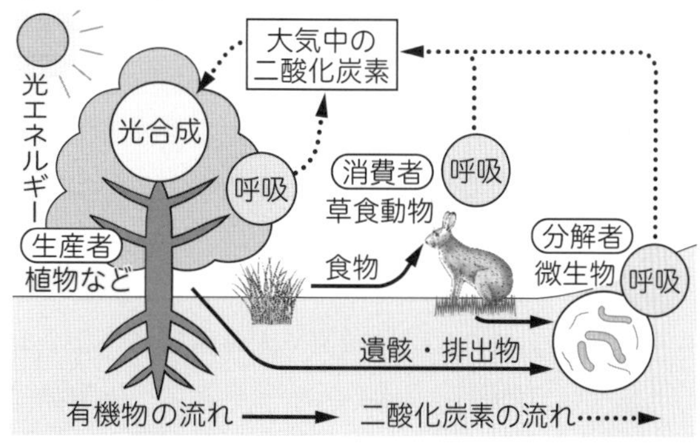

- □〔　　　　　　〕：**消費者**のうち，生物の遺骸(いがい)や排出物(はいしゅつぶつ)などの有機物を無機物にまで分解するはたらきにかかわる，土の中の小動物や**微生物**(びせいぶつ)など。
- □ **微生物**：カビやキノコなどのなかまの〔　　　〕や，乳酸菌(きん)や大腸菌などのなかまの〔　　　　〕。
- □ **物質の循環**：炭素や酸素などは，食物連鎖や呼吸，光合成などのはたらきで生物のからだとまわりの環境との間を循環している。

要点チェック

解答➡本冊 p.165

学習日　／

1 生物どうしのつながり

□ (1) ある地域に生息する生物と，それを取り巻く環境を１つのまとまりとしてとらえたものを何というか。

□ (2) 生物どうしの「食べる・食べられる」という関係の鎖(くさり)のようなつながりを何というか。

□ (3) 生態系の生物全体で，食物連鎖の関係が網(あみ)の目のようになっているつながりを何というか。

□ (4) 生態系における役割から，①無機物から有機物をつくり出す植物や植物プランクトンは何とよばれるか。また，②他の生物を食べることで有機物を得る動物は何とよばれるか。

□ (5) ある生態系に着目したとき，ふつう生物の数量が多いのは，食べる生物か，食べられる生物か。

□ (6) つりあいが保たれている生態系において，植物，草食動物，肉食動物のうち，数量が最も少ないのはどれか。

□ (7) ある物質が，生物を取り巻く環境より高い濃度(のうど)で体内に蓄積(ちくせき)されることを何というか。

(1)

(2)

(3)

(4) ①

②

(5)

(6)

(7)

2 物質の循環

□ (8) 消費者のうち，生物の遺骸や排出物などの有機物を無機物にまで分解するはたらきにかかわる生物は，特に何とよばれるか。

□ (9) 微生物のうち，①カビやキノコなどのなかまを何というか。また，②乳酸菌(きん)や大腸菌などのなかまを何というか。

□ (10) 有機物に含まれている炭素は，生物が行う何というはたらきによって，無機物の形で大気中に放出されるか。

(8)

(9) ①

②

(10)

第14章 自然と人間

要点のまとめ わからないときは本冊のp.168を見よう！

学習日　　／

1 自然環境の調査と保全

□ **大気汚染**：石油や石炭などの〔　　　　　　〕を燃焼させると，窒素酸化物や硫黄酸化物が大気中に排出される。これらの物質によって，雨が強い酸性を示す〔　　　　　〕や，化学変化でできた有害な物質が目やのどを強く刺激する〔　　　　　　　　　〕が発生することがある。

□〔　　　　　　　　〕：**化石燃料**の大量消費や森林の伐採によって，近年，地球の平均気温が少しずつ上昇していること。二酸化炭素などの気体の〔　　　〕**効果**が原因と考えられている。

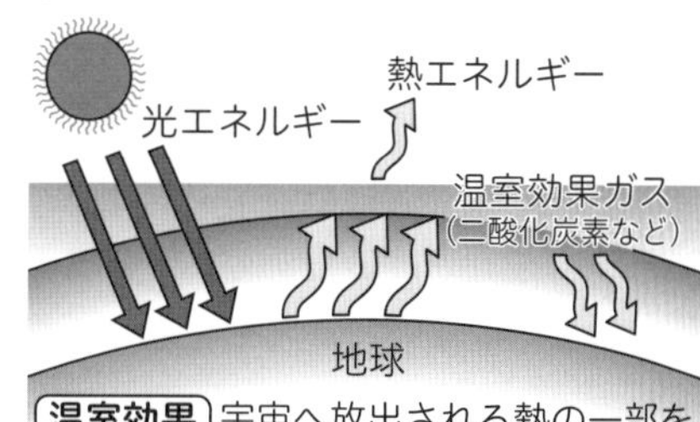

□〔　　　　　　〕：地球から宇宙空間に放出される熱の流れを妨げるはたらき。

□ **オゾン層の破壊**：冷蔵庫などに使われていた〔　　　　　〕**ガス**が分解されてできた塩素が，生物に有害な〔　　　〕線を吸収する**オゾン層**のオゾンの量を減少させている。

□ **水質汚濁**：窒素化合物などを多く含む生活排水が大量に海や湖沼に流れこむと，植物プランクトンが大発生し，〔　　　〕や**アオコ**が発生することがある。

□〔　　　　　　〕：本来その地域には生息せず，人間の活動によって他の地域から持ちこまれて野生化し，子孫を残すようになった生物。

2 自然災害

□〔　　　　〕**による災害**：建物の倒壊や津波，液状化など。

□〔　　　　〕**による災害**：有毒な火山ガスや火砕流の発生など。

□ **気象現象による災害**：台風がもたらす大雨による洪水，停滞前線がもたらす長雨による土砂崩れ，冬の季節風が日本海側にもたらす大雪による建物の倒壊など。

1・2年生で学習したことを思い出そう！

☑ 要点チェック

解答➡本冊 p.174

学習日　／

1 自然環境の調査と保全

□ (1) 大気の汚れの程度は，マツの葉の何という部分の汚れている数の割合を調べることで，知ることができるか。

□ (2) 化石燃料の燃焼によって排出された窒素酸化物や硫黄酸化物が硝酸や硫酸になり，大量に雨に溶けこむと，何とよばれる雨になるか。

□ (3) 化石燃料の大量消費や森林の伐採によって，近年，地球の平均気温が少しずつ上昇していることを何というか。

□ (4) 大気中の二酸化炭素などによる，地球から宇宙空間に放出される熱の流れを妨げるはたらきを何というか。

□ (5) オゾン層のオゾンを減少させる原因となっている，冷蔵庫などに使われていたガスを何というか。

□ (6) 窒素化合物などを多く含む生活排水が大量に海や湖沼に流れこんだときに，植物プランクトンが大発生する現象は，赤潮のほかに何があるか。

□ (7) 本来その地域には生息せず，人間の活動によって他の地域から持ちこまれて野生化し，子孫を残すようになった生物を何というか。

(1)

(2)

(3)

(4)

(5)

(6)

(7)

2 自然災害

□ (8) 地震によって発生することがあるのは，高潮か，津波か。

□ (9) 火山の噴火によって発生することがあるのは，火砕流か，液状化か。

□ (10) 冬に大雪が降って，建物の倒壊や雪崩が発生しやすいのは，日本海側か，太平洋側か。

(8)

(9)

(10)

第15章 科学技術と人間

要点のまとめ わからないときは本冊のp.176を見よう!

学習日　　／

1 物質とエネルギー資源の利用

□〔　　　　　　　〕：天然素材でつくられた繊維。毛，絹などの〔　　　　〕**繊維**と，麻，綿などの〔　　　　〕**繊維**がある。

□〔　　　　　　　〕：化学的に合成，加工してつくられた繊維。

□〔　　　　　　　　　　〕(**合成樹脂**)：石油などを原料として人工的に合成された物質。

□〔　　　　　　　〕：大昔に生きていた動植物の遺骸などの有機物が長い年月を経て変化した，**石油**，**石炭**，**天然ガス**など。

▼おもな発電方法

発電方法	エネルギー資源	特徴
発電	ダムの水 (位置エネルギー)	二酸化炭素や汚染物質を排出しない。 ダムを建設すると自然環境が変わる。
発電	化石燃料 (化学エネルギー)	化石燃料の埋蔵量に限りがある。 二酸化炭素や汚染物質を排出する。
発電	ウラン (核エネルギー)	二酸化炭素は排出しない。 核燃料や使用済みの核燃料から放射線が出る。

□〔　　　　　　〕：X線，α線，β線，γ線，**中性子線**など。

□〔　　　　　　　　　　　　　　〕：いつまでも利用でき，発電時に二酸化炭素や汚染物質を排出せず，環境を汚すおそれがないエネルギー。

□ **再生可能エネルギーを利用した発電**：太陽光を利用する〔　　　　　〕**発電**，風を利用する〔　　　　　〕**発電**，地下の熱を利用する〔　　　　　〕**発電**，木片や落ち葉などの生物資源を利用する**バイオマス発電**，水素と酸素が結びつく反応を利用した**燃料電池**など。

2 科学技術の発展

□〔　　　　　　　〕**社会**：環境の保全と開発のバランスがとれ，将来の世代が持続的に環境を利用する余地を残している社会。

□〔　　　　　　　〕**社会**：社会に必要なさまざまな天然資源の循環を可能にし，再利用の割合をより高めた社会。

要点チェック

解答➡本冊 p.185

学習日　／

1 物質とエネルギー資源の利用

□ (1) 天然素材でつくられた繊維(せんい)を何というか。

□ (2) 天然素材でつくられた繊維のうち，①毛，絹などを何というか。また，②麻(あさ)，綿などを何というか。

□ (3) 化学的に合成，加工してつくられた繊維を何というか。

□ (4) プラスチックのおもな原料は何か。

□ (5) 大昔に生きていた動植物の遺骸(いがい)などの有機物が長い年月を経て変化した，石油，石炭，天然ガスなどをまとめて何というか。

□ (6) 水力発電は，ダムにためた水がもっている何エネルギーを利用する発電方法か。

□ (7) 石油や石炭などを燃焼(ねんしょう)させて得られる熱エネルギーを利用する発電方法を何というか。

□ (8) 核(かく)燃料を核分裂(かくぶんれつ)させて得られる熱エネルギーを利用する発電方法を何というか。

□ (9) 原子から出る高速の粒子(りゅうし)の流れである α 線，β 線，中性子線や，電磁波であるX線，γ 線などをまとめて何というか。

□ (10) いつまでも利用でき，発電時に二酸化炭素や汚染(おせん)物質を排出(はいしゅつ)せず，環境を汚(よご)すおそれがないエネルギーを何というか。

(1) ＿＿＿＿

(2) ① ＿＿＿＿

② ＿＿＿＿

(3) ＿＿＿＿

(4) ＿＿＿＿

(5) ＿＿＿＿

(6) ＿＿＿＿

(7) ＿＿＿＿

(8) ＿＿＿＿

(9) ＿＿＿＿

(10) ＿＿＿＿

2 科学技術の発展

□ (11) 環境の保全と開発のバランスがとれ，将来の世代が持続的に環境を利用する余地を残している社会を何というか。

□ (12) 資源の消費量を減らして再利用を進め，資源を循環させている社会を何というか。

(11) ＿＿＿＿

(12) ＿＿＿＿

チャート式®シリーズ　中学理科　3年　別冊ノート

編　者　**数研出版編集部**
発行者　**星野　泰也**
発行所　**数研出版株式会社**

〒101-0052　東京都千代田区神田小川町2丁目3番地3
〔振替〕00140-4-118431
〒604-0861　京都市中京区烏丸通竹屋町上る大倉町205番地
〔電話〕代表（075）231-0161
ホームページ　https://www.chart.co.jp
印刷　株式会社太洋社

乱丁本・落丁本はお取り替えいたします。　240102

15084A